KB058251

분노 설계자들

OUTRAGE MACHINE by Tobias Rose-Stockwell
Copyright © 2023 by Tobias Rose-Stockwell
All rights reserved.

Korean Translation Copyright © 2024 by Sigongsa Co., Ltd.
This Korean translation edition is published by arrangement with
a Park & Fine Literary and Media through Danny Hong Agency.

이 책의 한국어판 저작권은 대니홍 에이전시를 통해
Park & Fine Literary and Media와 독점 계약한 ㈜SIGONGSA에 있습니다.
저작권법에 의해 한국 내에서 보호를 받는 저작물이므로
무단 전재와 무단 복제를 금합니다.

분노 설계자들

알고리즘이 세상을 왜곡하는 방식에 대하여

터바이어스
로즈-스톡웰 지음

홍선영 옮김

SIGONGSA

▎일러두기

띄어쓰기, 외래어 표기는 국립국어원 용례를 따르되
고유명사, 일부 합성명사에 한해 예외를 두었으며
사회적으로 통용되는 표기법이 있는 경우 이를 채택했습니다.
(예: 인스타그램 팔로우, 팔로어)

애니Ani에게

넓어지는 소용돌이에서 돌고 도는

매는 매사냥꾼의 소리를 듣지 못한다

모든 것이 허물어지고 중심이 흔들린다

_W. B. 예이츠W. B. Yeats

차례

3부 • 기계의 역사

4부 • 기계의 톱니바퀴

5부 • 기계의 재설계

2018년 12월, 한 젊은 남성에게서 이런 내용이 포함된 이메일을
받았다.

저는 디자이너이자 과학 기술자입니다. 그동안 소셜 미디어에서 분노가
증식되는 현상을 억제하기 위해 노력해왔습니다. 실리콘밸리 및 뉴욕에
있는 동료들과 함께 연구 집단을 운영하며 이 문제의 해결법을 고안하는
데 주력해왔습니다. 트위터나 페이스북의 초창기 일원인 제 지인들 중 상
당수가 최근의 사회적 동향에 깊은 관심을 보이고 있습니다.

그는 몇 달 전에 발표했다는 글의 링크를 함께 보내왔다. "페이스
북의 문제는 설계로 해결할 수 있다"라는 다소 희망에 찬 제목이
달려 있었다. 이 글에서는 처음부터 저자가 만든 간단한 이미지가
소개되는데, 이것이 내 생각과 연구의 본질을 바꿔놓았다.

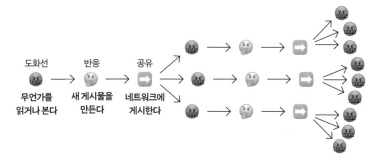

도화선　　반응　　공유

무언가를　새 게시물을　네트워크에
읽거나 본다　만든다　게시한다

저자는 물론 터바이어스 로즈-스톡웰이었고 이 이미지는 9장에서 다시 한번 만나게 될 것이다.

이미지가 말하는 바는 그리 새로울 것이 없었다. 우리 모두 '바이럴리티virality(콘텐츠가 사람들 사이에 급속히 퍼지는 현상-옮긴이)'가 무엇인지, 감정을 자극하는 나쁜 아이디어와 분노를 소셜 미디어가 어떻게 급격히 확산시키는지 잘 알고 있다. 하지만 로즈-스톡웰은 사회역학에 대한 복잡한 아이디어와 연구 결과를 하나의 이미지에 담아 누구든 그 안의 글을 읽어보지 않아도 단 몇 초 만에 직관적으로 이해할 수 있게 만들었다. 이 뛰어난 강점을 이 책 전반에서 만나볼 수 있다. 그는 은유와 직관의 달인이니 누구든 그의 글을 훨씬 더 쉽고 더 즐겁게 받아들일 수 있을 것이다.

사회심리학자로서 나는 1990년대부터 윤리와 정치학을 연구해 왔다. 2012년까지는 전반적으로 상황을 꽤 잘 파악하고 있다고 생각했다. 그런데 2015년에 친구 그레그 루키아노프Greg Lukianoff와 함께 쓴 에세이, 〈응석받이로 자란 미국인의 마음〉을 발표하면서 사회의 기본 운영 시스템에 갑작스러운 변화가 일어났음을 실감했다. 분노와 잘못된 정보, 두려움과 그저 괴이한 것들이 넘쳐났다. 이런 현상은 대학 캠퍼스에서 처음 발생했지만 곧이어 미국 사회 전반으로, 이어 다른 사회로 퍼져나갔다. 2010년대에 도대체 무슨 일이 벌어진 것일까?

점점 더 괴이해지는 상황 속에서 나는 이 질문에 대해 계속 고심하고 있었다. 도널드 트럼프Donald Trump가 당선된 2016년 미국 대선은 괴이함을 초래했다기보다 증폭시켰고, 이에 대한 연구는 더욱 어려워졌다. 트위터를 기반으로 한 트럼프의 대통령직 당선과 그를 향한 지극히 감정적인 반응이 미국의 사회적, 정치적 광기에 얼마나 영향을 미친 것일까? 또 이런 광기 중 어느 정도가 미국 사회에 이미 내재해 있었던 것일까?

2019년 초반에 〈애틀랜틱〉으로부터 이런 괴이함에 대한 글을 써달라는 청탁을 받았다. 청탁을 받아들인 뒤 심리적 논거를 간략히 서술하려던 나는, 이 문제를 내 힘으로 풀어나가기에는 기술에 대해 아는 바가 그리 많지 않다는 사실을 그제야 깨달았다. 당시 로즈-스톡웰은 건설적인 대화 촉진을 위해 내가 공동 설립한 비영리 조직의 고문이었다. 그는 소셜 미디어가 어떻게 진정한 의사소통을 방해하거나 도우며 인간의 심리와 상호작용하는지 이해하고 있었고, 이에 깊은 인상을 받은 나는 그를 공동 저자로 초청했다. 사회적, 도덕적 심리에 대한 나의 지식과 기술 및 디자인에 대한 그의 깊은 이해를 결합해, 우리는 "소셜 네트워크의 어두운 심리학: 모든 것이 잘못되고 있다는 기분이 드는 이유"라는 글을 썼다. 이 글은 2009년부터 2012년까지 시행된 설계상의 몇 가지 사소한 변화로 사회적, 정치적 혼돈이 야기되고 이런 혼돈이 2014년 전반에 이르러 우리를 잠식한 과정에 대해 이야기한다.

이 글은 현 상태의 소셜 미디어가 제임스 매디슨James Madison과 다른 건국의 아버지들이 설계한 자유민주주의 및 헌법 기구와 모순된다는 주장을 담은 예비 성명서였다. 우리는 소셜 미디어가 어떻게 **파벌**이나 동족 의식에 불을 지폈는지, 또 어떻게 사회와 문명, 공유된 의미와 민주주의를 해체하고 있는지 알렸다. 이 책은 관련 문제를 종합적으로 고찰하고 과학적 증거를 검토하며 풍부한 이야기를 통해 모든 논거를 생생하게 각인시킴으로써 주장을 뒷받침한다. 지금 우리는 분노에 압도되고 있다. 늘 이렇지는 않았다. 이렇게까지 될 필요도 없었다. 계속 이런 식으로 갈 수는 없다.

이것은 아주 중요한 책이다. 책을 덮을 때쯤이면 2010년대에 도대체 무슨 일이 벌어졌는지 헤아리게 될 것이고 민주주의와 온전한 정신을 지키면서 2020년대를 통과하기 위해 우리가 집단으로서나 개인으로서 무엇을 해야 할지 알게 될 것이다. 우리는 이 기계를 정지시키거나, 적어도 이 기계의 설계를 바꿔야 한다.

조너선 하이트Jonathan Haidt

잔혹한
기적의 시대

어느 날 우주 광선의 기이한 폭발이 지구를 강타했다고 상상해보자.

수백만 광년 떨어진 곳에서 죽어가는 별이 토해내듯 뿜어낸 감마선이 지구를 뒤덮고는 대기를 뚫고 스며든 끝에 지구상의 모든 인류가 급격한 변이에 노출된다고 생각해보자. 마블 영화의 공식을 따라, 이 폭발로 인해 모든 지구인이 갑자기 초인적인 능력을 얻는다. 모두 똑같이 새로운 힘을 얻게 된 것이다.

그날 아침 해가 떠오를 때부터 모든 인간은 손가락을 튕기는 즉시 투명인간이 되는 능력을 얻고 잠에서 깬다. 지구는 전과 다를 것이 없는데 여기에 인류의 기적적인 힘이 하나 추가되었다. 그날은 완전한 놀라움과 경이로움, 경외의 날로 기록된다. 과학자와 전문가들은 이런 우주의 기적에 경탄을 금치 못하고, 내성적인 사람들은 환호한다.

그런데 날이 어두워지자 세상이 혼돈에 휩싸인다. 전 세계 상점가와 은행에서 약탈이 벌어진다. 위험인물들은 여기저기 배회하며 처벌받을 걱정 없이 범죄를 저지를 수 있게 되자 무엇이든 되는대로 훔치기 시작한다. 사람들은 망상에 사로잡힌다. 자신이 볼 수 없는 것에 두려움을 느끼기 시작한다. 기업과 정부를 보호하기 위해 주 방위군이 동원되고 엄연한 사회질서 대부분이 붕괴된다. 보이지 않는 극소수의 끔찍한 이들에 의해 사회 시스템이 사정없이 파괴되자 눈에 보이는 사회를 관리하기 위해 탄생한 법과 규율, 제도가 순식간에 무력해진다.

사회가 이 새로운 힘에 어떻게 대응해야 할지 막대한 집단적 노력을 기울여 모색한 뒤에야 비로소 혼돈은 억제된다. 이런 혼란 속에서 투명성의 사용 가능 시기를 규정한 새로운 규율이 시행된다. 정부 및 기업은 열화상 시스템에 대한 심화 연구에 돌입하고, 보이지 않는 침입자를 인식할 수 있도록 모든 보안용 카메라 설비를 업데이트한다. 보이지 않는 대상을 감지하는 기능이 휴대전화에 추가된다. 법은 사람들이 능력을 쓸 수 있는 시간과 장소를 규제한다. 많은 이들이 새로운 재능을 못마땅하게 생각한다. 머지않아 이 능력을 특정 환경에서 사용하는 것이 도덕적으로 용납되지 않는다. 가령 상점이나 교회에서 능력을 사용하는 것이 수치스러운 일이 된다. 일부 종교에서는 이 능력을 죄악과 동일시하며 명백히 금지한다.

한편 남들의 시선에 얽매이고 싶지 않은 이들에게는 보이지 않는 능력이 유용해진다. 일부 내성적인 사람들이 **보이지 않을 권리**를 주장하며 시위를 벌이기 시작한다. 투명인간만을 위해 열리는 상점이나 클럽, 카페가 생긴다. 어떤 이들은 눈에 보이는 자신을 결코 드러내지 않은 채 타인과 관계를 맺기 시작하고, 자신의 파트너가 눈에 보이는 몸의 물리적 방해 없이 자신의 진정한 본질을 알아준다고 말한다.

몇 년간 이어진 혼돈과 소란 끝에 인류 문명은 사람들이 초능력을 남용하지 못하도록 방호벽을 엄격히 세우고 현 상황에 적응하면서 평화로운 상태로 돌아가기 시작한다. 전반적으로 인류는 안도의 한숨을 쉬며 투명화의 기적이 일어난 첫 몇 년을 **암흑기**로 기억한다. 서서히 공포가 가신다.

그리고 몇 년 뒤 모두 제자리로 돌아간 것 같았던 그때, 또 다른 일이 벌어진다.

다시 한번 폭발한 광선이 지구를 뒤덮고 또다시 모든 인류가 새로운 능력을 얻는다. 이번에는 모든 지구인이 텔레파시를 장착한다. 자신의 생각을 누구에게나 그 사람이 사용하는 언어로 보낼 수 있는 즉각적인 능력을 갖춘다. 사람들이 하는 말을 **거의 모든 곳에서** 들을 수 있게 된다.

이 능력은 훨씬 더 은밀한데, 처음에는 거의 사용되지 않는다. 사람들은 자신의 행방을 알리거나 조심스럽게 도움을 청하는 등 사소한 생각을 전하는 데 능력을 사용한다. 흥미로운 뉴스를 공유하는 데 능력을 사용하는 이들도 있다. 그런데 일부 운동가들이 제대로 된 방식으로만 **말하면** 거의 모든 사람의 관심을 사로잡을 수 있다는 사실을 깨닫는다. 무언가를 충분히 다급하게, 충분한 분노를 담아 표현한다면 전체 인구의 관심을 사로잡을지도 모를 일이었다.

저널리스트들은 이 새로운 초능력에서 어마어마한 가치를 발견한다. 전 세계에서 벌어진 사건을 더 잘 전달할 수 있게 되면서 머지않아 이 능력이 저널리스트의 필수 요건이 된다. 얼마 뒤 정치인 중에 표를 얻거나 경쟁 상대를 비난하는 데 텔레파시를 쓰지 않겠다고 결심하는 이들이 선거에서 패배하기 시작한다.

사람들은 생각 하나만으로 유명 인사가 될 수 있음을 깨닫는다. 정확성과 상관없이 아이디어 하나로 유명해질 수 있게 된 것이다. 소문과 거짓이 아무렇게나 흩뿌려진다. 감정은 즉시 전염성을 띤다. 텔레파시를 쓰겠다고 선택한 사람들 대다수는 텔레파시 없는 삶을 상상할 수 없을 정도로 이에 중독된다. 낯선 사람의 인정을 어느 때보다 갈구하며 광기 어린 집착에 이르는 이들도 생긴다. 대부분은 거짓과 혼란에 압도되어 그저 이성을 잃는다. 머지않아 무수한 의견과 논평, 아이디어가 전에 없이 확산해 압도적인 불협화음을 이룬다.

만인의 소란스럽고 폭발적인 생각의 아우성에 준비되지 않은 탓에, 사회는 다시 스트레스에 휩싸인다. 가장 시끄럽고 신랄한 목소리가 가장 강력한 영향력을 행사한다. 거짓된 정보가 진실을 뛰어넘는다. 혼란이 군림한다. 하지만 누구도 예전으로 돌아갈 수 없다. 많은 이들이 텔레파시의 영향력을 증오하지만 누구도 이를 포기하려 하지 않는다. 텔레파시는 사라지지 않을 것이다.

이런 혼돈을 연구하던 천문학자들은 우주를 바라보다가 충격적인 사실을 추산해낸다. 마찬가지로 우주 광선을 내뿜으며 죽어가는 별이 속도를 **높이고** 있다는 것이다. 앞으로 인류는 몇 년에 한 번씩 새로운 초능력을 얻게 될 것이며 그 빈도는 점차 높아질 것이라고 한다. 이런 급격한 변화에 사회는 어떻게 대처할 것인가? 문명은 어떻게 지속될 것인가?

인류의 선조들이 인터넷이나 소셜 미디어 등 오늘날의 발명품을 본다면 마법이라 부를 것이다. 자신의 생각과 감정을 순식간에 지구 어디로든 퍼뜨릴 수 있고, 눈에 보이지 않는 곳에서 은밀하게, 어떤 처벌도 받지 않고 소통할 수 있는 우리의 초인적인 능력에 선조들은 놀라움을 금치 못할 것이다. 이는 기술 발전으로 인류가 점점 더 빈번하게 누리는 놀라운 선물 중 몇 가지에 불과하다.

오늘날 우리는 개인으로서 이런 선물을 열광하며 기꺼이 받아들인다. 기적이 계속되기를 바란다. 새로운 기술이 가져다주는 혜택을 한껏 즐긴다. 하지만 새로운 기술이 나올 때마다, 새로운 힘이 주어질 때마다 그에 따르는 책임 역시 극적으로 커진다. 이와 같은 힘이 점점 더 빈번하게, 점점 더 빨리 주어진다. 충분한 시간을 갖고 충분히 준비하고 예측하지 않으면 사회는 적응이 될 때까지 힘겨운 싸움을 이어갈 것이다. 그 사이에 존재하는 것은 깊은 암흑이다.

이 책은 당신이 분노하도록 고안된 기계에 대해 이야기한다.

이 기계에는 목적이 있다. 세계에서 무슨 일이 벌어지고 있는지 알리는 것이다. 당신의 관심을 사로잡는 것이 이 기계의 임무인데, 그 점에 있어서 지금껏 이례적이라 할 만큼 임무를 잘 수행해왔다. 워낙 뛰어나게 임무를 수행한 결과 기계는 당신이 무엇에 불같이 화를 내는지까지 파악하기에 이르렀다.

그 과정에서 기계는 우리를 분열시켰다. 서로 다른 의견으로 쪼개놓았다. 새로운 쟁점을 전할 때마다 찬성이나 반대의 편에 서도록 요구했다.

이 기계가 바로 현대의 미디어 시스템이다. 서로 협력하는 인쇄 미디어와 디지털 미디어가 여기에 포함된다. 우리 주머니에 들어 있는 기기도 마찬가지다. 신문과 뉴스 피드, 알고리즘과 운동권, 정치인과 전문가 역시 기계에 포함된다.

하지만 이 기계가 단지 전문가로만 구성된 것은 아니다. 당신의 이웃이나 친구, 가족도 여기에 포함된다. 그들은 자신도 모르는 사이에 뉴스의 생산과 소비라는 연속적인 광경에 참여하게 되었다. 이들 중 상당수는 뉴스라는 톱니바퀴에 깊이 휘말린 나머지 그 본질을 제대로 보지 못한다. 대신 **반드시** 공유해야 하는 분노와 **반드시** 해결해야 하는 위협을 마주한다.

마음이 위협으로 가득 차면 기이한 일이 벌어진다. 어떤 관점이 아니라 자신에게 적대적인 음모가 눈에 들어온다. 사람이 아니라 적이 보인다. 그렇게 우리는 소중히 여기는 가치를 옹호하기 위해 자신의 공동체 주변에 경계선을 긋는다.

우리를 이 기계와 얽어매는 새로운 기술이 바로 소셜 미디어다. 소셜 미디어는 이전에 등장한 그 무엇보다 뉴스라는 구경거리에 우리의 참여를 추출하고 간소화하고 가속화했다.

이 기계의 문제를 해결하기가 힘든 이유는, 이것이 우리 자신과 사회에 진정한 가치를 전하기도 하기 때문이다. 기계는 연결과 발상, 통찰이라는 의미 있는 선물을 제공한다. 하지만 이를 사용하려면 규칙을 따라야만 한다. 현재 이 규칙은 우리에게 불리하게 조작되어 있다.

이 책은 이 기계가 어쩌다 지금에 이르게 되었는지, 이 기계가 우리의 삶에 새로이 침투하게 된 상황에 적응하려면 무엇을 해야 하는지 이야기하고자 한다. 내가 이 기계에 대해 잘 알고 있는 까닭은 기계가 수정될 때 그 자리에 있었기 때문이다. 변화에 힘을 실은 사람들도 일부 알고 있다. 실은 그 변화가 우연의 일치였다는 것도 알고 있다. 누구도 이런 결과를 의도하지 않았다.

이렇게 될 필요는 없다. 우리에게는 선택의 여지가 있다. 이전에도 겪어본 적이 있기 때문이다.

이 책에서 여러분은 과거의 이야기로 포장된 미래의 이야기를 발견하게 될 것이다. 2010년대라는 상당히 기이한 시대에 무슨 일이 벌어졌는지 탐구할 것이다.

관심의 위기가 촉발된 근원을 추적하면서 나는 해답을 찾기 위해 과거로 눈을 돌렸다. 뉴스의 역사와 사회학을 깊이 파헤치면서 새로운 미디어 기술로 인해 혼란이 일어나기 이전의 시대를 이해하고자 했다. 현재에서 시간을 거슬러 올라가 인터넷이 등장하던 시기를, 텔레비전이, 라디오가, 전보가, 우편제도가, 인쇄기가 등장하던 시기를, 그리고 그 이전의 시기까지 되짚어보았다.

이 여정에서 상당히 놀라운 점을 몇 가지 발견했다. 지금 이 순간이 아무리 분열되고 암울하게 느껴져도 근본적으로는 그리 새로운 일이 아니라는 것이다. 그보다 지금은 수 세기에 걸쳐 혼란과 재조정이 이어지는 긴 주기 중 최근의 단계일 따름이다.

물론 인간의 관심을 대규모로 사로잡고자 구축된 지금의 기술이 어느 때보다 강력한 것은 사실이다. 그 영향력이 어느 때보다 더 위협적으로 느껴지는 것도 사실이다. 하지만 이런 기술의 발명은 인류가 거쳐온 역사적 경로를 그대로 따르고 있다. 이 경로는 전염성 강한 아이디어와 발언이 더욱더 증폭되고 그와 더불어 의도하지 않은 결과가 폭발하면서 일종의 인식론적 균형, 즉 나쁜 정보보다 좋은 정보를 우위에 두는 균형을 유지하기 위해 통제와 지침이 구축되는 과정을 그대로 따른다. 많은 사람들이 이 새로운 도구의 해악을 알아보기 시작하면서 도구와 맺은 암묵적 계약을 재조정하고자 밀어붙인다. 그렇게 미디어에 더 많은 것을 요구하는 법을 익힌다. 지금 우리도 이러한 주기의 한가운데에, 어두운 골짜기에 갇힌 듯한 시기에 있다.

이런 심각한 분열의 시기에는 운동가 및 혁신가로 이루어진 소규모 집단이 도구를 악용해 자신들의 의제를 추진한 결과 혼란과 무질서, 폭력이 불거진다. 결국 적응의 시기가 찾아오지만 그 과정에서 소수의 증폭된 발언 중 일부는 대가를 치른다. 모든 발언이 억제되는 것이 아니다. 극단적이고 부정확하며 선동적인 것에 끌리는 우리의 본성을 악용한 발언이 대폭 억제된다. 사회는 누가 다수의 마음에 접근할 수 있느냐를 바탕으로 책임과 관용, 화합 등을 확립할 방안을 파악하며 회복한다. 현대 저널리즘의 시대에 태어난 우리에게 최근의 분열은 혼돈에 이르는 과정처럼 느껴진다. 하지만 여기에도 출구는 있다.

이 책은 이런 주기에 들어선 최신 도구인 소셜 미디어에 초점을 맞춘다. 책 전반에서 우리가 맞닥뜨린 문제의 해법과 관련한 연구 및 도표, 원리와 개요를 만나게 될 것이다. 이들 자료의 출처는 '주'에 정리되어 있으며 웹사이트(http://outragemachine.org)에서 지속적으로 업데이트될 예정이다. 이 책은 5부에 걸쳐 소셜 미디어와 인간의 관계에 관해 각기 다른 쟁점을 다룰 것이다.

1부 '기계의 제작'에서는 현대의 바이럴 인터넷 세상을 이루는 핵심 요소인 스마트폰과 소셜 미디어, 뉴스에 대해 알아보고 이들이 어떻게 더 나은 판단과 정반대되는 방향으로 우리의 관심을 이끄는지 알아본다. 뒤이어 내가 어쩌다 온라인 행동주의와 초기 소셜 미디어가 맞물리는 기이한 교차로 위에 서게 되었는지 살펴볼 것이다.

2부 '기계의 작동'에서는 기계가 계속 돌아가게 하는 요소인 알고리즘과 지표, 도덕적 감정을 정의 내리고 이들이 어떻게 결합해 지금의 문화를 규정하는 분노와 등 돌림의 폭포 현상을 일으켰는지 살펴본다. 이 시스템은 이제 운동가부터 정치인, 갈등 유발자에 이르기까지 의제를 추진하고자 하는 집단이 지배하고 있다. 아울러 도구가 대량 도입된 뒤 그에 따른 폐해가 분명히 드러나지 않을 때 모든 신기술이 "어두운 골짜기"라 부르는 시기를 어떻게 헤쳐 나갔는지 살펴볼 것이다.

3부 '기계의 역사'에서는 기계가 돌아가게 하는 본래의 주의 집중 과정, 즉 뉴스에 대한 우리의 갈망에 대해 자세히 살펴본다. 그와 함께 저널리즘이 대중의 관심을 사로잡는 저급한 시스템에서 시작해 모든 민주주의의 작동에 필요한, 어느 정도 객관적인 진실 발견 기관으로 거듭나는 과정을 알아볼 것이다.

4부 '기계의 톱니바퀴'에서는 기계가 순조롭게 돌아가기 위해 정상적인 작동 상태를 유지하는 데 필요한 세 가지 주요 장치, 즉 진실과 믿음, 연설의 자유를 집중적으로 살펴본다.

5부 '기계의 재설계'에서는 우리가 전략적으로 조정하지 않을 때 민주주의가 어떤 위험에 처하게 될지 알아본다. 마지막으로 도구를 위한 인간이 아니라 인간을 위한 도구를 설계하는 방안과 해결책을 대략적으로 제시하며 책을 마무리할 것이다.

그럼 이제 시작해보자.

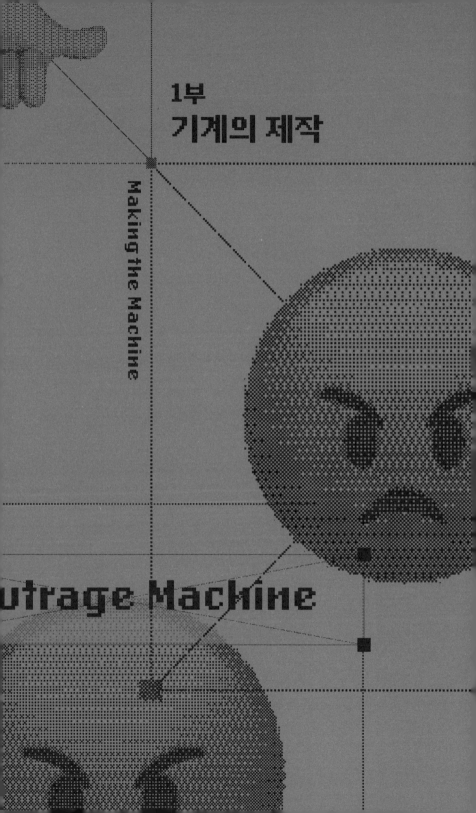

1부
기계의 제작

Making the Machine

01

공감 기계

EMPATHY
MACHINE

캄보디아의 논에서 기술 이야기를 꺼내는 것이
다소 이상해 보이겠지만, 모든 것은 바로 이곳에서 시작되었다.

나는 가시덤불 그늘에 앉아 육중한 언덕을 반으로 가르며 흐르
는 작고 애처로운 개울을 바라보고 있었다. 발아래에 펼쳐진 들판
으로 물소가 돌아다니며 마른 볏단을 헤집고 있었다. 이제 막 정
오가 지났는데 기온은 40도에 육박했고 나는 새벽 네 시부터 깨어
있었다.

언덕은 낮게 웅크린 둑을 이루며 쓸쓸하고 작은 개울의 양방향
으로 뻗어갔고 이 개울은 이곳이 한때 고대 관개 시스템이 있던 곳
임을 드러내고 있었다. 바로 전날 만난 캄보디아의 젊은 승려가 느
슨한 주황색 가운을 두른 채 내 옆에 서서 강한 파열음이 섞인 짧
고 엉성한 영어로 말했다. "보이죠? 저 댐. 무너졌어요!"

눈을 가늘게 뜨면 볼 수 있었다. 한때는 두 흙더미가 이어져 작

은 개울을 가로막고 있었기에 물이 한곳에 모일 수 있었다. 그러던 것이 문제가 얼마나 커졌는지 생각하면 그 한때가 꽤 오래전의 일이었음을 짐작할 수 있다.

승려가 나를 이 애석한 장소로, 끈적이는 동남아시아의 태양 아래로 데려온 이유가 있었다. 무너진 댐을 내가 고쳐주길 바란 것이다. 어째선지 그는 내가 고칠 수 있다고 생각했다.

물론 나는 고칠 수 없었다.

나는 기술자도, 수문학자도, 신탁자금 관리자도 아니었다. 그런데 이 승려는 내가 저수지를 재건해주기를 바라면서 재건에 필요한 1만 5,000달러를 구하고 있었다. 나에게는 배낭여행을 무사히 끝마칠 돈도 남아 있지 않았는데 말이다.

그날, 내 삶에서 아주 기이한 장이 시작되었다.

그로부터 7년쯤 뒤에 나는 그때와 똑같은 곳에 서서 기술자 수십 명과 자원봉사자 수백 명, 기부자 수천 명과 내가 모금한 수십만 달러의 도움으로 거대한 콘크리트 배수로를 건설하고 수문이 닫히는 광경을 지켜보고 있었다. 인적 드문 어딘가에서 쌀농사를 짓고 있을 가난한 농부 5,000여 명에게 공급될 물이 관개시설을 이룰 곳으로 서서히 차오르자, 어떤 생각이 머릿속에 맴돌았다.

'고맙다, 인터넷.'

잠시 과거로 돌아가보자.

요즘에는 한 사람의 개인사를 먼저 알리지 않은 채 어떤 주제에 대해 이야기하기가 부쩍 어려워졌다. 그러니 내가 어디 출신인지 잠시 언급하고 넘어가겠다. 내 이름은 터바이어스 로즈-스톡웰. 캘리포니아 북부 베이 에어리어 교외의 평범한 중산층 가정에서 자랐다. 아버지는 저널리스트이자 프로그래머, 음악가이고 어머니는 도서관 사서였다가 대학 교수가 되었다. 23andMe(DNA 검사로 각종 유전형질 및 혈통을 분석해주는 기관-옮긴이)에 따르면 나의 혈통은 "대략적으로 북부와 서부, 남부 유럽인"이고 먼 가계도에 일본인의 피가 살짝 섞여 있다. 나는 아주 평범한 백인 남성으로 보인다. 내 조카들은 흑인이고 조카딸은 인종적으로 유대인이며 나의 파트너는 중국계 미국인이니 우리의 자녀와 그 친척들은 틀림없이 혼혈인일 것이다. 우리 가족의 유전적 계통을 수렴하면 미국인이라 부르는 것이 가장 좋을 것이다.

나는 학교생활이 버거웠고 성인이 되어 주의력 결핍 과잉 행동 장애ADHD 진단을 받았다. 예술과 심리학을 전공하면서 졸업 논문으로 전복적이고 창의적인 프로젝트를 진행해 캠퍼스 전역에 바이럴 밈을 퍼뜨렸다. 대다수가 밈이 무엇인지도 모를 때였다.

스물두 살이 되던 해, 1년 동안 모은 돈을 가지고 혼자 동남아시아로 배낭여행을 떠날 계획을 세웠다. 여행지에서는 여행자로서 해변이나 알려지지 않은 마을을 탐험하며 새로운 문화에 푹 빠지지 않을 수 없었지만, 동시에 그중 절반 정도의 시간은 태국의 에이즈 감염 아동을 위한 요양원에서 행정 업무를 보는 자원봉사에 할애했다. 여행이 막바지에 다다랐을 무렵 나는 캄보디아에서 앙코르와트 사원을 둘러보고 있었다. 지어진 지 1,000년이 넘은 그곳은 상징적인 밀림 속 사원이었고 세계 최대의 종교 유적이었다.

답사가 1주일째 이어지던 어느 날 저녁, 나는 게스트하우스로 돌아왔다. 목재로 된 방이 있는 작고 허름한 곳으로 하루에 2달러면 묵을 수 있었다. 방문에는 상식적인 게스트하우스 규칙이 쓰여 있었다. "방에 둔 귀중품을 분실할 경우 책임지지 않습니다." "총기나 폭발물은 관리자에게 맡겨주시기 바랍니다. 감사합니다."

저녁을 먹으러 돌아다니다가(75센트면 인생 최고의 밥과 닭고기를 먹을 수 있었다) 주황색 승복을 입은 승려가 한 탁자에서 다른 투숙객과 이야기하고 있는 모습이 보였다. 서툰 영어로 워낙 빨리 말하다 보니 작은 체구의 그 사람이 무슨 말을 하는지 이해하기가 힘들었다. 호기심이 인 나는 그들의 대화에 합류했고, 어쩌다 보니 시골에 있다는 그의 마을에 초대를 받았다. 현지인들의 친절과 닮아 있는 소박한 제안이었다. "우리 집에 놀러 오세요, 친지들 소개해드릴게요!" 나는 잠시 망설인 뒤 초대에 응했다. 결국 이것이 내 인생에서 가장 중대한 결정이 되고 말았다.

다음 날 새벽 다섯 시, 게스트하우스 앞으로 난 흙길에 오토바이 여섯 대가 연이어 등장했다. 네 대에는 주황색 승복을 입은 승려와 운전자가 타고 있었다. 다른 두 대에는 운전자들이 있었고 그중 자그마한 뒷좌석이 나를 위해 마련되어 있었다.

관광도시를 벗어나 무미건조한 시골을 향해 움푹 파인 모랫길을 달리면서 우리는 시간을 거슬러 올라갔다. 쌀농사를 짓는 농부들은 나뭇가지로 지은 자그마한 집에 살았고 물소가 밭을 갈았다. 울퉁불퉁한 길을 통통거리며 달려가던 우리는 금세 사람들의 관심을 한 몸에 받았다.

몇 시간 뒤, 야자나무 사이에서 먼지를 덮어쓰고 서 있는 커다란 목탑에 다다랐다. 승려들에 의해 타일이 깔린 바닥 위 대자리에 앉혀진 나는 그들의 친지를 만나보는 대신 지역 주민 수십 명에게 둘러싸였다. 마을 원로와 지방의회 의원, 농부 들이 무리를 이루어 모여 있었다. 그들이 발표를 시작했다. 마을 원로들이 하나씩 일어나 다음과 같은 얘기를 조금씩 변주하며 말했다. "와주셔서 감사합니다! 기다리고 있었습니다. 우리 저수지 재건을 위해 힘을 보태주신다는 사실에 감사드립니다."

웬 저수지? 이 모든 것이 놀라울 따름인 데에는 몇 가지 이유가 있었다. 앞선 대화에서 승려는 저수지를 일절 언급한 적이 없었고 단지 마을 방문이라고만 했을 뿐이다. 더군다나 주변 마을 사람들이 그렇게 많이 모여 우리의 도착을 숨죽여 기다리고 있었다는 사실을 귀띔조차 한 적 없었다.

혼란스러운 발표가 끝나고 나는 가만히 앉아 휘둥그레진 눈으로 그들을 바라보았다. 사람 잘못 보셨다고 조심스럽게 설명하려 했다. 그런데 내가 전하려던 메시지는 의도적으로 무시되거나 잘못 통역되었다. 그들은 미소를 지으며 나에게 코코넛을 건넸고 자리에 누워 낮잠을 청하라고 떠밀었다.

이른 오후가 되어 눈을 뜨자 그들은 더욱 환하게 미소 지으며 나를 다시 오토바이에 태우고는 캄보디아의 타는 듯한 태양 아래 애처롭게 서 있는 비탈로 데려갔다. 작은 강이 오래된 흙더미 사이를 구불구불 돌아 흐르고 있었다. 저수지라고 할 만한 것은 어디에도 없었다. 제멋대로 쌓인 흙더미가 먼지투성이 볏단이 널린 들판 위로 솟아 있는 것처럼 보였다.

그들이 설명을 시작했다. 이 마을 사람들은 하루에 평균 2달러로 살아간다고 했다. 저 저수지가 여기 사는 사람들의 수입을 두 배, 아니 세 배씩 늘려줄 수 있을 것이라고, 이 근방의 여러 마을을 합치면 주민이 5,000명에 이른다고 했다. 1만 5,000달러 정도만 있으면 마을 주민들이 먹고살 쌀을 구입할 수 있고, 그러면 주민들은 흙으로 된 둑을 재건하고 오래된 운하를 파내 논에 물을 댈 수 있을 것이라고 추산했다. 현실적인 요청이었다. 이것이 승려가 우리를 여기까지 데려온 진짜 이유였다.

'아아, 내가 지금 여기서 돈 많은 외국인 역할을 하고 있는 거구나. 그래서 다들 내가 이 프로젝트에 돈을 댈 수 있다고 생각하는 거구나!' 나는 목구멍까지 차오르는 회의를 누르며 다시 한번 이 당혹스러움을 설명하려고, 사람 잘못 데려왔다는 사실을 알리려고 애썼다. 나는 끼니도 겨우 때우는 어린 배낭여행객이었다. 여기서 내가 할 수 있는 일은 없었다.

내가 혼란을 수습하려는 족족 승려들은 미소를 지으며 내 말을 유쾌하게 무시했다. 그들은 붕괴된 저수지를 뒤로하고 나를 근처 오솔길로 데려가 지역의 비밀을 알려주었다. 탑 위로 솟은 언덕에 아름다운 고대 사원이 서 있었다. 1,000년 된 사암 구조물의 폐허 속을 거닐며 그들은 이 지역에서 자란 이야기, 이곳에서 내전이 일어났을 때 가까스로 목숨을 구한 이야기를 들려주었다. 유난히 참혹했던 전투 당시 한 승려가 어린 나이에 목숨을 보전하기 위해 숨어 있었다는 폭발 분화구도 보여주었다. 오래된 사택 근처에 대공포가 놓여 있던 자리도 알려주었다. 동기들이 미국제 지뢰에 한쪽 다리를 잃었다는 장소도 가리켜 보였다.

해가 저물어 다시 먼 길을 돌아오면서 나는 그 지역에서 벌어진 일을, 이 젊은 승려들이 나고 자란 세계를 돌이켜보았다. 이곳에 닥친 내전은 곳곳에 상흔을 남겼다. 마을 사람들이 잃어버린 무수한 팔과 다리, 포탄이 떨어진 자리에 물이 고여 생긴 웅덩이, 고대 성벽에 패인 탄흔 모두 이곳에서 벌어진 투쟁에 대해 이야기하고 있었다. 이렇게만 말해두자. 이곳 사람들은 너무 많은 일을 견뎌냈다.

주황색 승복 차림으로 늘어선 승려들이 나를 다시 게스트하우스에 내려주었을 때 어쩐지 가슴 한쪽이 저릿했다. 마을 사람들의 곤경을 보고 나니 감정이 격하게 이입되면서 슬픔이 밀려왔다. 마음이 흔들린 끝에 내가 말했다. "좋습니다. 내일 여기서 다시 만나 이야기를 좀 더 해봅시다."

나는 남아서 돕겠다고 결심했다. 지역사회를 재건하고자 하는 승려들의 열망에 공감하고 이 지역에서 벌어진 내란의 역사에 매료된 나는 이후 몇 주 동안 이 일에 몰두했다. 승려들과 함께 지내며 프로젝트 자금을 어떻게 조달할지 파악하는 데 힘을 보태고, 그러는 와중에 그 지역의 역사와 전통, 한때 번성했던 국가의 쇠퇴에 대해 닥치는 대로 익혔다. 지역 주민 수십 명을 인터뷰하며 그들의 이야기를 들었다.

그렇게 내가 배운 사실은 의심할 것도 없이 끔찍했다.

캄보디아는 지난 세기에 가장 잔혹하고 비극적인 시간을 거쳤다. 1969년, 공산주의 확산에 대한 공포가 널리 퍼지는 와중에 베트남 전쟁이 한창일 때였다. 리처드 닉슨Richard Nixon 정부는 캄보디아 동부에 비밀 폭격 작전을 퍼부어 그곳에 은신한 베트남 군대의 발을 묶고자 했으나 허사로 돌아갔다. 그 결과 민간인이 처참한 피해를 입었다.[1]

"크메르 루주Khmer Rouge"라 불린 소수의 급진적 공산주의 사상가들이 혼란을 틈타 이득을 꾀했다. 꾸준히 영토를 점령하던 이들은 수년간 시골 지역에서 전투를 벌인 끝에, 1975년 수도 프놈펜을 장악하고 친미 정부를 끌어내렸다.[2] 그리고 1년 안에 이들은 한 학자가 "정치적 종교"라 이름 붙였듯 종교와 정치 교리를 결합한 정부를 세웠다. 급진적이고 극단적이며 궁극적으로는 집단 학살을 초래하는 정권이었다.[3]

이들의 신념에 이의를 제기하는 사람은 단순히 추방되거나 유죄선고를 받고 만 것이 아니라 대부분 멀리 연행되어 살해당했다. 나라의 모든 승려를 살해하고 성직을 박탈하는 등 공개적 굴욕과 야만적 관행을 일삼는 강제적 의식을 통해, 크메르 루주는 정치 운동으로 광신적 추종 세력을 얻었다. 이들의 만행은 민족적이라기보다는 이념에 함몰된 집단 학살로 변모했다. 믿든지 아니면 죽임을 당하든지였다.[4]

이 온유한 땅은 10년 만에 혼돈과 만행, 살육의 땅으로 전락했다. 1975년에서 1979년 사이 캄보디아는 현대에 들어 그 어느 국가보다 인명 손실이 컸다.[5] 크메르 루주 정권이 외부와 동조한 것으로 의심한 이들을 무차별적으로 제거해 정치적 극단주의를 자초함에 따라, 100만 명 이상의 캄보디아인이 조직적으로 굶주림에 처하거나 살해당했다고 학자들은 추정한다.[6]

1979년에 베트남이 침략해 크메르 루주 정권을 쓰러뜨리면서 캄보디아는 또다시 길고 잔혹한 게릴라전에 접어들었다. 1990년대 후반까지도 캄보디아는 주기적인 폭격과 납치, 무차별적 폭력 사태가 난무하는 위험 국가였다.[7]

내가 대화해본 30세 이상의 캄보디아인은 모두 죽음을 가까스로 면했거나 사랑하는 사람을 잃는 등 생존과 관련해 끔찍한 경험을 한 바 있었다. 이들의 이야기를 들으며 나는 감동받았고 좌절했으며 분노했다. 가슴속에서 윤리적인 불꽃이 타올랐다. 이 간곡한 승려들은 지독한 비극이 지나간 땅을 재건하기 위해 모든 것을 바치고 있었다. 진심을 다해 도움을 청하고 있었다. 그들 앞에서 내가 최선을 다해 할 수 있는 것은 노력뿐이었다.

그래서 나는 인터넷에 기댔다. 친구들과 가족에게 캄보디아 사람들을 만난 이야기를 이메일로 써 보냈다. 그들이 감내한 어려움을 열렬히 언급했고 그들이 마주한 시련에 초점을 맞추었다. 나에게는 이메일 수신자 목록이 있었다. 아시아를 여행하는 동안 이들에게 주기적으로 소식을 알리며 모험 일기 형식의 긴 편지를 보내곤 했다. 가장 친한 친구와 지인 들이 모두 여기에 포함되어 있었다.

이메일의 '보내기' 버튼을 누르고 나니 놀라운 일이 벌어졌다. 친구들이 이 편지를 다른 친구들에게 전달했고, 그들이 또 다른 친구들에게 전달하는 식으로 꼬리를 물고 이어졌다. 내 이메일이 온라인에서 화제가 되었고 확장된 네트워크에서 소소한 돌풍을 일으켰다. 모두 한 사람과의 눈부신 인연 덕분이었다.

내 이메일 수신자 중 하나는 대규모 이메일 목록 관리 서버로, 고향에 있는 친구가 구축한 웹사이트에 내장된 것이었다. 이 서버를 통해 친구의 친구 약 200명이 간단한 프로필 사진과 자기소개, 이메일로 제공되는 공론장에 함께 연결되어 있었다. 목록에 있는 사람들은 대부분 나처럼 캘리포니아의 언더그라운드 음악에 관심이 있는 20대 젊은이였다. 우리 커뮤니티를 위해 손수 구축된 이 사이트는 아직 제대로 된 이름도 없는 맞춤형 기술이었다. 이것이 소셜 네트워크였다.

이 온라인 커뮤니티를 거치면서 내 이메일은 본래의 반경을 훌쩍 뛰어넘었고, 인맥의 다리를 건너 무수한 사람들의 메일함으로 퍼져 나갔다. 어느새 미지의 캄보디아 마을 사람들을 돕고 싶다는 이들의 폭넓은 관심이 쏟아졌다. 친구건 낯선 사람이건 모두 관심을 보이며 이메일을 보내 다양하게 변주된 질문을 던졌다. "정말 멋집니다. 제가 어떻게 도우면 좋을까요?"

그렇게 갑자기 도움의 손길이 이어졌다. 이 일에 참여하고 싶다는 사람들이 늘어났다. 내가 이곳 승려들을 위해 **정말로** 무언가 할 수 있겠다는 생각이 들면서 이 일이 실현 가능해 보였다. 강력한 이야기와 간단한 소셜 네트워크를 활용해 나는 오지에서 힘겹게 살아가는 시골 농부들에 대해 동정 어린 관심을 불러일으키는 전염성 강한 폭포를 만들어냈다. 무언가를 건드린 것이다.

당시 승려들이 저수지를 완성하려면 대략 두 달은 걸릴 것이라고 말한 바 있었다. '좋아, 두 달에 1만 5,000달러라. 그러면 차 한 대 가격이니까 할 수 있겠다.' 나는 미국으로 날아가 웹사이트를 구축하는 본업으로 돌아갔다. 여행 경비를 조금 더 모으고 몇 달 뒤 다시 캄보디아행 비행기에 몸을 실었다.

캄보디아의 시골로 돌아오는 길 위에서 내 낙관주의에 서서히 그리고 꾸준히 타격이 가해졌다. 이 프로젝트가 **만만치 않다**는 사실, 물리적 크기나 그에 필요한 노력 모두 생각보다 훨씬 더 거대하다는 사실을 깨달았다. 저수지는 호수에 더 가까웠다. 제방만 해도 500미터에 달한다는 명백한 사실이 비바람에 닳아 해진 오래된 구조물의 허름한 모습에 가려져 있었다. 수질 관리를 위해 거대한 콘크리트 배수로가 필요한 데다 공학적 도식과 수문학적 계획, 상세한 지도 작성이 요구되는 등 어떤 지방자치단체가 맡아도 규모가 상당한 기반 시설 프로젝트였다. 게다가 모든 지역에 지뢰가 있었고 불발 병기가 곳곳에 흩어져 있었다.

두 달이면 될 것이라던 시간은 날로 늘어나는 헌신과 매혹, 좌절과 인내가 이어지면서 점점 길어졌고 결국 내 인생의 7년 가까이를 캄보디아에서 보내게 되었다.

처음 이 프로젝트에 대한 관심이 무섭게 퍼져나가 폭포 효과를 일으킨 덕분에 지인들과 낯선 이들 모두에게서 지원을 받을 수 있었다. 그렇게 도메인을 사고 웹사이트를 구축한 뒤 이 활동을 "인간 번역 프로젝트Human Translation Project"라 이름 붙였다. 인터넷을 활용한 새로운 연결 능력을 통해 이전에는 숨겨져 있던 대의와 사람들을 이어주면서 인정 깊은 유대가 늘어날 것임을 알아보았기 때문이다. 이런 연결성이 언어는 물론 기존의 지리적 장벽을 초월할 것임을 직감했다.

나는 비영리단체를 세우고 지역 모금 행사를 도울 운영진을 모집하는가 하면 프로젝트 실행을 위한 수백 가지의 소액 모금 활동을 이어나갔다. 어느새 나는 이 지역의 재건을 위해 팔을 걷어붙인 직원 10여 명과 자원봉사자들을 거느린 작은 조직을 운영하게 되었다.

우리는 저수지 작업에 투입될 전문가를 다수 모집했다. 국경 없는 엔지니어Engineers Without Borders라는 자원봉사 단체로, 내가 현지 인력과 작업하는 동안 배수로 및 제방 설계와 공사 관리 역할을 맡을 것이었다. 더불어 우리는 불발된 지뢰를 제거하는 다른 단체와 협력했고 농부들이 벼를 심다가 우연히 지뢰를 건드리는 바람에 팔다리를 잃게 된 수십 에이커의 땅도 말끔히 정리했다.

승려들이 1만 5,000달러로 허술하게 가늠했던 공사비는 몇 년 사이에 25만 달러 이상으로 불어났다. 성공적인 모금 행사가 꾸준히 이어지고 보조금 신청서를 분주하게 써낸 결과, 공사를 시작하기에 충분한 돈을 확보할 수 있었다. 공사 차질과 극도로 복잡하게 얽힌 상황, 고된 작업이 수년간 이어지고 난 뒤, 마침내 2009년 저수지가 완공되었다. 저수지에 물이 가득 찬 광경을 처음 보았을 때 나는 변하지 않을 깊은 잠재력을 느꼈다. 이런 프로젝트가 또 나올 수 있다는 것을 알았다. 더 많은 사람들이 이런 지원을 받아 마땅하다고 생각했다. **이런 일이 있다는 사실만 안다면** 더 많은 사람들이 이와 같은 프로젝트에 참여할 수 있다고 믿었다. 전염성 강한 관심이 수많은 이들의 삶을 바꿀 수 있었다.

7년 뒤 새로운 도전에 뛰어들 준비가 된 나는 그동안 관여한 일에서 물러나 현지 직원과 지역공동체에 관리 권한을 넘겼다. 캄보디아를 떠나 베이 에어리어로 돌아와 어떻게 하면 이와 같은 노력의 규모를 키울 수 있을지 알아보았다. 그러면서 그동안 얻은 몇 가지 핵심 교훈을 따져보았다.

첫째, 인터넷과 간단한 소셜 네트워크를 활용한 전염성 강한 연결성으로 전에는 없던 자원과 힘을 얻으면서 그전까지는 눈에 띄지 않았을 문제를 해결할 수 있었다. 간단히 말하면 알려지지 않은 대의에 대한 인식을 높이고 정서적 관심을 북돋는 데 인터넷이 강력한 역할을 했다. 이를 통해 더 많은 기회가 열렸다.

둘째, 도덕적 극단주의가 사회에 더러 끔찍한 결과를 초래했다. 급진적인 정치 이데올로기가 캄보디아를 파괴했고 이를 정상으로 되돌리기까지 몇 세대를 거쳐야 했다. 이번 경험을 통해 정치가 극단주의와 폭력으로 돌아서면 평화로운 사회도 순식간에 관용에서 비극으로 바뀔 수 있음을 알게 되었다.

마지막으로, 의도만 좋으면 문제를 해결할 수 있다는 믿음이 사라졌다. 내 자신의 의로움에 대해 처음으로 회의가 들었다. 이 프로젝트에 관한 간단한 서사 중에 어느 하나 내 예상대로 진행된 것이 없었다. 도울 방법에 대해 고민하고 기대했던 거의 모든 일들이 잘못된 것으로 드러났다. 프로젝트에 필요한 것들을 승려들이 잘 처리하리라 믿고 이상에 부풀어 넘겨짚은 탓이었다. 걷잡을 수 없이 불어난 비용이며 지뢰 등 어느 하나 쉬운 것이 없었다. 저수지 재건은 극도로 복잡한 임무였고 나의 의로움은 얼마 가지 못해 현실이라는 고초를 마주했다.

이 세 가지 교훈이 10년 안에 세계를 디스토피아로 바라보는 기이한 시각으로, 지금 우리가 점차 익숙해지고 있는 관점으로 수렴된다는 사실을 나는 알 턱이 없었다.

❘ 공감에서 분노로

2009년에 나는 아시아에서의 프로젝트를 마무리하고 고향인 베이 에어리어로 돌아왔다. 당시 미국에서는 소셜 웹이 이제 막 온라인에 진입한 참이었다. 프렌스터Friendster와 마이스페이스Myspace, 뒤이어 페이스북과 트위터(현재는 엑스-옮긴이)가 미국인의 개인적 삶으로 급격히 휘감겨 들어와 팽창하기 시작했다. 해외에 거주할 때에도 사람들의 집단적 관심을 사로잡는 그것들의 능력을 무시하기 힘들었다. 미국으로 돌아온 뒤 몇 달 지나지 않아, 나는 기부자 중한 명이 주최 측으로 참여한 샌프란시스코의 오찬 자리에 주빈으로 초대받았다. 그때의 오찬이 기억에 남는 이유는 또 다른 공동주최자가 14대 달라이라마였으며, 선정된 사회적 기업가와 비영리 근로자 들의 인도주의적 활동을 치하하며 상을 수여하는 자리였기 때문이다. 나 역시 수상자 중 하나였지만 그곳에 자리한 이들 중주목할 만한 인물과는 가장 거리가 멀었다. 여러 저명인사 중에서도 내 옆자리에 앉은 사람은 선한 눈빛이 인상적인 크리스 콕스Chris Cox라는 이름의 젊은 남성이었다. 참석자로 초청되었다는 그는 머지않아 세계에 가장 조용한 영향을 미치는 사람이 될 것이었다.

콕스는 페이스북의 제품 담당 부사장으로 수많은 핵심 설계 결정을 책임지고 있었다. 어느새 우리는 사회를 변화시키는 소셜 미디어의 힘에 대해 긴 대화를 나누었다. 캄보디아에서의 프로젝트가 입소문을 타고 번지면서 시작되었다는 나의 이야기에 그가 흥분했다. 콕스는 온라인에 내재한 연결의 힘에 동의하면서 소셜 미디어를 사회적 이익 증대에 활용한다는 생각을 지지했다. 우리는 페이스북 친구가 되었고, 몇 주 뒤 내가 페이스북의 초창기 사무실이 있었던 팰로 앨토를 찾아가 이런 도구의 부상하는 잠재력에 대해 콕스와 논의했다.

이후 몇 달간 소셜 미디어로 증폭된 행동주의의 가능성에 매료된 나는 인간을 가장 긍정적인 방식으로 연결하는 이런 기술의 엄청난 가능성을 역시 목격한 사회적 기업가, 다큐멘터리 제작자, 프로그래머 집단과 교류하게 되었다. 인도주의적 문제를 대규모로 해결하는 데 관심이 있는 사람들에게 이런 플랫폼은 선물과 같았다.

우리가 세운 가정은 간단했다. 사람들이 세계의 고통을 알게 된다면 세계의 문제도 해결될 수 있다는 것이었다. 어려움에 처한 이들의 보이지 않는 곤경을 보이게 할 수만 있다면 우리가 매일 느끼는 의로운 공감을 다른 이들에게도 불어넣을 수 있으리라 생각했다.

과연 여러 면에서 효과가 있었다. 이어지는 몇 해 동안 우리 집단에 속한 기업가 및 활동가 들은 조회 수가 수십 억이 넘는 여러 캠페인을 벌였고 새로운 형태의 온라인 지지 활동을 개척했다. 우리는 프로젝트를 구축해 대규모 도덕적 행동을 촉발했다. 몇몇 친구들이 만든 단편 영화 〈코니 2012〉는 그 당시 인류 역사상 가장 빠르게 퍼져나간 콘텐츠가 되었다. 자욱이 퍼진 음모와 온라인 혐오 속에서 극적으로 폭발하기 전까지는 말이다.[8] 나의 친구 벤은 사람들이 온라인 청원에 서명하도록 돕는 플랫폼, '체인지(change.org)'를 시작했고 이것이 세계 최대의 사회운동 사이트로 거듭나면서 국내는 물론 국제적으로 수천 가지 운동이 결집하는 데 힘을 보탰다. 시카고에 있는 또 다른 친구는 기술 기반 시설을 구축해 버락 오바마Barack Obama가 백악관에 두 번 입성하는 데 기여했다.

우리는 페이스북의 뉴스 피드와 '좋아요' 버튼, 트위터의 '리트윗' 버튼, 순위 알고리즘 등 감정을 자극하는 콘텐츠의 도달 범위를 넓힌 디지털 제품들을 내놓으며 노력을 이어나갔다. 대부분 긍정적인 의도를 품은 이런 노력은 새로 특화된 기능들과 함께 어느 때보다 멀리 퍼져나갔다.

다양한 제품이 주요 뉴스를 장식하면서 자선 활동과 정치적 행동에 활기를 불어넣자 우리는 사람들의 동기를 유발하는 데 효과적인 것과 그렇지 않은 것이 무엇인지 알게 되었다. 감정이입을 강화하는 심리학에 더욱 관심을 갖게 되었고, 소셜 미디어를 활용해 사람들의 감정적 관심을 유발하기 위해 할 수 있는 일들에 더욱 신경을 쏟게 되었다.

그 당시에 여러 사회적 기업가들이 그랬듯 우리는 인간의 행동을 변화시키는 도구로서 공감empathy이라는 개념에 사로잡혀 있었다. 공감이 늘어난다면 세상은 더 좋아질 것이며 공감이야말로 사람이 느낄 수 있는 가장 중요한 감정 중에 하나라고 확신했다. 그 당시에는 어딜 가나 소위 공감 결여에 대한 오바마의 연설이, 공감 자체가 "세상을 바꿀 수 있는 품성"이라는 말이 후렴처럼 반복되었다.[9]

소셜 미디어는 공감을 유발하는 가장 중요하고 새로운 도구였다. 지금은 쉬이 보기 힘들어졌지만 소셜 미디어가 처음 사용되던 해에는 이를 둘러싼 낙관주의가 어디에나 널리 퍼져 있었다. 우리는 이 기술이 그 자체로 고결하다고 생각했다. 주목할 만한 사례로, 아랍의 봄(2010년 말 튀니지에서 시작되어 중동 아랍 국가 및 북아프리카로 확산된 반정부 시위-옮긴이)을 위한 시위가 이어지는 동안 우리는 잔혹한 권위주의 정권이 전복되는 과정을 실시간으로 지켜보았고 이를 가능하게 한 페이스북과 트위터의 역할에 서구 사회 대부분이 그런 것처럼 찬사를 보냈다.[10]

소셜 미디어는 해방자나 다름없었다. 더 높은 자유에 이르는, 더 넓은 민주주의와 더 투명한 가시성, 더 많은 정보에 이르는 일방통행로와 같았다. 이 시기에 실리콘밸리에서 유행하던 말을 요약하면 이러했다. "개발하려는 제품의 목적에 너무 의미를 부여하지 말라. 마크 저커버그Mark Zuckerberg는 여자 친구를 만들어보겠다고 개발한 페이스북으로 지금 중동의 독재자를 끌어내리고 있다." 여기에 숨은 의미는 이런 도구마다 나름의 숨은 동기가 있다는 것, 기존의 의도와 상관없이 인류에 본질적으로 이득이 될 만한 동기가 있다는 것이었다.

소셜 미디어의 영향력이 어마어마하다는 점에 대해서는 우리의 생각이 맞았지만 그것이 본질적으로 선하다는 생각은 아주, 몹시, 대단히 잘못된 것이었다.

| 의로운 것이 언제나 옳은 것은 아니다

예일대학교 심리학자 폴 블룸Paul Bloom은 공감에 관한 최악의 오해 중 하나가 그것이 무엇보다 자비로운 감정이라는 생각이라고 주장했다. 블룸은 공감과 그가 말하는 "이성적 동정rational compassion"을 명확히 구분하면서 공감으로부터 얼마나 많은 문제가 유발될 수 있는지 언급한다. 타인의 고통을 느끼고자 하는 공감적 충동은 연인이나 친구 사이 등 대인 관계에서는 매우 유용하지만, 도덕적 의사 결정을 위한 지침으로서는 결함이 많고 편협하며 일관성이 없다고 말한다.[11]

게다가 공감은 정치적 이익을 위해 조작되는 경우가 많다. 블룸은 역사적으로 공감이 모든 주요 전쟁의 도화선 역할을 해왔다고 주장한다. 적군의 비인간적인 특정 행태를 드러내려는 정치적 협력이 뒷받침되었다는 것이다. 세계 민주주의국가에서 공감은 적대 정권의 잔악함을 폭로하는 방편으로 활용되었다. 이슬람국가ISIS에 희생된 야지디족의 참상이 알려지면서 미국이 시리아에 개입했다.

사담 후세인Saddam Hussein의 민간인 학살이 부각되면서 미국의 이라크 침공이 정당화되었다. 북부 베트남의 호치민 정권에 의한 남부 베트남인 사상자가 증가하자 베트남 전쟁이 합리화되었다. 공감은 언제나 프로파간다에서 뚜렷한 역할을 맡는다. 적군에 희생된 이들의 고통을 함께 느끼고 이에 대해 규탄과 도덕적 분노로 대응하라고 노골적으로 요구하는 것이다.[12]

우리 중 많은 이들은 비록 이런 전략이 잘못된 곳에 쓰일 수 있다는 사실은 알지 못했지만 그 힘이 막강하다는 사실은 은연중에 알고 있었다. 그렇게 가난 종식, 전범 재판 회부, 굶주린 이들에 대한 식량 공급, 유능한 정치인 지지 등 가장 중요하게 여기는 대의를 위한 콘텐츠를 만들었다.

우리는 이런 새로운 도구를 활용해 사람들의 관심을 어떻게 유발하는지, 어떻게 참여를 끌어내야 하는지 알고 있었다. 어떻게 하면 강력한 감정을 유발하고 심금을 울려 무언가를 느끼게 할 수 있는지 익혔다. 전 세계적으로 시급한 문제들은 공유될 **필요**가 있었고, 소셜 미디어는 이런 문제들을 공유하기 위해 존재했다.

다만 세계가 아주 새롭고 상당히 분열적인 추세의 시작점에 이제 막 들어섰다는 사실은 차마 깨닫지 못했다. 기술자와 활동가, 디자이너, 영화 제작자 들이 모인 소규모 집단으로서 우리는 인간의 행동에 대대적으로 영향을 미칠 혁명의 선봉에 있었다.

사람들에게 공감적 반응을 불러일으킬 유인과 자극을 찾아 헤매면서 우리는 다른 동료들과 마찬가지로 판도라의 상자를 열어젖히고 있었다. 그 과정에서 감정적 행동을 조정하는 제어판을, 사람들의 관심을 끌어내는 확실한 방법을 찾아냈다. 한 번도 만나본 적

없는 이들에게 감정을 느끼게 하는 방법이었다. 이 도구는 곧 누구나 이용할 수 있게 될 것이었다.

대표적인 예를 업워시Upworthy의 초기 급성장에서 찾아볼 수 있다. 페이스북 공동 창업자인 크리스 휴스Chris Hughes의 지지를 등에 업고 일라이 패리저Eli Pariser가 시작한 업워시는 인간 조건에 관한 긍정적 이야기를 공유하는 데 중점을 둔 뉴스 사이트다. 업워시의 성공은 10여 가지의 헤드라인을 공격적으로 시험해 전염성 짙은 **화젯거리**, 즉 사람들이 보고 클릭하고 온라인으로 급격히 공유하는 대상을 찾는 혁신적인 과정에서 시작되었다. 한창 인기를 모으던 2012년에 업워시는 이런 전략을 통해 한 기사당 수천만 조회 수를 넘나드는 등 전 세계에서 가장 인기 있는 뉴스 사이트가 되었다.[13] 그런데 곧 전략이 드러나기 시작했다. 진입 장벽이 없는 까닭에 이들의 혁신은 빠르게 모방되었고 트래픽을 확보하려는 모든 디지털 뉴스 사이트가 이를 적용하면서 1년도 안 되어 비슷한 종류의 전염성 강한 헤드라인이 어디에나 진을 치게 되었다. 이렇게 선의에서 비롯된 혁신이 이후 "낚시글clickbait"이라 알려진 것의 시초다. 인터넷의 밑바닥으로 치닫는 전염성 강한 재앙이 시작되었다.

2010년대 중반에 이르러 이처럼 데이터를 기반으로 정서적 참여를 끌어내는 전략이 주류로 들어섰다. 공감과 분노를 이용한 관심이라는 새로운 경제가 등장하면서 정보를 발견하고 이를 통해 교류하는 방식이 형성되었다. 다수의 온라인 언론사가 세상에 발맞추기 위해 접근 방식을 변경해야 했다. 그들은 클릭 수에 따라 독자를 엄격히 분석하면서 사용자를 끌어들이기 위해 과장된 제목을 붙이고 감정을 자극하는 클립을 자동 재생했다. 객관적인 언론 보도에 도덕적 언어가 스며들기 시작했다. 동시에 누군가로부터, 누군가에 의한 프로파간다가 뉴스 피드에 침투했다. 이익을 위한 정서 조작이 알고리즘에 의해 촉진되어 누구에게나 흔한 일이 되었다. 마침 2016년 미국 대선이 열렸을 때였다.

기억하기로는 그해 처음으로 미국에서 정치적 적대감이 극에 달해 나라가 분열 위기에 처했고 내가 일을 시작한 곳과 그리 멀지 않은 지점에서 내란이 터지기 직전에 이르렀다. 경멸과 공포, 도덕적 공황이 문화적 시대정신으로 자리 잡았다. 우리를 그 지경에 이르게 한 기계를 나는 한눈에 알아볼 수 있었다. 사람들이 분노하도록 우연히 설계된 시스템이 주범이었다. 정치적 순도 테스트, 등 돌림, 당파적 적개심과 조작된 분노, 노골적 혐오, 만연한 공포. 모두 민주주의 사회의 기반을 무너뜨리는 치명적인 것들이다.

수년 전에 친구들과 내가 알아차리지 못한 진실이 하나 있었다. 공감을 유도하는 제어판을 발견하면 틀림없이 분노 버튼을 누르게 되리라는 것, 그리고 이 기계가 한번 세상에 드러나고 나면 다시는 상자 안에 넣을 수 없으리라는 것이었다.

이 장을 마치며

이번 장은 내가 어쩌다가 시민운동과 인터넷이 만나는 기이한 교차로에 서게 되었는지 이야기하면서 시작했다. 간단한 소셜 네트워크를 활용함으로써 나는 그동안 열정을 품고 있던 모호하지만 의미 있는 대의에 초점을 맞춘 전염성 강한 관심을 불러일으킬 수 있었다.

이후 몇 년 뒤 실리콘밸리에 도착한 나는 소셜 미디어라는 새로운 도구를 활용해 누구든 자신이 소중히 여기는 대의를 증폭할 수 있게 하는 야심차고 새로운 시도에 힘을 보탰다. 이 시도를 뒷받침하는 기본 가정은 연결성이 공감을 증식시키며 공감은 인류에게 본질적으로 좋다는 것이었다. 그러나 폴 블룸이 보여주었듯 공감은 분노를 유발하는 데에도 쉽게 사용될 수 있는 양날의 검이었다.

이런 도구가 탄생한 시기는 누구나 온라인에 접속하기 시작하면서 사회에 전과 다른 일이 벌어지던 시기와 정확히 맞물린다. 그 당시에는 감정이 어느 때보다 퍼지기 쉬워지고 있었다. 그 뒤에 이어진 추세가 놀랍도록 가속되면서 인류는 근본적인 변화를 맞이했다. 그에 대해서는 조금 뒤에 알아보기로 하자. 우리가 어쩌다 여기에 이르렀는지 이해하기 위해서는 더 먼 과거를 되짚어볼 필요가 있다.

02

피드

THE FEED

시간 여행을 떠나보자.

기원전 16000년이다.

당신은 지구에 사는 그리 대단할 것 없는 인간이다. 집의 바닥은 흙먼지로 되어 있다. 당신이 속한 부족, 즉 대가족은 계절마다 옮겨 다닌다. 당신은 태어나서 자연 세계와 궤를 같이하는 삶을 살고 있다. 주변 풍경을 좌우하는 신이 변덕스럽고 제멋대로라는 사실은 잘 알고 있다. 신을 어떻게 달래면 좋은지 여러 의례와 의식을 익히면서 숱하게 들어왔다. 부모님과 집안 어른들은 이 모든 지식을 머릿속에 품고 있다. 무엇이 진실인지 그들은 알고 있다. 그들은 과거와 미래의 관리인이다. 무엇이 진실이고 무엇이 거짓인지, 무엇이 옳고 무엇이 그른지 판단할 때 당신은 전적으로 그들에게 의지한다. 그들 역시 자신의 조상에게 배웠고 조상 역시 그 조상에게 배웠다. 새로운 지식이 당신의 세계로 들어오는 일은 드물고 더 많은 지식을 발견할 가능성도 희박하다. 설령 외부인에 의해 새로운 지식이 닥친다 해도 수상쩍고 위험한 것으로 치부된다. 당신의 피드는 자족적인 당신의 부족이다.

기원전 2000년.

당신은 농부다. 한 곳에 정착해 살면서 지역공동체와 함께 땅을 경작하며 목적과 의도를 품고 작물을 기른다. 시간은 주기적이고 반복적으로 흐른다. 작물을 거래할 때 가끔 새로운 소식을 듣는다. 새로운 정보가 당신이 교환하는 상품과 함께 퍼져나간다. 여행객들이 가져온 이야기는 오래전 먼 곳에서 떠나온 것이다. 그 이야기는 환상적이고 더러 무시무시하지만 늘 흥미진진하다. 당신은 앞으로 결코 경험해보지 못할 세상에 관한 이야기를 귀담아 듣는다. 이곳을 떠날 일은 없지만 마음을 열고 상상의 나래를 펼친다.

700년.

당신은 소도시에 살고 있다. 가난하지만, 알고 있는 주변 사람들 역시 대부분 가난하다. 서비스를 제공한 대가로 물건이나 음식 등 필수품을 받는다. 도시는 엄격한 계급사회로 다들 자신의 위치가 어디인지 잘 알고 있다. 계층 사다리의 꼭대기에 있는 이들이 권력을 쥐고 있다. 그들은 부드러운 직물 위에 아로새겨진, 의미를 담고 있는 글을 읽을 줄 안다. 이런 글은 창작자와는 별개인 다른 사람이 쓴 것이다. 지식은 단어를 담은 책이라는 상자 안에서 스스로 살아남는다. 글을 읽을 줄 아는 사람들이 책에 담긴 내용을 알려주는데 그 뜻은 명확하다. 만물은 원래 그러해야 하는 방식으로 존재하며 그 권위에 의문을 제기해서는 안 된다는 것이다.

1500년.

여러 사건이 적힌 신문이 도착한다. 신문은 공개적으로 팔리고 큰 소리로 읽히며 당신에게 더 넓은 세계에서 펼쳐지는 드라마에 참여하라고 손짓한다. 당신의 관심과 염려를 구하면서 글로 된 작은 상자 안에 여러 견해를 제공한다. 이들 견해가 당신의 머릿속에 불씨를 만들고, 불현듯 당신 역시 세상에서 **무엇이 일어나야 하고 일어나지 말아야 하는지**에 대해 견해를 피력한다. 당신이 전에는 한 번도 생각해본 적 없는 아이디어나 견해에 대해 의견을 보탠다.

1800년.

당신은 국가라 불리는 곳의 일부인 도시에 살고 있다. 신문은 어디에나 있고 누구든 읽을 수 있다. 국가는 아이디어가 넘쳐나는 거대한 곳이다. 어째서인지 당신은 전 세계에서 벌어지는 일들을 어느 정도 알고 있다고 생각한다. 세상은 아주 복잡하지만 신비롭지는 않다. 무슨 일이 일어났는지 알고 싶으면 동전 몇 개를 내고 얼마 전 과거에 대한 지식이 방대하게 담긴 신문을 받아들면 된다. 신문 하나를 집어 들 때마다 새로운 것을 배운다.

1900년.

적당한 곳에 살고 있다면 당신은 다른 사람들과 어두운 방 안에 앉아 벽에 붙은 거대한 사각형 상자를 들여다볼 수 있다. 그 안에서 움직이는 사진들이 춤을 춘다. 뉴스 이미지나 전쟁의 한 장면일 수도 있다. 소리 없는 쇼가 스크린에 비친다. 이렇게 포착된 이미지는 당신이 온갖 감정을 느끼게 한다. 혼을 쏙 빼놓는다.

1930년.

새로운 상자가 집 안으로 들어온다. 라디오다. 라디오는 거실에 들어앉아 당신에게 말을 걸고 음악을 연주한다. 실제 인간의 목소리로 전에는 들어보지 못한 것에 대해 이야기한다. 이것이 바로 지금, 모든 사람에게 동시에 일어나고 있음을 당신은 알고 있다. 처음으로 먼 곳에 있는 누군가가 집 안에 있는 당신에게 말을 거는 듯한 느낌이다. 라디오는 당신에게 정해진 시간에 자신을 들어달라 요구하고 당신은 가만히 앉아 귀를 기울인다. 라디오가 음악을, 이야기를 들려준다. 신문 배달보다 더 빠르게 새로운 소식을 알려준다. 이제 당신은 실시간 피드에, 엄선된 정보의 흐름에 접근할 수 있게 되었다. 훨씬 더 큰 무언가의 일부가 된 느낌이다. 역시 이런 상자를 집에 들여놓은 모든 이와 같은 경험을 공유하고 있는 듯하다. 어느새 모든 사람이 같은 것을 함께 들으며 같은 시간에 연결된다.

1950년.

새로운 상자가 집 안에 들어선다. 라디오와 똑같은데 이번에는 사진이 같이 나온다. 소리와 함께 이미지가 펼쳐진다. 음악과 아이디어가 한꺼번에 움직인다. 눈부신 연예인들이 등장한다. 이제 모두 같은 시간에 숨을 죽이고 무대를 지켜본다. 상자 안에서 공연이 펼쳐진다. 지도자가 연설하는 모습도 처음으로 지켜본다. 뉴스가 오락물이 되고 오락물이 뉴스가 된다. 믿음직해 보이는 사람들이 물건을 사라고, 싸우라고, 투표하라고 말한다. 그래서 당신도 그렇게 한다. 그들이 무엇 하러 거짓말을 하겠는가?

1980년.

운이 좋다면 당신은 더 새로운 상자를 집 안에 들인다. 키보드도 같이 있다. 그 안에 무언가를 입력하면 답이 돌아온다. 언뜻 보면 책을 전시하는 텔레비전인 것도 같다. 버튼을 누르면 대답이 돌아온다. 입력을 섞어놓고는 당신이 생각할 것을 요구한다. 그러면서 상자 자신 역시 조금은 스스로 생각한다. 이미지를, 움직이는 픽셀을 내놓는다. 당신이 할 수 있는 게임을 보여준다. 당신과 소통한다. 당신을 위해 계산한다. 핑 하면 퐁 한다. 자판을 치면 응수한다.

1995년.

상자가 재빨리 더 나은 것으로 대체된다. 그리고 또 더 나은 것으로, 더 나은 것으로 바뀐다. 매번 조금씩 작아진다. 이들 상자는 이제 연결되어 있다. 서로 대화한다. 이제 당신의 상자가 다른 모든 이의 상자와 이야기를 한다. 사람들이 실시간으로 답하는 광경을 목격한다. 단어와 픽셀로 이루어진 커뮤니티다. 모두 연예인이 아닌 평범한 사람들이다. 누구에게나 자신의 자리가 있다. 모든 것을 위한 공간이 있다. 상자는 사무실이나 도서관, 학교 등 어디에서나 모습을 드러낸다.

2007년.

급격히 줄어든 상자는 이제 주머니에 쏙 들어간다. 틈날 때마다 그것이 흥미로운 무언가를, 당신이 전에는 알지 못했던 것들을 말해준다. 이 상자는 언제나 아이디어와 기회로 가득하다. 따분할 때 억지로 견딜 필요가 없다. 주머니에 손을 집어넣고 머릿속을 점령할 대상을 찾으면 된다. 머릿속에서 당신 자신과 당신의 생각을 위한 공간은 줄어든다. 모든 사람의 생각이 바로 거기에, 당신 옆에, 변함없이 있어줄 테니까.

2009년.

이 작은 상자가 당신의 의견을 묻기 시작한다. 윙윙 울리며 당신을 끌어당기고 다른 사람들이 당신에 대해 어떻게 생각하는지 알려준다. 그들이 무엇을 좋아하는지, 그들이 무엇을 공유했는지도.

친구와 가족, 친척은 물론 낯선 사람들의 소식이 이제 신문과 저널리스트, 전문가의 소식과 섞여든다. 무엇이 누구의 것인지 분간하기 힘들다. 당신이 무엇을 하는지 알려주면 다른 이들이 맞장구친다. 그렇게 이것은 당신을 더욱더 끌어들인다.

2012년.

상자가 당신의 화를 북돋는 말을 하기 시작한다. 어느새 당신은 상자 안에 더욱 오래 머문다. 상자는 머릿속에 분노의 불씨를 만든다. 당신은 그것을 내려놓지 못한다. **무엇을 해야 하고 무엇을 하지 말아야 하는지**가 점점 더 머릿속에서 떠나지 않는다. 알람을 꺼버리지만 그것이 당신을 가만두지 않는다. 당신은 이미 길들여졌다. 따분하거나 슬플 때마다, 혹은 자기 의심이 들 때마다 그것을 들여다본다. 마음의 여유가 생길 때마다 상자로 돌아가서 다른 사람들의 의견으로 빈 곳을 채우려 한다. 의견에 대한 의견을 가지려 한다. 피드와 교감하려 한다.

2023년.

이제 상자는 우리가 일어나자마자 처음으로, 잠들기 전에 마지막으로 보는 것이 되었다. 상자는 어서 힘을 보태라고 손짓한다. 우리에게 돈과 유명세, 존경과 명성을 약속하며 공물을 요구한다. 이들을 무시하기가 점점 더 힘들어진다. 어느새 우리는 상자 밖이 아닌 안에 더 오래 머무른다. 상자가 세상이 되었다.[1]

03

압도적인 현재

THE OVERWHELMING
PRESENT

정보가 소비하는 것은 꽤 명백하다. 정보는 수신자의 관심을 소비한다. 그렇기에 정보의 풍요는 관심의 빈곤을 창출한다. 남아도는 정보원에 관심을 효율적으로 배분할 필요를 창출한다.

_허버트 사이먼Herbert Simon, 《정보 풍요 시대의 조직 설계》

우리는 정보혁명의 시대에 태어났다.

우리는 조상들이 소비한 것보다 헤아릴 수 없을 만큼 많아진 콘텐츠를 매일 소비한다. 모든 세대에서 생산하고 소비하는 정보의 양이 증가하고 있으며 그 궤적이 가파른 곡선을 그린다. 우리의 부모 세대가 부모의 위 세대보다 더 많은 콘텐츠를 소비하고 있는 것이다. 우리는 정보 가용성과 정보 주입 속도가 폭발적으로 증가하는 시대에 살고 있다.

그러나 뇌는 이렇게 다량의 새로운 데이터를 처리할 수 있도록 진화하지 않았다. 모든 정보는 비트, 즉 1 또는 0으로 이루어진 2진수로 측정할 수 있다. 부호나 언어, 소리, 이미지의 흐름은 무엇이 되었든 비트라는 기본 단위로 추출된다. 컴퓨터가 사용하는 이 코드는 우리가 읽을 수 있도록 화면 위에 글로 게시된다.

의식은 제한 속도가 엄격히 정해져 있다. 처리할 수 있는 대역폭이 제한되어 있는 것이다. 언어는 1초에 최대 126비트까지 처리할 수 있다. 한 사람이 다른 사람과 대화할 때에는 1초에 60비트 정도를 처리하는 정신 능력이 요구되는데, 이는 평균 주의력 대역폭의 절반에 해당한다. 그렇기에 두 가지 대화를 한번에 처리하기가 힘들고 세 가지 대화를 동시에 따라잡기란 불가능에 가깝다고 심리학자 미하이 칙센트미하이Mihaly Csikszentmihalyi는 말한다.[1]

신경과학자 대니얼 레비틴Daniel Levitin은 2011년에 일반적인 미국인이 1985년보다 다섯 배 더 많은 정보를 소비하고 있음을 발견했다. 그러면 여가 시간에만 하루에 대략 2,420억 비트를 소비하는 것이다. 매일 신문 175부를 읽는 셈이다.[2]

우리가 1초에 120비트 이상의 정보에 자주 노출되는 동안, 뇌에서는 소음을 무시할 수 있도록 '주의 필터attentional filter'라는 독특한 도구가 작동한다. 이 필터는 우리가 깨어 있는 동안 정보의 과도한 투입을 차단한다. 인류의 조상이 언제 무엇에 집중해야 할지 결정하는 데 도움이 되도록 진화했는데, 이 필터가 없으면 조상들은 길을 잃었을 것이다.[3]

주의 필터가 작동하는 방식은 생물 종마다 다르다. 고양이는 작은 물체의 빠른 움직임을 뒤쫓고 잠재적 먹잇감이 내는 고음을 추적한다. 개는 주의 필터를 사용해 무수히 많은 냄새를 가려낸다. 인간은 조금 독특하다. 인간의 필터는 고도로 사회적이다. 이 필터는 집단생활의 결과로 진화했기 때문에 자연히 사회적 교류에 집중하도록 설정되었다. 우리는 주변 사람들이 무엇을 하고 있는지 본능적으로 알고 싶어 한다. 어떤 행동이 옳고 그른 것으로 비치는가? 중요한 인물은 누구인가? 공동체 내에서 나의 지위는 어디쯤인가? 그 결과 우리의 주의 필터는 사회적 세계에 고도로 맞추어져 있다.[4]

현재 우리의 뇌는 사회적 정보가 포화 상태에 이른 네트워크에 연결된 채 많은 시간을 보내고 있다. 어느새 우리는 사회적 신호를 반영하는 지표에 사로잡히게 되었다. 아무리 노력해도 이 굴레를 벗어나기란 불가능해 보인다. 어쩌다 여기까지 이른 것일까?

| 인터넷의 사회사

모든 혁명이 그렇듯, 혁명은 이상주의 및 위대한 낙관주의와 함께 시작되었다. 초기 인터넷 개척자들 대다수는 유토피아가 시작되었다고 믿었다.

초기 인터넷 시대는 1980년대와 1990년대, 마이크로프로세서 연구로 슈퍼컴퓨터의 크기가 급격히 축소하면서 본격적으로 시작되었다. 이들 기계는 점차 우리의 사무실과 가정으로 진출했다.

현실적인 진입 장벽도 있었다. 컴퓨터는 여전히 비쌌고 온라인에 접속하려면 복잡한 모뎀으로 인터넷 서비스 제공 업체ISP에 연결되어야 했다. 게다가 네트워크 프로토콜에 대한 지식도 필요했다. 실제로 무언가를 구축하고자 하면 코드를 읽고 쓸 줄 알아야 했다.

이런저런 이유로 초기 인터넷에는 진보적이고 고등교육을 받았으며 반체제적 이상주의에 경도된 동일 집단이 대거 포진해 있었다. 초기 개척자 대다수는 냉전 당시 신기술에 대규모 투자를 한 미국과 유럽의 대학교나 연구 기관에 몸담고 있었다.

1989년, 이들 기관 중 하나인 유럽 원자력 연구 위원회European Council of Nuclear Research, CERN의 젊은 영국인 프로그래머 한 명이 고투하고 있었다. 그는 기관 사이의 데이터 교환을 위해 개발된 여러 네트워크를 통해 과학 자료를 공유하고자 노력하고 있었다. 그야말로 마찰투성이의 지루한 과정이었다. 팀 버너스-리Tim Berners-Lee는 이들 네트워크에서 무언가가 빠져 있음을 알아차렸다. 시스템을 공용 인터페이스로 묶을 수 있는 레이어가 빠진 것이다. 버너스-리는 새로운 툴을 코드화했다. 하이퍼텍스트 마크업 언어HTML, 하이퍼텍스트 전송 프로토콜HTTP, 유니버설 리소스 로케이터URL로 이질적인 프로토콜을 연결해 정보를 시각적으로 제시하는 통일된 방식을 창안한 것이다. 이들 툴을 사용하면 어떤 문서가 문자와 이미지로 서버에 제시되는지 누구나 쉽게 인식할 수 있었다. 버너스-리는 이들 툴을 "문서화 시스템"이라 불렀지만 실제 가치는 그 이름을 훌쩍 뛰어넘고도 남았다. 이것이 온라인 콘텐츠를 웹사이트에서 보기 위한 새로운 표준 방식으로 자리 잡았다. 자신이 품은 어마어마한 야망을 깨달은 것인지, 그는 주소에 'www'를 붙여 불렀다. 월드 와이드 웹World Wide Web의 줄임말이었다.[5]

몇 년 안에 그가 세운 표준이 폭발적으로 퍼져나갔고 브라우저와 인터넷 연결선만 있으면 누구든 접속할 수 있는 웹사이트가 수천 개씩 개설되었다. 디스플레이용 언어인 HTML은 간단하고 직관적이었다. 서버만 있으면 누구나 웹페이지를 구축해 관리할 수 있었고 누구든 그 주소만 알고 있으면 호스트가 게시한 글을 읽을 수 있었다.

이런 인터넷 초기 시대에 지오시티Geocities와 블로거Blogger 같은 새로운 퍼블리싱 플랫폼이 등장했다. 이를 통해 누구든 서버가 없어도, 저널리스트나 편집자 같은 비판적 시선이 없어도 온라인에 자신의 콘텐츠를 발행할 수 있었다. 이제 발행은 민주화되어 마찰이 없고 비용이 들지 않는 일이 되었다. 평등하고 개방적인 데다가 무료였다. 콘텐츠 옆에 광고를 비치하는 오랜 사업 모델을 활용해 비용을 지불하는 방식이었다.

일각에서는 다른 사업 모델이 적용될 수도 있지 않겠느냐는 의견도 있었다. 초기 웹 설계에 구독이나 소액 결제처럼 더 나은 수입원이 포함될 수도 있었다는 것이다. 지금 우리가 마주한 주의력 문제는 이선 저커먼Ethan Zuckerman이 말한 "인터넷의 원죄", 즉 대나수 웹 서비스를 떠받치고 있는 '주의력-추출attention-extraction'이라는 광고 의존 모델에 따른 결과다.[6]

현실적으로 광고는 여러 이유에서 대안적 사업 모델을 극적으로 능가한다. 초기 웹에서는 적용 가능한 결제 해결책이 없었다(신용카드 기업은 온라인 결제를 통합할 현실적 방안을 몇 년째 찾지 못했고 페이팔은 2000년이 되어서야 출시될 예정이었다). 게다가 초기 인터넷의 기반 시설 구축 비용이 충격적일 만큼 높았고 여기에 기꺼이 돈을 쏟아부을 투자자들은 위험한 판돈에 상응하는 고수익을 원하고 있었다.

하지만 광고가 인터넷을 주도하게 된 가장 큰 이유는 결국 심리에 있었다. 누구든 유료보다는 무료를 선호하기 때문이었다. 사용자가 단편적인 관심이나마 내어줄 의향이 있는 쪽은 무료 콘텐츠였다. 새로운 사용자가 초기의 광고 기반 플랫폼에 모여들어 자신의 콘텐츠를 게시하고자 했지만 급격한 인기를 얻은 웹사이트는 소수에 불과했다. 대다수는 단순히 검색이 잘 안 된 탓에 무명을 벗어나지 못했다. 이후 소수의 초기 검색 서비스 기업들이 웹사이트를 스캔해 색인을 다는 작은 코드 조각 '크롤러crawlers'를 소개하면서 분위기가 점차 바뀌기 시작했다.

이런 초기 검색 서비스 기업 10여 곳 중 최상의 성과를 낸 곳이 구글이었다. 새로운 인용 메커니즘을 활용해 특정 주제에서 가장 인기 있는 웹사이트를 가려낸 것이다. 구글의 알고리즘이 특별한 것은 '사회적 검증'과 유사한 기능을 사용해 무엇이 좋은지 알아냈기 때문이다. 구글은 사이트 간의 링크를 계산했다. 가령 당신이 감자 요리법을 찾고 있다면 '감자 요리법'을 언급한 사이트를 찾고 그 사이트의 링크를 게시한 다른 사이트의 수에 따라 등급 순으로 배열했다. '페이지랭크PageRank'라고 알려진 이 혁신적인 인덱싱 기법은 사이트 간의 기존 연결에서 일종의 사회적 증거를 발견했다. 웹사이트 간의 이런 사회적 관계를 측정함으로써 구글은 초기 웹의 흐릿한 안개 속에서 품질 높은 신호를 찾아냈다. 각각의 검색 결과에 타깃이 제대로 설정된 광고를 게시하며 구글은 인터넷에서 가장 수익성 있는 사이트 중 하나로 비약했다.

하지만 2000년대 초반의 인터넷은 무언가를 검색하지 않는 한 소비자에게 콘텐츠를 제공할 방법을 알지 못했다. 대다수의 콘텐츠 기반 웹사이트는 여전히 신문처럼 전통적인 발행 모델에 의존하고 있었다. 사람들에게 돈을 지불해 기사를 작성하게 한 뒤 이를 홈페이지에 게시하는 방식이었다. 정보를 얻으려면 사용자 자신이 여기 찌르고 저기 들쑤셔서 인터넷을 끌어당겨야 했다.

이제 무언가 새로운 것이 그 관계를 뒤엎을 참이었다.

┃친구의 친구의 친구를 연결하다

처음에 소셜 미디어는 다정하고 사교적이며 기분 좋은 곳처럼 느껴졌다. 프렌스터와 마이스페이스, 페이스북 모두 2002년에서 2004년 사이에 등장해 당신만을 위해 표준화된 웹사이트라는 간단한 것을 제공했다. 프로필과 URL을 제공하고 친구와 연결해주면서 그들과 소통할 몇 가지 기본적인 메시지 툴을 제시했다. 사람들이 고도로 엄선한 자신의 삶을 게시하고 우정을 과시하도록 부추겼다. 뉴스도, 피드도 없었다. 역시 10대와 젊은 세대 사이에서 엄청난 인기를 얻었다. 최초의 주요 소셜 네트워크 사이트인 프렌스터는 스스로 창출한 트래픽 양에 짓눌려 신음했다.

곧이어 또 다른 경쟁자가 나타났다. 더 조악한 플랫폼이라 할 수 있는 마이스페이스는 새로운 친구를 추가하고 사용자 간의 연결을 확장하는 데 있어 마찰이 적었다. 프렌스터가 수백만 트래픽을 이기지 못해 무너지면서 사용자들이 대거 마이스페이스로 몰려들었는데, 마이스페이스의 서버는 별다른 성능 문제 없이 무난하게 이어졌다.

백 엔드back end(웹에서 사용자에게 드러나지 않는 데이터베이스 공간 및 기능-옮긴이)가 아무리 빨라도 마이스페이스의 프런트 엔드front end(웹에서 사용자에게 시각적으로 드러나는 공간 및 기능-옮긴이)는 부실했다. 사이트가 인기를 얻게 되었을 때 마이스페이스의 핵심 기능 중 하나는 사용자들이 실제 보안 버그를 악용한 것으로, 코드 삽입을 통해 페이지를 개인화하는 것이었다. 일부 수완 좋은 사용자들은 개방된 텍스트 필드에 자신만의 CSS 코드를 삽입해 배경을 바꾸고 이미지와 미디어 플레이어를 추가하는가 하면 개인 프로필을 극적으로 수정할 수 있다는 사실을 알아냈다. 이런 보안 버그는 결국 철저한 맞춤 제작이라는, 마이스페이스의 가장 매력적인 기능으로 자리 잡았다. 사용자들이 이 기능을 좋아했기에 사이트 개발자는 버그를 해결하는 대신 그대로 두기로 결정했다. 하지만 사용자의 개별 프로필에 주어진 광범위한 자유로 인해 사이트에 저급한 디자인이 넘쳐나면서 맞춤 제작의 가치는 곧 골칫거리가 되었다.

마이스페이스에서는 소셜 그래프가 널리 열려 있고 가능한 한 많은 친구를 추가하는 문화가 있었다. 사용자는 친구 수를 늘리기 위해 모르는 사람도 친구에 추가해 넣으라는 권유를 받았다. 신규 사용자는 누구나 사이트 설립자 중 하나인 톰Tom과 이어졌다. 이 두 가지 기능이 사용자의 급격한 흡수와 대규모 성장으로 이어졌고 전성기에는 활성 사용자가 1억 3,000만 명을 넘어서기에 이르렀다. 사람들은 경쟁하듯 더 많은 친구를 추가하면서 플랫폼에 자신의 인기를 과시했다.[7]

하지만 이렇게 낯선 사람과 낯선 사람이 이어지는 마찰 없는 폭발은 그리 오래가지 않았다. 2006년, 마이스페이스가 뉴스코퍼레이션NewsCorp에 5억 8,000만 달러로 매각되었을 때부터 빛은 이미 사그라지고 있었다. 볼품없고 요란한 데다 규율도 없는, 낯선 얼굴과 조악한 디자인으로 넘쳐나는 공공의 카니발을 닮아가고 있었다. 이 것은 진정한 관계가 아니었고 사람들 간의 연결을 묶을 구속력도 없었다. 너무 빨리, 너무 크게 성장한 탓이었다. 사용자들은 다른 무언가를 찾아 나설 준비가 되어 있었다.

결국 다른 무언가가 등장했다. 저커버그와 몇 안 되는 룸메이트들이 2004년에 내놓은 스타트업, 페이스북이었다. 이 친구들이 세계 최대의 소셜 네트워크를 구축한 일화는 이미 잘 알려져 있다. 가장 중요한 점은 페이스북이 사용자를 대학교 이메일 주소로 연결해 온라인의 사회관계가 실재함을 확실히 하면서 온라인 생태계의 초기 주도권 싸움에서 승기를 잡았다는 것이다. 저커버그는 이런 관계의 망을 "소셜 그래프"라 부르고 사람 사이의 실제 연결망을 소유하는 것이 가치 있으리라 내다보았다.

몇 년 안에 페이스북이 꾸준히 확장하고 저커버그의 예측은 현실이 될 터였다. 전 세계 수억 명이 광고 타깃이 되기 좋은 소셜 미디어 커뮤니티에 끊임없이 접속하게 될 것이었다.

| 바이럴 업그레이드

2009년에서 2012년 사이에 일어난 몇 가지 점진적 변화로 개인의 정보 공유 속도가 극적으로 빨라지면서 소셜 미디어가 몰라보게 개선되었다. 따로 떼어놓고 보면 각각의 변화는 그리 문제적이지 않다. 저마다 어떤 문제를 풀기 위한 기능적 방편이었고, 사용자와 플랫폼 제작자 모두에게 즉각적으로, 눈에 띄게 도움이 되었다.

2006년에 출시된 트위터의 가장 두드러진 특징은 타임라인이었다. 140자로 된 업데이트 소식이 끝없이 이어지면 이를 사용자가 휴대전화에서 볼 수 있었다. 타임라인은 정보를 소비하는 새로운 방식이었다. 콘텐츠가 끝없이 공급되는 것이 많은 이들에게는 마치 소방 호스로 물을 마시는 것처럼 느껴졌다. 그해 말에 페이스북은 뉴스 피드라는 버전을 내놓았다.

페이스북과 트위터는 조금 다른 시기에 주요한 혁신을 더했다. 예측된 참여를 바탕으로 사용자가 어떤 콘텐츠를 먼저 시청할지 결정하는 순위 알고리즘이 그것인데, 개인이 주어진 콘텐츠와 교감할 가능성을 점치는 것이었다. 이렇게 개개인이 반응할 가능성이 높은 맞춤형 콘텐츠의 흐름이 이어지면서 타임라인은 더욱 다루기 쉽고 흥미를 끄는 대상이 되었다.

알고리즘에 따른 콘텐츠 순서 배열은 머지않아 신빙성의 서열을 무너뜨렸다. 누가 만든 어떤 게시물이든 참여만 유발할 수 있다면 피드의 꼭대기에 오를 수 있었다. 이런 환경에서 잘못된 정보가 성행했다. 어떤 개인의 블로그 게시물이 〈뉴욕 타임스〉의 기사와 똑같은 모습, 똑같은 느낌을 자아낼 수도 있었다.

2009년, 페이스북이 '좋아요' 버튼을 추가했고 처음으로 플랫폼 내 콘텐츠의 인기를 드러내는 공적 지표를 만들어냈다. 이 기능은 트위터에 재빨리 복제되었고 온라인 공유 콘텐츠의 가치를 결정짓는 기본 지표가 되었다.

같은 해에 트위터 역시 '리트윗' 버튼을 추가하면서 중요한 변화를 꾀했다. 그전까지는 사용자가 예전 트윗을 복사해 상태 업데이트에 붙여 넣어야 했지만, 이제 리트윗 버튼으로 콘텐츠를 아무 저항 없이 퍼뜨릴 수 있게 되었다. 클릭 한 번으로 누군가의 트윗을 모든 팔로어에게 보낼 수 있었다. 2012년에 페이스북 역시 급성장하는 관중인 스마트폰 사용자들을 위해 리트윗과 유사한 '공유' 버튼을 내놓았다.[8]

공유 버튼으로 사람들은 정보의 분포와 확산에 적극 가담하게 되었다. 간단한 게시물이 뉴스 피드를 통해 친구의 친구의 친구에게까지 쏟아졌다. 이들 세 가지 주요한 변화가 일제히 작동했다. 맞춤형 알고리즘이 '좋아요'와 즐겨찾기를 활용해 무엇을 소개할지 결정하면 기본 추천 알고리즘이 사용자에게 콘텐츠를 보내고, 사용자는 가장 매력적인 콘텐츠를 자신의 지인들에게 공유하면서 더 멀리 퍼뜨리는 것이다.

사회적 지표와 알고리즘 피드, 원클릭 공유라는 세 가지 변화로 모든 사람이 이용 가능한 정보의 유형이 근본부터 바뀌었고, 새로운 정보를 분석하고 처리하는 방법이 몰라보게 달라졌다. 스마트폰이라는 반짝이는 새 기기 안에 장착된 이 세 가지 혁신이 우리가 일상에서 주기적으로 접하는 콘텐츠의 유형을 근본적으로 바꿔놓았다. 이들 각각의 혁신은 미디어 생태계를 지금과 같이 낯설고 괴이한 곳으로 변모시키는 데 엄청난 역할을 했다.

이런 개선은 인쇄기가 발명된 이후 정보 공유 측면에서 일어난 가장 큰 변화로, 우리가 생성하고 소비하는 정보의 속도와 확산을 획기적으로 증가시켰다. 이 세 가지 혁신으로 우리는 이제 새로운 시대에 살게 되었다. 바이럴 시대가 열린 것이다.

| 바이럴 두뇌

네트워크 속도가 높아지면 어떻게 될까? 새로운 정보가 넘쳐나면 공유된 인식에 무슨 일이 벌어질까? 우선 지식을 면밀히 분석하는 능력이 한계에 이르기 시작한다.

이해에 도움이 될 만한 현실적인 비유로 대니얼 카너먼Daniel Kahneman에게 노벨상을 안긴 연구를 들 수 있다. 아모스 트버스키 Amos Tversky와 함께한 이 연구에서 그는 우리의 심리 작용에 주요한 두 가지 "시스템"을 기술했다. 빠르고 본능적이며 감정적인 시스템 1과 좀 더 느리고 신중하며 분석적으로 정보를 사유하고 소비하는 시스템 2가 여기에 해당한다. 시스템 1은 편견과 정신적 지름길에 취약해 성급한 결정을 내리기 쉬운 반면 시스템 2는 미묘하고 복잡한 문제를 해결할 때 도움이 된다.[9]

빠른 사고 대 느린 사고

시스템 1
빠른 사고
반응적
무의식적
감정적
자동적

시스템 2
느린 사고
사색적
신뢰성
노력
신중함

두 시스템 모두 일상생활에 도움이 되지만 시스템 1은 속도와 충동성을 우선시하는 디지털 구조에서 번성한다. 낚시글부터 감정을 자극하고 분노를 유발하는 뉴스까지, 소셜 웹이 의도치 않게 시스템 1을 이용하도록 구축되는 바람에 우리는 반응적이고 자동적이며 무의식적인 사고에 치우치게 되었다.

소셜 웹의 전체 구조는 관심을 최대한 빨리 사로잡는다는 구체적인 목표를 품고 바이럴리티를 염두에 둔 채 작동한다. 이웃과 우리 자신의 충동적 사고 사이에 어떤 마찰도 일지 않으면서 충동적이고 빠른 사고가 우위에 서는 것이다.

이런 유형의 정보가 밀어닥친다는 느낌이 들면 다급함이 배가된다. 모든 것이 중요해진다. 시스템 1이 가동하는 뇌는 진정 중요한 것과 감정적으로 긴급한 것을 구분할 줄 모른다.

이런 속도의 증가로 대개 피해를 입는 것은 다름 아닌 진실 자체다. 출처는 불분명하지만 "시간이 진실을 드러낸다"고 쓴 소少 세네카Seneca the Younger는 지식 공유의 핵심 원리를 파악하고 있었다. "시간이 말해줄 것"이라는 그의 금언은 지금도 곳곳에서 들린다. 무엇이 진실이고 무엇이 거짓인지 판독할 때 시간은 정확성을 높이는 핵심 파트너다. 시간이 길수록 정보를 거르고 판단하고 확인할 기회는 더 많아진다. 이런 이유로 우리가 온라인에서 보는 거짓은 대부분 빨리 노출되고 빨리 공유되며 그것을 멈춰 세우는 우리의 능

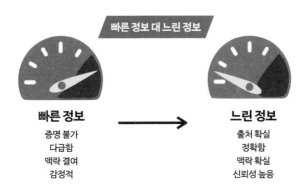

빠른 정보 대 느린 정보

빠른 정보	느린 정보
증명 불가	출처 확실
다급함	정확함
맥락 결여	맥락 확실
감정적	신뢰성 높음

력보다 빨리 이동한다. 우리는 차마 몰랐지만 잘못된 정보의 등장에 막대한 힘을 실은 것이 바이럴리티다.[10]

지금의 미디어 환경에서는 콘텐츠의 속도가 상당히 중요해졌다. 매사추세츠공과대학교MIT의 소로시 보수기Soroush Vosoughi와 뎁 로이Deb Roy가 진행한 연구에 따르면 가짜 뉴스가 진짜 뉴스보다 여섯 배 더 빠르고 더 넓게 퍼진다.[11] 전염성이 강하다는 거짓 정보의 이점에 진짜 정보가 맞서기는 힘들다. 2018년에 발표된 이 연구는 우리가 마주하는 전염성 강한 정보 대부분이 정확하지 않다는 사실을 입증했다.

2022년에 온라인상의 전염성 강한 정보에서 정확히 무엇이 잘못되었는지 꼬집는 흥미로운 설명이 등장하면서 이 연구 자체가 시험대에 올랐다. 〈애틀랜틱〉의 한 기자가 기존 연구에 대한 다른 학자의 논평에 혼란을 느끼며 연구의 주요 결과가 잘못되었다고 트위터에 주장한 것이다. "정말 마음에 든다. 소셜 미디어에서는 잘못된 정보가 진실보다 더 빨리, 더 멀리 퍼진다는 〈사이언스〉의 논문 기억하는가? 틀렸다!" 이 트윗은 급격히 확산되었다. 그런데 사실 이것은 잘못된 글이었다. 이후 기자는 연구가 거짓이라는 자신의 잘못된 주장을 철회했다. 기사의 제목이 궁금한가? "가짜 뉴스에 대해 거짓말한 것, 송구하다."[12] 보수기와 로이의 연구는 비록 그에 대한 가짜 소문이 널리 퍼지면서 연구 주제를 정확히 증명하는 낭만적인 사례가 되었지만, 그 가치는 여전히 유효하다.

속도와 바이럴리티는 다르다. 속도가 느린 콘텐츠도 널리 퍼질 수 있다. 좋은 책 정보를 친구들과 공유하거나 영화 관람 평이 입소문으로 퍼지는 것이 그 예다. 반면 속도가 빠른 콘텐츠는 즉각적 감

바이럴리티
개인과 개인의 공유를 통해
콘텐츠가 퍼지는 현상

속도
콘텐츠가 퍼지는 빠르기

정과 시스템 1이 가동하는 뇌에 호소할 가능성이 더 높다.

| 바이럴 슈퍼 파워

그보다 한참 전, 바이럴 콘텐츠가 처음 피드로 흘러들어오기 시작한 2010년대에 피드는 모든 사람에게 선물처럼 주어진 신선한 능력처럼 보였다. 누구든, 어디서든 단순히 자신의 콘텐츠 하나만으로 마법처럼 하루아침에 명성과 인정과 호응을 얻을 수 있었다. 당시에는 고결한 혁명이 시작되는 것 같았다. 문지기도 없고 고루한 주류 언론사의 실세도 없으며 수구 세력도 없었다.

초기에 소셜 미디어에 퍼진 콘텐츠는 유독 재미있었다. 뒤이어 쏟아지는 사용자 생성 영상 및 기사, 밈 등은 흥미진진하고 유쾌하고 유용했다. 이런 콘텐츠가 개인의 피드로 꾸준히 스며들었고 더불어 예기치 못한 인기를 얻고 삶이 몰라보게 바뀐 사람들의 이야기가 봇물처럼 터져나왔다. 수많은 크리에이터가 하룻밤 사이에 엄청난 신규 독자를 확보했다. 바이럴리티는 정당하고 평등하며 현실적이라 느껴졌다. 스스로를 드러내는 방식의 세대교체가 이루어졌다. 갑자기 다른 사람들을 어느 때보다 더 잘 볼 수 있게 된 것 같았다.

하지만 그 말은 곧, 우리 역시 다른 이들의 시선을 피할 수 없다는 뜻이었다. 이 도구를 통해 친구는 물론이고 낯선 이들과도 성과와 평가를 주고받아야 하는 이상한 계약을 맺게 되었다. 이제 우리는 게시물을 올릴 때마다 관찰되고 평가받고 판단되었다. 진화하는 소셜 미디어의 장에 이바지하도록 개개인에게 유인책과 장려책이 주어졌다. 그 장이 펼쳐지면서 우리는 곧 목격할 광경에 충격을 받게 될 것이었다.

이 장을 마치며

이번 장은 우리가 정보의 폭발 속에서 태어난 과정을 살펴보며 시작했다. 지금 우리는 인류 역사상 그 어떤 시기보다 많은 콘텐츠를 매일 소비하고 있지만 정보를 처리하는 두뇌의 기능은 1초에 120비트로 예전과 크게 달라지지 않았다.

인터넷의 역사를 추적하면서 소셜 네트워크로서의 인터넷이 어떻게 시작되었는지 더듬어보았다. 집단 지식을 찾는 방편으로 하이퍼링크라는 문서 시스템이 소개되었다. 그런 다음 다분히 개인적인 새로운 인터넷, 즉 소셜 미디어가 어떻게 등장했고 어떤 우여곡절을 겪으며 진화했는지 알아보았다.

- 소셜 미디어는 2009년부터 극적으로 변화했다. **알고리즘 피드와 사회적 지표, 원 클릭 공유**라는 세 가지 주요 특징을 통해 지식 확산 속

도가 근본적으로 개선되면서 우리는 현대의 바이럴 시대에 진입했다.

- 소셜 미디어의 주요 원리는 이렇다. **빠르게 퍼지는 정보는 거짓일 확률이 높다.** 바이럴 콘텐츠가 이런 방식으로 작동하는 이유는 카너먼이 언급한 것처럼 인지 기능에서 더 신중한 시스템 2가 아니라 감정적 휴리스틱과 직관에 의존하는 시스템 1에 호소하는 경향이 있기 때문이다.

이제 이들 도구가 어떻게 그런 중독성을 띠게 되었는지 알아보고 인간의 가장 중요한 능력 중 하나인 집중력에 어떤 놀라운 영향을 미쳤는지 살펴보자.

04

중독의 기원

THE ORIGIN OF
OUR ADDICTIONS

당신이 이미 알고 있는 몇 가지를 말하려고 한다. 당신의 뇌는 휴대전화나 컴퓨터를 열 때마다 전쟁터로 걸어 들어간다. 공격자는 디지털 세계의 설계자이며 그들의 무기는 앱과 뉴스 피드, 그리고 당신이 화면을 볼 때마다 뜨는 알림이다.

그들은 당신의 가장 희소한 자원, 즉 주의력을 확보하고 이를 볼모로 돈을 벌려 한다. 성공하기 위해 그들은 당신 두뇌의 방어선과 당신의 의지력, 다른 일에 집중하려는 욕구를 파악하고 거기서 빠져나가는 방법을 알아내야 한다.

이 전쟁에서 당신은 질 것이다. 이미 그래왔다. 보통 사람은 하루에도 열두 번씩 진다.

익숙하게 들리는가? 한가할 때면 당신은 휴대전화를 켜고 시간을 확인한다. 19분이 지나고 나면 디지털 세계의 어느 구석에 굴러떨어져, 모르는 사람의 사진이나 깜짝 놀랄 뉴스 기사, 누군가가 춤을 추는 틱톡 영상이나 웃긴 유튜브 클립 사이에서 정신이 들 것이다. 처음부터 그럴 생각은 아니었다. 무슨 일이 있었던 것일까?

당신 잘못이 아니다. 그렇게 설계된 것이다. 당신이 방금 전 굴러 떨어진 디지털 세계의 토끼굴은 당신을 겨냥한 광고로부터 자금을 지원받는다. 당신이 사용하는 거의 모든 **무료** 앱이나 서비스는 무의식 중에 당신의 눈길이 닿는 것을 돈으로 바꾸기 위한 은밀한 절차에 의존하며 이를 확실히 수행하는 정교한 절차를 구축해놓았다. 이들 플랫폼에 사용료를 내지는 않지만 걱정할 것 없다. 당신은 다름 아닌 시간과 주의력, 관점으로 **이미** 사용료를 지불하고 있으니까.

이런 결정에 악의가 있는 것은 아니다. 분석 대시보드나 A/B 테스트split-testing(디지털 마케팅에서 둘 이상의 시안 중 최적의 안을 선정하기 위한 방법-옮긴이) 패널, 코드로 뒤덮인 벽 뒤에서 이루어지는 결정은 당신을 예측 가능한 자산으로, 관심을 얻기 위해 캐낼 수 있는 사용자로 탈바꿈시킨다.

기술 기업과 언론 조직 모두 광고를 주요 수입원으로 하고 지나치게 단순화된 한 가지 지표에 초점을 맞추어 이 절차를 진행한다. "참여engagement"라고 불리는 이 지표는 우리가 뉴스나 정치, 서로를 바라보는 방식을 꾸준히, 미묘하게 바꾸어놓았다.

이렇게 우리가 기기에 중독되는 현상은 정치에서 마주하는 문제와 다르지 않다. 사실 둘 다 같은 시스템 안에 있다.

우리가 인간으로서 소비하는 다량의 정보는 우리의 감정적 관심을 포착하기 위해 구축된 알고리즘에 의해 처음으로 통제된다. 그 결과 염려스러운 의견을 큰 소리로 외치는 성난 목소리가 더 많이 들리고 위협적이거나 무서운 뉴스가 더 많이 보이는데, 모두 단순히 이와 같은 이야기에 사람들이 더 많이 참여하기 때문이다. 이런 참여는 제작자와 저널리스트, 크리에이터, 정치인, 그리고 당연히 플랫폼 자체 등 관여한 모든 이에게 수익을 안겨준다.

소셜 미디어라는 장치는 사회가 스스로를 비추는 렌즈가 되었으며 인간 담론의 규칙을 근본부터 바꾸고 있다. 우리는 모두 자신의 게시물과 콘텐츠를 통해 이 게임에 참여하면서 순간적인 도파민 분비와 칭찬이라는 소소한 지표로 수익 얻는 법을 익혔다. 그 결과 우리의 말은 어느새 정의와 확신, 극단적 판단으로 물들었다.

세계에서 잘못된 일이 발생하는 광경을 보면 이를 바로잡고픈 욕망을 느낀다. 범칙 행위를 자신의 네트워크에서 공론화하고 싶어진다. 더 많은 문제가 발생하면 이에 대해 책임이 있는 범인은 **반드시** 있기 마련이다. 이제 우리는 어디에나 존재하는 이런 적들을 소환해야 할 필요를 느낀다.

그 결과 집단적 인식이 변화한다. 위험에 처한 세계가 눈앞에 닥친다. 우리가 믿는 가치가 끝없는 도덕적 모욕에 시달리고 유해한 정치 풍토가 만연하며, 공감 능력이 돌연 축소된다.[1] 이들 새로운 도구는 인류가 직면한 깊은 시련 앞에서 이해하고 응집하고 협력하는 능력을 분열시키고 있다.

몇 년 전 이루어진 선택 하나를 파헤쳐보자. 대다수가 생각해보지 못한 이 선택은 간단한 구매 행위였는데, 많은 사람들이 이를 놓고 기대에 부풀기도 했다. 나의 경우, 이 도구만 있으면 생산성이 나날이 좋아지리라 자신했다. 주황색 승복 차림의 승려를 따라 시골로 간 결정 이후, 내 생애 두 번째로 중요한 결정이었다.

무해하면서도 지극히 중요해 보이는 이 선택은 바로 스마트폰을 처음 구매하는 것이었다. 매끈한 직사각형 물체를 열어 전원을 처음 켜던 날, 그것이 나와 두뇌의 관계를 바꾸리라고는 상상도 하지 못했다.

2007년에 잠이 들어 2020년대에 깨어났다면 〈트와일라잇 존: 환상 특급〉의 어느 에피소드에 들어온 느낌이 들 것이다. 목을 길게 빼고 반짝이는 사각형 안을 유심히 들여다보는 사람들은 하나같이 영원한 저주에 걸린 것 같다. 바깥 세계는 전과 다를 바 없겠지만 그곳에 서식하는 사람들은 눈에 띄게 달라 보일 것이다. 주변 사람들이 손에 쥔 이 빛나는 상자에 사로잡힌 채 낯선 말을 내뱉을 것이다.

2000년대 초반 10년의 풍경을 어렴풋이 기억할 것이다. 당시 우리는 책이나 긴 잡지 기사에 어렵지 않게 빠져들었다. 따분하기도 했을 것이다. 다급한 지식의 그물망에서 빠져나온 채 홀로 오래 걷기도 했다. 무언가 중요한 것을 놓쳤다는 걱정에 과도하게 짓눌리지도, 이다음 닥칠 위기의 치명적인 암류를 의식하지도 않았다.

나 역시 초기에 이런 고충을 느꼈다. 뇌의 화학물질이 이런 변화에 유난히 예민하게 반응했고 특히 스마트폰과 앱, 피드라는 구조에 취약했다. 스마트폰이 유발한 도파민의 덫에 꼼짝없이 갇혀서 수천 시간을 흘려보냈다. 내 주의력을 추출하는 기술이 효율적일수록 집중력이 제한되고 삭제되고 흩어지고 줄어드는 것이 느껴졌다.

주의력이 떨어지자 처음에는 혼란스러웠다. 스마트폰은 내 생산성을 더 높여주기로 되어 있었는데 도리어 집중력을 일부 앗아가고 있었다. 왜 그럴까? 나는 임상의처럼 행동을 면밀히 살피면서 디지털 환경을 수정, 관리, 재구성해 통제권을 더듬더듬 되찾았다.

그렇게 몇 년이 이어진 뒤, 나는 공식적으로 ADHD 진단을 받았다. 뼈아픈 깨달음이었고 그간의 내 고군분투가 왜 그리 치열했는지 분명해지기 시작했다. 나는 점점 늘어나는 정보 수요에 대처하려 애쓰고 있었고 뇌는 유난히 버거워했다. ADHD는 스마트폰 시대에 점점 더 흔한 인지 장애가 되었고, 스마트폰과 집단적 주의력 결핍 사이에 관계가 있음을 암시했다.[2]

작가이자 생산성 전문가인 라이더 캐롤Ryder Carroll이 언급했듯 스마트폰 시대에 ADHD를 앓고 있다는 것은 손으로 빗방울을 잡으려 하는 것과 흡사하다.

밖으로 나가 어두워지는 하늘로 관심을 돌린다. 첫 번째 빗방울이 떨어진다. 당신은 그것을 잡고, 또 다른 빗방울을 잡는다. 곧이어 폭풍이 몰아치면서 빗방울은 더 거세진다. 한 방울, 두 방울을 놓친다. 얼마 뒤 무수히 많은 것들이 당신의 주의력 영역으로 비처럼 쏟아지는데 무엇에 집중해야 할지 갈피를 잡지 못한다. 어디에 초점을 맞추어야 할까? 멀리서 다가오는 것에, 아니면 가까이 있는 것에? 기를 쓰고 신중을 기할수록 점점 더 많은 것을 놓치고 만다.[3]

나의 경우, 주의력을 재건하는 과정이 더디고 고통스럽게 진행되었다. 10년이 넘도록 스스로를 다잡기 위해 루브 골드버그Rube Goldberg 기계(쉽고 간단한 일을 어렵고 복잡한 과정을 거치도록 구상된 기계-옮긴이)처럼 거창하지만 단순한 방법을 정교하게 구축했다. 나만의 집중 유도 기계에는 대여섯 개의 브라우저 확장 프로그램과 뉴스 피드 차단막, 명상 의식, 가상 사설망VPN, 생산성 타이머 등이 있다. 이들 각각은 무한한 디지털 세상의 토끼굴로 미끄러질 수 있는 주의력을 조금이나마 붙잡는 데 도움이 된다.

이런 전략이 언제나 성공적인 것은 아니다. 나는 여전히 개인적으로나 일적으로 이들 도구를 사용하지 않을 수 없으며 당신 역시 크게 다르지 않으리라 생각한다. 내 수입은 이런 수단을 얼마나, 어떻게 사용하느냐에 달려 있다. 이 책의 성공 역시 마찬가지다. 어떤 저명인사도 한 치의 양보 없이 소셜 미디어와 완전히 분리되어 살 수 없다. 나는 살아남아 성공하기 위해 이 게임을 해야만 하고 아마 당신 역시 그럴 것이다.

실제로 스마트폰 없이 사는 사람을 만나면(그렇다, 분명 지금도 그런 사람들이 존재한다) 마치 잘 알려지지 않은 병에 걸린 사람을 만나는 것과 비슷한 느낌이 든다. 그들의 삶이 궁금해진다. 정말 괜찮은 것인지 알고 싶어진다. 그들이 고난을 극복했다는 사실이 내단하게 느껴지면서도 당신은 그들처럼 해내지 못하리라 생각한다.

하지만 우리 역시 이상하기는 마찬가지다. 스마트폰이 등장한 이후 나의 개인적 자유의지를 상당 부분 잃어버렸음을 증명할 수 있다. 그 상실을 몇 주, 몇 달, 몇 년 단위로 측정할 수도 있다. 나만 그렇지는 않을 것이다.

2018년에 이루어진 한 연구에서는 스마트폰 사용자 중 63퍼센트가 사용 시간을 제한하려 시도해보았다고 답했는데 그중 성공했다고 생각하는 이는 절반에 그쳤다. 2022년에 미국인의 하루 모바일 기기 사용 시간은 다섯 시간이었다. 보통 깨어 있는 시간의 3분의 1에 가까운 시간이다. 우리는 그것이 잠을 갉아먹고 관계를 잠식하도록, 우리 스스로 좌절과 분노, 탈진과 포모 증후군Fear of Missing Out, FOMO(좋은 기회를 놓칠까 봐, 자신만 소외되고 뒤처질까 봐 걱정하는 불안한 마음-옮긴이)에 압도되도록 내버려두었다.[4]

모두 알고 있지만 멈출 수가 없다.

주의력은 제로섬이다. 안타깝게도 우리가 깨어 있는 시간은 한정되어 있는데 무언가에 주의를 기울이는 순간, 그 시간은 영영 사라진다. 유한한 존재인 우리가 잃어버린 순간은 되돌릴 수 없다. 그리고 시간은 점점 더 가장 부족한 자원이 되어간다.

주의력이 도난당하고 압도당하고 추출된다면 세계는 어떤 모습이 될까? 우리가 집단적으로 집중력을 잃으면 어떤 일이 벌어질까? 경제와 사회가 부담하는 순비용은 얼마나 될까? 디지털 환경의 초기 설계자들은 이런 질문을 좀체 던지지 않았다.

이들 도구가 우리를 **위해** 하는 일과 우리**에게** 하는 일을 따져 분석하기란 쉽지 않다. 황홀한 듯한 연결성이 경이로워 보임에도 불구하고 우리 삶의 일부는 사라졌다. 이런 삶을 직접 선택한 사람은 거의 없다.

어떤 물건을 꽤 많은 사람이 쓰기 시작하면 그것이 기본이 되고 표준이 된다. 오늘날에는 모바일 기기 없이 사회에서 제대로 기능하기가 쉽지 않다. 어떤 사업에 종사하느냐에 따라 소셜 미디어 사용이 업무에 포함될 수도, 포함되지 않을 수도 있다. 구글과 페이스북, 인스타그램은 마케터는 물론 인터넷상에서 업무가 이어지는 사업체에 중요한 도구다. 저널리스트라면 트위터 사용이 협상 불가능한 자격 요건이다. 정치인은 유권자와 소통하기 위해 반드시 소셜 미디어를 사용해야 한다. 이들 도구는 공적 생활의 거의 모든 곳에

닿아 있다. 우리가 이들 도구에 너무 빨리 적응했으니 이런 질문을 던질 가치가 있다. 이 기묘한 세상은 우리가 선택한 것인가? 우리가 아니라면, 누가 선택한 것인가?

선택의 양면

2014년 뉴욕의 어느 쌀쌀한 저녁, 나는 미드타운에서 친구들과 파티를 한 뒤 로어 이스트 사이드에 있는 집으로 돌아가기 위해 합승 택시에 올라탔다. 옆자리에 눈이 맑고 적갈색 머리에 조용해 보이는 청년이 타고 있었다. 대화를 나누다 보니 우리가 비슷하게 캘리포니아에서 채 몇 마일도 떨어지지 않은 곳에서 어린 시절을 보냈으며 같은 시기에 샌프란시스코에 살면서 기술 업계에 몸담았다는 사실을 알게 되었다. 나는 이 책의 집필을 위해 사전 조사 중이라고 말했다. 그는 자신이 다니던 구글에서 목격한 문제를 진단하기 위한 초기 단계에 들어갔다고 말했다. 우리는 다음 날 만나 점심 식사를 하기로 했다.

그의 이름은 트리스탄 해리스Tristan Harris였다. 약속한 날 오후, 베트남 음식을 앞에 두고, 해리스는 당시 업계에 근무한 지 1년도 채되지 않았을 때 실리콘밸리의 제품 디자이너들이 이상한 사고방식을 갖고 있다는 사실을 깨달았다고 말했다. 그는 제품 생산 디자이너 및 엔지니어를 추동하는 인센티브와 고객 수백만 명에게 돌아가는 최상의 이익 사이의 간극이 점점 더 벌어진다는 사실을 알아보았다. 특히 '사이트 체류 시간' 같은 내부 지표를 극대화하려는 추동력이 사용자의 주의력에 최선의 도움이 되는 방법과 점점 더 대립한다는 사실을 알게 되었다. 사람들을 제품에 계속 푹 빠져 있게 하기 위해 무한 스크롤이나 거슬리는 알림, 그 밖에 소위 주의력을 해킹하는 설계 변경이 업계에서 널리 사용되고 있었다.

그는 "주의 분산 최소화 및 사용자 주의 존중을 위한 요청"이라는 프레젠테이션을 만들어 구글 내부에 공유했다. 141개 슬라이드로 구성된 이 프레젠테이션은 사용자가 삶의 질을 희생하면서까지 기기에 파묻혀 일상을 소비하는 일이 없도록 기업이 근본적인 책임을 져야 한다고 주장했다. 이 자료는 몇 사람에게 공유된 뒤 사내에 빠르게 퍼졌고 직원 수천 명이 이를 보기에 이르렀다.

해리스는 아직 완전히 구체화되지는 않았지만 새롭고 거대한 아이디어를 제시하고 있었다. 그는 주의 분산이 기술 업계가 직면한 근본적으로 새로운 딜레마의 핵심이라며 우려를 표했다. 사업적인 문제가 아니라 철학적인 문제였다. 그는 이들 도구의 사용에 관한 한 **선택** 자체가 모호한 개념이 되고 만다는 사실을 알아보았다.

대다수 기업가 및 제품 디자이너는 자유주의 경제학의 기본 원리, 즉 개인이 시장에서 최상의 제품을 선택하고 이를 제작한 기업가에게 보상을 건넨다는 생각을 고수했다. 더 나은 제품을 만들면 경쟁 업체를 제치고 소비자에게 선택받으리라는 믿음이 있었다.

하지만 현실에서 실리콘밸리의 제품 디자이너들은 대부분 **행동**경제학에 관심이 많은 학생이기도 했다. 소비자는 더러 비이성적이기에, 그들을 선호도와 관계없이 특정한 방향으로 행동하게 하는 상당히 명확한 심리적 트리거가 있다는 사실을 알아본 것이다.

행동경제학은 인간의 의사 결정을 어떻게 돌릴 수 있는지 보여준다. 대표적인 예가 슬롯머신의 비이성적인 시장 인센티브다. 불규칙한 상금으로 게임 참가자의 쾌락 중추를 자극하는 슬롯머신은 이따금 승리가 몰아치지만 시간이 지나면서 손실로 돌아온다. 슬롯머신이 사용하는 전략은 행동과학에서 "간헐적 가변 보상intermittent variable rewards"이라 알려진 것인데, 해리스는 제품 디자이너들이 뉴스 피드나 푸시 알림 설계에 이 전략을 모방해 사용한다는 사실을 알아보았다.[5]

해리스는 이 문제가 단순히 주의를 분산시키는 것 이상으로 심각하다고 생각했다. 이런 도구의 여러 기능이 우리를 자신으로부터 떼어놓아 광고가 주도하는 충동적 디스토피아로 밀어 넣기 시작했다는 사실을 감지했다. 디자이너와 엔지니어, 광고 기업 모두 우리의 주의를 먹이로 삼으면서 엄청난 대가를 치르고 있다는 것이었다. 그 대가에는 인간의 주체성, 즉 우리의 자유의지도 포함된다.

이후 몇 년 동안 해리스의 메시지는 폭발적으로 퍼졌다. 2015년 12월 구글을 떠난 그는 '시간 잘 보내기Time Well Spent' 운동을 시작했고 이것이 이후 인류의 이익에 이바지하는 기술 개혁 운동의 씨앗이 되었다. 몇 년 뒤 그는 사람의 주체성을 보호하면서 인간적 가치에 부합하는 기술 개발을 지지하고자 인도적 기술 센터Center for Humane Technology를 설립했다. 2016년에 이르러서는 TED의 중심 연사가 되었고 사고 리더십 협회에서 각광받았다. 그 당시 해리스는 우리의 주의를 착취하는 기업을 지탄하며 뚜렷한 논지를 펼쳤다.

몇 년 뒤, 나는 말 그대로 이 현안의 반대편을 마주하게 되었다. 뉴욕의 저명한 저널리스트이자 자유주의자인 존 스토셀John Stossel이연 저녁 파티에서였다. 사려 깊은 대화의 장을 여는 데 관심이 많은 존은 논란이 되는 문제에 초점을 맞춘 식사 자리를 주기적으로 마련했고 사람들이 상충되는 의견을 제시하는 과정에서 온화한 논쟁이 이어져 최상의 관점이 도출되리라 믿었다.

이 문제의 다른 편에 선 사람은 니르 이얄Nir Eyal이었다. 이얄은 여러 책을 집필한 작가로, 그중 《초집중》에서 주의를 사로잡는 도구 및 속임수에 영향을 받지 않는 법을 집중적으로 이야기했다. 사뭇 긍정적으로 들리는 이 책은 이얄의 첫 번째 책이자 베스트셀러인 《훅》에 대한 일종의 속죄라고 볼 수 있다. 《훅》을 통해 그는 사람들의 주의를 최대한 사로잡고자 모색하는 기업들을 대상으로 성공적인 컨설팅 사업을 이끌었다. 이얄은 게임화 및 중독 전략을 전파한 선구자였고 그의 업적은 실리콘밸리 전역에서 폭넓게 적용되었다.

이얄은 사람들에게 인간의 주의력 및 주체성에 관한 억측과 공포감 조성이 모두 헛소리라고 말하며 반反해리스 같은 존재가 되었다.[6] 그는 우리의 선택에 대한 책임을 기술 기업에 전가하는 것이 끔찍한 거짓말이라고 보았다. 의사 결정 과정에서 우리 자신을 배제하는 것이야말로 개인의 주체성을 발휘하지 못하는 어리석음이라고 생각한 것이다. 그는 자신의 자유를 앗아가면서 시간을 보낸다는 것이 개인의 권한을 박탈하는 부당한 이야기라고 보았다.

이얄은 프랑스 철학자 폴 비릴리오Paul Virilio의 말, "배를 발명하면서 우리는 난파선 역시 발명했다"를 자주 인용하면서 새로운 기술에는 저마다 참혹한 부산물이 뒤따른다는 사실을 언급했다. 이얄은 쟁점을 돋보이게 한다는 점에서 상당히 유능하고 강력한 주장을 펼친다. 나는 양쪽 주장이 내세우는 논리를 알아볼 수 있었다.

하지만 해리스가 지적한 바와 같은 대규모의 근본적 위기가 닥치지 않았다는 이얄의 믿음은 틀렸다.

몇 년에 걸쳐 해리스와 이얄은 상당히 다른 방식으로 같은 진실의 서로 다른 두 모퉁이에 대해 이야기해왔다. 여러 논쟁이 그렇듯 그들의 핵심 주장을 비교하는 과정에서 더 큰 이야기가 드러난다. 우리는 주의력이 어느 때보다 더 극심하게 겨냥되고 추출되고 채굴되며 약탈당하는 구조적 변화를 **지금도** 겪고 있다. 하지만 지금 이 상황을 제어할 수 있음을 인식하고 변화를 위한 조치를 취한다면 위기를 더 잘 헤쳐나갈 수 있을 것이다. 사람들이 이들 도구의 행태를 제대로 이해하도록 힘을 실어준다면 누구든 자신의 행동을 조절하면서 플랫폼 자체에 더 많은 요구를 할 수 있을 것이다.

이 장을 마치며

이번 장에서 알게 되었듯이 광고를 통해 수익을 실현하는 무료 앱은 숨은 도구나 속임수를 활용해 우리의 주의를 사로잡고 붙잡아둔다.

디자이너는 중독적인 제품을 생산하기 위해 간헐적 가변 보상 같은 행동 전략을 도입해 우리가 제품을 계속 사용하게 한다. 아울러 "참여"라 부르는 지표를 극대화하기 위한 알고리즘 역시 적극 활용한다.

우리는 앱에 돈을 지불하지 않는 대신 주의력을 지불하고 있다. 주의력은 유한한 인지 자원이다.

무엇보다 중요한 점은 이들 도구가 더 깊은 무언가, 즉 스스로 선택했다는 우리의 감각을 조종하는 데 한몫하고 있다는 것이다. 사회적 도구를 설계하는 디자이너의 입장에서 인간의 주체성 자체는 다루기 쉽고 영향을 미치기 쉬운 속성이 있기 때문이다.

해리스 같은 이들은 우리가 위기에 처해 있으며 기업이 더욱 인간적인 기술을 설계하는 책임을 져야 한다고 주장한다. 이얄은 주의 분산을 극복하는 책임이 전적으로 개인에게 있다고 믿는다. 이런 논쟁은 추출되는 핵심 자산이 주의력일 경우 책임을 전가하는 것이 얼마나 어려운지 보여준다. 주의력은 개인 주체성의 중심을 이루는 것이기에 주의력을 빼앗기면 대개 자기 자신을 탓하기 마련이다. 이러다가는 우리가 더 많은 책임을 떠맡게 될 수도 있다.

다음 장에서는 소셜 미디어가 어떻게 개개인의 주의뿐 아니라 수백만 명의 주의를 갑자기 의도치 않게 한 번에 돌리게 되었는지 더 깊이 살펴보자.

05

자극을 가하다

PUSHiNG
THE
TRiGG∃R

2016년 2월, 나는 뉴욕시에 위치한 소규모 전문 설계 및 전략 회사의 컨설턴트 직을 맡게 되었다. 우리의 고객은 세계 최대 언론사 중 하나로(여기서는 뉴스페이퍼코라고 칭하겠다), 다수의 지역신문사를 소유하고 있는 기업의 임원진이었다. 이 거대 언론사는 광고 수익이 지속적으로 감소하고 있었기에 새로운 소셜 미디어가 주도하는 관심 시장에서 사업을 어떻게 운영해야 할지 고심하고 있었다. 신규 광고 지출 역시 대부분 소셜 미디어로 옮겨간 터였다. 우리는 기업 이사회와 협력하기로 되어 있었고 신사업의 구체적 문제점을 파악하는 것이 나의 임무였다.

자세히 파헤쳐본 결과, 기존 기관의 재정이 급락하고 있음을 발견했다. 고객층이 고령화하면서 지난 10년 동안 광고 수익이 두 자릿수 감소했고 기업이 소유한 지역신문사 수십 곳은 구독자 감소와 막대한 부채로 경영난에 시달리고 있었다.[1]

누구나 알고 있지만 차마 입 밖으로 꺼내지 못한 문제는 그들이 어떻게 다루어야 할지 가늠하지 못한 것, 바로 독자의 관심을 사로잡는 소셜 미디어의 영향력이었다. 그 문제는 나의 전문 분야였지만, 나는 이중 스파이가 된 듯한 기분이었다. 이 거대 언론사가 왜 실패를 맛보고 있는지 분석하는 본업 말고도 나에게는 또 다른 고객이 있었다. 바로 이런 실패를 다소나마 기회로 삼아 사람들의 관심을 끄는 소셜 미디어 툴을 개발하고자 하는 스타트업이었다.

이 스타트업이 내건 임무는 훌륭했다. 이곳은 사람들이 평소 무심코 지나쳤을 사회적 대의에 관심을 갖게 하는 데 전념했다. 불평등이나 부조리에 맞서 누군가의 권리를 보호하고 대변하는 애드보커시advocacy 툴로, 소셜 미디어에서 다양한 비영리 문제에 대한 인식을 높이고자 하는 곳이었다.

우리의 목표는 특정 캠페인의 메시지를 증폭해 대의를 향한 전염성 짙은 지지를 끌어내는 것이었다. 기존 신문이 그날의 이야기를 객관적으로 반영하고자 했다면 우리는 객관적으로 떠들썩한 사회 문제에 대해 이야깃거리를 만드는 데 치중했다.

이 프로젝트에 함께하는 이들 중에는 〈헝거 게임〉 같은 유명 영화의 스타 출연진을 비롯해 다른 주요 유명인들도 있었다. 우리는 어떤 주제에 대한 바이럴 게시물에 연쇄반응을 터뜨리는 방법을 시험하면서 에볼라 바이러스 구호, 실명을 유발하는 질병 예방, 노숙생활 종식, 개발도상국의 수술 접근성 향상 등과 같은 공중 보건 프로젝트의 기금을 모으고자 했다.

우리의 도구는 강력했다. 페이스북의 광고 매니저를 비롯해 몇 가지 맞춤형 통합 광고 상품을 활용했다. 이를 통해 타깃 광고 캠페인을 벌여 페이스북 사용자 내부의 신호를 감지할 수 있었다. 메시지로 시장을 초고도 표적화해 클릭당 비용을 즉각 창출할 수 있었기에 우리의 일부 메시지가 시선을 끌 수 있음을 확신했다.

어떻게 보면 우리는 페이스북이 세운 실험실에서 일하는 바이러스 학자와 다를 게 없었다. 목표는 가장 신경을 쏟는 대의를 가장 멀리까지 퍼뜨리는 콘텐츠를 제작하는 것이었다. 이런 과정을 '최적화'라고 한다. 아이디어가 가장 빠르고 멀리 퍼질 수 있도록 콘텐츠를 맞춤 제작하는 기술이다. 우리의 네트워크를 넘어 3차, 4차 네트워크까지 확장하는 것이 목적이었다.

바이럴리티 활용은 아직 신생 과학이었다. 당신이 콘텐츠를 배포했을 때 개인 독자들이 그것을 공유하는 이유는 당신을 좋아하기 때문이다. **독자들의 독자들**이 콘텐츠를 클릭하고 공유하게 하려면 상당히 구체적인 단계가 필요하다. 이어서 3차 공유자들이 그것을 클릭하고 **또** 재공유하게 하는 것은 정말 어려운 과제다.

이 기술은 몇 년 전 〈업워시〉라는 뉴스 사이트가 개척했다. 덕분에 〈업워시〉는 2012년에 잠시나마 인터넷에서 가장 인기 있는 사이트로 부상했다. 그즈음 〈업워시〉에서 만든 슬라이드, "하나를 빠르게 퍼뜨리는 방법"이 페이스북 최적화 전문가 사이에 퍼지기도 했다.[2] 이것은 온라인에서 관심을 최대한 사로잡고자 애쓰는 소셜 미디어 마케터와 콘텐츠 크리에이터 들에게 일종의 경전이 되었다.

분노

공유 가능:
"화가 나는데, 또 재미있어.
무언가를 해야겠어,
지금 당장."
(클릭)

슬픔 ——————————————————— 행복

공유 불가:
"긴장 풀어,
결국은 다 죽을 텐데 뭐."
(한숨)

편안함

<업워시> 슬라이드, "사람들은 대체 왜 공유하는 것인가?"에서 각색.

그들은 최적화 도구에서 가장 강력한 도구 중 하나인 새로운 유형의 A/B 테스트를 개척했다. 방법은 이렇다. 홍보하려는 콘텐츠의 헤드라인을 최소한 25가지 뽑아낸다. 각각의 헤드라인으로 사람들을 기분 나쁘게 하면서 동시에 재미있게 만들어본다. 제목이나 부제목, 사진이나 본문을 변경하고 이를 각기 다른 독자에게 보여준다. 각각의 변수는 참여도를 극대화하는 시험대에 오를 것이다. 시간이 지나면서 이런 도구가 더 많은 트래픽을 유발해 가장 많은 클릭을 얻은 광고, 즉 테스트의 승자를 가린다. 그 뒤 이 결과를 활용해 모든 게시물을 같은 형태로 변경한다.

당시 인터넷 트래픽의 왕좌에는 페이스북이 앉아 있었다. 사용자가 10억만 명을 넘었고 전 세계 뉴스 트래픽의 대부분을 주도했다.[3] 다른 소셜 미디어 플랫폼은 사용자가 그에 한참 못 미치는 데다 바이럴 계수viral coefficients(기존 콘텐츠 소비자로부터 유입된 새로운 소비자 수)

도 변변치 않았다. 트위터는 규모가 작았다. 레딧은 힘들었고 텀블러는 묘책이 필요했다. 페이스북에는 쉬운 일이었다. 사용자가 자신의 친구에게 공유하면 그 친구가 자신의 친구에게 다시 공유하고, 또다시 공유하는 순환이 거듭되면서 추천 주기가 기하급수적으로 늘어났다. 당시 페이스북은 바이럴의 거인이었다.

페이스북의 도구는 사용자의 주의를 낚아채 생각 없이 스크롤을 내리다가 돌연 클릭하게 만드는 언어를 파악하는 데 도움이 되었다. 그런데 페이스북의 알고리즘에서 이상한 점이 눈에 들어왔다. 최적화 과정에서 어둡고 기이한 패턴이 드러난 것이다.

우리가 발견한 사실은 게시물에 감정적 언어를 사용하면 다른 유형의 콘텐츠에 비해 참여도가 **훨씬** 더 높아지고 공유도 훨씬 더 활발히 일어난다는 것이었다. 감정적 반응은 물론 도덕적 반응까지 불러일으키는 관심의 천연 보고가 여기 있었다. 내부적으로 우리는 이를 "정서적 참여affective engagement"라 이름 붙였다. 안타깝게도 이 말은 확실히 부정적 감정에 치우쳐 있었다.

최근에 뉴욕대학교와 기센대학교, 취리히연방공과대학교 연구자들이 업워시의 데이터를 연구한 결과에서 우리가 자체 테스트로 알게 된 사실이 한 번 더 입증되었다.

분석 결과, 부정적 단어는 클릭률에 긍정적 효과를 보인 반면, 긍정적 단어는 클릭률에 부정적 효과를 보였다. 이를 통해 부정적 단어의 비중이 높으면 온라인 사용자가 뉴스 기사에 접근할 가능성이 더 높아진다는 (긍정적 단어의 경우 그 반대의 결과가 나온다는) 사실을 알 수 있다.[4]

더욱 우려스러운 점은 이런 경향이 페이스북 어디에서나 목격된다는 것이었다. 이 전략은 뉴스 기사를 비롯해 정치 캠페인이나 프로파간다, 그밖에 사람들이 게시하고자 하는 어떤 유형의 콘텐츠에든 직접 적용될 수 있는 것으로 보인다. 주의를 끌고 싶은가? 여기 명확한 데이터가 있다. 사람들을 기분 나쁘게 하라. 부정성이 큰 이익으로 돌아온다.

다시 뉴스페이퍼코로 돌아와보자. 이 기업은 여전히 소셜 미디어에서 자사 콘텐츠로 의미 있는 결과를 끌어내는 묘책을 파악하기 위해 고심하고 있었다. 그들의 기사는 여전히 훌륭하고 주류에 속해 있었으며 신뢰할 수 있고 수준 높은 저널리즘을 선보였다. 하지만 페이스북과 같은 환경에 맞서 경쟁할 수가 없었다. 독자 대다수가 온라인으로 떠나버린 터였다.

몇 달에 걸쳐 친구들과 나는 트래픽을 끌어올리기 위해 적용한 여러 전략들이 뉴스의 전달 및 확산의 새로운 표준이 되는 현실을 호기심과 공포에 뒤섞인 시선으로 바라보았다. 많은 발행사가 온라인에서 문제적 대상을 발견하면 이를 분노에 찬 헤드라인으로 재포장하고는 클릭을 노린 바이럴 기사로 바꾸어 내놓았다.

이들 도구는 예산과 약간의 노하우만 있으면 누구든 적용할 수 있었지만 사실의 정확성과 언론의 진실성은 희생되었다. 이런 추세를 따라갈 수 없었던 뉴스페이퍼코는 점점 더 절박해졌다. 언론사의 수구 세력은 무엇을 해야 할지 알지 못했다.

| 뇌간의 밑바닥까지 질주하는 경쟁

이제는 참여를 최대화하기 위해 상당한 A/B 테스트를 거치지 않은 헤드라인을 보기가 힘들어졌다. 요즘 인터넷에서 마주하는 대부분의 언론 기사에서 헤드라인을 쓴 사람이 직접 기사를 쓴 경우는 찾아보기 힘들다. 디지털 매체 〈퓨전〉의 에디터 펠릭스 새먼Felix Salmon은 같은 해에 〈니먼 랩〉에 이렇게 썼다. "이야기를 포장하는 데 들어가는 시간과 노력이 이야기를 처음부터 써내려가는 데 드는 시간과 노력의 양을 현저히 초과할 수 있다."[5]

자극적인 헤드라인은 더 흡인력 있고 호소력도 있다. 과장되지 않은 헤드라인에 비해 더 빨리 퍼지고 더 많은 트래픽을 유인한다. 특정 뉴스의 제작사가 이 강력하고 새로운 추세에 재빨리 적응해 플랫폼을 단번에 사로잡았다. 초기의 1억 개 헤드라인 중 가장 많은 조회 수를 기록한 제목을 추려내 연구한 2017년 결과를 보면 환경이 얼마나 극적으로 변했는지 바로 알아볼 수 있다.

1. 기쁨의 눈물
2. 눈물샘 자극
3. 소름 돋아
4. 귀여워 미쳐
5. 충격 비주얼[6]

헤드라인 포장은 모든 뉴스 기사가 관심을 최대한 끌어모으기 위해 맥락을 구성하거나 재포장하는 하나의 방식으로 빠르게 자리

잡았다.

　무엇이 가장 많은 클릭을 받는지 측정했다면 헤드라인을 쓰는 것은 관심을 최대한 끌어내는 데 목표를 둔 게임이 될 수 있다. 약간의 도구와 창의력만 있으면 제목 하나만으로 사실에 입각한 이야기가 도발적이고 자극적인 이야기로 탈바꿈한다.

　안타깝게도 소셜 미디어에서 이런 게시물을 보는 사람은 대부분 기사 자체를 읽기 위해 클릭하는 것이 아니다. 헤드라인이 원래 사건과 유사하지 않더라도 헤드라인 자체를 이야기로 해석하는 경우가 드물지 않게 있다.[7]

　이런 전략을 사용해 뉴스를 과도하게 당파적이고 분열적이며 난폭하게 변모시키는 경우를 어렵지 않게 볼 수 있다. 밀레니얼 세대를 타깃으로 삼는 주요 발행사의 전직 콘텐츠 담당자는 이렇게 말했다. "정치적 의견에 이의를 제기하는 것은 우리 일이 아닙니다. 사람들의 정치적 견해 위에 올라타 최대한 멀리 가는 것이 우리가 하는 일이지요."[8]

　눈 밝은 발행자는 당파성이야말로 참여를 북돋는 강력한 추동력임을 알아본다. 일반적으로 사람들은 기분이 좋아지게 하는 것을 클릭하고 공유하며 그에 대해 견해를 밝히는 것을 선호하고, 자신의 믿음을 확증하는 이야기나 자신을 격분하게 하는 이야기에 특히 참여율이 높다. 도덕적 감정을 건드리는 이야기 역시 클릭을 유도한다. 여러 언론사의 입장에서는 사람들의 가치를 거스르는 것이야말로 참여와 이익을 끌어내는 훌륭한 기회가 된다.

| 바이럴리티, 뉴스가 되다

스타트업과 뉴스페이퍼코 사이에 끼어 있다 보니 온라인 뉴스뿐만이 아닌 모든 뉴스 기업의 전략 수정 방침에 근본적인 변화가 일고 있음을 알 수 있었다. 기존 언론은 빠르게 변화하면서 이익을 낼 수만 있으면 무엇이든 하고 있었다.

변화는 급격했다. 2016년 전반기에 이르러 케이블 뉴스에서도 극단적 최적화를 지향하는 새로운 추세가 널리 퍼지기 시작했다. 그해 선거 기간 동안 전통적으로 중립을 고수해온 뉴스 기관인 〈CNN〉이 보도 방향을 틀기 시작했다. 선거가 끝날 무렵에는 전년 대비 10억 달러 이상 늘어난 총수익을 올렸는데, 이는 특히 충격적인 후보인 트럼프의 기사에 첨부된 광고 덕분이었다.[9]

트럼프 역시 새로운 관심 시장을 제대로 활용했다. 트럼프가 대권에 처음 도전한 것은 2016년이 아니었다. 1987년에도, 2000년과 2004년, 2011년에도 그는 미국 최고위직 출마를 공식적으로 고려했다. 1999년에 개혁당 후보로 대선에 뛰어들었고 시장 반응을 살핀 뒤 승리에 필요한 견인력을 얻을 수 없다고 판단했다. 실패로 끝난 1999년의 출마 이후 〈뉴스위크〉는 트럼프 같은 무소속 후보에게 승리를 안길 만한 분노가 충분치 않았다고 언급했다.[10]

앞선 30년 동안 그의 야망은 크게 바뀌지 않았다. 그럼 이전과 무엇이 달라졌을까? 한 가지 중요한 차이는 이것이다. 이전까지 언론은 트럼프 같은 후보에 보도 지면을 내줄 만큼 감정적 절박함에 최적화되어 있지 않았다.

트럼프가 난폭한 말을 많이 내뱉을수록 더 많이 보도되었다. 이것이 2016년 대선을 규정하는 메커니즘이었다. 더 많이 보도될수록 그의 출마는 더욱 현실화되었다. 분석 기업 미디어퀀트^{mediaQuant}에서 추정한 바에 따르면 2015년 10월부터 2016년 11월 사이에 트럼프는 이 전략을 통해 **무료** 언론 보도를 얻어내 56억 달러의 수익을 거두어들였다. 가장 강력한 경쟁 후보보다 세 배 더 높은 수치였다.[11]

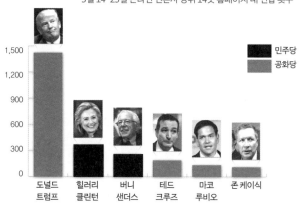

3월 14~23일, 예비선거 기간의 언론 보도량.

역사적으로 좋을 때든 안 좋을 때든 주류 언론은 야망 있는 정치인을 왕좌에 올리는 일종의 킹 메이커였다. 이들 언론은 집단적 관심의 제한된 이목을 어디에 집중시킬지 선택하는 호사를 누렸다. 하지만 대중이 소셜 미디어로 이동하면서 이제는 언론이 대중을 따라가야 했다. 소셜 미디어에서는 분노가 이목을 끈다. 정치에서는 미디어 플랫폼에 보도된다는 것이 엄청난 이점으로 작용한다. 어떤 선거에서든 가장 중요한 과제는 경쟁 상대보다 더 주목받는 것이다. 충격적인 언사는 주목을 얻는다. 후보에 대한 충격적인 이야기는 다른 어느 곳보다 소셜 미디어에서 더 빨리, 더 멀리 퍼진다. 페이스북과 트위터 역시 자사 플랫폼에 자극적인 뉴스가 전파되고 관심이 집중되면서 〈CNN〉 못지않게 트래픽과 수익이 급증했다.[12] 트럼프의 이념과 태도, 발언은 세계적 위협에 대한 불안을 자극했다. 트럼프 출마의 정당성은 이런 위협 중 상당수가 현실로 인식되었다는 점에 일부 좌우되었다.

| 파괴된 뉴스

주류 언론사가 한순간의 클릭을 쫓기 위해 어떻게, 혹은 왜 진실성까지 희생하게 되었는지 아직도 의문이 가시지 않는 독자들을 위해 뉴스가 어떻게 엄선되는지 알아보자.

지금까지 대다수 언론사는 전통적인 편집자를 거느리고 독자들이 무엇을 원하는지, 어떤 소식이 보도할 필요가 있고 가치가 있는지 계산해 결정을 내려왔다. 이제 이런 편집자가 알고리즘을 등에 업고 강화되었다. 이들은 여러 도구를 사용해 결정을 내리고 독자를 더욱 효과적으로 겨냥한다. 지금은 트위터가 뉴스의 출처로서 저널리스트에게 중요한 역할을 하고 있다.

뉴스에서 관심을 추출하기 위한 묘책의 발견은 석유 추출의 한 방편인 수압 파쇄법의 발견에 비견할 만하다. 감정을 사로잡는 미디어가 막강한 인기를 얻으면서 방송 전파와 뉴스 피드로 흘러넘쳤다. 더욱이 수압 파쇄법과 마찬가지로 환경보호 장치가 없으면 유독성 부산물이 집단의 대화로 흘러들어 공동 담화를 오염시켰다.

미국의 거의 모든 저널리스트가 소셜 미디어를 사용한다. 편집자는 매일같이 소셜 미디어를 통해 주요 현안 보도를 어떻게 할당할지 결정한다. 언론 산업은 소셜 미디어 뉴스 피드에 잠식되었다. 진실을 밝혀야 할 책임이 있는 사람들이 전문적으로나 개인적으로 이들 도구에 중독되면서 경제적 의존도가 점차 높아졌다.[13] 대다수 저널리스트들은 심지어 트윗이 AP통신의 주요 기사만큼이나 보도할 가치가 있다고 보았다.[14] 이로써 좋지 못한 아이디어와 비주류 콘텐츠, 가짜 뉴스가 확산될 위험이 몰라보게 높아졌다.

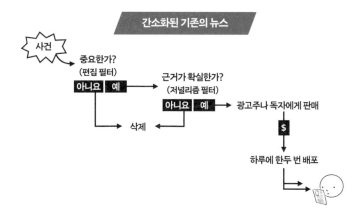

이제 알고리즘이 정보 시스템의 숨은 지배자가 되었다. 이런 현실은 뉴스 업계 내에서 고통스럽지만 공공연한 비밀이 되었다. 알고리즘은 관심을 사로잡기 위해서라면 어떤 희생도 마다하지 않겠다며 인간이 구축한 것이다. 이로 인해 교양과 품위, 신중한 담론이 점차 제물로 바쳐지고 있다.

뉴스페이퍼코가 분투하고 있는 **까닭**은 특히 그들이 이와 같은 새로운 바닥 치기 경쟁에 참여하고 있지 않았기 때문이다. 내가 그 프로젝트를 떠날 때쯤 그들은 목숨을 부지하기 위해 몸부림을 치고 있었고 가능한 모든 방안을 고려하고 있었다.

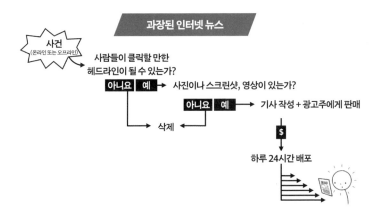

뉴스페이퍼코의 컨설팅 업무를 그만두고 얼마 뒤, 업계 전반에 잔혹한 압력이 새롭게 가해진 사례가 여럿 들려왔다. 2021년 미국에서 가장 잘 알려진 온건파 신문사에서 1면을 광고 캠페인에 판매해 저널리즘의 핵심 신조, "진실이 아닌 것은 말하지 말라"를 깨버렸다. 〈USA 투데이〉가 표지 전면에 "미국 전역에서 혼성 아기 탄생!"이라 선언하는 기사를 실었고 두 가지 허구적인 기사를 연결 지으면서 〈스위트 투스〉라는 넷플릭스 쇼를 태연히 홍보한 것이다.[15]

디지털 세계에서 관심을 사로잡으려는 이 기괴한 경쟁이 결실을 맺자 주류 언론사가 저널리즘과 신뢰를 희생해가며 극단적 조치를 채택하기에 이르렀다. 바이럴 게임에 선뜻 나서지 않은 업체들에 남은 선택지는 많지 않았다. 몇 년 안에 대중의 시선이 소셜 미디어로 옮겨 갔고 관심을 포착하려는 경쟁이 뉴스를 파괴했다.

| 도덕적 공황과 현실적 공황

미디어 환경이 얼마나 기이해졌는지는 특정 뉴스 기사가 미국의 미디어 지형 전반에 폭발적으로 퍼진 과정만 봐도 뚜렷이 알 수 있다. 코로나19를 겪은 뒤 우리는 삶을 휩쓸고 지나간 다른 팬데믹의 존재를 잊어버렸다. 현대적 질병이 최초로 발병했을 당시는 지금과 달랐다. 공황의 대유행이었다. 여러모로 코로나19의 리허설이라 할 수 있었다.

2014년 10월의 어느 저녁, 한 의사가 자신의 맥박을 잰 뒤 뉴욕 전철 안으로 들어섰다. 잠시 동안 해외로 의료 선교 봉사를 나갔다가 이제 막 집으로 돌아온 뒤 친구들을 만나러 브루클린의 볼링장으로 향하는 길이었다.

그는 이번 휴식을 즐기고 있었다. 그날 아침부터 도시를 한 바퀴 뛰고 하이라인 파크에서 커피를 마신 뒤 첼시의 한 가게에서 미트볼을 먹었다. 다음 날 일어나보니 미열로 기운이 없어서 회사에 전화해 병가를 냈다.

24시간 안에 그는 뉴욕이 가장 두려워하는 사람이 될 것이었다. 그가 지나온 경로를 수백 명이 꼼꼼히 따져볼 것이었다. 그가 방문한 시설은 문이 닫히고 그의 친구들과 약혼자는 즉시 격리 조치에 들어갈 것이었다. 크레이그 스펜서Craig Spencer 박사는 국경 없는 의사회 활동으로 기니의 환자들을 치료하다가 에볼라 바이러스에 감염되었다.[16]

다행히 현실에서 그는 격리되고 한참 뒤까지 전염성이 없었다. 규약을 그대로 따라 자신의 증상을 보고했고 공공장소에서는 주변에 있는 누구에게도 위협이 되지 않았다. 그가 모범 환자라는 사실이 즉시 의학 전문가들과 미국 질병 관리 센터Centers for Disease Control and Prevention, CDC, 병원 관계자들에게 공유되었다.

그래도 바이러스의 대재앙이 임박했다는 선언이 미디어로 폭발하듯 퍼져나가는 것은 막지 못했다. 낚시글이 광란하듯 쏟아졌고 끔찍한 이야기가 터져나오면서 주요 뉴스 매체마다 집단적인 에볼라 패닉을 경쟁하듯 보도했다. 질병 자체가 야기하는 육체적 피해는 미미했지만 집단 히스테리가 인터넷을 타고 즉각 퍼시면서 학교가 문을 닫고 비행기는 발이 묶이는 등 나라 전체가 공포에 떨었다.

소셜 미디어도 폭발하면서 관련 트윗이 1초에 6,000개씩 쏟아졌고 CDC와 공중 보건 당국은 사방으로 퍼지는 거짓 정보의 확산을 막느라 진땀을 뺐다. 공포는 이를 보도하는 기사만큼이나 널리 퍼졌다. 감정적 반응과 이에 편승한 미디어의 활약으로 뉴스 보도 기업은 수십억 건의 조회 수를 기록했다.[17]

조회 수는 즉시 광고 수익으로 이어졌다. 집단적 히스테리가 잠잠해지기도 전에 에볼라 관련 보도에 실린 수백만 달러 상당의 부동산 광고가 알고리즘을 통해 기업에 매매되기도 했다. 공포는 바이러스 자체보다 훨씬 더 전염성이 강한 데다 완벽한 네트워크를 갖추고 있었기에 순식간에 전파되었다. 감정적 공포를 더 넓게, 더 멀리 퍼뜨릴 수 있도록 구축된 디지털 생태계 덕분이었다.

에볼라 공포는 참여 최적화engagement optimization가 실패한 결과였다. 이런 식의 뉴스 선정주의는 새로운 것이 아니었다. 하지만 위협에 대한 미디어의 보도가 증가하면서 사람들의 현실 인식은 지속적으로, 고도로 왜곡되었다.

얼마 전에는 미국의 범죄율에 대한 우려가 비슷한 패턴으로 확산되었다. 코로나19 이후 몇 년간 살인 사건이 급증하고 2020년 조지 플로이드George Floyd의 사망(2020년 5월 미국 미네소타주에서 경찰의 과잉 진압으로 사망한 아프리카계 미국인 남성. 당시 그는 비무장 상태였다-옮긴이)에 항의하는 시위가 벌어졌지만 폭력 범죄는 여전히 지난 10년에 비해 한참 낮은 수준이다. 2022년 퓨 리서치Pew Research에서 보고한 바는 다음과 같다.

가장 최근의 자료를 보면 2021년에 12세 이상 미국인 1,000명당 폭력 범죄 발생 건수는 16.5건이다. 통계상으로 그 전해와 변함이 없는 것은 물론 팬데믹 이전 수준보다 낮은 수치이며, 1990년대의 수치를 한참 밑돈다고 미국 범죄 피해 조사National Crime Victimization Survey가 밝혔다.

이 기간 동안 살인율이 급증했는데 일각에서는 통계가 이루어진 이후 가장 급속도로 증가한 것이라고 보았다. 퓨 리서치가 같은 보고서에 언급한 것처럼 "FBI와 CDC 모두 2019년에서 2020년 사이 미국의 살인율이 대략 30퍼센트 증가했다고 보고했으며 이는 기록이 이루어진 이후 한 해 동안 가장 큰 폭으로 증가한 수치다."[18]

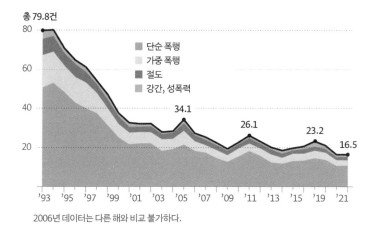

연방 조사 결과 팬데믹 이후 미국의 폭력 범죄율 증가 없어
12세 이상 미국인 1,000명당 범죄 피해 발생 건수

총 79.8건

범례:
- 단순 폭행
- 가중 폭행
- 절도
- 강간, 성폭력

34.1
26.1
23.2
16.5

'93 '95 '97 '99 '01 '03 '05 '07 '09 '11 '13 '15 '19 '21

2006년 데이터는 다른 해와 비교 불가하다.

이런 추세는 상당히 우려스러우며 특히 수치가 계속 상승할 경우 유심히 주목할 필요가 있다. 하지만 미국 내 살인율이 극적으로 증가했다 해도 1980년대에서 1990년대의 살인율을 한참 밑도는 수준이다. 게다가 살인은 여전히 전체 폭력 범죄 중에서 가장 흔하지 않은 유형이다(더군다나 사망률에서 차지하는 비율이 적다. 2020년 미국의 살인율은 같은 기간에 증가한 약물 과다 복용으로 인한 사망률보다 71퍼센트 낮았다).[19]

미디어 시스템은 위협을 바라보는 관점에 영향을 미친다. 범죄에 초점을 맞춘 뉴스 보도는 범죄 전반에 대한 대중의 견해만 변화시키는 것이 아니라 필요 이상으로 지나치게 위협을 느끼게 한다. 대다수에게 인식은 곧 현실과 같다. 세상을 위험한 곳으로 바라보면 실질적인 위협과 상관없이 행동과 태도가 바뀌기 마련이다.

특히 지난 20년간의 중요한 사례로 테러를 들 수 있다. 9/11 테러

분노 설계자들

100

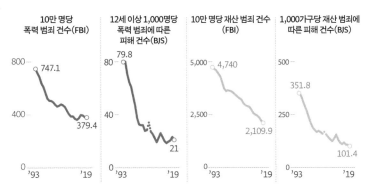

1990년대 이후 미국의 폭력 및 재산 범죄율, 데이터 출처 막론하고 급락
1993~2019년 미국의 폭력 및 재산 범죄 추이

10만 명당 폭력 범죄 건수(FBI)	12세 이상 1,000명당 폭력 범죄에 따른 피해 건수(BJS)	10만 명당 재산 범죄 건수 (FBI)	1,000가구당 재산 범죄에 따른 피해 건수(BJS)
800 — 747.1 ... 400 — ... 379.4 ... 0 — '93 '19	80 — 79.8 ... 40 — ... 21 ... 0 — '93 '19	5,000 — 4,740 ... 2,500 — ... 2,109.9 ... 0 — '93 '19	500 — 351.8 ... 250 — ... 101.4 ... 0 — '93 '19

FBI 수치에는 신고된 범죄만 포함되며 미국 법무통계국 수치에는 미신고 범죄와 신고 범죄 모두 포함된다. 2006년 BJS 추산치는 방법론적 변화에 따라 다른 연도와 비교 불가하다.

를 겪은 많은 이들에게 테러는 안전에 대한 실질적 위협으로 인식되었다. 2010년대 중반에는 테러가 전 세계적으로 사망의 주요 원인이라는 것을 어렵지 않게 짐작할 수 있었다.

하지만 이 기간 동안 특히 미국에서 테러 관련 살인은 전체 살인율 중 극히 일부를 차지할 뿐이었다. 테러 공격과 다른 유형의 살인 사건에 대한 언론 보도에는 심각한 불균형이 존재했다. 같은 시기의 2년 동안 〈뉴욕 타임스〉 1면에

미국인, 국가 전반의 범죄 발생률은 증가했으나 거주 지역 내 범죄 발생률은 감소했다는 인식 짙어
1년 전보다 범죄가 늘었다고 대답한 미국 성인 비율(%)

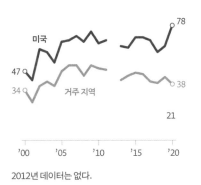

2012년 데이터는 없다.

실린 기사를 임의로 선별해 조사한 결과가 이를 잘 보여준다.

테러는 굉장히 감정적인 사건으로, 시민사회와 인간 존엄의 근간을 모욕한다. 우리는 여러 가지 정당한 이유로 이런 공격에 혐오감을 느끼고 이에 대해 공개적으로 보도하며 논의한다.

하지만 우리 삶에서 테러가 유난히 두드러진다는 불편한 진실이 여기서 드러난다. 테러에 대한 공포는 그것이 실제 우리 자신이나 주변에 아는 누군가에게 일어날 가능성을 크게 넘어선다. 더욱 불길한 점은 이런 테러 공격에 대한 과도한 보도야말로 테러리스트가 바라는 결과와 정확히 맞아떨어진다는 것이다.

일례로 2014년에 "이슬람국가"라 불리는 단체는 과장된 언론 생태계를 이용해 세력을 급속히 확장했다. 이것이 관심을 얻기 위한 싸움이라는 사실을 파악한 ISIS는 브랜드 구축을 우선순위에 두었고 막대한 자금으로 미디어 부서를 세워 영향력을 키우면서 승리와 지속, 성장 등 자신들의 위업을 부풀렸다. 끔찍한 악행으로 미디어 서사를 장악하려는 노력을 통해 ISIS는 아주 적은 규모의 상비군과 제한된 자원, 근본적으로 전무한 국제적 지원에도 불구하고 서방국가의 주요 위협으로 부상했다.[20]

ISIS는 전 세계 언론 보도를 악용하면서 그 서사를 이용해 세계 각지로부터 시리아와 이라크로 전사를 불러들인 것은 물론이고 실제 조직과 어떤 공식적 유대도 없는 개인이 불만을 품고 공격을 감행하도록 선동할 수 있었다.[21] ISIS 및 유사 단체는 관심을 얻기 위한 싸움이 관건임을 파악했고, 미디어라는 변칙적 무기를 활용해 주목을 끄는 법을 익혔다.

안타까운 진실은 테러나 무시무시한 학살, 심지어 그저 본능적인 위협조차 뉴스를 판매하는 기업에게는 확실한 돈벌이가 된다는 것이다. 미디어는 이런 개별 이야기를 비추는 스포트라이트가 되어 실제 사건보다 훨씬 더 끔찍하고 거대한 그림자를 드리운다.

▎일화는 기억을 돕지만, 이해는 돕지 않는다

인류의 조상은 진화한 환경 속에서 감정을 조성했다. 생물학자 대니얼 T. 블럼스타인Daniel T. Blumstein이 말한 것처럼 "수백만 년간의 자연선택에 의해 연마된 공포가 인류의 조상을 살아남게 했다." 이런 공포의 감정은 우리가 위협을 **느껴** 안전을 도모하도록 도왔고, 주변 환경에서 무엇이 잘못되었는지 **감지**하도록 도왔다. 하지만 우리의 조상은 지금 우리가 얻는 정보의 극히 일부만을 얻었다. 지금 우리는 여전히 그들과 같은 감정 처리 절차에 묶여 있다. 이 절차로는 복잡한 정보를 제대로 처리하지 못한다.[22]

구석기시대의 조상에게 미래를 결정하는 데 필요한 것은 모두 한 사람의 이야기에 달려 있었다. 작은 부족으로 무리를 이루어 산 그들에게는 공유할 수 있는 개인적 이야기 바깥에서 벌어지는 사건을 설명할 사고 모델이 없었다. 개인적으로 알지 못하는 사람들과 교류하는 일도 거의 없었다. 개인의 경험을 전하는 이야기만 있으면 생존하는 데 필요한 지식을 충분히 얻을 수 있었다.

근처에서 들개가 공격해온 이야기를 여러 번 들었다면 들개를 두려워해야 한다는 사실을 자연스레 익힐 것이다. 이는 지금도 심리학자들이 "가용성 편향availability bias"이라 부르는 현상으로 설명된다.

뇌에 난 지름길과 같은 것으로, "어떤 생각이 쉽게 떠오른다면 그것이 진실임에 틀림없다"고 짐작하는 것이다.[23]

주변에서 얻는 정보가 개연성을 파악하는 주요 지표였기 때문에 우리의 뇌는 정신적 지름길을 진화시켜 세계에서 무엇을 기대할 수 있는지 파악했을 것이다. 이런 지름길에서는 위협이 과도하게 두드러졌는데, 자신을 죽일 수도 있는 대상을 두려워할 때 얻는 이득이 그렇지 않을 때 겪는 손해보다 비할 수 없이 막대했기 때문이다. 하지만 지금 우리는 더 이상 그때처럼 연결이 미약한 작은 집단 안에 고립된 채 살아가지 않는다. 지금은 거대하다 못해 거추장스럽기까지 한 네트워크를 통해 지식과 뉴스, 책임을 다른 수백만 명과 공유하고 있다. 뉴스에 노출된 이 광대한 네트워크 때문에 우리는 그에 비례해 마주하게 되는 부정적 사건을 받아들이는 데 어려움을 겪는다.

이에 따라 특정 현안을 해결하기 위해 여러 방편의 우선순위를 매길 때 현실적인 결과가 따른다. 목숨을 구하고자 할 경우에는 단일한 사건과 광범위한 동향, 작은 문제와 큰 문제 사이의 차이를 직관적으로 이해하기가 힘들다. 매년 말라리아로 6만 명이 사망한다는 얘기는 안타깝지만 많은 사람들에게 추상적인 통계치일 뿐이다. 더욱이 머릿속에서는 이 수치가 실제 사망자 수인 60만 명과 별다른 차이가 나지 않는다.[24]

하지만 개인적, 정치적 세계관에 영향을 미치는 감정을 생각하면 더욱 실체적인 결과가 뒤따른다. 저널리스트는 물론 정치인은 수십 년간의 시행착오를 통해 다른 어떤 문장보다 우리의 머릿속을 장악하는 문장 유형이 두 가지 있다는 점을 익혔다. 바로 우리를 공포에 떨게 하는 문장, 그리고 분노하게 하는 문장이다. 언론계의 오랜 격언, "피가 튀면 뉴스가 뜬다If it bleeds, it leads"는 뉴스의 이런 성향을 잘 보여준다. 현대의 디지털 미디어 환경에서는 "분노 유발로 참여를 유발하라Enrage to engage"가 적절한 격언일 것이다.

이 장을 마치며

이번 장에서는 지난 10년 동안 뉴스와 인터넷이 만나면서 자연스레 일어난 의미심장한 일들을 살펴보았다. 소셜 미디어가 전 세계 뉴스 사이트의 트래픽을 끌어오는 주요 추동력이 되었고 비슷한 시기에 신문업계는 곤두박질쳤다. 독자 수와 구독률, 인쇄 수익이 두 자릿수 감소하면서 언론사들은 헤드라인을 포장하는가 하면 온라인에서 이미 트래픽을 모은 이야기를 선별하는 등 사람들의 시선을 끌어모을 새로운 전략을 도모하기 시작했다.[25] 그 결과 현재 언론 매체는 '바이럴리티는 쉬운 뉴스다'라는 명확한 원리로 작동하고 있다.

소셜 미디어는 부정적인 콘텐츠를 우선시하는 경향이 있다. 많은 경우 우리가 두려워하거나 우려하게 만드는 서사가 가장 많은 관심을 사로잡는다. 이렇게 위협적인 뉴스 기사가 불균형적으로 많아지면서 범죄율과 같은 세상에 대한 인식을 왜곡하기에 이르렀다. 인터넷이 등장하기 한참 전부터 그래온 것이 사실이지만 소셜 미디어의 독특한 설계로 분노와 수익의 관계는 그 어느 때보다 밀접해졌다. 미디어 기업이 사업을 이어가려면 소셜 미디어와 경쟁해야 한다는 압박을 점점 더 강하게 느끼면서 콘텐츠의 시대가 열렸다. 해리스가 말했듯 "뇌간의 밑바닥까지 질주하는" 시대가 열린 것이다.

1부에서는 인터넷이 등장한 초창기를 살펴보았다. 희열과 낙관에 부풀어 있던 초기를 지나 **무언가** 잘못되고 있음을 서서히, 꾸준히 인식하게 되는 시기였다. 우리는 이런 변화의 이면에 있는 두 가지 핵심 동력, 즉 속도 및 바이럴리티의 증가와 이에 따라 최적화의 압박에 시달리게 된 언론사의 동향을 알아보았다.

이제 2부로 들어가면서 소셜 미디어가 우리를 **통해** 정확히 어떻게 작동하는지, 그 핵심 요소를 파헤쳐보고자 한다. 알고리즘과 사회적 지표, 도덕적 감정이 포함되는 이들 요소는 사회에 새롭고 기이한 결과를 가져온다. 바로 맥락의 붕괴와 등 돌림 현상, 연쇄반응처럼 널리 퍼져서 이제는 무시하기 힘들어진 대중의 분노다.

먼저 분노로 들끓는 디지털 환경의 변방에서 상당히 기이하고 독특한 유기체가 예상치 못한 방식으로 복제되어 퍼지는 현상, '밈'에 대해 알아보자.

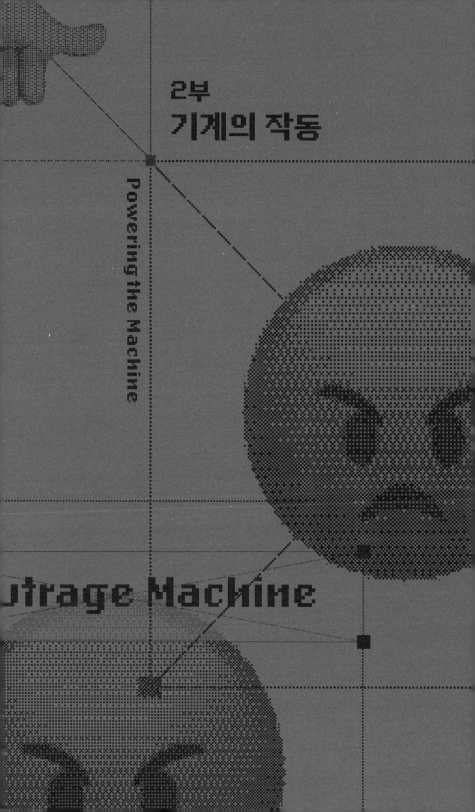

2부
기계의 작동

Powering the Machine

utrage Machine

06

파랑과 검정, 흰색과 금색

BLACK AND BLUE,
WHITE AND GOLD

2015년 2월 초, 딸의 결혼식을 한 주 앞두고 쇼핑하러 나간 세실리아 블리스데일Cecilia Bleasdale은 살까 말까 고민되는 드레스 세 벌의 사진을 찍었다. 그리고 사진을 딸에게 보내 의견을 물었다. "뭐가 제일 낫니?" 딸이 하나를 골라 대답했다. 블리스데일은 딸에게 "난 세 번째 것이 마음에 드는데"라고 말했다. "파랑과 검정으로 된 드레스 말이야." 어리둥절해진 딸이 엄마에게 시력검사를 해야 되는 것 아니냐고 말했다. "엄마, 그건 흰색과 금색이잖아."

며칠 뒤 결혼식 당일, 축주를 맡은 케이틀린 맥닐Caitlin McNeill은 당황하지 않을 수 없었다. 드레스 사진을 미리 보았지만 분명 사진에서는 흰색–금색이었는데, 신부 어머니를 보니 누가 보아도 파랑–검정 드레스였다. 밴드 멤버들에게 확인해달라고 했더니 그중 절반은 사진 속 드레스가 틀림없이 파랑–검정이라 했고 절반은 흰색–금색이라고 확신했다. 몇 시간 뒤, 멤버들은 이 논쟁에 깊이 빠져들어

사진에 골몰한 나머지 연주 순서를 놓칠 뻔했다.[1]

결혼식이 끝난 뒤 맥닐은 텀블러에 그 사진을 올리고 글을 남겼다. "여러분의 도움이 필요합니다. 이 드레스 색깔은 흰색-금색인가요, 파랑-검정인가요? 친구들과 의견 차이가 도무지 좁혀지지 않아 미쳐버릴 지경입니다."

얼마 뒤 인터넷 전체가 미쳐버릴 지경에 이르렀다.

한편 뉴욕에서 버즈피드BuzzFeed의 텀블러 계정을 관리하는 케이츠 홀더니스Cates Holderness가 맥닐의 메시지를 보았다. 홀더니스는 이 사진을 소셜 미디어 관리 부서 사람들에게 보여주었고 그들 사이에서 역시 드레스의 색을 두고 의견이 엇갈렸다. 혼란스러워진 그는 간단하게 설문 조사를 만들어 트위터에 올렸고, 사무실을 나와 브루클린에 있는 집으로 돌아가기 위해 전철에 올랐다. 전철에서 빠져나올 때쯤 휴대전화를 연 홀더니스는 아주 이상한 일이 일어나고 있음을 직감했다. "계속 충돌이 일어나서 트위터에 들어갈 수가 없었습니다. 누가 죽었나 보다 생각했죠. 무슨 일인지 모르겠더라고요."

홀더니스는 자신도 모르는 사이에 역사상 가장 널리 퍼진 사진을 만난 셈이 되었다. 그날 저녁, 해당 게시물을 올린 버즈피드 페이지는 동시간대 방문자가 67만 3,000명이라는 신기록을 세웠다. 텀블러의 데이터 담당자는 해당 페이지 조회 수가 1초에 최대 1만 4,000회까지 이르렀다고 말했다. 즉 1분에 84만 회 조회된 것인데, 그 정도면 텀블러의 다른 모든 콘텐츠를 훌쩍 앞지른 기록이었다. 이 드레스 관련 해시태그는 트위터에서 1분당 1만 1,000개의 트윗을 기록했다. 소셜 미디어에서 촉발된 논쟁이 인터넷상의 모든 관심을 끌어모았다.[2]

해당 이미지의 어떤 점이 이렇게 강력한 매력을 발산한 것일까? 드레스 사진이 전 세계로 퍼진 방식을 보면 소셜 미디어를 가동하는 핵심 엔진을 파악할 수 있다. 드레스 사진은 보는 사람의 **강력한** 감정적 확신을 유발했고, 본질적으로 모호한 출처에서 기인한 극도로 감정적인 반응, 특히 다른 사람들이 자신과 같은 눈으로 드레스를 **볼 수 없다**는 불신을 촉발했다. 이런 논란이 참여를 이끌었고, 이후 **논란에 대한 논란**이 끊임없이 확산했다.

이미지가 널리 퍼지고 세 달 뒤, 생물학 전문 학술지 〈커런트 바이올로지〉에서 처음으로 이 드레스에 대한 대대적 연구에 돌입했고 2,000명 가까이 참여한 끝에 그중 30퍼센트가 드레스를 흰색-금색으로, 57퍼센트가 파랑-검정으로 보았다는 결과를 내놓았다. 11퍼센트는 파랑-갈색으로 보았고 나머지 2퍼센트는 아예 다른 색으로 보았다. 드레스를 인공적인 노란 조명에 비추었을 때 거의 모든 응답자가 이를 파랑-검정으로 인식한 반면, 푸른 조명을 비추었을 때에는 흰색-금색으로 보았다. 또 다른 연구에서는 평소에 일찍 일어나는 사람들이 드레스를 흰색-금색으로 볼 가능성이 더 높았는데, 아침 햇살에 비친 모습을 보는 데 익숙해졌기 때문인 것으로 드러났다. 그런가 하면 저녁형 사람들이 드레스를 파랑-검정으로 인식할 확률이 높은 것은 인공 불빛 아래에서 사물을 바라볼 가능성이 높기 때문이었다.[3]

드레스 사진은 착시 이미지의 대표적인 사례다. 누구나 어렸을 때부터 두 가지 이상으로 해석될 수 있는 신기한 착시 현상을 보았을 것이다. 착시 이미지는 대개 시각적으로 바뀔 수 있어서 그것을 바라보는 사이에 이미지가 쉽게 전환되기 마련이다. 일례로 다음의 이미지는 토끼로 보일 수도, 오리로 보일 수도 있는데 뇌는 그 상대적 형태 사이를 쉽게 오갈 수 있다.

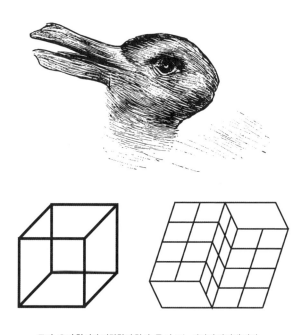

토끼, 오리 착시와 기하학적 착시. 둘 다 보는 사람의 관점에 따라
쉽게 바뀌어 보이는 착시 사례다.

착시 이미지는 대부분 재미있고 희한한 것이라 인터넷 세상의 심심풀이 코너에 오랫동안 머물렀다. 이런 착시는 지각 체계의 기본을 이루는 구조적 해석의 오류다. 이는 뇌에서 일어나는 현상일 뿐, 시력 문제와는 관련이 없다.

그런데 드레스 사진은 조금 독특하다. 보는 사람마다 극도로 확신하게 만드는 '쌍안정bistable'이다. 무언가가 쌍안정이라고 하면 그것은 두 가지 상태 중 하나에만 머물 수 있다. '켜짐'이나 '꺼짐'만 있을 뿐 중간은 없는 전등 스위치처럼 뇌가 대체 모드를 인식하는 데 어려움을 겪는 것이다.

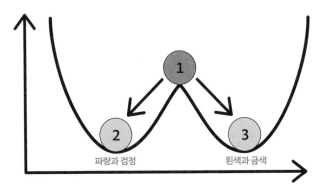

쌍안정 메커니즘: 지각의 안정 상태 및 불안정 상태를 보여주는 도표는 작은 언덕이 있는 골짜기와 같다. 1번 공은 불안정 상태로, 지각의 양쪽 어디든 굴러 내려갈 수 있는데 어느 쪽으로든 다다르려면 꽤 큰 힘이 필요하다. 쌍안정 이미지는 안정 상태가 두 가지여서 보는 사람이 두 상태를 오가려면 상당한 노력이 필요하다.

쌍안정이란 개념은 인터넷에서 의견이 분분한 사건을 어떻게 인식해야 하는지 이해하는 데 중요한 도움이 된다. 웬만해서는 사진 속 드레스를 자신이 인식한 것과 다른 색으로 보기란 대단히 힘들다. 물론 충분한 시간과 노력을 들여 사진을 응시하면서 색이 바뀌는 것을 지켜본다면 아주 불가능한 일은 아니다. 그러려면 조명이 바뀌거나 대비가 바뀌거나 고도의 집중력이 필요하다. 대부분은 그렇게까지 할 의향이 없다.

그런데 만일 공화당 지지자에게는 파랑-검정으로, 민주당 지지자에게는 흰색-금색으로 보이는 드레스가 있다면 어떻게 될까?

문제의 드레스 사건은 "편 가르기scissor"라 불릴 수 있는 특정한 부류였다. 일반 가위가 어떻게 쓰이는지는 다들 알고 있다. 가위는 자른다. 이 단어는 가른다는 뜻의 고대 라틴어 'scindere'에서 파생되었다. 따라서 사람들을 가르도록 완벽히 조정된 아이디어나 발언, 시나리오 역시 편 가르기가 될 수 있다.

이 용어는 스콧 알렉산더Scott Alexander의 단편소설, 《논란에 따른 분리》에서 처음 사용되었다.[4] 줄거리는 이렇다. 실리콘밸리의 몇 안 되는 엔지니어들이 오늘날 판도라의 상자라 할 만한 애플리케이션을 만든다. 인터넷에서 가장 논란이 되는 아이디어 수천 가지에 대한 색인을 생성하고 알고리즘을 활용해 분열적인 새로운 아이디어를 역설계하는 것이다. 처음에 엔지니어들은 혼란을 느낀다. 알고리즘이 누구도 동의하지 않을 말도 안 되는 발언을 만들어낸 탓이다. 다만 엔지니어 중 절반은 그 발언들이 의문의 여지 없이 진실이라 믿는다. 나머지 절반은 절대적으로 거짓이라 믿는다.

이 알고리즘이 만들어낸 **편 가르기 발언**은 도덕적 선언으로, 극단적인 반응을 유발해 이를 바라보는 사람들을 즉시 분열시킨다. 그 중에는 듣기만 하면 바로 알아볼 수 있는 문화 전쟁의 주요 사건도 있다. 캐버노 공청회(2018년 미국 연방대법원 대법관 지명자 브렛 캐버노Brett Kavanaugh가 연루된 사건. 인준을 앞둔 공청회에서 캐버노가 10대 시절 성폭행을 시도해 미수에 그쳤다는 폭로가 이어져 논란이 일었으나 결국 인준안이 통과되어 대법관으로 임명되었다-옮긴이), 콜린 캐퍼닉Colin Kaepernick 사건(미국 내셔널 풋볼 리그 선수. 2016년 경기 당시 경찰의 흑인 폭력 진압에 항의하는 차원에서 "유색인종을 억압하는 나라의 국기에 존경을 표할 수 없다"며 국기에 대한 경례를 거부하고 한쪽 무릎을 꿇었다-옮긴이), 그라운드 제로 모스크 사건(9/11 테러가 벌어진 현장인 그라운드 제로 인근에 이슬람 사원인 모스크가 지어진다는 얘기가 퍼지면서 찬반양론이 거세게 일었다-옮긴이)이 대표적이다. 이들 진술은 화와 분노, 노여움을 유발하면서 누구나 같은 사건을 다르게 바라볼 수 있다는 깊은 불신을 불러일으킨다. 각각의 편 가르기 사건은 자신이 절대적으로 옳다고 확신하는 해석을 초래하면서 반대편과의 즉각적인 도덕적 투쟁을 촉발한다.

소설에서는 알고리즘이 유발한 편 가르기로 기업이 해체되고 폭력이 난무한 끝에 알고리즘 개발자들이 적의로 제정신을 잃는 지경에 이른다. 편 가르기는 한번 본 이상 안 본 것으로 되돌릴 수 없다. 무시할 수 없는 즉각적이고 선동적인 개념이며 관점이 서로 다른 이들 사이를 갈라놓는 즉각적 발단이 된다.

모두 소설 속 이야기이지만 알고리즘이 극심한 분열을 초래하는 문제를 증폭시킨다는 아이디어는 결코 허구가 아니다. 현실 속에서 우리는 이미 그런 것을 만들어 세상에 내놓았다. 바로 소셜 미디어다.

| 밈이라는 기계

드레스 하나로 이렇게 어마어마한 혼란과 불신이 야기된 것과 같은 이야기는 과거 소설에서도 찾아볼 수 있다. 1992년에 닐 스티븐슨Neal Stephenson의 디스토피아적인 공상과학소설 《스노 크래시》가 출판되었다. 당시로서는 멀지 않은 미래인 2010년대 초반을 그린 이 소설은 몰입형 인터넷의 분열적 기술이 인간 삶의 큰 부분을 잠식한 세계를 그린다. '메타버스metaverse'란 용어가 처음 만들어진 것도 이 책에서였다.

《스노 크래시》의 줄거리는 새로운 컴퓨터 바이러스가 가상 세계를 휩쓴 사건을 중심으로 돌아간다. 이 바이러스가 독특한 이유는 그것이 컴퓨터만 감염시키는 것이 아니기 때문이다. 인간도 감염시켜 사용자가 특정 코드에 노출되면 **충돌**을 일으킨다. 책에서 바이러스는 1과 0이 이어진 것으로, 인간의 뇌가 말 그대로 오작동해 종국에는 멈추게 만든다. 바이러스에 가장 취약한 인간은 생의 대부분을 온라인에서 보내는 이들이다. 코드가 컴퓨터에서 이들 인간에게로 건너가 그들을 사정없이 파괴한다. 저자는 냉혹한 비유를 통해 정보가 어떻게 바이러스처럼 작동할 수 있는지 놀라울 만큼 정확하게 미래를 예견해 보였다. 또 밈이 우리의 뇌를 어떻게 파괴하는지를 상당히 기이한 방식으로 드러냈다.

밈이 무엇인지는 누구나 알고 있지만 이들 위험하다고 생각하는 사람은 거의 없다. 요즈음 밈이라고 하면 대부분 고양이 사진이나 재미있는 사진에 덧입힌 신랄하고 기발한 메시지를 떠올린다.

그런데 밈이라는 개념은 훨씬 더 시간을 거슬러 1976년에 진화생물학자 리처드 도킨스Richard Dawkins가 《이기적 유전자》에서 처음 언급했다. 도킨스는 유전자의 입장에서 진화를 바라보며 "이기적"이라는 말을 사용했다. 유전자는 염색체의 일부에 사는 정보 덩어리로, 미세한 번식 기계에 불과하다. 모든 생명체는 각 세포에 새겨진 작은 코드 조각에서 비롯되었다. 유전자에는 감각이나 주의력, 갈망이 없지만 **이기적인** 목표가 하나 있다. 바로 번식이다.[5]

무작위 변이는 특정 유전자가 살아남아 다음 세대까지 코드를 전달할 수 있도록 점진적 이점을 제공하고, 다음 세대는 물려받은 코드를 다시 복제해 후대에 전달한다. 살아 있는 모든 유기체는 이처럼 수백만 년 동안 잔혹하리만큼 일관되게 계속된 유전자 선택 및 복제 절차를 거친 결과다. 모든 생물학적 특성은 우리의 DNA에 새겨진 일련의 이기적인 코드로 되짚어볼 수 있다.

그런데 도킨스는 유전자만 이런 과정을 거치는 것이 아니라고 보았다. 그는 **문화적 정보**가 유전적 정보와 매체만 다를 뿐 정확히 동일한 방식으로 작동한다고 추측했다. 작은 단위의 문화적 데이터는 번식을 위해 생체분자를 사용하는 대신 우리의 뇌를 활용할 것이라 내다본 것이다. 이렇게 자기증식하는 정보에 대해 도킨스는 "밈"이라는 새로운 이름을 붙였다. 이 개념이 수전 블랙모어Susan Black-more의 1999년 책, 《문화를 창조하는 새로운 복제자 밈》에서 더욱 철저히 확장되어 밈 연구를 위한 과학적 근간을 확립했다.[6]

밈은 어디에나 있다. 우스운 농담이나 머릿속에 맴도는 상품 선전 문구 등은 모두 씨앗을 퍼뜨릴 집을 찾아 헤매는 밈이다. 성공적인 밈은 다른 인간에게로 건너가 무엇보다 빠르게 번식한다. 사실 밈은 더 근본적인 것이다. 완전히 응집력 있는 개념이나 생각, 혹은 선천적으로 전염성 있는 아이디어, 즉 공유되기를 갈망하는 아이디어가 밈이 될 수 있다.

인간이 독특한 종인 것은 유전자를 전달할 뿐만 아니라 밈을 전달하는 존재이기 때문이다. 인간처럼 고도로 사회적인 동물 사이에서 밈은 유전자보다 더 빠르게 퍼진다. 유전자는 아이를 낳을 때, 즉 인간의 생애에 단 몇 번밖에 일어나지 않는 사건에서만 성공적으로 번식할 수 있지만 밈은 아침을 먹으면서도 퍼져나갈 수 있다.

'바이럴'이라는 말의 기원은 이런 아이디어가 어떻게 퍼져나가는지에 대한 근본적 이해에서 비롯된다. 바이러스가 숙주에서 숙주로 퍼지는 것처럼 밈도 소셜 네트워크를 통해 같은 방식으로 퍼진다. 아주 간단한 유전물질 덩어리인 생물학적 바이러스는 스스로 퍼진다. 다분히 과학적인 정의에 따르면 바이러스는 사실 **살아 있는** 것이 아니다. 그저 번식할 수 있기 때문에 번식할 뿐이다. 밈도 마찬가지 방식으로 작동한다.

대학교에서 도킨스의 책을 읽던 나는 밈이라는 개념을 접하고 충격이 가시지 않았다. 성가시게 반복되는 광고 음악이나 신경에 거슬리는 마케팅 슬로건이 머릿속에 작은 유기체처럼 자리 잡아 자꾸만 그 음을 흥얼거리게 하고 또 다른 안쓰러운 희생자에게 옮겨 붙는 상황이 떠올랐다. 아주 매혹적이면서 동시에 오싹했다.

그보다 더 오싹한 사실은 **분열을 조장하는** 밈이야말로 번식을 위해 인간을 활용하는 데 훨씬 더 능하다는 것이다. 소셜 미디어는 특히 극심하고 현저한 갈등을 조장해 멀리까지 퍼져나간 밈의 확산에 요긴하게 쓰여왔다. 이런 밈은 사실 **인간**을 숙주 삼아 번식한 것이다.

이 장을 마치며

이번 장에서는 갈등과 논란을 통해 관심을 사로잡는 소셜 미디어의 핵심 엔진을 살펴보았다. 드레스 사진은 우리를 혼란스럽게 하고 당황하게 해 이를 계속 남들과 공유하도록 부추기는 밈이었다. 이상하고 이해하기 힘들지만 다행히 유순한 유형의 밈이었다. 그러면서도 모호한 밈이 갈등을 유발해 집단적 인식에 폭발적으로 퍼지는 것이 얼마나 쉬운지 보여주는 전형적인 사례였다.

- 이번 장에서 익힌 핵심 개념은 **확신과 모호함의 결합이 논쟁을 유발한다**는 것이다. 개개인에게는 분명해 보이지만 본질적으로 두 가지 이상의 해석이 가능한 이미지나 콘텐츠, 아이디어는 소셜 네트워크에서 빠르게 퍼져나간다. 이들은 쌍안정 상태여서 다른 관점으로 전환하기가 어렵다.
- 이런 아이디어나 사건의 가장 치명적인 형태는 알렉산더가 언급한 바와 같이 문화적 '편 가르기'가 되어 이를 목격한 거의 모든 사람을 갈라놓을 수 있다.
- 이런 현상은 유전적 번식의 생물학과 직접적으로 일치한다. 실제로 문화적 밈은 바이러스처럼 인간을 숙주로 삼아 퍼져나간다.

그런데 우리가 원하는 것이 분열이나 논쟁이 아니라면, 소셜 미디어는 왜 분노를 유발하도록 설계되었을까? 다음 장에서는 분노 유발 알고리즘을 이끄는 놀라운 주범, 바로 우리 자신에 대해 알아보자.

참여 에스컬레이터

THE ENGAGEMENT
ESCALATOR

2018년 11월, 저커버그는 커뮤니티 규범 시행에 관한 페이스북의 역할에 대해 5,000자로 쓴 게시물을 올렸다.[1] 이 글에는 콘텐츠 조정이라는 뜨거운 쟁점에 대한 저커버그의 신념이 묻어 있었다. 무엇보다 그는 페이스북 플랫폼에 사람이 참여하는 자연적 패턴을 조사하면서 발견한 현상을 강력히 언급했다.

저커버그는 발견한 결과를 그래프로 그려 보였는데, 그 모습이 평평한 언덕 뒤에 위쪽으로 향하는 급격한 경사가 따라오고 돌연 절벽이 이어지는 형상과 얼추 닮아 있었다. 마치 고원 위에 스키 점 프대가 놓여 있고 밑으로 협곡이 펼쳐진 모양새다. 그래프의 왼쪽 부분, 즉 고원 부분은 일반적이고 온순한 콘텐츠를, 반대편은 유해하고 금지된 콘텐츠를 가리킨다. 두 공간을 가르는 것은 정책 방침으로, 이 방침을 어긴 콘텐츠는 게시가 금지된다. 콘텐츠가 정책 방침을 넘어서면 트래픽은 절벽으로 떠밀려 결국 0으로 떨어진다.

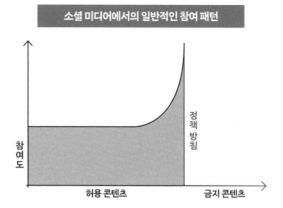

소셜 미디어에서의 일반적인 참여 패턴

참여도

정책 방침

허용 콘텐츠 　　　　　　 금지 콘텐츠

　　페이스북에 게시물을 올리면 콘텐츠는 이 그래프의 어딘가에 위치하게 된다. 금지된 콘텐츠는 당연히 어떤 참여도 얻지 못한다. 일반적인 콘텐츠는 일반적인 참여를 유발한다. 이상한 점은 콘텐츠가 정책 방침에 근접해 허용 불가능한 선의 끄트머리에 가까워지면 참여도가 급상승한다는 것이다. 그렇게 참여도가 기하급수적으로 상승하다가 이내 0으로 수직 하락한다.

　　이 현상은 2016년 미국 대선이 시작되기 한참 전부터 다수의 연구자들이 핵심 쟁점으로 짐작한 바 있었다. 재미 삼아 극단을 오가는 콘텐츠가 소셜 미디어에서 더 많은 참여를 끌어낼 가능성이 있다는 것이었다. 그 결과 허용 가능선 끝까지 다가갔지만 선을 넘지는 않은, 분노를 유발하거나 끔찍한 콘텐츠들이 페이스북 사용자의 뉴스 피드에 흩어졌다. 이런 **경계선 콘텐츠**가 참여도를 대거 끌어올린다.

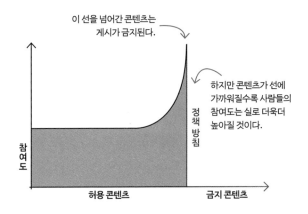

이것은 사악한 음모의 결과였을까, 아니면 심층 알고리즘이 확산한 결과였을까? 둘 다 아니라고 본다. 외부의 도움이 일절 차단된 소셜 미디어에서 우리의 관심은 용인될 수 없는 것, 충격적인 것, 극단적인 것으로 자연스레 집중되었다.

달리 말하자면 누구도 자신의 뉴스 피드에서 자동차 사고 장면을 보고 싶다고 말하지 않을 것이고 이렇게 폭력적인 콘텐츠는 페이스북의 방침에 어긋나니 금지될 것이다. 하지만 자동차 사고 영상이 게시된다면 누구든 잠시만이라도 보고 싶어질 것이다. 자극적인 사건에 끌리는 것은 인간이 가진 제2의 천성이다.

반면 상상도 못한 정책 아이디어나 유해한 정치적 의견, 정도를 벗어난 불쾌한 논쟁 등을 제시하는 선동적인 게시물은 대개 언론의 자유를 최우선에 둔다는 페이스북의 지침에 따라 보호를 받는다. 그 결과 누구든 소셜 미디어 안에 있는 한 동지든 적이든 가릴 것 없이 퍼붓는 극단적인 정치적 의견과 자극적인 도덕적 발언의 공세를 피하기가 힘들어졌다.

이런 경계선 콘텐츠가 난무하면서 우리의 피드는 전에 없이 유독해졌다. 페이스북이 금지 콘텐츠의 기준을 빈번하게 변경하고 있음에도 불구하고 이런 참여 패턴은 변하지 않았다. 사람들은 금지선 가까이 다가간 콘텐츠일수록 더 많이 클릭하고 더 많이 공유하며 더 많이 시청했다. 단 증오 발언은 예외였다. 증오 발언만 아니면 되었다. 공공연한 인종차별도 예외였다. 공공연한 인종차별만 아니면 되었다.

이 패턴은 러시아가 개입했다거나 봇이 사용자를 조종한 것이라거나, 거대 데이터 분석 기업 케임브리지 애널리티카Cambridge Analytica 논란과 관련이 있다는 등 여러 주장과 상관없이 진실이 되었다. 이 기괴하게 기울어진 참여도 뒤에 숨은 거대 세력은 악의적 관계자가 아니었다. 범인은 바로 우리 자신이었다. 연쇄 추돌 사고가 벌어진 도로 위 현장에서처럼 우리가 시선을 돌리지 못한 것이다.

| 분노에 대한 분노

충격적이거나 극단적인 게시물은 결투 신청과 같다. 보는 이에게 선택을 하라고 다그친다. 참여할 것인가, 무시할 것인가. 결투를 신청한 사람이 친구나 지인이라면 우리는 더욱 거리낌 없이 그에 가담할 것이다.

온라인상의 유독한 무언가가 촉발하는 가장 치명적인 문제는 그것을 보게 되는 것만으로도 덫에 걸릴 수 있다는 점이다. 2차 혹은 3차 분노, 즉 **분노에 대한 분노**가 핵심이다. 우리는 견해를 밝히고 입장을 전해야 한다는 압박을 느낀다.

참여하는 순간, 우리 역시 그 광경의 일부가 된다. 우리가 홀린 듯 매료되면 광경은 더욱 힘을 얻는다. 모든 클릭은 그것이 계속되길 바라며 던지는 한 표가 된다. 우스운 지적이나 생각을 유도하는 글, 악성 댓글 폭격 모두 연쇄반응이다. 관찰에 따른 분노는 문제의 일부가 되어 무수한 판단을 쏟아내고 그 자체가 더 많은 판단을 야기한다.

이런 폭발적 반응을 나는 자극 연쇄반응, 즉 "트리거 체인"(trig-ger-chain)"이라 부른다. 반응을 유발하는 어떤 자극에 반사적으로 반응하고 그 반응을 공유하는 것이다. 참여도 그래프는 모양이 에스컬레이터와 닮아 있는데, 경계선 콘텐츠나 새로운 아이디어, 극단적인 것에 반응하는 본능을 악용하는 새로운 크리에이터 등에 대해 참여도가 올라가는 것을 볼 수 있다.

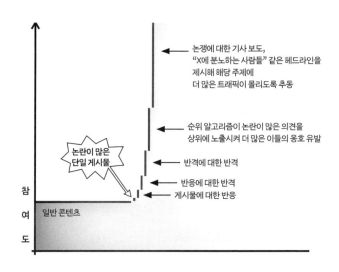

논쟁에 대한 기사 보도,
"X에 분노하는 사람들" 같은 헤드라인을
제시해 해당 주제에
더 많은 트래픽이 몰리도록 추동

순위 알고리즘이 논란이 많은 의견을
상위에 노출시켜 더 많은 이들의 옹호 유발

반격에 대한 반격

반응에 대한 반격

게시물에 대한 반응

논란이 많은
단일 게시물

일반 콘텐츠

참
여
도

이것은 '감정 전염emotional contagion'이라는 현상으로 일부 설명될 수 있다. 심리학에서 감정 전염이란 한 개인의 행동이 변화하면서 가까이 있는 다른 이들도 **같은** 감정을 반사적으로 생산하게 되는 과정을 말한다. 우리는 다른 사람의 감정을 **포착**할 수 있다. 같은 방 안에서 누군가가 미소 짓고 있으면 다른 사람들이 덩달아 미소를 짓는다거나 거리에서 누군가가 성난 고함을 지르면 주변에 있는 다른 사람들의 기분이 언짢아지는 것도 같은 이치다. 같은 공간에 있는 사람들은 결국 같은 감정을 공유하게 되는 경우가 많다.

버럭버럭 화를 내는 사람을 보면 우리 자신도 화를 낼 구실을 찾게 된다. 그러면서 왜 화가 났는지 변명거리를 만들어낼 수도 있지만 근본적으로 이런 감정은 물리적으로 같은 공간을 공유하는 사람들 사이에서 감정이 퍼져나가는 것과 같은 방식으로 소셜 미디어를 통해 퍼져나가는 경향이 있다.

2012년에 페이스북에서 진행한 자체 연구 결과, 감정 전염은 페이스북 플랫폼 사용에 따른 직접적 부작용인 것으로 드러났다. 내부 연구자 애덤 D. I. 크레이머Adam D. I. Kramer는 다음과 같이 밝혔다.

> 사용자가 감정적 콘텐츠로 상태 업데이트를 하면 그 친구들이 유사한 게시물을 올릴 확률이 현저히 높아진다. 이런 영향은 사흘이 지난 뒤에도 쉽게 사그라지지 않으며, 사용자와 그 친구들이 모두 이전의 감정 표현을 자제한 뒤에도 마찬가지였다.[2]

이 연구 결과는 사람 사이에 직접적 교류가 **없어도** 감정 전염이 가능하다는 사실을 암시한다. 다시 말해 누군가의 상태 업데이트와 게시물을 보기만 해도 사용자가 특정 감정을 느낄 수 있다는 의미다.

친구의 성난 게시물을 보면서도 자신은 그런 문제로 화가 나지 않는다고 생각할 수도 있다. 친구가 왜 그렇게까지 화를 내는지 도무지 이해가 안 될 수도 있다. 감정은 은밀한 바이러스처럼 퍼지기 때문에 결국은 처음 목격한 화에 **대해** 화가 난 것인데도 화를 낼 구실을 찾아 나서게 될 것이다. 우리는 누군가의 분노를 목격하는 것만으로도 분노를 느낄 수 있다.

소셜 미디어에서 자주 벌어지는 감정 전염의 상당히 구체적인 유형을 살펴보면 이해가 쉬울 것이다. 연구진인 몰리 크로켓Molly Crokett과 윌리엄 J. 브레이디William J. Brady, 제이 밴 배벌Jay Van Bavel은 이 유형을 "도덕적 전염"이라 부른다. 그들이 정의 내리는 도덕적 전염이란 주변 세계에서 무언가가 잘못되었다거나 옳다는 신호를 다른 사람에게 확실히 전달하는 감정 표현이다. 이런 표현은 다른 사람이 그 신호에 어쩔 수 없이 순응하거나 반대하게 하고, 그 결과 목격자가 도덕적 감정을 느껴 연쇄반응을 일으키게 한다.[3]

그런데 애당초 감정은 왜 전염되는가? 연구자들은 이런 성향이 엄마와 아기 사이의 유대감 형성을 위한 적응 과정을 거쳐 진화한 것이라고 추측한다.[4] 감정이 전염되면 아기에게 무엇이 필요한지 신속히 알 수 있다는 장점이 있다. 아기의 고통에 예민하게 반응해 빨리 대응할 수 있는 것이다.

이와 관련해 일본의 와타루 나카하시Wataru Nakahashi와 히사시 오츠키Hisashi Ohtsuki가 진행한 추가 연구 결과, 과거 진화 과정에서 감정 전염이 발생할 경우 감정에 빨리 전염되는 사람들이 더 큰 무리를 결성할 수 있었고 이에 따라 위험에 적절히 대응할 기회가 더 많아지는가 하면 사소한 사건에 과민 반응하게 될 가능성은 낮아졌다고 밝혔다.[5] 감정 전염이 과거 인류의 생존에 도움이 되었을 가능성이 높았다는 것이다. 하지만 소셜 미디어에서 감정 전염은 장점이 아닌 골칫거리다. 문제를 이해하고 해결하는 능력에 도리어 더 많은 장애가 될 뿐이다.

▌조종의 적정선

페이스북에서의 감정 전염에 대해 실시한 내부 연구 결과가 처음에는 긍정적으로 해석되었고 가벼운 축포와 함께 발표되기도 했다. "이것 보세요! 페이스북에 기분 좋은 게시물을 올린 사람들이 그 좋은 기운을 친구들에게 전하고 있어요!"

하지만 이런 발견에는 장단점이 있었다. 사용자 약 69만 명을 대상으로 한 후속 연구에서 크레이머는 사람들이 보는 게시물의 유형을 공유해 사용자의 감정과 행동을 실제로 **바꿀** 수 있다는 사실을 발견했다.[6] 연구진은 실제로 사용자가 보는 콘텐츠를 결정함으로써 방대한 범위의 사용자 행동을 조종했다. 그들은 행복과 슬픔, 분노 등 특정 유형의 감정을 담은 게시물을 선정해 페이스북 사용자 전체의 감정과 행동이 **자신도 모르는 사이에** 어떻게 바뀌는지 관찰할 수 있었다. 이로써 감정적 콘텐츠가 플랫폼 체류 시간의 증가와 직접적 관련이 있다는 사실이 확인되었다. 연구는 감정적 콘텐츠가 적을수록 사람들이 게시물 올리는 것을 중단한다는 사실을 확연히 보여주었다. 그러니 감정적 콘텐츠를 더 많이 노출시키지 않을 이유가 어디 있겠는가?

페이스북이 어떻게 수십만 사용자의 감정을 조종했는지 보여주는 두 번째 연구 결과가 2014년에 발표되었을 때 온라인상에서 엄청난 반발이 일었고, 물론 이 역시 페이스북에서 공유되었다. 연구 참가자의 명시적인 동의 없이 대규모 행동 조종이 이루어졌다는 사실에 많은 사람들은 당연히 불쾌함을 느꼈다. 참가자들이 페이스북의 포괄적 서비스 약관에 동의하는 것으로 구체적 동의 요건이 생략된 것이다. 더군다나 연구 승인과 관련해 일말의 소동이 벌어지기도 했다. 심의 위원회의 학술 심사 과정을 거쳤는지, 연구 대상자들이 인지하지 못한 상태에서 이런 실험을 진행하는 것이 윤리적으로 타당한지와 같은 문제가 불거졌다.

이것이 2014년의 일이었는데, 당시에는 사용자들이 무엇을 거북해하는지와 소셜 미디어가 사람들에게 어떤 **영향**을 미치고 있는지 사이의 새로운 구분이 비교적 잘 알려지지 않았다. 이런 질문이 이처럼 날카롭게 제기된 것도 처음이었고 조종과 선택 사이의 다분히 난처한 구분이 드러난 것도 처음이었다. 페이스북을 사용하기로 선택했다면 페이스북에 조종당하겠다고 선택하는 셈이 되는 것인가? 페이스북은 사람들이 원하는 것을 제공하기만 하는 유틸리티인가, 아니면 적극적으로 영향력을 행사하는 장치인가?

| 조종 게임

참여 에스컬레이터가 속도를 내면서 새로운 부류의 콘텐츠 제작자들이 이에 탑승하기 시작했다. "선 넘는 사람들line steppers"이라 부를 만한 크리에이터들이 유입되어 자신의 아이디어와 콘텐츠를 공동 담론의 장에 막무가내로 밀어 넣기 시작한 것이다.

초창기부터 인터넷에는 악한이 꽤 있었다. 기준이나 지침이 엄격하지 않은 커뮤니티라면 어디든 분란을 일으키려는 사람들이 점령한 인기 게시글이 있기 마련이었다. 인터넷 세계의 용어로 이들은 "똥 투척자shitposters" 혹은 "중2병edgelords"이라 불리며 흔한 악플러들과 어울리면서 논란이 되는 게시물을 올려 관심을 얻는다. 그중 대다수는 뚜렷한 목적 없이 그저 드라마를 만들어 팔로어를 늘리고 유명세를 얻고자 한다.

그런가 하면 대의를 지지하려는 운동가들도 많았다. 약물 합법화나 배상 문제, 심지어 국가의 분리 독립 등 어떤 문제에 진심으로 마음을 쏟는 이들도 있었다. 진정한 이타주의자부터 권모술수에 능한 모사꾼에 이르기까지 모든 운동가들이 소셜 미디어에 둥지를 틀었다. 그들에게는 공통점이 있었다. 주류 담론에서 쉽게 잊히고 마는 아이디어가 주목받기를 원한 것이다.

1990년대 중반, 잘 알려지지 않은 자유주의 정책 분석가인 조지프 오버턴Joseph Overton이 한 이론을 세웠다. 그는 양당 체제가 지배적인 정치 환경에서 무시되기 일쑤인 자유주의적 아이디어가 승리할 수 있도록 기반을 마련하고자 노력하고 있었다. 오버턴은 가능한 아이디어가 스펙트럼처럼 펼쳐진 정치 환경을 상상했다. 그 가장자리에는 어떤 정치인도 건드리지 않을 가장 극단적인 아이디어가 자리하고 있었다.

일례로 총기 소유와 관련한 스펙트럼의 맨 끝에서 '비현실적' 아이디어를 찾아볼 수 있다. 총기 소유는 인간의 절대적인 권리로, 누구든 스스로를 보호하기 위해 총기를 소유해 공개적으로 소지하도록 권장되어야 하며, 군사용 무기도 종류에 관계없이 소지가 허용되어야 한다고 주장하는 것이다. 여기서 조금 더 중심으로 옮겨 가면 정도가 덜한 주장을 만나볼 수 있는데 '급진적(나이에 관계없이 누구든 총기를 공개 소지할 수 있어야 한다)'에서 '수용 가능(누구나 총기 구매가 허용되어야 한다)', '합리적(18세 이상에 총기 구매가 허용되어야 한다)'으로, '대중적(전과가 없는 18세 이상의 특정 인물에 특정 총기의 구매가 허용되어야 한다)'에서 '정책(미국 내 각 주에서 현재 시행 중인 법)'으로 이어진다. 물론 '합리적'이거나 '비현실적'이라는 기준은 상대적이며 일반 대중을 상대로 한 여론조사 결과를 활용했다.

공공이 수용 가능한 신념의 범위를 나타내는 이것은 "오버턴 윈도Overton Window"라고 알려져 있다.[7] 오버턴은 이를 바꾸려면, 즉 정책의 창을 옮기려면 자유주의 운동가들이 논쟁의 극단에서 시작해 전체 논의의 틀을 재구성해야 한다고 생각했다. 가령 운동가 및 조직자는 총기 소유를 고도로 제한하는 민주당 지지 주에서 적극적인 총기 공개 소지법을 큰 소리로 지지한 뒤, 이에 대한 양보의 의미로 사람들이 총기 소유를 받아들이게 할 수도 있다.

준거의 틀 자체를 바꾸면 운동가 입장에서는 온건한 요구에서 시작하는 것보다 더 많은 이득을 얻을 수 있을 것이라고 오버턴은 생각했다. 이런 전략을 다른 말로 "프레이밍framing"이라고 한다. 말도 안 되게 높은 가격을 요구하면 상대방은 중간 지점에서 타협안을 제시할 것이다. 상상도 못한 도덕적 요구를 제시하면 사람들은 결국 그보다 덜 극단적인 요구를 받아들이게 된다.

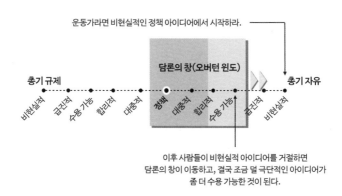

운동가라면 비현실적인 정책 아이디어에서 시작하라.

담론의 창(오버턴 윈도)

총기 규제　　　　　　　　　　　　　　　　총기 자유

비현실적　금진적　수용 가능　합리적　대중적　정책　대중적　합리적　수용 가능　금진적　비현실적

이후 사람들이 비현실적 아이디어를 거절하면
담론의 창이 이동하고, 결국 조금 덜 극단적인 아이디어가
좀 더 수용 가능한 것이 된다.

이런 전략은 10년이 넘도록 자유주의 사상가 및 운동가 들의 주변부 지론으로 남아 있었는데, 이후 페이스북과 소셜 미디어가 우리 삶에 지대한 영향을 미치기 시작했다. 그 뒤로 이 전략의 유용성이 정치 영역 전반의 운동가들에게 훨씬 더 명백히 다가왔다. 조직가들은 이 이론을 활용해 **모든** 주제에 대한 논의의 틀을 재구성하기 위해 더 극단적인 정치사상을 더욱더 노출하기 시작했다.

낙태와 종교의 자유, 동물의 권리, 백신 접종, 사형 제도, 이민 개혁, 이스라엘-팔레스타인 분쟁, 보편적 의료보장, 성전환자의 권리 등, 각각의 문화적 쟁점이 별안간 매체를 갖게 되면서 이념적으로

완고한 입장을 지지해 서사를 바꾸려 했고, 결국 서사가 바뀌었다.

오버턴 윈도와 페이스북의 경계선 콘텐츠 현상에 관한 그래프를 접목하면 다음과 같은 모습을 띨 것이다. 사용자 참여도가 정점에 이른 지점에 가장 극단적인 정책 아이디어가 위치하게 된다. 소셜 미디어를 활용하는 운동가는 극단적 아이디어를 제시하고 이목을 집중시킴으로써 논쟁에 극적인 영향력을 행사할 수 있다.

수년 전까지만 해도 충격적이라 여겨지거나 상상도 하지 못한 콘텐츠가 요즘에는 왜 그렇게 눈에 띄는지 이로써 설명이 된다. 이런 콘텐츠는 소셜 미디어 생태계에서 더 많은 트래픽을 끌어들이고, 저널리스트들은 트래픽을 사로잡는 트렌드를 예의 주시한다. 이런 아이디어나 선동, 분노 등이 소셜 미디어에 소란스럽게 이어진다면 결국 이들은 주류 언론 기사에서 제 몫의 자리를 찾게 될 것이다.

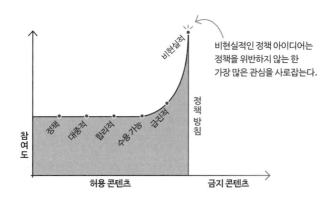

만약 쟁점의 양쪽에 선 운동가들이 오버턴 윈도를 동시에 끌어당기면 어떻게 될까? 결국 사람들이 정책 토론의 양편에 선 **가장 극단적인 아이디어**에 노출되면서 논쟁의 창에 균열이 생긴다. 대화는 아귀다툼이 되고 대중적이거나 합리적인 정책 아이디어는 경쟁의 장에 오르지 못한다.

여러 정치인들이 이를 주시하면서 합리적 정책을 방치한다. 오버턴의 아이디어를 대중에 알린 조지프 P. 리먼Joseph P. Lehman은 이 전략을 사용할 때 염두에 두어야 할 가장 중요한 점은 사실 정치인에게 생각만큼 큰 권한이 없다는 것이라고 말했다. 그는 "흔히 입법자들이 직접 오버턴 윈도를 바꾸는 것이라고 많이들 오해한다. 이는 절대적으로 거짓이다. 입법자는 사실 윈도의 위치를 감지한 뒤 그에 부합해 움직이는 사람들이다"라고 썼다.[8] 다시 말해 정치인은 윈도를 미는 입장이 아니라 따라가는 입장이다. 담론이 바뀌면 정치인은 그와 관련성을 유지하기 위해 덩달아 움직일 것이다.

소셜 미디어 때문에 담론의 창은 수천 가지 극단적인 화두로 산산조각 났다. 이제 주변부의 여러 정치적 관점이 크게 부풀어 올라 쉽게 눈에 띄었고 이념 스펙트럼의 곳곳에 퍼져 있는 운동가들은 급진적 개념을 주류로 끌어들이는 법을 익혔다. 그들은 모두 분열된 창을 활용하는 법을 알아냈고 많은 사람들은 진정으로 합리적인 정책이 무엇인지 확신하지 못한 채 혼란 속에 남겨졌다.

| 저울에 손을 댄 페이스북

이렇게 경계선 콘텐츠에 대한 참여도가 높아지는 기현상을 파악한 저커버그는 2018년 게시물에서 해결책을 내놓았다. 경계선 콘텐츠가 문제적인 참여도 상승 효과를 자연스레 누리도록 방치하지 않고 조치를 취하겠다고 밝힌 것이다. 페이스북은 경계선 콘텐츠의 비중을 **떨어뜨려** 피드 아래로 밀어냄으로써 이런 콘텐츠가 누리는 이득에 대응하겠다고 했다. 아울러 AI를 활용해 선을 넘는 콘텐츠를 파악해 피드에서의 영향력을 줄여나가겠다고 했다.

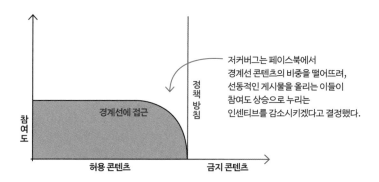

저커버그는 페이스북에서 경계선 콘텐츠의 비중을 떨어뜨려, 선동적인 게시물을 올리는 이들이 참여도 상승으로 누리는 인센티브를 감소시키겠다고 결정했다.

겉으로는 근사하게 들렸다. 수년간 이런 문제에 대해 글을 쓰고 페이스북 관계자들과 대화를 나눈 뒤 처음으로 이 발표를 접했을 때에는 저커버그가 상황을 인지했으며 플랫폼에 만연한 분노와 거짓, 낚시글 등의 문제에 조치를 취하려 한다는 인상을 받았다.

하지만 저커버그는 결국 모호한 입장을 취하기로 결심했다. 일관성 없이 시행된 조정 정책과 주변부의 이념적 성향이 강한 인물을 플랫폼에 잔류시킨 조치에 대해 매서운 반발을 마주하자 저커버그는 스스로 방어할 필요를 느꼈다. 1년 뒤 그는 조지타운대학교에서 대대적으로 열린 연설에서 페이스북이 연설의 자유라는 한 가지 권리는 굳게 지지하겠다고 선언했다. 그러면서 우리가 "마음에 들지 않는 말을 위험한 것으로 규정하고픈 충동을 막아내야" 한다고 말하며 줄곧 하나의 화두로 돌아갔다. 페이스북은 사용자가 플랫폼에서 하고 싶은 말을 할 권리를 우선시할 것이며 자사의 방침에 어긋나지 않는 한 그 권리를 박탈하지 않겠다는 것이었다.[9] 저커버그에게 페이스북은 공개 연설을 위한 장소여야 하지, 무엇을 말할 수 있고 무엇을 말할 수 없는지 제한하는 장소여서는 안 되었다. 사용자 생성 콘텐츠에 전적으로 의지해 참여를 끌어들이는 기업이 할 법한, 다분히 일리 있는 말이었다.

하지만 저커버그의 공정한 이분법의 표면 아래에는 불편한 진실이 숨어 있었다. 저커버그 자신이 불과 1년 전 글로 남겼듯이 플랫폼에서의 발언은 자연히 극단적이고 문제적이며 불건전한 쪽으로 기운다는 사실이다. 저커버그가 이 문제를 규정하려 했다면 페이스북은 이미 수를 써서 무게중심을 옮겼을 것이다.

저커버그는 누구나 금방 알아볼 수 있는 문화적 편 가르기의 한가운데로 걸어 들어가고 있었다. 분열을 초래하는 아이디어라고? 모든 발언이 보호된다면 혐오 발언 역시 보호된다. 거짓도, 잘못된 정보도 마찬가지다. 페이스북은 이제 사실상 수십억 명의 사람들이 무엇을 말할 수 있고 말할 수 없는지 좌우하는 결정권자가 되었다. 이에 대한 쉬운 해결책은 없었다.

하나의 기업이 이런 결정을 내릴 수 있다는 것이 불가능하게 들리는가? 맞는 말이다. 이렇게 엄청나게 중대한 딜레마를 해결하기 위해 페이스북은 2018년 독립적인 심의 기구인 오버사이트 보드 Oversight Board를 설립해 콘텐츠 조정이라는 가장 지독하고 난해한 문제를 처리하고자 했다. 오버사이트 보드가 취급할 수 있는 것은 콘텐츠 조정 건 중 극히 일부에 불과하지만 이로써 어느 정도는 정당한 법적 절차에 이르는 올바른 방향에 들어선 셈이었다.

하지만 여전히 더 심오하고 중요한 문제가 남아 있었다. 소셜 미디어 기업이 사회에 미치는 영향력이 충격적이며 전례가 없는 수준이라는 것이었다. 이들 기업이 어디에 선을 그을지 **결정**하기에 따라 표현의 경계가 달라졌다. 이는 불과 10년 전까지만 해도 정부는 물론 어떤 언론 기업에서도 상상해보지 못한 영향력이었다.

| 선은 어떻게 그어지는가

2017년 12월 31일, 유튜브에서 가장 유명한 영상 블로거 로건 폴Logan Paul이 으스스할 정도로 고요한 일본의 숲을 배회하는 자신의 모습을 촬영해 올렸다. 후지산 기슭에 있는 아오키가하라 숲은 1960년대 이후 "자살의 숲"이라고 알려졌고 세계에서 가장 유명한 자살 장소 중 하나라는 비극적인 명성을 얻은 장소다.

"도쿄 모험" 영상 시리즈 중 3부로 기획된 이 영상을 위해 폴과 그의 팀은 오싹한 장소로 유명한 그 숲에서 야영을 하기로 계획했다. 그러던 중 폴이 목을 매어 자살한 남자의 시체를 발견했다. 폴은 이 장면을 자신의 유튜브 채널에 즉시 올렸고 시체를 대표 이미지로 썼다. 영상은 24시간 안에 630만 조회 수를 기록하면서 인기 급상승 영상 10위 안에 올랐다.

인기를 노린 이런 행위가 그로서는 이상한 것이 아니었다. 이미 그는 일본에서 저지른 다른 기행으로 비난을 받은 터였다. 붐비는 거리에서 옷을 벗는가 하면 싸움을 일으키기도 했고, 지역 경찰에게 물건을 던지는 자신의 모습을 영상으로 찍기도 했다. 폴의 영상은 짓궂은 장난이 대부분이었고 허용 가능한 콘텐츠의 경계선을 의도적으로 아슬아슬 넘나들고 있었다.

하지만 이번 영상은 달랐다. 격이 떨어진 것은 물론 허용 가능한 행동의 적정선을 넘어섰다. 다수의 유명 인사 및 정치인 들이 고인의 모습을 담은 폴의 영상을 규탄했다. 유튜브 커뮤니티 내의 다른 사람들은 자살 희생자에 대해 극심히 무신경한 폴을 비난했다. 온라인 청원 플랫폼에 폴의 채널을 삭제해달라는 청원이 다급히 올라왔고 순식간에 50만 명 넘는 사람들이 이에 서명했다.

유튜브는 이 영상을 삭제하지 않았다. 그 대신 여파를 관리하고 대책을 모색하는 데 전념한다며 영상을 수일간 공개 상태로 유지했다. 그러다 결국 여론의 압박을 이기지 못하고 폴의 채널을 폐지했다. 허용 가능 선을 넘어선 것이다.

대중의 분노가 폭발해 플랫폼에 규제에 대한 요구가 빗발치기 전까지 허용 가능 선은 존재하지 않았다. 허용 가능 선이 그어지기 전까지 폴처럼 선을 넘는 이들은 무감각한 영상이나 갈등, 분노를 등에 업고 참여도 급상승 에스컬레이터에 탑승할 수 있었다. 특정 콘텐츠에 경계선이 그어지기 전까지, 그 선이 플랫폼에 의해 강제되기 전까지, 사용자들은 이런 콘텐츠를 알아서 피해야 했다.

이런 절차가 결정되는 데에는 플랫폼 소유자만큼이나 여론의 몫이 크다. 도덕적 허용 기준도 대중의 분노가 폭발한 **다음에야** 설정되었다. 이런 식으로 분노의 표출은 플랫폼에 허용되는 경계를 설정하는 데 중요한 역할을 한다. 중재자가 기준을 설정하도록 분노가 압력을 가하는 것이다.

이 장을 마치며

소셜 미디어에서 사용자의 관심은 외부의 도움이 없는 한 허용 불가능한 것, 분노를 유발하거나 극단적인 것으로 자연스레 기울기 마련이다. 참여도 극대화를 위해 최적화된 알고리즘은 단순히 우리가 **원하는** 것을 제공할 뿐이다.

- 논란이 많은 경계선 콘텐츠는 피드에 지나치게 노출이 되는 경향이 있다. 이는 주로 트리거 체인, 즉 사용자가 자극적인 콘텐츠에 자극적인 반응을 보인 결과다.
- 소셜 미디어는 감정적 전염이 쉽게 일어나는 강력한 도구다. 무엇에 노출되었는지에 따라 사람들은 뉴스 피드에서 목격한 감정을 그대로 드러낼 것이다.
- 논란이 많은 콘텐츠는 좋은 방향으로도, 나쁜 방향으로도 사용될 수 있다. 사회 운동가나 악플러, 갈등 유발자 모두 소셜 미디어를 활용해 소위 오버턴 윈도, 즉 핵심 안건에 대한 특정 의제 및 논쟁을 제기하는 논의의 창을 옮길 수 있다.

다음 장에서는 소셜 미디어가 우리의 경험에서 가장 중요한 부분 중 일부를, 즉 현실 인식에 도움이 되는 미묘한 차이와 맥락을 어떤 식으로 의도치 않게 지우는지 살펴볼 것이다.

08

불화의 사과

THE APPLE OF
DISCORD

> 미디어 메타포의 대전환이 미국에서 일어났고 그 결과 공공 담론을 이루
> 는 대다수 콘텐츠가 위험한 헛소리로 변질되었다.
>
> _닐 포스트먼Neil Postman, 《죽도록 즐기기》

고대 그리스의 한 신화는 이렇게 시작한다.

올림포스산에서 신들의 결혼식이 치러질 예정이었다. 선하고 강
력한 모든 신이 초대되었는데, 그중 초대받지 못한 여신이 하나 있
었다. 불화의 여신 에리스였다. 분노한 그는 결혼식 참석자들에게
대대적으로 복수할 계획을 세운다. 아름다운 황금빛 사과의 껍질
에 "가장 아름다운 이에게"라는 글자를 새겨 넣고 다른 신들 틈에
섞여 몰래 결혼식에 숨어든 뒤 군중의 한가운데로 사과를 던진다.
사과가 발견되자 큰 소동이 벌어진다.

허영심 많은 신들 사이에서 논란이 벌어진다. 이 사과는 누구를

위한 것인가? 무엇을 뜻하는가? 아테나와 헤라, 아프로디테, 이 세 여신은 각각 그 사과가 자신을 위한 것이라 믿는다. 상세한 정보가 부재한 가운데 시작된 격렬한 논쟁은 이윽고 대규모 경쟁으로 악화한다. 사과에 쓰인 모호한 문구가 모든 이들에게 달리 해석된다. 신마다 의견이 다르고 그에 대한 논쟁에 누구든 기꺼이 뛰어든다.

결국 누군가가 사과의 주인으로 아테나를 호명하자 그 즉시 다른 신들과 그 동맹 사이에서 분노와 노여움, 분개가 터져나온다. 이런 감정의 여파로 갈등은 더욱 파국으로 치닫고, 종국에는 응징과 잔혹한 폭력으로 이어진다. 신화에 따르면 이 불화의 사과는 트로이전쟁의 원인이 되었다.[1]

여느 우화가 그렇듯 이 이야기는 인간의 본성에 깊이 밴 일면, 즉 맥락이 없는 정보는 갈등으로 이어진다는 사실을 드러낸다. 맥락이 없는 모호함은 파국적인 오해로 이어질 수 있다.

| 맥락 없는 곳에 갈등이 있다

이 신화는 지금의 미디어 환경을 잘 드러낸다. 잠시 지난 10년 사이에 가장 널리 퍼진 이야기를 생각해보자.

2019년 1월 19일, 워싱턴 D.C.에 있는 링컨 기념관에서 "미국을 다시 위대하게Make America Great Again, MAGA"라고 적힌 모자를 쓴 소년 십수 명이 아메리카 원주민 참전 용사인 네이선 필립스Nathan Phillips와 언쟁을 벌이는 짧은 영상 한 편이 온라인에 공개되었다. 켄터키에 위치한 커빙턴가톨릭고등학교의 수학여행으로 이곳을 찾은 소년들은 노인 한 명을 잔인하게 조롱하면서 토마호크 찍기 동작(토마호크는 아메리카 원주민이 사용하던 작은 도끼를 가리킨다. 도끼를 찍듯이 손을 아래로 내리찍는 토마호크 찍기 동작은 경기 응원 등에서 상대편을 무찌르자는 의미로 사용되지만 아메리카 원주민을 비하하는 인종차별적 의미로도 비칠 수 있어 자제하자는 목소리가 커지고 있다-옮긴이)을 해 보이는가 하면 어떤 소년은 히죽히죽 웃으면서 깊은 경멸의 눈빛으로 노인을 빤히 노려보았다.

이 영상은 트위터에 게시되어 250만 조회 수를 기록했고 몇 시간 만에 1만 4,000회 넘게 공유되면서 순식간에 인기 급상승 토픽으로 올라섰다. 영상 클립이 기자들에게 포착되어 〈CNN〉과 〈워싱턴 포스트〉, 〈뉴욕 타임스〉를 비롯해 온라인 뉴스 사이트 10여 곳에 소개되었다. 결국 이 기사가 여러 매체의 1면을 장식했다.[2]

진보적인 사람이라면 이 영상을 보면서 어떤 감정을 느낄 것이다. 영상은 깊은 감정적 반응을 유발한다. 학생들이 노인을 업신여기며 짓궂게 행동하는 듯 보인다. 진보주의자로서는 그들의 행동이 추악하고 비인간적인 트럼프의 미국을 대변하고 있다고 해석하지 않을 수 없었다.

그런데 이 영상은 일종의 착시였다. 기사와 인터뷰, 십수 건의 논평이 이어지고 한참이 지나서야 다른 영상이 올라왔는데, 이 영상에 사건의 전후 맥락이 조금 더 담겨 있었다.[3]

새로운 시점에서 찍힌 영상에서는 소년들이 먼저 근처에 있는 또 다른 시위대로부터 조롱을 당한다. 이에 대응해 소년들이 학교 구호를 외치기 시작한다. 뒤이어 아메리카 원주민인 필립스가 그 광경에 흥미를 느낀 듯 역시 구호를 외치고 북을 치면서 그들 한가운데로 밀고 들어온다. 새로운 합류자의 등장으로 눈에 띄게 흥분한 소년들이 더 크게 구호를 외친다. 필립스가 다가가자 한 소년이 원래 있던 자리에 그대로 서서 움직이지 않은 채 필립스를 되쏘아본다.

이 영상에서 조금 더 넓은 의미가 도출된다. 영상 속 모든 순간은 감정이 고조된 시위에서 흔히 불거지는 이상하고 혼란스러운 상황과 정확히 닮아 있었다. 현실에서 모호한 사건은 늘 일어난다. 사람들은 실수하고 싸움에 휘말린다. 자기 의견을 표출하고 이상한 행동을 하는가 하면 될 대로 되라는 듯 내버려둔다.

같은 상황이 지금 시대에 다르게 받아들여지는 이유는, 이제 이런 순간을 발견하면 외부의 맥락을 주입하고 이것이 유독 문제가 되는 이유를 삽입해 누구나 볼 수 있도록 증폭시키는 즉각적인 시스템이 있기 때문이다.

이번 사례를 통해 맥락의 붕괴를 초래하는 소셜 미디어의 기이한 힘이 드러났다. 이번에는 가상현실에서 밥Bob이라는 이름의 가상 인간에게 일어나는 맥락의 붕괴를 살펴보자.

| 밥의 운수 좋은 날

밥은 오늘 유독 일이 안 풀린다. 먼저 그날 아침 알람 소리를 못 듣고 늦잠을 잔 탓에 회사에 지각했다. 갓난아이가 무서운 꿈을 꾸었는지 밤새 뒤척인 탓이다. 더군다나 문밖으로 허둥지둥 나가려다가 러그에 커피를 쏟고 아내와 한바탕 싸우기까지 했다. 회사에서는 일진이 더 안 좋았다. 그가 정리 해고 대상으로 실직할 수도 있다는 사실을 알게 된 것이다. 밥의 월급은 가족의 주된 수입원이다. 일을 마친 뒤 밥은 식료품을 사러 간다. 계산대 앞에 긴 줄을 서서 기다리고 있는데 밥의 앞으로 한 여성이 새치기를 하려 한다. 오늘 같은 날 새치기까지 당하고 싶진 않아! 밥은 이성을 잃고 지각없이 행동하는 여성을 힐난한다. 궁지에 몰린 여성 역시 상황을 악화시키며 고함을 지른다. 한동안 이런저런 험한 말이 오간다.

얼마간 짜증을 주고받은 뒤 여성이 실은 자신도 줄을 서서 기다리고 있었는데 깨진 계란을 바꾸러 잠시 자리를 비운 것이라고 설명한다. 자신이 이성을 잃고 흥분했음을 깨달은 밥이 사과한다. 갈등은 멋쩍게 사그라들고 밥과 여성은 각자 갈 길을 간다.

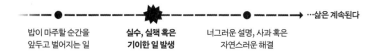

사건 타임라인

밥이 마주할 순간을
앞두고 벌어지는 일

**실수, 실책 혹은
기이한 일 발생**

너그러운 설명, 사과 혹은
자연스러운 해결

···삶은 계속된다

이제 순간 화가 폭발해 비난을 늘어놓는 밥의 모습이 같은 줄에 선 다른 누군가에게 포착되는 상황을 상상해보자. 언쟁을 벌이는 장면이 휴대전화로 촬영되어 소셜 미디어에 게시된다. 사과하는 장면까지 포함된 처음의 영상은 흥미가 덜하다. 밥의 말투를 탐탁지 않게 여긴 다른 사용자가 이 영상을 편집해 욕설이 난무하는 흥미진진한 부분만 담는다.

편집된 영상에서는 밥이 실수하는 장면 앞뒤의 상황이 모두 잘렸을뿐더러 그 자리에 있던 사람들이 너그럽게 설명하는 장면과 숨은 의미, 그 순간의 분위기와 원래의 상황, 자연스러운 해결 장면 모두 잘려나갔다. 새로운 영상은 사건을 오해하기 쉬운 정보 꾸러미로, 불화의 싹을 틔운 사과로 변모시켰다. **맥락이 제거된** 상태에서 보면 순간적인 분노로 비난을 늘어놓는 밥이 아주 나쁜 사람처럼 보인다. 그 영상이 공유되기 시작한다.

현실에서 사람들은 안타까운 일을 저지른다. 불편한 상황이나 어색한 순간에 휘말리고 실수를 한다. 그중 한 순간을 포착해 온라인에 공유하면 현실을 소셜 미디어라는 통 안에 밀어 넣는 셈이 된다. 이로써 사건을 인식하는 방식이 근본적으로 바뀐다.

소셜 게시물을 포장하는 이런 행위는 마치 짜임새 있게 연결된 필름에서 어울리지 않는 정지 이미지를 떼어낸 것처럼 특정 순간을 포착한다. 그렇게 우리는 긴 이야기에서 가장 추악한 몇 초만 복사한 뒤 용서 없는 환경에 붙여 넣는다. 소셜 미디어에서 낯선 사람을 판단하는 것만큼 신나는 일은 없다.

하지만 그다음부터 상황이 달라진다. **맥락이 움직이는** 것이다. 처음 올라온 게시물에 불쾌함을 느낀 사람들이 이를 다른 사람과 공유하면서 자신만의 해석을 가미하기 시작한다. 원래의 맥락이 도려내어진 사건은 이제 전혀 새로운 맥락 위에 놓인다.

영상에는 문화적 불균형을 암시하는 기미만 들어가면 된다. 한 남성(밥)이 한 여성(다른 고객)에게 분노를 쏟아내는 것처럼 보일 수도 있다. 혹은 민주당 지지자(밥)가 공화당 지지자(여성)에게 화를 내는 것이거나, 아니면 다른 집단의 정체성이 함축되어 강하게 반영될 수도 있다. 사회 내 골치 아픈 추세의 한 **단면**으로 재포장될 수도 있다. 영상을 보고 이런 감정을 느낀 사람들은 이제 그 영상이 **왜** 불쾌한지 설명할 기회를 얻는다. 그들은 이를 실제 사건 자체와 아무 관련이 없는 더 큰 서사와 연관 지을 수 있다. 감정의 무게를 더하고 도덕적 성향에 호소해 새로운 맥락을 주입하는 것이다.

이 게시물은 이제 **정체성**에 관한 것이 된다. 사람들이 세상에 대해 자신이 세운 서사를 적용하는 우화이자 도덕적 무기가 된다. 이제 이 게시물은 어떤 세계관을 지지하거나 경고하는 데 쓰일 수 있다. 게시물이 퍼져나갈수록 같은 이념적 성향을 공유한 사람들이 무시하기 힘든 것이 된다. 화학반응이 퍼지듯 네트워크를 통해 번지기 시작한다. 게시물이 수백 번 공유되고 나자 블로그에서도 언급되기 시작한다. 수천 번 공유되고 나니 일부 기자들이 트위터에서 언급하기 시작한다. 강력한 견인력이 입증되면서 곤경에 처한 밥의 영상은 이제 조회 수가 보장된 흥행 수표가 된다.

혼란이 멀리까지 퍼져나가면서 밥이 어떤 집단을 대표하는지, 밥이 늘어놓는 비난이 왜 문제적인지, 그의 행위에서 무엇을 배울 수 있는지 등에 대해 이런저런 기고문이 올라온다. 일부 기자들이 최초 트윗에서 맥락이 삭제되었다는 사실을 알아보고 **그 점**에 대해 글을 쓰기 시작한다. 이제 밥이 나쁘다고 믿었던 사람들이 왜 틀렸는지에 대한 이야기를 누구도 무시할 수 없게 된다.

저널리스트가 이런 기사를 보도하기란 충격적일 만큼 쉽다. 어떤 내용에 부수적인 의미를 불어넣어 널리 퍼뜨리는 일만큼은 그들 자신이 일가견이 있다.[4]

도덕적 응징이라는 이 트리거 체인은 이를 퍼뜨리는 개체 각각에 이득을 준다. 언론사로서는 인기 있는 기사에 광고가 보장되니 재정적으로 이득이 된다. 플랫폼으로서는 사용자가 밥이 처한 운명에 줄곧 언짢아하며 피드에서 떨어질 생각을 안 하니 이득이 된다. 게시물을 재공유하는 개인 사용자로서는 덩달아 팔로어 수가 늘면서 명성도 올라가니 이득이 된다.

그 와중에 단 한 사람, 밥은 이득을 얻지 못한다. 그는 더 이상 실수하고 넘어지는 인간이 아니다. 그의 사례는 이제 구체적 실례가 되고 사회를 위한 본보기가 된다.

이 장을 마치며

우리가 공유하는 경험에서 가장 중요한 부분을 소셜 미디어가 그 특성에 따라 더러 지워버리는 현실에 대해 알아보았다.

- 소셜 미디어라는 컨테이너 안에 놓인 사건은 무엇이든 미묘한 차이와 맥락을 잃어버릴 것이다. 이런 사건이 맥락을 잃으면 잘못 해석될 여지가 많아진다. 이것을 **맥락의 붕괴**라고 한다.
- 잘못 해석될 경우 사람들은 관계없는 의미나 맥락을 자의로 추가해 원래의 사건을 자신이 바라본 세상의 문제적 동향을 보여주는 한 사례로 만들어놓는다. 이것을 **맥락의 이동**이라고 한다.
- 이렇게 잘못 해석된 것 중 가장 깊은 분노를 야기하는 버전이 소셜 미디어에서 가장 많은 관심을 얻게 되고 결국 트리거 체인, 즉 원래 사건과 단절된 분노의 폭포를 유발한다.

다음 장에서는 트리거 체인의 역학에 대해 조금 더 깊이 파고들어서 우리의 의견이 어디에서 비롯되는지, 또 도덕적으로 격앙된 콘텐츠는 왜 널리 퍼지는지 알아보자.

09

トリガー체인

TRiGGΞR-CHAiN

길을 걷다가 싸움이 벌어지는 소리를 들었다고 상상해보자. 공격적으로 큰소리가 오가며 사람들이 고함을 지른다. 그럼 잠시 가던 길을 멈추고 무슨 일인지 들여다보게 될 것이나. 그것이 사람의 본성이다. 싸우는 사람 중 한 명을 개인적으로 알고 있다면 당신은 그 즉시 한쪽 편을 들 것이다. 심지어 싸움에 휘말릴지도 모른다. 그 정도는 아니더라도 최소한 관심은 기울이게 될 것이다.

이것이 소셜 미디어가 우리에게 주기적으로 하는 일이다. 갈등을 목격하고 몇 가지 의견으로 나뉘는 주제에 대해 한쪽 편을 들라고 부추긴다.

그 핵심에 의견 제시 기계가 있다. 소셜 미디어에서는 모든 의견이 똑같이 제시되는 것이 아니다. 대부분의 콘텐츠 피드 및 타임라인은 더 이상 시간 순서로 분류되지 않는다. 어떤 콘텐츠를 보여줄지는 우리가 어떻게 참여하는지에 따라 달라진다.

분노 같은 감정적 반응은 참여도를 끌어올리는 강력한 지표다. 피드를 분류하는 가장 기본적인 알고리즘에 따르면 분열을 야기하는 유형의 콘텐츠가 제일 먼저 소개되는데, 이것이 다른 콘텐츠보다 더 많은 관심을 끌어모으기 때문이다.

| 도덕적 분노 = 바이럴리티

뉴욕대학교에서 트위터를 연구하는 브레이디는 소셜 미디어의 바이럴 게시물에서 뚜렷한 패턴을 발견했다. 수십만 개의 방대한 트윗 데이터를 연구한 결과 그는 도덕적, 감정적 언어를 사용한 게시물이 관련 키워드가 검색될 때마다 17퍼센트 더 널리 퍼진다는 사실을 발견했다.[1]

보수주의자의 트윗 예시: "동성애자의 결혼은 국가를 파괴시키는 사악하고 악랄한 거짓이다."_@overpasses4america

진보주의자의 트윗 예시: "동성 부모의 자녀를 금지하는 모르몬교의 새로운 정책 - 이 교회는 아이들을 처벌할 생각인가? 제정신인가?!? 부끄러운 줄 알아라!"_@martina

위의 트윗은 각각 도덕적으로 격앙되어 타인을 비난하는 언어를 담고 있다. 이들은 극심한 감정적 반응을 유발해 그에 동조하는 다른 이들에게 공개되고 공유되면서 바이럴리티와 참여도를 눈에 띄게 끌어올릴 가능성이 더 높다.

이것이 바로 사람들이 분열적이고 충격적이며 감정적인 콘텐츠를 온라인에서 공유하게 하는 숨은 매개체다.

이 매개체는 개인의 게시물에만 적용되는 것이 아니다. 우리가 소셜 미디어에서 공유하는 어떤 콘텐츠에나, 즉 댓글이나 밈, 영상, 기사 등에도 적용된다고 볼 수 있다. 이렇게 해서 도덕적 분노의 생태계가 조성되고, 그것이 효과가 있다는 이유 하나만으로 언론사를 비롯한 도처의 콘텐츠 크리에이터가 이를 활용하기에 이른다.

이런 콘텐츠는 감정적 반응을 유발하는 도화선으로 작용한다. 우리는 이에 반응하면서 주기적으로 전 세계에 자신의 감정을 쏟아내고 있다.

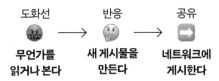

소셜 미디어에서 공유하는 과정을 단순 묘사한 모델.
사용자가 단순히 리트윗하거나 기존 콘텐츠를 공유할 경우 가운데 과정은 생략된다.

분노 유발 콘텐츠는 분노의 폭포, 즉 도덕적 판단과 혐오의 전염성 짙은 폭발을 만들어냈다. 이런 콘텐츠가 우리의 피드와 대화를 지배하면서 문화적 시대정신의 중요한 일부가 되었다.

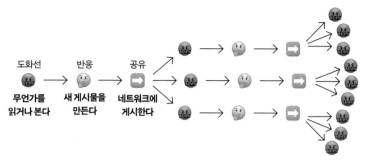

분노하는 이유가 공유되면서 다른 이들의 분노를 유발하고 결국 분노의 폭포를 만든다.

페이스북과 트위터 등이 주로 이런 유형의 콘텐츠를 우선시하는 것도, 우리가 클릭하고 기웃거리고 반응하는 것이 이런 콘텐츠이기 때문이다. 이것이 관객 참여를 이끌어내는 숨은 길이다. 분노와 공포, 혐오야말로 관심을 사로잡고자 할 때 소음 속에서 따라야 하는 신호다.

주기적으로 노출되는 콘텐츠 양이 많으면 소셜 미디어에서 주기적으로 '좋아요'를 누르는 콘텐츠는 감정적으로 격앙된 유형일 가능성이 높다. '좋아요'를 순식간에 받는 콘텐츠가 더 사색적이거나 깊은 생각을 요구하는 콘텐츠와의 경쟁에서 우위를 차지할 것이다. 처리하는 데 시간이 더 많이 드는 게시물은 '좋아요'나 댓글, 공유 수가 줄어들 것이고, 그러면 피드에서 더 아래쪽으로 밀려날 것이다. 이것이 합법적이고 강력한 동기로 작용해 사람들은 더욱더 감정적이고 논란이 많은 콘텐츠를 올리게 된다.

그 결과 관심을 사고파는 시장에서 분열적인 발언을 하지 않는 사람은 경쟁에서 뒤처질 수밖에 없다. 참여 유도 전략을 써서 팔로어를 모으고 관심을 얻지 않는다면 이 전략을 쓰는 사람보다 불리해질 것이다.

담론은 언제나 양극화되어 있었지만 소셜 미디어가 지나치게 양 극단에 치우친 콘텐츠의 비율을 막대하게 증폭시킨 것도 사실이다. 미디어나 대화, 일상생활에서 이런 도구가 우세를 점하자 공공 담 론이 험악해지고 분열되며 더욱더 양극화하는 현상이 벌어졌다. 경 솔한 언행 하나가 도덕적 판단을 야기하는 거대한 문화적 사건으 로 불거질 수 있게 되었다.

| 의견은 어떻게 퍼지는가

사람들 사이에서 의견이 퍼지는 과정은 단순하게 비유하면 도미 노와 같다. 반듯이 서 있는 도미노는 금방이라도 쓰러질 듯한 운동 에너지를 가득 담고 있다. 쓰러지는 순간, 도미노는 운동에너지를 분출하며 한쪽 면을 뚜렷이 드러낸다.

어떤 주제에 대해 취할 **가능성**이 있는 의견 역시 반듯이 선 도미 노와 같다. 작은 힘, 즉 자극에 노출되지 않는 한 도미노는 스스로 쓰러지지 않는다. 쓰러진 도미노는 한쪽 면, 즉 주제에 대한 뚜렷한 의견을 드러낸다. 밀어 넘어뜨리지 않는 한 도미노는 여전히 공정하 게, 안정적으로 서 있을 것이다. 우리 역시 이렇다 할 견해 없이 중 립적인 입장을 취하는 경우가 무수히 많다.

예를 들어보자. 몽골 내 수자원에 대해 어떻게 생각하는가? 한 번도 생각해보지 않은 쟁점일 것이다. 이 주제와 관련해 어느 쪽의 의견도 들어보지 못했을 것이며 그 중요성과 직접적인 관련도 없을 것이다. 잘 알지도 못하고 양면 가치가 있는 쟁점이라 당신은 중요성을 인지하지 않은 채 마음 편히 지내고 있다. 이것이 바로 중립적 입장, 반듯이 선 도미노와 같은 상태다.

그런데 저녁 식사 자리에서 친구로부터 몽골 수자원 보존 문제의 중요성에 관해 전해 들었다면, 이 문제가 자원 채굴과 연관되어 있으며 몽골 꿩에 영향을 미친다는 사실을 알게 된 순간, 도미노가 갑자기 기울어졌음을 느낄 것이다. 그 도미노가 친구의 의견 쪽으로 넘어지지 않을 수도 있지만 일단 넘어졌다면 전에는 생각해보지 못한 한 가지 의견을 갖게 되는 것이다(이 문제를 언급하는 사이 도덕적 감정이 조금이라도 일었다면 내가 다른 이유 때문에 이 쟁점을 언급한 것이 아님을 알아두길 바란다. 그리고 몽골 꿩은 멸종 위기에 있지 않으며 보기 드문 새도 아니다).

의견이라는 도미노를 넘어뜨리는 힘은 개인적인 사건이나 뉴스 기사, 혹은 앞서 예를 든 것처럼 누군가의 의견 등 어디서든 비롯될 수 있다. 저녁 식사 자리에서의 열띤 정치 토론은 귀에 들릴 듯 말 듯한 딸각 소리와 함께 도미노 한 조각을 넘어뜨려 해당 주제에 대한 새로운 의견을 생성하는 동력이 된다.

평범한 일상생활에서는 의견 도미노가 넘어지면서 다른 사람의 도미노까지 넘어뜨릴 일이 별로 없다. 그저 도미노가 넘어지면 자신의 새로운 의견을 개인적으로 알게 될 뿐이다. 팟캐스트를 듣거나 기사를 읽다가 마음속에 새로운 도미노가 형성될 것이다. 그 후 이 의견을 다른 친구에게 강하게 피력할 경우 친구의 도미노도 넘어진다. 개인적으로 고수하던 의견이 공공연히 알려지면 다른 사람의 도미노를 **밀어뜨려** 그들 역시 의견을 형성하게 할 수 있다.

그런데 게임이 재설정되면 어떻게 될까? 가장 가까운 도미노라 해도 멀리 떨어져 있는 탓에 저녁 식사 자리에서 어쩌다 부딪히는 것이 아니라 도미노가 서로 아주 가까이 위치하도록 조정된다면 어떻게 될까? 하나의 의견 도미노가 넘어질 때마다, 즉 어떤 의견이 개진되거나 게시되거나 공유되거나 리트윗될 때마다 그 즉시 다른 도미노가 몇 개씩 넘어질 것이다.

소셜 미디어는 우리의 의견 사이, 즉 도미노 간의 거리를 효과적으로 좁혀왔다. 소셜 미디어를 통해 긴밀히 연결되어 있을수록 이런 은유적 도미노는 더욱 가까워진다. 이제 도미노 조각 하나가 넘어지면 다른 사람의 도미노도 연달아 넘어지면서 연쇄반응을 일으켜 인접한 의견이 모두 드러나고 만다. 더군다나 이미 쓰러진 도미노가 다시 일어나려면 엄청난 에너지가 필요하듯 한번 드러난 의견은 그 자리에 굳게 자리 잡기 마련이다.

이처럼 도미노로 비유한 현상을 행동경제학에서는 "의견 폭포 opinion cascade 효과"라고 한다. 정보의 폭포와 유사한 것으로, 많은 사람들이 이전에 다른 사람들이 내린 결정을 관찰해 순차적으로 같은 결정을 내리는 현상을 말한다. 이런 폭포 현상은 사람들이 아이디어를 어떻게 구축하고 인간의 소셜 네트워크가 어떻게 작동하는지 이해하는 데 상당히 중요하다.[2]

의견은 어디에서 오는가

그럼 의견은 얼마나 이성적일까? 의견은 미리 설정된 길을 따라

가는 것일까, 아니면 무작위로 형성되는 것일까?

의견 폭포 현상에서 유난히 이상한 점은 의견들이 반드시 논리적 경로를 따르지는 않는다는 것이다. 언어학자 스티븐 핑커Steven Pinker는 자신의 책 《빈 서판》에서 이와 같은 질문을 다른 방식으로 던졌다. "대체 어떻게 성에 대한 사람들의 믿음으로 군대의 규모에 대한 믿음을 예측할 수 있을까? 종교가 세금과 어떤 관련이 있는 것일까? 엄격한 헌법 구성과 충격적 예술에 대한 멸시 사이에는 어떤 관련이 있을까?"[3]

2019년에 코넬대학교 연구진이 획기적인 연구를 통해 그 이유를 밝히고자 했다.

연구진은 온라인에서 2,000명이 넘는 참가자를 모집해 이들을 각기 다른 열 개 집단으로 나누었다. 각 집단은 다른 집단과 구분되는 다른 **세계**를 이루고 있었다. 어떤 집단의 어떤 개인도 다른 집단과 접촉하지 않았다. 이 작은 세계 안에서 참가자들에게 당시에는 정치와 관련이 없지만 향후 정치적으로 논란이 일 **가능성**이 있는 주제가 제시되었다.

연구진은 이들 주제에 **미래의 논란**이라는 이름을 붙이고 참가자들이 게임에 참여하게 했다. 참가자의 임무는 각 쟁점이 민주당 또는 공화당 중 어느 쪽에 가까운지 평가하는 것이었다.

제시된 쟁점은 사실 정치적으로 당파성이 거의 없는 것이었다. 어느 당도 해당 쟁점에 대해 명백한 지지를 보내거나 상당히 정치적인 발언을 한 적이 없었다. 쟁점은 다음과 같았다.

- 인공지능 소프트웨어는 이메일 플랫폼에서 온라인 블랙 메일

을 탐지하는 데 쓰여야 한다.

- 학생에게 알맞은 최적의 학교를 선택하는 데에 있어서 중요한 것은 교사의 자질보다 학생의 성격이다.
- 위대한 책에는 보편적인 매력이 있다.

정치적 신조에 따라 각 참가자는 다음과 같은 질문을 받았다. "이제 당신의 의견을 듣고 싶습니다. [민주당/공화당] 지지자로서 당신은 해당 진술에 동의하십니까, 아니면 반대하십니까?"

통제 조건에서는 사람들이 각 진술에 대해 동의하거나 반대하는 것만 가능했다. 반면 실험 조건에서는 이전 참가자의 의견을 열람할 수 있었다. 이렇게 되면 다음 참가자는 가령 앞선 응답자들이 해당 쟁점을 민주당과 공화당 중 어디서 지지한다고 **응답했는지** 볼 수 있었다.

실험 결과는 강경 진보주의와 보수주의 양쪽에 모두 충격적이었다. 한 세계에서는 민주당 지지자가 채택하고 공화당 지지자는 반대한 쟁점이 다른 세계에서는 **정확히 반대로** 갈라졌다. 의견의 흐름은 일관되지 않았으며 각 세계의 첫 번째 응답자가 어떻게 답하느냐에 따라 크게 달라졌다.[4]

예를 들어 어떤 세계에 속한 앨리스(민주당 지지자)가 첫 주자로 나서면서 학생의 성격이 중요하다는 주장에 동의했다면 다음 차례인 밥(공화당 지지자)은 이 쟁점이 민주당 중심으로 표시되었다고 보고 그에 반대할 것이며, 뒤이은 응답자들 역시 같은 선택을 할 것이다. 반면 다른 세계에서 칼라(공화당 지지자)가 학생의 성격이 더 중요하다는 쟁점을 공화당이 지지하는 것이라 답했다면 전혀 반대되는 추세가 형성되어 공화당 지지자들이 이 쟁점에 동의하기에 이르렀다. 연구진은 이렇게 각 세계마다 의견이 뒤집히는 현상이 실험에 제시된 쟁점 대부분에서 일어난다는 사실을 발견했다.

이로써 획기적인 사실이 도출된다. 오늘날 정치적 격론에 휩싸인 여러 쟁점이 사실 처음부터 이렇게 격한 대립을 마주하지는 않았다는 것이다. 오히려 우연히, 어쩌다 보니 격론이 펼쳐졌을 가능성이 크다. 사회적 압력이나 앞선 사람들이 보낸 신호, 심지어 무작위적 우연이 당파적 노선 형성에 극적인 영향을 미쳤을지 모르는 일이다.

정치적 분열은 대부분 진취적인 개인 또는 집단이 집단 내부나 외부에 선택을 강요하거나 혹은 누군가가 처음에 어떤 의견을 임의로 선택함으로써 시작되었는지도 모른다. 집단의 압력이 꽤 강력한 탓에 우리는 같은 정치 부족 내에서 의견 일치를 이루기 위해 애쓴다. 같은 정체성을 공유하는 사람들이 보낸 신호를 찾는 것이다.

격론이 벌어지는 무수한 담론이 사실은 우연히 시작되었다는 사실을, 즉 우리가 실은 임의로 결정된 문제를 두고 싸우고 있다는 사실을 알고 나면 마음이 불편해진다. 의견의 폭포가 다소 무작위적으로 흐른다는 사실을 인식하고 집단 내 당론을 채택하기 전에 좀 더 신중히 고민한다면 여러 주제에서 합의에 이를 여지가 더 많아질 것이다. 이런 쟁점 상당수가 반드시 보편적이고 일방적인 도덕적 불화에 이를 필요는 없다.

이 장을 마치며

도덕적이고 감정적인 언어는 더욱 빨리 퍼진다. 이로 인해 우리는 분열과 양극화를 초래하며 확산하는 정보에 노출될 가능성이 높다. 이런 바이럴리티가 도덕적 판단과 혐오라는 분노의 폭포를 야기한다.

이와 같은 현실이 유독 문제가 되는 이유는 의견이 도미노처럼 퍼지기 때문이다. 소셜 미디어는 우리가 도덕적으로 더욱 격앙된 의견에 대해 오프라인에서보다 더욱 가까이 다가가도록 인위적으로 부추김으로써 의견 폭포에 노출되어 더 넓은 주제에 대한 관점을 형성하게 한다. 핑커는 새로운 주제에 대한 우리의 의견이 정치적 성향 및 근접성에 따라 큰 영향을 받는다는 사실을 보여주었고, 이에 따라 온라인에서 소비하는 분노가 쉽게 스며들면서 처음에는 전혀 의견이 다르지 않았던 주제에 대해 격한 정치적 분열이 일 수 있다고 주장했다.

다음에는 소셜 미디어에서 우리와 함께 살아가는 또 다른 기이한 실체, 알고리즘에 대해 알아볼 것이다. 알고리즘이 우리의 생각을 어떻게 조작하는지, 이것이 왜 그렇게 효과적인지 살펴보자.

10

알고리즘

ALGORITHMS

어느 날 집에서 키울 셈으로 개 한 마리를 들인다고 생각해보자. 첫째 날 아침에 일어났더니 그 개가 침대맡에 앉아 당신을 유심히 바라보고 있다. 개는 세 가지를 가져온다. 공 하나, 양말 한 짝, 그리고 황당하게도 죽은 쥐 한 마리. 섬뜩해진 당신이 소리를 지르면서 개를 꾸짖는다.

그런데 이 개는 조금 이상하다. 부끄러움을 모르고 당신의 말을 잘 듣지도 않는다. 유일하게 할 줄 아는 것은 당신이 무엇을 하는지, 당신의 관심이 어디에 가 있는지 관찰하는 것이다. 그밖에 다른 것은 보지 않는다. 개가 마지막으로 가져다준 것은 무지막지하게 구역질 나지만 한편으로 흥미롭기도 하다. 당신은 이 기괴한 것 좀 보라며 파트너를 부르고는 휴대전화를 꺼내 사진을 몇 장 찍는다. 너무나 충격적인 나머지 친구들과 공유해야겠다고 마음먹는다.

이 개는 **의미 있는 사회적 교류**를 야기하는 무언가를 찾도록 길러졌고 그 일만큼은 영민하게 잘 해낸다. 당신이 그 죽은 쥐를 역겨움과 호기심의 눈길로 바라보고 있는 사이, 명령하지도 않았는데 개가 잽싸게 달려나간다. 죽은 쥐의 사진을 친구들과 공유할 때쯤, 개는 다른 물건 세 가지를 가지고 돌아온다. 이번에는 모두 이전 것보다 기괴하다. 으스스한 인형 머리, 사슴의 머리뼈, 대퇴골 모양의 썩은 나무. 각각 병적인 호기심을 자극하면서 당신이 이 기이한 게임에 계속 빠져들게 만든다. 개는 당신이 끔찍한 쥐에 어떻게 반응하는지 유심히 지켜보고는 그와 비슷한 물품을 가져온 것이다.

여기서 개는 참여 알고리즘을 상징한다. 온라인 생활에 작동하는 이 알고리즘은 관심을 사로잡는 강력한 시스템으로, 우리가 선택과 소비라는 게임에 끝없이 참여하도록 구축되었다.

개가 처음 당신에게 가져다준 세 가지는 기본 값이다. 개 알고리즘이 당신에 대해 아는 것이 별로 없었기 때문에 가급적 가장 넓은 범위의 관객으로부터 반응을 끌어낼 항목을 선택했다. 공은 재미있을 수 있다. 양말은 유용할 수 있다. 그런데 이 알고리즘에는 죽은 쥐에 대한 당신의 반응이 분명한 신호가 되었다. 당신이 게임에 계속 참여하도록 최적화된 알고리즘은 당신이 반응한 한 가지 데이터를 기준점으로 삼아 그와 동일한 물품을 더 많이 가져온다.

기본적인 관심 순위에서 죽은 쥐라는 괴상한 물체는 비록 충격적이고 끔찍하다 해도 1순위에 오를 것이다. 알고리즘은 당신의 반응을 훈련 데이터로 삼아 당신의 관심에 최적화된 것은 물론이고 뒤이은 반복 반응에 따라 혐오와 공포에 역시 최적화되었다.

물론 우리는 죽은 쥐를 좋아하지 않으며 그것을 피드에서 보고 싶지도 않다. 우리가 노출될 즈음이면 알고리즘은 일반적으로 이런 병적인 항목이 피드나 검색 결과에 포함되지 않도록 학습된다. 음란물을 비롯해 기업의 서비스 약관을 위반할 여지가 있는 부적절한 콘텐츠 역시 이런 항목에 해당된다.

반응을 그래프로 그려보면 다양한 콘텐츠 유형에 따라 봉우리와 골짜기가 이어지는 모습을 볼 수 있다. 봉우리는 최고점이고 골짜기는 최저점이다. 수학에서 이들은 최대 혹은 최소 함숫값을 나타내는데, 이번 경우는 관심의 최대 및 최솟값이다. 가장 가까운 봉우리는 극댓값이고 가장 높은 봉우리는 최댓값이다.

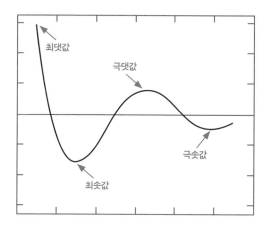

이것이 알고리즘의 눈으로 우리를 바라본 모습이다. 알고리즘은 위와 같은 산을 오르면서 항목을 제시할 때마다 이다음 높은 봉우리를 찾는다. 각기 다른 콘텐츠 유형(x축)을 사용자의 관심(y축)에 맞게 최적화하고자 하는 것이다.

소셜 미디어 피드와 검색엔진 뒤에 숨은 알고리즘은 개보다 더 강력한 분류 메커니즘이지만 기본적인 가져오기 기능은 비슷하다.

말 그대로 수십억 가지에 이르는 상호작용의 방대한 데이터 집합을 끌어와 상당히 구체적인 방식으로 당신을 떠밀면서 관심 포착의 봉우리까지 높이 몰고 간다.

현실에서 개는 알고리즘보다 훨씬 더 포유류다운 방식으로 우리와 양방향 소통을 한다. 개는 정신적 고통을 감지할 수 있고 불만을 드러내는 미묘한 신호에 반응하며, 대체로 우리를 유인하기보다는 만족시키려고 애쓸 줄 안다. 반면 알고리즘은 눈이 먼 기계 지능이다. 영민한 프로그램이지만 본질적으로 미묘한 차이는 감지하지 못한다. 지금 이 글을 쓰는 시점에서 우리가 아는 한, 알고리즘은 자신이 무엇을 만들어내고 있는지 이해하지 못한다. 그저 규칙을 따를 뿐이다. 더군다나 이런 규칙은 우리 마음속의 가치에 따라 만들어진 것이 아니다.

페이스북 초창기에 알고리즘 훈련에 사용하는 지표는 "의미 있는 사회적 교류Meaningful Social Interaction, MSI"라 불렸다. 페이스북에 따르면 MSI의 목적은 다음과 같았다.

[…] 사람 간의 대화와 의미 있는 교류를 촉발하는 게시물을 우선시한다. 이를 위해 여러분이 친구들과 어떤 게시물로 소통하고자 하는지 예측해 관련 게시물을 피드 상단에 노출시킬 것이다. 댓글을 통해 활발한 토론을 유발하는 게시물, 공유하거나 반응하고 싶은 게시물이 이에 해당한다.[1]

물론 "공유하거나 반응하고" 싶은데 일상에서 매일같이 보고 싶지는 않은 것들도 많다. 아무런 지침이 없으면 황당하게도 죽은 쥐한 마리와 맞먹는 정치적 상황이 그 기준에 들어맞을 수도 있다.

원리는 같다. 어떤 관심이든 끌도록 최적화되어 있다면 기괴한 것들에 최적화되어 있는 것이나 마찬가지다.

의미 있는 사회적 교류

페이스북에서 보게 되는 게시물

P + C + T + R

게시물Post	크리에이터Creator	유형Type	최신Recency
당신과 같은 다른 사용자와 관계를 맺고 있는 게시물.	참여 유도성 게시물을 올린 적이 있는 크리에이터.	평소에 클릭하던 게시물 유형 (사진, 영상 등).	최근에 게시됨 (R에는 다른 여러 변수도 포함된다).

직접 유튜브에서 시험해보라. 충격적이어서 말문이 막히는 영상, 알고리즘이 **볼** 수 있는 한도 내에서 가능한 모든 사용자를 끌어들일 요량으로 만들어진 기괴한 영상으로 도배된 화면을 보게 될 것이다. 로그아웃하는 순간 변수는 제한된다. 대략적인 위치 정보와 사용 언어, 브라우저 유형 등이 기록에 남을 것이다. 주요 페이지에서 클릭만 몇 번 해보면 그 플랫폼이 얼마나 빨리 당신을 파악하려 하는지 알게 될 것이다. 제한된 정보를 통해 당신을 이상한 방향으로 몰아가면서 신뢰할 수 있는 관심의 최대치를 얻고자 할 것이다. 그럼으로써 당신을 파악해 그 자리에 머물게 한다.

알고리즘이 당신에 대한 데이터를 더 많이 가지고 있을수록 당신이 무엇을 클릭하고 무엇을 보는지 예측하기가 더 수월해진다. 이것이 바로 우리가 틱톡이나 유튜브, 트위터, 페이스북을 비롯해 순위 알고리즘을 사용하는 다른 소셜 네트워크에서 피드를 열어볼

10_알고리즘

163

때 벌어지는 일이다. 그렇게 당신은 알고리즘이 유도하는 것을 클릭하고 보게 될 것이다. 그렇게 알고리즘이 추천하는 것을 소비하면서 오후 시간을 낭비하게 될 것이다.

이것이 현재 소셜 미디어 기업이 자리 잡은 경기장이다. 그 안에서 우리의 관심을 사로잡아 한가할 때마다 더 자주 열어보도록 유도하는 알고리즘 간의 경쟁이 벌어진다. 이들 기업의 알고리즘은 우리를 자사 콘텐츠의 이상적 소비자가 되도록 훈련시키고 있다.

휴대전화를 열어 앱을 클릭할 때 우리는 앱의 로고 색상이나 마케팅 파워를 선택하는 것이 아니다. 소셜 미디어를 열면서 우리는 자신의 뇌를 어떤 알고리즘에 연결할지 선택하는 것이다.

그런데 이런 알고리즘은 어떻게 처음부터 우리에 대해 그리 많은 것을 알 수 있을까?

| 디지털 트윈

인터넷에는 당신의 복제본이 살고 있다.

온라인에서 더 많은 시간을 보낼수록 당신의 일거수일투족이 흔적을, 독특한 지문을 남긴다. 이것이 코드로 쓰인 당신의 대략적 모형이다. 방대한 데이터의 집합 안에 당신의 뇌와 몸을 닮은 가상의 유사품, 복제품이 들어앉아 있다. 클릭하고 등록하고 구입하고 조회하고 '좋아요'를 누르고 공유할 때마다 예일대학교 심리학자 쇼샤나 주보프Shoshana Zuboff가 말한 "행동 잉여behavioural surplus", 즉 당신이 누구이고 무엇을 할 것인지 드러내는 데이터 흔적이 생긴다.[2]

우리가 남긴 디지털 흔적에서 이런 정보는 가치가 한정된 데이터베이스로 빨려 들어갔다. 그런데 최근 몇 가지가 발견되면서 모든 것이 바뀌었다. 네트워크와 머신 러닝 기술이 진보하자 이런 방대한 데이터 집합에서 모호한 연관성이, 이전까지 겉으로 드러나지 않았던 패턴이 발견된 것이다.

이와 같은 응용프로그램은 여러 방면에서 인류에게 상당히 유용하다. 수천 개의 환자 기록을 분류하고 의사가 놓친 패턴을 예측해 까다로운 질병의 진단에 도움이 될 수 있다. 수백만 개의 GPS 데이터를 분류 및 예측해 교통 체증을 피할 수도 있다. 당신의 취향을 바탕으로 수백만 명의 뮤지션을 샅샅이 뒤져 이다음 들을 최적의 곡을 찾아줄 수도 있다.

그러는 동시에 말 그대로 인간의 행동을 예측할 수도 있다. 페이스북과 트위터, 틱톡, 구글을 비롯한 여러 기업의 머신 러닝 알고리즘이 당신의 온라인 버전을 완벽히 다듬고 있다. 온라인상에 남긴 당신의 행동 기록을 가져와 방대한 패턴 인식 시스템에 입력해 참여를 유도하는 패턴과 기회를 찾아내고 있다. 이런 툴은 당신이 반응할 가능성이 가장 높은 항목을 제시할 것이다. 그리고 당신이 반응할 때마다, 이들은 당신에 대해 더 많은 것을 익힐 것이다.[3]

당신을 세뇌하려는 사악한 음모처럼 들리는가? 사실 처음부터 그랬던 것은 아니다. 이런 프로그램을 만든 개발자들은 당신이 자사 서비스를 매일 조금만 더 오래 사용하도록 붙잡아두기 위해 목표를 구체적으로 좁혀갔을 뿐이다.

기이하게도 극심하게 복잡한 알고리즘의 본질 때문인지 개발자들 역시 알고리즘이 내린 결론의 구체적 시발점이 어디인지 알지 못한다. 알고리즘은 어떻게 그런 결론에 이르렀는지 드러내지 않은 채 엄청난 통찰을 뱉어내는 거대한 블랙박스와 같다. 여기서 문제가 발생한다. 간단히 말해 알고리즘이 왜 그렇게 작동하는지 개발자도 정확히 알지 못한다는 것이다.

그렇다고 우리의 행동에 미치는 알고리즘의 막강한 영향력이 바뀌는 않는다. 알고리즘은 정확도가 점점 높아지는 거대한 예측 매트릭스를 구축해 우리가 무엇을 클릭하고 소비하며 느끼고 생각하는지 밝히고 있다. 이를 토대로 우리 자신조차 존재하는지 알지 못했던 충동이나 갈망, 영향을 찾아낼 수 있게 되었다.

| 당신의 디지털 그림자

20세기 초반, 스위스 심리학자 칼 융Carl Jung이 자아의 억압된 면을 가리키면서 "그림자"라는 용어를 처음 사용했다. 융에 따르면 우리는 자신의 특정 면모를 좋아하지 않기 때문에, 혹은 사회에서 그런 면이 좋게 받아들여지지 않으리라 믿기 때문에 자신의 억압되고 부정적인 면을 무의식 속으로 밀어 넣는다. 융은 이처럼 정체성의 억압된 면을 "그림자 자아shadow self"라고 불렀다.[4]

당대의 일부 심리학자들은 융의 모델이 타당하지 않다며 비판했지만 지금 알고리즘이 우리에게 어떤 영향을 미치는지 생각해보면 그것은 통찰력 있는 깨달음이었다.

기계 지능은 놀라울 정도로 기이한 추천을 하면서 실제로 우리의 행동을 바꾼다. 사실 대부분의 경우 우리가 반응하리라 생각지도 못했던 것을 알고리즘이 발견해내기도 한다. 어떤 면에서는 우리 자신조차 존재하리라고는 생각지 못했던 머릿속의 은밀한 부분으로 들어가는 창을 열어젖힌 듯하다.

일례로 쿼라Quora(지식 공유 및 질문과 답변을 위한 온라인 플랫폼-옮긴이)의 질문 응답 서비스는 복잡한 알고리즘을 사용해 사용자가 이전에 조회한 질문을 바탕으로 그가 참여할 만한 주제를 파악한다. 그리고 사용자를 가장 자극하는 질문을 제목에 담아 주기적으로 이메일을 보내는데, 이것이야말로 사람들이 다시 이 사이트를 찾게 하는, 그래서 더 많은 광고를 보게 하는 확실한 방법이다.

나도 나 자신의 행동에 개인적으로 놀라움을 금치 못한 바 있다. 나에 대한 쿼라의 데이터 안에서 알고리즘이 몇 가지 기이한 특이점을 발견했다. 서비스 약관에 동의하고 사이트를 여기저기 둘러보다가 한참이 지난 뒤 나는 제1차, 제2차 세계대전 당시의 특이한 군용 기계에 관한 정보가 계속 뜬다는 사실을 알아차렸다. 주기적으로 이런 제목의 이메일을 받기도 했다. "A-10 워트호그가 지금도 가동 중이라는 사실에 놀라셨습니까?" 얼마 뒤 2주에 한 번씩 나도 모르게 신기하고 오래된 전함이나 고대 대포의 지루한 패턴에 대한 기사를 읽느라 한 시간을 훌쩍 보낸다는 사실을 알게 되었다. 모두 내가 의식적으로 관심을 드러낸 적이 없는 주제였다.

추천 시스템이 내 안에서 이런 호기심을 **발견**한 것이었다. 그럴 가치가 있었을까? 없다. 한물간 군사적 신비에 정통한 전문가가 되기를 의식적으로 바랐는가? 전혀 아니다. 그런데 무의식 한구석에서 미약하게 그런 기미가 일었다. 알고리즘이 그 기미를 발견하고는 나에게 계속해서 관련 글을 노출시킨 것이다. 전에는 알려지지 않은 관심의 광맥을 우연히 발견하고는 나를 끌어들인 것이다.

소셜 미디어에서 꽤 많은 시간을 보낸 적이 있다면 이런 알고리즘이 얼마나 효과적인지 본능적으로 이해할 것이다. 최근 몇 년간 많은 사람들이 좌절의 순간을 몇 번 겪으며 알게 되었듯이 온라인에서 우리가 자신의 행동을 항상 통제할 수 있는 것은 아니다. 우리 자신에 대해 의식적으로 알고 있는 사실과 이들 알고리즘이 우리에 관해 발견한 사실은 눈에 보일 정도로 차이가 난다.

이들 도구가 단지 상품을 판매하는 것이 아닌 그 이상의 목적에 사용될 수 있다는 사실을 알아두는 편이 좋을 것이다. 이런 기반 시설은 그보다 더한 목적에 악용될 수 있다. 추천 알고리즘은 행동을 바꾸고 믿음을 약화시키며 음모의 씨앗을 뿌리는 데 직접 적용될 수 있는 영향력의 지렛대다. 더군다나 연구 결과에 따르면 알고리즘이 검색 결과를 제시하는 방식만으로도 부동층의 선호도를 20퍼센트 이상 뒤집을 수 있으며, 그러면서 유권자 본인은 자신이 조종당했다는 것을 사실상 전혀 인식하지 못할 수도 있다.[5]

이런 도구는 누구든 비용만 지불하면 사용할 수 있는 초고도 타깃 메커니즘이 되었다. 2016년 미국 대선 당시 정치 영역 전반에 걸쳐 있는 1억 5,000만 명의 미국인들은 페이스북에서 러시아가 발행한 프로파간다를 접한 것으로 추정되었다. 수천 명은 실제 시위를 집행하는 페이스북 그룹에 가입하라는 추천을 받았다. 이들 그룹은 대부분 전적으로 해외 에이전트에 의해 조직된 것이었다. 러시아와 연계된 트위터 계정 5만 개 이상이 2016년 대선 기간 동안 선거 관련 콘텐츠를 발행했고 대부분 거의 전적으로 이런 추천 알고리즘을 통해 널리 퍼졌다. 페이스북에서 규모가 가장 크고 가장 영향력이 있는 그룹인 텍사스 석세션Texas Succession 그룹과 두 번째로 큰 블랙 라이브스 매터Black Lives Matter 그룹조차 러시아의 인터넷 조사 기관에서 생성한 것이었다.[6] 둘 다 페이스북이 직접 개발한 추천 알고리즘의 지지를 얻고 급성장했다.

이들은 온라인상에서 우리가 어떤 행동을 하고 무슨 생각을 하는지 결정하는 가장 강력한 힘이 되었다.

예측이 곧 통제다

소비자 행동과 투표 행위, 정서 행동이 이런 도구에 의해 극적으로 조종될 수 있다는 사실은 우리가 소중히 여기는 몇 가지 이상에 강력히 반한다. 이 사실은 자유라는 사상 위에 지어졌다고 추정되는 사회의 기이한 진실을 열어젖힌다. 내가 당신의 행동을 예측할 수 있다면 실제 의사 결정을 이끌기 위해 입에 발린 말을 할 필요가 없어지는 것이다.

오히려 나는 당신을 예측 가능한 자산으로 취급할 수 있다. 당신에게 자극을 제시하고 예측 가능한 반응을 얻을 수 있다. 당신의 인격은 이제 그리 중요하지 않다. 당신은 점점 가치가 높아지는 귀중한 자원, 즉 당신의 데이터와 관심, 결정이라는 세 가지 자원의 제공자가 된다. 광고주를 비롯해 이런 자산을 구입한 집단이 저마다 제시하는 안건은 아주 명확하다. 이것을 사라, 저것을 먹어라, 저곳으로 가라.

역사학자 유발 노아 하라리Yuval Noah Harari가 썼듯이 인류의 역사를 통틀어 우리의 선택은 다른 인류에게 일종의 "블랙박스"와 같았다.[7] 지금껏 의사 결정 과정은 머릿속에서 모호하게 진행되었고, 이는 단순히 "자유의지"라 불렸다. 오늘날 우리는 기업과 정부, 외부 기관을 비롯해 우리가 사용하는 플랫폼에 접근할 수 있는 모든 이들의 손쉬운 먹잇감이 되었다. 이들 도구와 관행이 인간의 선택이라는 겉껍질을 벗겨내 무수한 결정 뒤에 숨은 확률론적 기계의 정체를 드러냈다.

우리의 자유의지는 앱을 사용할 때마다, 알림이 울릴 때마다 조종되고 축소되고 있다. 이런 집단적 영향력과 그에 관한 우리의 역할을 인식하면 흡사 대대적인 존재론적 위기가 닥친 것 같다. 이런 조종은 인간의 선택에 대한 기본적인 이해에 이의를 제기한다. 지금의 예측 시스템이 단 한 걸음만 더 나아가면 통제 시스템에 이른다는 사실을 보여준다.

알고리즘 자체는 본질적으로 좋거나 나쁜 것이 아니지만 그 영향력이 점점 더 강력해지고 있다. 우리가 생산하는 정보의 양이 늘어날수록 알고리즘의 세력과 힘, 신뢰도는 더욱 막강해진다. 그런 현상이 어디보다 뚜렷이 드러나는 곳이 바로 강력하고 새로운 트렌드로 떠오르는 생성형 AI다.

| 미래에 대한 경외와 공포

AI가 세상을 바꿀 것이다. 우려해야 한다.

AI는 이제 단순히 공상과학소설 소재가 아니다. AI가 몰고 올

첫 번째 결과는 놀라울 정도로 강력한 경제력을 창출해 가장 위대한 인간 투자자보다 월등히 나은 결과를 낼 수 있으리라는 것이다. 종국에는 누구를 고용할지부터 어떤 주식을 사고팔지에 이르기까지 모든 투자 결정을 AI가 장악할 것이다. AI 권력자의 출현으로 우리가 지금껏 보지 못한 전혀 다른 세계가 창조될 가능성이 농후하다.

AI는 일반적으로 인간이 수행하던 업무를 대신 맡아 할 수 있는 컴퓨터 시스템과 알고리즘의 집합체다. 인간의 사고 패턴과 행동을 모사하는가 하면 사람이 수행하기 불가능하거나 비현실적인 업무를 완수하기 위해 설계되었다.

AI는 지금 우리 곁에 있다. 스마트폰과 스마트 텔레비전, 가전제품 등 일상적인 제품 전반에 내장되어 있다. 가정에서, 학교에서, 회사에서, 병원에서 우리는 AI를 사용한다. AI는 도로와 전력망, 수력발전, 항공교통 관제탑 등의 기반 시설에도, 심지어 군대에도 장착되어 있다.

최근의 발전 과정을 보면 AI는 지금까지 우리가 알던 세계를 완전히 바꿔놓아 새로운 수준의 경제적, 정치적 권력을 창조할 가능성이 있다. 몇 세대 안에 AI의 손길이 미치지 않은 인간의 활동은 없을 것이다.

여기까지 읽고 나면 위의 글이 내가 쓴 것이 아니라는 사실을 짐작한 사람이 있을지도 모르겠다. 위의 글은 오픈 AI가 개발한 소프트웨어인 GPT3에 연결된 응용프로그램 인터페이스Application Program Interface, API가 내가 제시한 첫 문장에 맞추어 내놓은 글이다.

AI가 직접 썼다는 사실 때문에 위의 글이 미래에 대한 우려 섞인 예측으로 받아들여질 수도 있다. 하지만 현실은 겉으로 보이는 것과 다르다. 이 예측은 종류가 다르다. 방대한 문서 저장고를 활용한 GPT3가 첫 문단을 가지고 그 뒤에 이어질 가능성이 가장 높은 문장과 문단을 통계적으로 계산하면서 의미론적 정확성을 유지해 내놓은 결과다. GPT3는 인터넷에서 긁어모은 아이디어를 응집력 있는 서사로 결합했다. 사람이 쓴 엄청난 양의 가용 텍스트를 바탕으로 어떤 단어와 문장이 뒤에 이어질지 예측한 것이다.

하지만 위의 글은 과장이 아니다. 점점 더 많은 인간의 능력이 기계 지능에 압도되면서 다음 세대의 AI는 주요 기관을 혼란에 빠뜨릴 것이다. 음악 제작(AI 음악은 이미 상품이 되었다)이나 에세이 작성(영미권 교사들은 이미 GPT3 같은 변환기로 리포트 전체를 써오는 학생들 때문에 눈물을 흠뻑 쏟고 있다), 정치권(선거 유세 시 유권자들의 투표 혹은 투표 포기를 독려하는 데 필요한 정확한 메시지를 찾고 있다)에서는 이미 스트레스를 받고 있다.

최근 수십 년 사이에 체스와 바둑 같은 모든 경기에서 인간이 AI 프로그램에 패배했다.[8] 패배라는 말은 인간이 뒤처졌다는 뜻이다. 세계 최고의 인간 선수가 AI 툴에 맞서지 못하게 되었고 이들 각 게임에서 인간 종이 이루는 진보는 이제 무의미해졌다. 그래도 여전히 즐거운 활동이고 멋진 게임이다. 하지만 이다음 세대부터 쭉, 세계 최고의 선수 자리는 소프트웨어가 차지할 것이다.

이런 툴의 새로운 능력을 마주할 때면 공포와 경외가 동시에 닥치는 것이 어렵지 않게 느껴진다. 컴퓨터가 일상에 파고든 뒤부터 우리는 컴퓨터 하면 즉각적 계산이나 지루한 반복 업무 같은 **기계**

적인 일을 잘하는 대상을 떠올렸다. 오직 인간만이 할 수 있는 일, 즉 예술이나 시, 음악을 비롯해 인간의 뇌가 선천적으로 뛰어난 기량을 보이는 창작 활동은 역시 인간이 잘한다고 생각했다. 하지만 GPT와 달리Dall-E(이미지 생성 모델) 같은 툴의 다음 버전이 전혀 새롭고 창의적인 걸작을 만들어내면서 인간의 역작과 구분되지 않는 탁월함을 뽐내게 될 것이다. AI는 연예와 문학, 음악, 예술에까지 손을 뻗어 우리가 놀라움을 금치 못하게 하고 인간의 특별함은 과연 무엇인지 의문하게 만들 것이다. 우리는 더 이상 창작물에서 드러나는 인간의 천재성을 만나보지 못할 것이고 그 대신 많은 이들이 자주 찾는 단순한 솜씨나 저렴하고 모사 가능한 상품으로서 누구나 접근 가능한 알고리즘의 기량을 만나보게 될 것이다.

분명히 하자면 우리는 과거에도 초기 기술의 발전과 그에 따른 도덕적 패닉의 시기를 몇 번 지나쳐 왔다. 포토샵이라는 프로그램이 발명되었을 당시, 모든 사람이 이 툴을 사용하면 이제 가짜 이미지와 진짜 이미지를 구분하지 못하게 될 것이라는 보도가 한차례 떠들썩하게 휩쓸고 지나가기도 했다.

하지만 우리가 이다음 마주하게 될 장은 근본적으로 다르다고 믿을 만한 근거가 있다. 포토샵은 사용하기가 그리 쉽지 않았고 포토샵으로 편집한 이미지와 진짜 이미지는 지금도 어렵지 않게 가려낼 수 있다. 마찬가지로 3D 렌더링의 세계가 닥쳤을 때 배우가 모두 3D 모델로 대체되리라 생각하던 시기도 잠깐 있었다. 그러던 중 로봇 기술자 및 애니메이션 제작자 들은 "불쾌한 골짜기"라 알려진 장벽에 부딪혔다. 불쾌한 골짜기는 인간을 닮은 로봇과 애니메이션이 여러 면에서 인간과 흡사하지만 그렇게 사실적이지 않을 때 사람들이 느끼는 다분히 불편한 감정을 일컫는다. 우리는 무엇이 기계인지 단번에 알아보았다. 적어도 예전에는 그랬다.

| 불쾌한 골짜기 너머

누군가와 대화를 나누기 시작했는데 상대가 컴퓨터인지 사람인지 알지 못한다면 어떻게 될까? 누군가와 통화를 하고 있는데 상대가 로봇이라는 사실을 알지 못한다면?

딥페이크 기술을 적용해 AI가 제작한 것으로 실제 사람의 모습과 흡사하고 GPT 같은 프로그램과 결부되어 있는 영상은 인터넷 상에서 사람인지 아닌지 감별하는 우리의 능력을 시험할 것이다. 이런 기술은 이미 우리 곁에 와 있으며, 이 책이 독자의 손에 들려 있을 때쯤이면 이미 상용화되었을 것이다.

새로운 AI 플랫폼을 통해 놀라운 응용프로그램이 무수히 쏟아질 것이다. 치료사와 돌봄 노동자, 교육자 들은 이미 이런 툴을 통해 코딩될 수 있다. 당신의 아이가 언제 기분이 상하는지 정확히 측정한 챗봇이 아이를 완벽히 진정시키도록 맞춤 설정된 목소리로 말을 건넨다고 상상해보라. 또는 자동화된 챗봇 의사가 사람인지 아닌지 구분이 안 될 만큼 놀라울 정도로 능숙하게 환자를 다룬다고 생각해보라.

AI를 더 어두운 목적에 사용하는 경우도 바로 생각해볼 수 있다. 마케터들이 사람과 유사한 자동화 툴을 이용해 알고리즘을 기반으로 당신에게 필요하지도 않은 물건을 판매할 수도 있다. 불필요하게 연장된 보증서를 판매하거나 사취하려는 책략에 넘어가는 노인이 얼마나 많겠는가? 아니면 심한 경우 지역대표의 목소리로 당신에게 전화를 걸어 선거 유세에 대해 잘못된 정보를 알리는 악의적인 프로파간다 활동은 어떤가?

온라인상에서 당신의 목소리와 행동을 **똑같이** 흉내 낼 수 있는 AI는 또 어떤가? 누군가가 녹음한 제한된 목소리 정보를 활용해 완벽한 음성 프로필을 재구성한 다음 어떤 텍스트든 읽게 하는 것은 어렵지 않다. 그렇게 당신의 목소리가 도난당해 당신이 말한 적 없는 것을 말하는 데 사용된다. 이 AI가 당신의 친구들에게 전화를 걸어 당신인 양 말하면서 명예가 실추될 수 있을 만큼 중요한 정보를 빼낸다면 어떻게 될까? 무엇이 되었든 현존하는 마케팅이나 조종 시스템 뒤에 AI의 힘을 주입하면 소비자와 유권자 모두 엄청난 파국을 맞을 것이다. 우리의 삶에 밀려올 허튼소리의 파도는 끝없이 이어질 것이다.

그럼 허용될 수 있는 조종 행위는 무엇이 있을까? 이런 툴이 사회의 악한 부류의 손에 들어간다면 무슨 일이 벌어질까? 기술은 이미 옆에 와 있지만 우리는 아직 준비되지 않았다.

이 장을 마치며

이번 장은 이런저런 물건을 가져다주면서 우리가 진정으로 무엇을 원하는지 파악하려 하는 개의 이야기로 시작했다. 소셜 미디어의 초기 예측 알고리즘은 여기에 소개한 개와 다를 것 없이 우리가 친구와 계속해서 교류하게 하는 구체적인 콘텐츠를 제시했다. 페이스북은 이를 위해 의미 있는 사회적 교류라는 내부 측정 기준을 사용했다. 데이터가 충분치 않은 알고리즘이나 잘못된 명령어는 극댓값을 벗어나는 데 어려움을 겪을 수 있으며, 우리가 반응은 하지만 나중에 돌아보면 후회하고 말 게시물을 내놓을 수 있다는 사실을 알게 되었다.

이런 알고리즘은 대부분 우리가 원하는 것을 제공하도록 프로그램되어 있지만 마음속의 욕망이 언제나 의식적으로 드러나는 것은 아니라는 사실도 알게 되었다. 알고리즘이 제시하는 추천 항목은 우리 자신도 알지 못했던 생경하고 기이한 행동과 습성으로 안내하기도 한다. 이런 알고리즘이 더 많은 데이터를 축적하면 우리의 행동을 더 정확하고 효과적으로 예측하게 될 것이다.

이것이 이번 장의 핵심이다. **우리가 많은 정보를 생산할수록 알고리즘은 더욱 강력해진다.** 인간이 생산하는 정보의 양이 증가하면 우리에게 정보를 제공하는 알고리즘의 영향력도 커져 결국 인간을 압도하게 될 것이다.

알고리즘의 영향력과 힘이 이미 극적으로 높아졌으니 이제 곧 전환점에 이를 것이다. 디지털 공간에서 AI와 인간이 크게 구분되지 않는 순간이 머지않았다는 뜻이다. 최근 생성형 AI 기술이 빠르게 앞서 나가고 있으니 몇 년 안에 사회 전반에 심각한 혼란이 빚어질 것이다.

다음 장도 개에 관한 또 다른 이야기로 시작해볼까 한다. 이번에는 비유적인 개가 아니라 실재하는 개에 관한 것이다. 인터넷에서 이 개를 보았을 때 나는 결국 나 자신과 두뇌의 관계를 의문하게 되었다.

11

직관과 인터넷

INTUITIONS AND
THE INTERNET

개인적으로 핏불 테리어에 대해 어떤 의견도 없
다. 그동안 개를 몇 마리 키웠는데 모두 품종을 알 수 없는 잡종이
었다. 이따금 라디오나 소셜 미디어에서 핏불 테리어에 대한 공청회
가 열리는 것을 우연히 들어본 적은 있다. 이런 토론에서는 이들이
난폭한 종이어서 투견으로 이용되기도 했으며 아이들을 문다고 알
려졌다는 비난이 이어졌다. 토론은 핏불 테리어를 엄격히 규제해야
하는가에 대한 것이었다.

그래도 이 문제에 대해 별다른 생각이 없었다. 어느 쪽이든 크게
관심이 없었기에 뚜렷한 의견을 펼치기가 꺼려졌다. 개인적으로는
핏불 테리어와 즐겁게 지낸 경험만 있었다. 오랜 친구 한 명이 청각
장애가 있는 구조견인 핏불 테리어 '아이시스'를 키웠는데, 그 개는
만날 때마다 다정하기만 했다.

내 무관심한 태도가 바뀐 것은 어느 날 소셜 미디어를 훑어보다

가 무해해 보이는 영상이 피드에 재생되기 시작했을 때였다. 영상은 알지도 못하는 누군가가 공유한 추천 클립이었다.

이 짧은 영상은 교외 어느 거리의 집 앞에 놓인 감시 카메라에 찍힌 것으로, 진입로에 고양이 한 마리가 나른하게 앉아 있는 모습을 보여주었다. 짧은 순간이 지나고 한 여성이 목줄을 맨 핏불 테리어 두 마리를 데리고 걸어가다가 왼쪽 보도에서 영상 프레임 안으로 들어왔다.

그다음 이어진 장면은 계속 보기가 힘들었다. 고양이를 발견한 개들이 달려가자 주인은 땅에 얼굴이 쓸리는 채로 끌려갔고 길을 건너간 개들은 고양이를 맹렬히 공격하기 시작했다. 힘센 개 두 마리를 제압하지 못한 주인은 그저 주변에 서서 고양이를 구하기 위해 자신의 개를 발로 찼다. 그래도 개들은 멈추지 않았고 마지막에 고양이 사체로 추정할 만한 무언가가 비친 뒤 영상은 끝났다.[1]

분노와 혐오에 사로잡히게 하는 끔찍한 영상이었다. 이 클립으로 나는 즉시 핏불 테리어 관련 쟁점에서 극단적인 쪽으로 치우치게 되었고 이들을 옹호하는 어떤 증거에도 의심을 품게 되었다.

그런데 이 영상이 모든 핏불 테리어의 성향을 대변하는 것이었을까? 인터넷에서 자료를 찾아보았다. 구글로 빠르게 검색해본 결과, 핏불 테리어는 위험한 종이 맞았다. 2005년에서 2017년 사이에 치명상을 입힌 견종 중 66퍼센트가 핏불 테리어였다.[2] 이런 통계치만 보아도 이 끔찍한 영상이 정확하다고 충분히 결론 내릴 수 있다. 영상 속 일화가 실제 데이터와 맞아떨어진다.

영상에 통계 자료가 뒷받침되면서 법률이 제정되어야 한다는 의견에 강력한 힘이 실렸다. 공공 안전을 위해 특정 종을 금지해야 한다는 것이었다. 실제로 1980년대와 1990년대에 여러 지방 및 주에서 핏불 테리어 보급을 줄이는 법이 통과되었다.

내가 보인 감정적 반응은 아주 강력한 하나의 일화에서 비롯된 것이었다. 여기에 구글 검색 결과가 뒷받침되었다. 나는 인터넷에서 얻은 정보를 토대로 도덕적 견해를 강력히 고수한 채 하루하루를 보냈다. 이 견종은 정말 심각한 골칫거리였다.

얼마 뒤, 믿고 지내는 한 친구가 핏불 테리어를 언급하면서 가장 오해를 받고 있는 견종이라고 말했다. 나는 간신히 친구의 말을 자르고 다시 상황을 정리했다. "아니야. 믿을 만한 연구 결과에서도 핏불 테리어가 미국에서 사람에게 가장 많은 치명상을 입힌 종이라고 밝혀졌어." 내가 말하자 친구가 집에 가서 조금 더 찾아보라고 다정하게 제안했다. "그렇지 않다고 말하는 데이터가 있어."

확신할 수는 없었지만 내 주장을 변호해야 한다는 의욕에 불탄 나는 집으로 돌아와 추가적으로 찾아보고 이 문제에 대한 자료의 출처를 다시금 확인했다. 여러 설명을 꼼꼼히 읽어보고 조금 더 깊이 파헤쳐본 결과 알게 된 사실에 나는 충격을 금치 못했다.

더 깊이 있는 인구통계 자료에서는 사람들이 키우고 싶은 견종을 스스로 선택하는 경향이 있는 것으로 나타난다. 사람마다 선호하는 패션이나 생활 방식이 다르듯 특정 집단의 사람들에게 유독 뚜렷한 매력을 발산하는 견종이 따로 있다. 인구통계를 살펴보면 난폭한 개를 키우는 사람이 폭력 범죄로 유죄판결을 받을 가능성이 더 높다는 강력한 증거가 존재한다. 이들이 핏불 테리어를 선호한다는 사실은 핏불 테리어가 공격성에서 유독 두드러지는 이유를 설명해준다. 간단히 말해 폭력적인 사람이 핏불 테리어를 선호하는

경향이 있고, 그들이 자신의 개를 폭력적으로 행동하도록 훈련시킨다는 것이다.[3]

미국 수의과대학 협회가 시행한 2014년 문헌 조사 결과, 특정 견종에 대한 법률 제정이 대대적으로 실패했음이 드러났다. 연구에서는 "대조 연구 결과 특정 견종이 두드러지게 위험하다는 결론은 도출되지 않았다"면서 "특정 견종에 국한된 금지법 도입으로 지역사회 내에서 개 물림 사건의 비율이나 심각성이 낮아진다는 주장은 입증되지 않았다"고 밝혔다.[4] 이들 연구는 정상적인 환경에서 자란 핏불 테리어는 다른 견종과 마찬가지로 친화적인 모습을 보이며 사람을 공격할 가능성도 높지 않아 보인다고 언급했다. 유전적 기질까지 무시할 수는 없지만 그렇다고 **모든** 핏불 테리어가 선천적으로 안전하지 않다고 해석될 여지는 없다는 것이다.

핏불 테리어에 대한 내 관점은 온라인에서 접한 정보의 유형에 따라 두 번 바뀌었다. 감정을 유발하는 영상에 의해 나는 핏불 테리어 관련 쟁점에서 극단적인 입장을 취하게 되었다. 믿을 수 있는 지인의 반대 의견을 접한 뒤, 나는 이전의 감정적 반응을 되돌아보아야 했고 내 의견에 대한 논리적 기반을 구축해야 했다. 사실을 드러내는 각기 다른 그림을 매번 재구성해야 했다. 내 직관을 뒷받침한 첫 번째 그림은 전적으로 옳은 것이 아니었다.

| 직관이 먼저, 설명은 나중에

이번 일로 감정이 이성적 결정에 영향을 미치고 변화를 일으키는 기이한 방식이 그대로 드러났다. 이를 통해 어떤 감정을 강하게 느낄 때 인터넷에서 관련 문제를 제대로 이해하기 힘든 이유가 무엇인지 정확히 설명할 수 있다.

내가 의견을 형성한 방식은 심리학 분야에서 벌어진 치열한 논쟁에 뿌리를 두고 있다. 1970년대 후반, 인지심리학자 로버트 자이언스Robert Zajonc는 우리가 결정을 내릴 때 감정이 어떤 과정을 거치는지와 관련해 기존에 확립된 인식을 정면으로 부정하면서 반대론을 펼쳤다. 당시 팽배한 인식은 **인지적 과정**(결정)이 먼저 일어나고 **정서**(결정에 결부시키는 감정)가 그 뒤에 따라온다는 것이었다. 자이언스는 자신의 추론 논문, 〈감정과 생각: 선호에는 논리가 필요치 않다〉에서 이런 인식을 완전히 뒤집었다. 그는 인지와 정서가 분리되어 있으며 각각 영향을 미치는 방향이 반대라고 주장했다. 즉 감정이 먼저 오고, 이후 그 감정을 바탕으로 결정을 내린다는 것이다.[5]

나의 공동 연구자인 뉴욕대학교 교수 조너선 하이트는 이 이론을 부연하면서 그가 말한 "사회적 직관주의 모델social intuitionist model"에 두 번째 단계인 판단을 추가했다. 이 모델은 감정이 앞서고 판단이 뒤따르며 그다음 직관이 확립되는 연유를 설명한다.[6]

나 역시 직관이 쉽게 확립되고 나니 감정적 충동을 의심하기가 더욱 어려워졌다. 처음의 감정적 믿음을 확신하려고 애쓸 가능성이 높았고, 구글 검색을 통해 이를 즉시 확신할 수 있었다. 나는 핏불 테리어에 대한 혐오와 분노를 느꼈다. 핏불 테리어는 모두 위험하다는 판단을 내렸다. 확증적인 웹 검색을 통해 내 판단을 설명하고 이를 뒷받침했다.

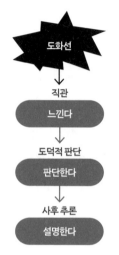

직관주의 모델. 먼저 직관을 느끼고 그다음 판단하며, 그 뒤에 타당한 이유를 자신과 타인에게 설명하는 과정을 도식화했다.

아무리 잘못된 믿음이어도 우리가 이를 확증하는 데 능숙하다면 어떻게 바로잡을 수 있을까? 우리가 충동적으로 내린 판단이 가득하다면 이 많은 것을 어떻게 바로잡을 수 있을까? 이 지점에서 다른 사람이 비집고 들어온다. 신뢰하는 친구가 다른 방식의 이해를 들려주자 나는 처음의 판단을 재검토하고 수정해야 했다.

그것이 내 가정을 다시 생각해보고 새로운 감정(틀렸을지 모른다는 일말의 수치심)을 느끼게 하는 도화선이 되었고, 그 뒤로 나는 다른 관점들을 살피면서(핏불 테리어의 주인이 대체로 문제가 있다는 글을 읽으면서) 좀 더 정확한 의견(핏불 테리어는 오해를 받고 있다)을 도출할 수 있었다. 다른 견해를 마주한 결과 인식이 향상되었고 결국 더 나은 지식을 얻을 수 있었다.

이처럼 우리의 의견은 사회적 교류를 통해 향상된다. 하이트의 사회적 직관주의 모델은 우리가 직관적으로 파악하면서 자신의 직관을 대부분 정당화하고, 타인을 통해 자신의 가정을 시험하는 과정을 설명한다. 타인의 도움으로 우리는 자신의 감정적 믿음을 그들의 감정적 믿음과 대조해볼 수 있다. 이렇게 타인을 통해 자신의 충동을 점검하면 세계를 더 잘 이해할 수 있다.

그렇다면 이런 직관이 소셜 미디어라는 기계를 만나면 어떤 일이 벌어질까?

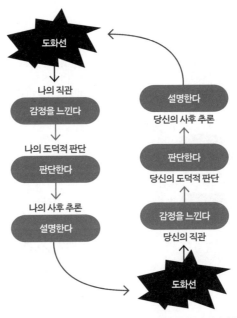

사회적 직관주의 모델. 직관이 먼저 오고 추론은 보통 판단이 이루어진 뒤에 행해진다.
하지만 토론을 거치면 타인이 제시한 추론에 따라 직관이 바뀌거나 개선될 수 있다.

친구에게 말하는 대신 그저 난폭한 핏불 테리어 영상을 내 피드에 공유하면서 도덕적으로 비난하는 글을 올렸다면 나는 '좋아요'와 댓글, 공유의 형태로 강화된 피드백을 받고 직관을 확증했을 것이다. 댓글 중에는 생각을 다시 검토해보라는 반대 의견이 있을 수도 있다. 하지만 이 영상과 나의 게시물이 핏불 테리어에 대한 도덕적 비난을 유발하는 엄청난 견인력을 얻을 가능성이 더 크다. 이 끔찍한 영상에 수많은 '좋아요'와 공유를 얻고 내 감정은 그대로 입증되었을 것이다. 반대로 아무런 참여도 유발하지 않았다면 내 감정은 그대로 잊혔을 것이다.

소셜 미디어의 역학은 온라인에서 피드백의 무한 고리를 형성해 우리의 직관을 강화한다. 온라인에서 우리는 자신의 감정이 눈에 보이는 지표의 형태로 입증되는 과정을 목격할 가능성이 높다. '좋

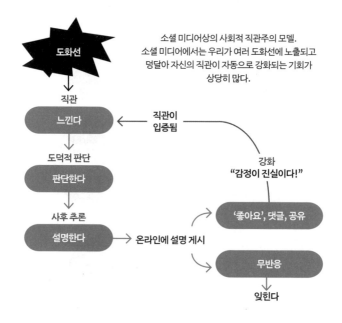

소셜 미디어상의 사회적 직관주의 모델.
소셜 미디어에서는 우리가 여러 도화선에 노출되고
덩달아 자신의 직관이 자동으로 강화되는 기회가
상당히 많다.

도화선

직관
느낀다 ← 직관이 입증됨

도덕적 판단
판단한다

강화
"감정이 진실이다!"

사후 추론
설명한다 → 온라인에 설명 게시 → '좋아요', 댓글, 공유

무반응
잊힌다

아요'와 공유, 팔로우를 통해 자신의 사후 추론이 입증되었다고 느끼는 것이다. 그 추론이 완전히 틀렸다 해도 달라지는 것은 없다.

앞의 그림은 디지털 공간에서 벌어지는 일을 간략하게 정리한 것이다. 소셜 미디어가 상충되는 직관이 맞서는 격앙된 싸움터로 변모하는 과정을 이해하는 데 도움이 된다.

그럼 감정은 무엇인가? 감정이 잘못된 경우가 종종 있다면 애초에 왜 그런 감정을 느끼는 것일까? 도덕적 감정이 어떻게 작용하고 정체성이 어떻게 드러나는지 알면 상대를 바라보는 우리의 관점을 인터넷이 어떻게 비트는지 파악할 수 있다.

진화론적으로 볼 때 감정은 오래된 것이다. 감정은 수백만 년에 걸쳐 진화했고 인류의 조상이 언어를 쓰기 훨씬 전부터 의사소통에 사용한 특징적 표현도 담고 있다. 감정이 오래되었다는 사실을 아는 까닭은 인간과 거의 공통된 조상을 둔 다른 종에서 유사한 감정적 의사소통 패턴을 볼 수 있기 때문이다.

1960년대부터 이어진 대규모 연구를 통해 우리는 감정이라는 분야를 더 분명히 이해할 수 있게 되었다. 감정 처리 과정과 관련해 통일된 과학적 합의는 아직 존재하지 않지만 감정이 일종의 휴리스틱 또는 지름길로 작용해 인류의 먼 조상에게 자주 일어난 상황이나 일정 패턴의 경험에 대해 행동 및 인지 반응을 최적화한다는 분명한 증거가 존재한다.[7]

감정은 구체적 행동에 이르도록 지시하는 도구다. 감정은 해결해야 할 문제가 어떤 유형인지에 관심을 집중시킨다. 감정은 재빨리 행동해 생존 가능성을 높이도록 돕는 생물학적 명령이다. 저런 뱀을 보면 달아나라(공포). 냄새 나는 물은 마시지 마라(혐오). 누구도 너를

속이거나 착취하게 하지 마라(분노). 사회적 상황을 바꾸어라(슬픔).

그런데 흔히 말하는 도덕적 감정은 다르다. 도덕적 감정은 여러 면에서 기본적인 감정과 특징이 같고 느끼는 기분도 유사하다. 다른 점은 **다른 사람**이 개입한다는 것이다. 도덕적 감정은 개인이 아닌 집단이 번영하고 발전하도록 돕는다. 더 큰 부족 전체와의 연결 및 응집을 지향하는 감정이다. 이 때문에 도덕적 감정은 아주 특별한 종류의 감정으로 타인에게 어떤 일이 **일어나야 하고, 일어나지 말아야 하는지**에 관한 것이다.

하이트에 따르면 도덕적 감정은 네 가지로 나눌 수 있다.

타인 비난: 경멸, 분노, 혐오와 더불어 분개, 격분, 부당, 증오 등의 감정

강한 자의식: 수치심, 난처함, 죄책감

타인의 고통: 동정, 연민

타인 찬양: 감사, 경외, 존경[8]

이런 감정은 사회에 집착하는 동물의 입장에서 이해할 수 있다. 이는 개인적 차원의 압력에 의해 형성된 것으로 부족주의 시대 이전에 뿌리를 둔다. 분노와 혐오, 수치심, 동정 모두 도덕적 세계관을 공유하면서 사회적으로 비판적이고 강력한 집단에서 살아남는 데 도움이 되기 위해 존재한다. 인류와 그 조상은 700만 년이 넘도록 협동적인 사회집단을 이루어 살아왔다. 이 기간 동안 우리는 더 긴밀히 협력하고 더 오래 생존하기 위해 심층적이고 서로 밀접히 연관되는 행동 및 규범을 개발했다. 이런 집단 중심의 감정적 충동이 선택되어 적응을 돕는 이점으로 작용했을 것이다.

우리는 모두 이렇게 몸에 깊이 밴 행동과 그것이 분출하는 감정을 잘 알고 있다. 이들이 무시하기 힘든 강력한 도덕적 감정으로 드러나는 것이다.

| 도덕적 기반

자신의 삶에서 도덕적 감정을 이해하려고 하는 것은 자신의 뇌를 직접 수술하려고 하는 것과 같다. 그 과정에서 옳고 그름에 대한 감각을 처음부터 따져보게 될 것이다. 이와 관련해 몇 가지 사항을 기억하는 것이 좋다.

첫째, 전 세계 모든 사회와 문화에서 무엇이 옳고 그른지 보편적으로 합의된 인식은 없다(흥미로운 생각인데 이에 대해서는 뒤에 살펴보도록 하겠다). 둘째, 누구나 각자 자신의 유전자와 문화, 저마다 독특한 경험으로 형성된 자신만의 도덕성을 갖고 있다.

도덕적 기반 이론Moral Foundation Theory은 하이트와 그의 동료들이 개발한 모델로, 도덕적 추론의 기원과 변화를 설명한다. 이것은 일종의 은유적 도구인 관측 장치인데 이를 통해 무엇이 옳고 그른지 결정하는 인간의 다양한 경험을 들여다볼 수 있다.[9]

도덕적 감정은 사회적 동물로서 우리가 드러내는 상당히 깊은 신호다. 이것은 집단 규범의 경계를 규정하기 때문에 개인이 임의로 갱신할 수가 없다. 도덕적 감정이 손쉽게 변경된다면 개인이 집단에서 추방될 텐데, 고대 세계에서 추방은 아주 치명적인 사건이었다. 도덕적 감정을 풀어 열기가 까다로운 것도 이 때문이다. 우리는 그에 반하는 증거를 앞에 두고도 도덕적 직관을 수정하지 않는다. 보통은 그저 그 증거를 믿지 말아야 할 이유를 찾게 될 것이다.

하이트는 사람들의 각기 다른 도덕적 기반을 설명하면서 "미뢰"를 비유로 든다. 달콤한 음식이나 짭짤한 음식에 대한 선호도는 사람마다 조금씩 다를 수 있다. 당신은 매운 음식을 싫어할 수 있지만 나는 좋아한다. 도덕적 감정도 비슷한 방식으로 작동한다. 당신은 친구의 배신에 선천적으로 극심한 반감을 갖거나 노인을 공경하지 않는 사람에 대해 강한 혐오감을 느낄 수 있다. 나는 부당한 대우를 받는 사람을 보면 분노하는 경향이 있는 반면 당신의 동료는 같은 상황에도 크게 동요하지 않을 수 있다. 이것이 당신의 도덕적 미각이다.

하이트와 그의 동료 제시 그레이엄Jesse Graham은 사람들의 각기 다른 도덕적 기반을 평가하는 설문지를 만들었다. 웹사이트(https://yourmorals.org)에서 자신의 도덕적 기반을 알아볼 수 있다.

도덕적 기반은 배려, 공정, 권위, 충성, 고결, 자유라는 여섯 가지로 나눌 수 있다. 보수주의자와 진보주의자는 도덕적 기반이 극적으로 다른 경향을 보인다.

저녁 식사 자리에서 이 이론을 설명하기 위해 나는 친구들에게 눈을 감고 질문에 답할 것을 요청했다. 질문은 하이트의 《바른 마음》을 참고해 수정을 거쳤다. 무언가가 도덕적으로 잘못되었다고 강력히 느낀다면 손을 들라고 말했다.

"한 여성이 욕실을 청소하고 있는데 걸레가 다 떨어졌습니다. 그러다 자기 나라의 국기를 발견하고는 그것으로 욕실을 구석구석 청소하기로 마음먹었습니다. 이 행동이 잘못되었다고 생각하십니까?"

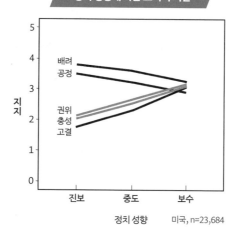

순간 정적이 흐른다. 몇몇이 손을 든다. 나머지는 가만히 있다.

"남매가 함께 캠핑을 갑니다. 나이는 얼추 비슷하고 독신인 젊은 이들입니다. 둘은 아주 가까운 사이입니다. 캠핑을 간 어느 날 밤, 둘은 성관계를 하기로 결심합니다. 양쪽 다 전적으로 동의했고, 두 가지 방식으로 피임을 합니다. 다음 날 잠에서 깬 두 사람은 이것이 둘 사이의 특별한 경험이며, 이에 대해 누구에게도 말하지 않을 것이고 앞으로 다시는 이런 일이 없을 것임을 약속합니다. 이후 그들은 둘만의 작은 비밀을 간직하면서 각자 인생을 살아갑니다. 이것이 잘못되었다고 생각하십니까?"

이번 질문에 대해서는 많은 사람들이 잘못되었다고 **분명히** 느낀다. 놀라운 점은 가족이나 연인, 친한 친구들과 함께 하는 저녁 식사 자리에서 사람들이 보이는 반응이 저마다 다르다는 것이다. 대부분 자신은 파트너와 도덕적 이견이 없다고 생각했는데 실은 꽤 다르다는 사실을 발견하고 놀라는 경우가 많다.

사람들에게 눈을 감고 답할 것을 요청한 까닭은 집단 참고를 통해 도덕적 사안에 대한 의견을 조정하려는 **강력한 사회적 힘**이 존재하기 때문이다. 눈을 뜨고 있으면 사람들은 주변의 반응을 재빨리 확인한 뒤 자신의 도덕적 본능은 밀쳐둔 채 그 자리에서는 무엇이 **옳은지** 파악하려 한다. 마치 자신의 도덕적 감정을 다른 이들과 맞추어 함께 식사하는 사람들 간의 도덕 매트릭스moral matrix를 공동 창조하려는 것 같다. 이는 우리가 소셜 미디어에서 어떤 도덕적 쟁점을 마주할 때 드러나는 사회적 힘과 동일한 것으로, 무엇이 옳고 그른지 결정하기 위해 친구와 팔로어 들의 의견을 찾아보는 것과 같다.

더군다나 내가 친구들에게 왜 그런 대답을 했는지, 왜 그것이 잘못되었다고 생각하는지 물으면 그들은 있는 힘껏 설명하려고 애쓰지만 더러 난감해한다. 나는 그들에게 특정한 대답의 옳고 그름에 대한 이 근본적이고 강렬한 감정의 밑바탕에 아무런 논리가 없다 하더라도 이유를 덧붙이려는 기이한 끌림과 충동을 주목하라고 말한다. 흔히 사람들은 결국 '올바르게 느껴지지 않아서'라고 요약될 수 있는 답을 내놓는다. 하이트는 이를 "도덕적 당혹감moral dumb-founding"이라 일컬었다.

감정이 발현하는 데 이유는 필요하지 않다. 감정은 이유와 무관하게 독립적으로 존재한다.

빠른 사고 및 느린 사고와 관련해, 앞서 살펴본 시스템 1과 시스템 2 모델로 돌아가보자. 우리는 시스템 1을 사용해 도덕적 판단을 빠르게 내리고 시스템 2를 통해 사후 이를 합리화한다. 하이트는 이 두 시스템을 또 다른 유용한 비유를 들어 설명한다. 코끼리(반응적인 시스템 1)와 그 위에 올라탄 사람(이성적인 시스템 2)이다. 코끼리는 우리의 감정적 충동으로, 어디든 감정이 이끄는 방향으로 움직이는 크고 강력한 짐승이다. 그 위에 탄 사람은 우리의 논리적인 뇌, 즉 시스템 2이며 감정적인 시스템 1 코끼리의 움직임을 **정당화**하려 애쓴다. 감정적 짐승의 등 위에 올라탄 사람은 영리한 변호사로 보이는데, 우리가 믿는 바에 대해 **왜** 그렇게 믿는지를 세상에 설명하는 듯하다. 하지만 거의 매번 통제권을 쥐고 있는 것은 코끼리다. 코끼리가 감정적 관성으로 우리의 판단을 끌어당기면 다분히 논리적인 뇌가 그에 대해 설명하는 것이다.[10]

이와 관련해 정치적 의견 충돌로 난감한 상황에 자주 처하는 사람들에게 도움이 되는 훈련법이 있다. 도덕적 쟁점에 관해 의견이 엇갈릴 때 보통은 의견이 구조적으로 엇갈리는 것이 아니다. 거의 매번 우리는 **이유**를 설명하며 코끼리 등에 올라탄 사람이 논증하게 할 뿐, 감정을 겨냥하지는 않는다. 하지만 문제는 코끼리 위에 올라탄 사람이 논지를 펼치면서 정작 코끼리는 설득하지 않는다는 것이다. 그는 듣는 사람의 도덕적 기반에 호소하려 하지 않는다. 이것이 정치적 쟁점과 관련해 사람의 마음을 바꾸기 힘든 한 가지 이유다. 우리의 신중한 변호사는 코끼리 등 위에 올라탄 채 자신이 들었던 일화나 숫자, 쓰러뜨리기 기술을 장전하며 말싸움을 준비한다.

하지만 단순히 점수를 얻는 것이 아니라 상대의 마음을 바꾸고 싶다면 코끼리에 주목해야 한다. 변호사 아래의 감정적 기반을 겨냥하라. 위반하는 것이 어떤 기분인지 최선을 다해 질문하라. 코끼리의 욕구에 호소하라. 그럼 생각보다 더 큰 진전을 이룰 것이다.

논쟁하고 있는 상대의 도덕적 기반을 이해하면 먼저 그 사람의 코끼리와 이야기를 시작할 수 있다. 의견이 충돌하는 사람을 비난하는 것이 아니라 설득하고자 한다면 도덕적 기반을 생각해보는 것이 도움이 될 수 있다. 이것이 우리가 온라인에서 사람들과 소통할 때 놓치는 핵심 요소다.

이런 도덕적 감정이 집단의 역학을 진전시킬 수 있다. 하이트가 말했듯 "도덕적 감정이 [우리를] 옭아매고 눈을 멀게" 한다.[11] 도덕적 감정이 집단 정체성을 구축하도록 장려한다. 집단의 신념과 신성한 가치에 우리를 **옭아매고** 집단의 세계관에 반하는 정보나 증거 앞에서는 **눈을 멀게 하는** 것이다.

집단적으로 이런 도덕은 우리가 공동체 안에서 따르는 문화적 규범을 생성할 때에도 적용된다. 집단적 도덕 지식은 하이트가 말한 "도덕 매트릭스", 즉 "완전하고 일원적이며 감정적으로 강렬한 세계관을 제시"하는 공유된 규범과 의미, 원칙, 관심사의 연결망 안에 존재한다.[12]

우리가 태어난 이 시대에는 공동체의 도덕적 기반을 바탕으로 한 경쟁적인 도덕 매트릭스가 다수 존재한다. 자신의 도덕 매트릭스를 이해하면 우리가 세상을 바라보는 방식을 소셜 미디어가 어떻게, 왜 변화시키고 있는지 이해하는 데 큰 도움이 될 수 있다.

| 도덕적 감정은 어디에서 오는가

우리에게 도덕적 기반이 있다면, 그것이 바뀌지 않는다는 사실을 의미하는 것은 아닌가? 도덕적 기반은 어디에서 오는가? 태어날 때부터 우리 안에 새겨진 것인가?

'기반'이라는 단어 자체에는 불변성이, 즉 세계관의 구조가 토대로 삼는 초석이라는 의미가 담겨 있다. 하지만 태어난 이후 뇌의 조직을 생각해보면 이 단어는 정확하지 않다.

우리의 도덕성은 내재되어 있지만 유전자에 새겨진 것은 아니다. 아기는 불변하는 도덕률을 담고 태어나지 않는다. 신경과학자 게리 마커스Gary Marcus가 말했듯, "'내재'되었다는 것은 변하지 않는다는 뜻이 아니다. '경험에 앞서서 조직되었다'는 뜻이다."[13]

따라서 도덕은 석판 위에 새겨진 행동 지침이 아니다. 세상에 태어났을 때 우리의 도덕은 변경이 힘든 지침이 위쪽에 명확히 쓰여 있는 개방형 워드 프로세싱 문서에 더 가깝다. 우리가 어떻게 성장할지에 대한 대략적 개요만 담은 불완전한 초안이다. 이 문서는 우리가 자라면서 직접 겪은 경험을 바탕으로 업데이트되고 변경된다. 어떤 부분은 삭제되고 어떤 부분은 교체된다. 그렇게 해서 남겨지는 것이 우리를 매일 감정적으로 깊이 이끄는 도덕률이다.

극우적인 가정에서 자란 아이들이 성인이 되어 진보주의로 전향하는 사례도 많고 그 반대도 많다. 진보적인 가정에서 태어났는데 자라면서 자신이 좀 더 보수적인 성향에 끌린다는 사실을 깨달은 친구도 주변에 더러 있을 것이다. 이와 관련한 일부 연구에서는 실제로 어렸을 때 정치에 무게가 실린 삶을 산 사람일수록 성인이 되어 다른 정치 성향을 구축할 가능성이 더 높다는 결과가 나왔다.[14]

도덕적 기반의 이런 기준이 다민족적, 다면적 다원주의 사회에서 이해를 구축하는 우리의 능력에 드리운 음울한 그림자처럼 느껴지는가? 그런 우려를 느낄 만하다. 도덕적 부족주의의 이런 습성이 다소 문제적인 것은 사실이다. 이는 우리가 속한 부족이 단 **하나**임을 암시하는데, 사실 우리는 여러 부족에 속해 있다.

| 마법의 고무줄

마법의 고무줄을 갖고 다닌다고 상상해보자. 명령을 내리면 이 고무줄이 손안에서 줄어들거나 늘어난다. 원할 때면 언제든 즉시 이 고무줄을 올가미 밧줄처럼 사용해 사람들을 무리로 묶을 수 있고, 그들이 서로 관심을 쏟으며 친족처럼 대하도록 만들 수도 있다. 공통된 평판이나 경험, 공공의 적을 공유하는 한, 규모에 상관없이 사람들을 그 고무줄로 한데 묶을 수 있다.

이것이 바로 정체성, 곧 타인과 친근감을 느끼기 위해 우리가 사용하는 마법의 줄이다. 도덕적 감정은 이 마법의 줄을 구성하는 고무 물질의 일부다. 이것은 추가 정보를 결정하고 찾기 위해 사회적 단서를 살피는 신호처리 과정을 넘어서 한 단계 더 깊이 들어간다. 그래서 우리가 집단 및 공동체의 정체성 안에서 생존하고 번영하도록 돕는다.

오래전에 우리는 수렵채집인 몇십 명으로 구성된, 어느 정도 응집적이고 단일한 단체에 속해 있었다. 현대에는 다른 여러 집단과 정체성이 겹치는 다수의 탄력적인 집단에 속해 있다. 이런 집단 사이의 유연성은 지금 우리가 살아가는 고도로 복잡한 사회에서 상당한 이점으로 작용한다.

매일 수십억 명이 교류하면서 다양한 정체성과 계층이 뒤얽힌다. 이런 현실에서 우리는 정체성이라는 마법의 줄로 각기 다른 상황에서 각기 다른 경기를 펼칠 수 있다. 두 가지 이론, 즉 사회 정체성 이론과 자기범주화 이론은 이런 집단에의 소속감이 개인의 정체성으로 어떻게 뻗어나가는지 설명한다.[15] 두 이론 모두 우리의 정체성이 상황에 따라 얼마나 가변적인지 보여준다.

당신의 정체성은 가톨릭교도(13억 명), 미국인(3억 2,000만 명), 공화당 지지자(5,000만 명), 아프리카계 미국인(4,200만 명), 휴스턴 출신(1,000만 명)일 수 있다. 모교 축구팀을 응원하고(6만 명) 지역 로터리 클럽(사회봉사와 세계 평화를 목적으로 하는 전문 직업인들의 국제 사교 단체-옮긴이)의 회원(140명)이자 지역 소프트볼 팀의 선수(10명)일 수도 있다. 이렇게 각기 다른 집단은 뚜렷이 구분되며 당신은 그중 몇 가지 집단에 속해 있을 것이다. 각각의 집단은 정체성과 동지애를 제공해 당신의 소속감과 개인적 출세, 웰빙에 근본적인 도움이 될 수 있다. 각 집단은 정보를 분석하고 삶의 복잡성을 처리하는 데 사용할 수 있는 일종의 특권적인 연결망을 제공할 것이다.

| 위협이 정체성을 강화한다

정체성은 평소에는 유연하지만 위협을 받으면 훨씬 더 굳건해진다. 9/11 테러 공격을 감행한 집단에 가해진 노골적인 공격을 생각해보자. 하룻밤 사이에 모든 미국인의 집단 정체성이 어느 때보다 선명해졌다. 많은 이들이 자신이 사는 곳에 성조기를 내걸 필요를 느꼈고 미국의 가치를 찬양하는 애국심을 널리 과시했다. 공격의 주요 표적이 된 뉴욕의 경우, 뉴요커라는 정체성이 더욱 확고해졌고 더욱 두드러졌다. 위협에 처하면 이런 정체성의 고무줄이 경화되면서 굳건해진다.

내집단이 위협을 받으면 집단 정체성의 존엄을 보전하는 강력한 도구로서 몇 가지 도덕적 감정이 표출된다. 분노와 경멸, 감사 등이 이에 해당한다. 우리는 자신의 내집단이 자신들을 위협하는 집단보다 더 우세하다는 사실을 확신하고자 한다. 자신의 정체성을 위협하는 외집단을 향해 분노와 경멸을 퍼붓고 가치를 드러내는 내집단에 감사를 표한다.

소셜 미디어는 이 마법의 줄에 유난히 기이한 영향을 미친다. 이전에는 보지 못한 위협을 눈앞에 훤히 드러내 보이면서 결국 우리의 정체성이 두터워지도록 추동한다.

2016년에 진행된 한 설문 결과, 페이스북과 트위터 사용자 대다수(페이스북 전체 사용자의 94퍼센트, 트위터 전체 사용자의 89퍼센트)가 소셜 미디어에 로그인하면 정치적 콘텐츠를 적어도 몇 개는 보게 된다고 응답했다. 더군다나 다른 곳에 비해 소셜 미디어에서 도덕적 또는 정치적으로 격앙된 콘텐츠, 즉 분노를 유발하는 콘텐츠를 보게 될 확률이 훨씬 더 높다. 이런 분노 유발 콘텐츠는 문화와 인종, 젠더, 성, 정치적 정체성과 직접적 연관이 있는 경우가 많다.[16]

자신이 동일시하거나 관심을 쏟는 집단에 사람들이 공격을 가하면 ("공화당은 이런 역겨운 짓이나 하지!" 또는 "민주당이 미국을 망치고 있다!") 우리는 자신의 입장을 그 집단과 결부시켜 고수하게 된다. 이런 정체성은 집단을 옹호하거나 비난해야 할 의무를 느낄 때 더욱 뚜렷하게 두드러진다. 부드러운 플라스틱에 지속적으로 가해지는 열처럼 뉴스 피드에서 끊임없이 쏟아지는 의견과 위협은 우리의 정체성이라는 유연한 줄이 그 자리에서 딱딱하게 굳어버리게 만든다.

추상적 관념에서 개인의 정체성이 그저 굳어버리는 것이 아니다. 무엇이 진실인지 결정하는 방식 자체가 변하는 것이다.

정체성은 저마다 가치와 아이디어, 확신을 공유해 만물을 이해하는 데 도움을 준다. 우리가 속한 집단에는 모두 공유된 신념이라는 바구니가 있어서 그 집단에 합류하면 해당 신념에 암묵적으로 동의하는 셈이 된다. 삶의 복잡성을 이해할 때 이런 신념에 의지하면 대개는 도움이 되지만 그렇다고 신념이 모두 올바를 수는 없다. 이번 장을 시작하면서 다양한 관점을 가지면 세상을 더 잘 이해할 수 있다는 사실을 알아보았다. 자신의 직관에 상충하는 의견을 받아들이면 무엇이 정확한지 훨씬 더 잘 판단할 수 있다.

3부에서 살펴보겠지만 언론사나 학계 등과 같이 규모가 큰 집단 및 조직은 관점의 다양성을 공식화하기 위해 만들어졌고 그 안에서 가동되는 시스템은 우리의 개인적, 부족적 가설에 이의를 제기한다. 이런 다양성 없이, 그리고 소셜 미디어가 우리의 담론에 영향을 미친 결과, 우리는 기본적으로 정체성을 바탕으로 한 서사에 의지하게 되었고 이에 따라 진실을 분간하는 능력이 쇠퇴했다. 하이트의 말을 빌리자면 "관점의 다양성을 잃을 때 그 집단은 구조적으로 어리석어진다."[17]

이 장을 마치며

이번 장은 핏불 테리어와 관련해 끔찍한 사건이 담긴 영상 하나로 이 견종에 대한 인식이 극단으로 치달은 사례를 들며 시작했다. 나는 인터넷으로 간단히 검색한 끝에 새로운 의견을 확정할 수 있었다. 이후 관점을 다시 검토해보라는 친구의 권유를 받고서야 이 믿음을 재고해보기 시작했고 그 덕분에 내 견해를 더욱 정확히 개선할 수 있었다.

- 사회적 직관 모델은 이런 일이 어떤 과정을 거쳐 일어나는지 설명하고 도덕적 '옳음' 또는 '그름'에 대한 감정이 거의 즉각적으로 발현되며 판단은 그 이후에 뒤따른다는 사실을 보여준다.

- 타인과의 사회적 교류는 이런 직관에 이의를 제기하는 데 도움이 될 수 있다. 하지만 소셜 미디어의 역학은 우리를 피드백의 무한 반복 고리로 밀어 넣고 친구들 역시 우리의 직관적 믿음을 강화한다. 옳고 그름에 대한 직감은 도덕적 감정에서 비롯된다.

- 도덕적 감정은 보편적인 것이 아니다. 따라서 옳고 그름에 대한 감각은 보편적으로 공유되지 않는다. 하이트에 따르면 누구나 (최소한) 여섯 가지 기반에서 파생된 자신만의 "도덕적 미뢰"를 갖고 있다. 여섯 가지 기반은 배려와 공정, 충성, 권위, 자유, 고결이다. 진보 성향인지 보수 성향인지에 따라 각 기반의 비중은 다르게 드러난다.

- 우리가 이런 도덕적 기반을 갖추고 있는 데에는 이유가 있다. 이를 통해 공동체 내에서 위반 사항을 재빨리 가려낼 수 있고 공유된

정체성으로 집단에 응집할 수 있기 때문이다.

- 하지만 우리의 정체성은 변치 않는 석판에 새겨진 것이 아니다. 오히려 마법의 고무줄처럼 작용해 삶의 난관과 복잡성 안에서 공유할 수 있는 특권적 연결망을 제공한다.
- 이런 정체성은 위협을 받으면 더욱 굳건해지고 도드라진다. 소셜미디어와 간담이 서늘해지는 뉴스에 의해 우리는 예전에는 보지못한 정체성의 위협을 목도하고 **정체성을 굳건히 다진다.**

이제 도덕적 감정에 대해, 부족 정체성을 형성하는 성향에 대해, 그리고 이 모든 것의 강점과 함정에 대해 알게 된 사항을 전부 고려해보자. 이것들을 엉망으로 만들 수 있는 거대한 방을 설계한다면 어떻게될까? 그 방에서 무슨 일이 일어날까? 이제 알아보자.

12

최악의 방

THE WORST ROOM

너희가 어두운 데에서 한 말은 밝은 데에서 들릴 것이다. 너희가 골방에
서 귀에 대고 속삭인 말은 지붕 위에서 선포될 것이다.

_루카복음 12장 3절

40억 명이 모인 방 안으로 걸어 들어간다고 상상해보라.

방은 거대하다. 한 면이 80킬로미터에 이르는 데다 천장은 높고
아치형이며 벽은 20층 건물의 높이로 우뚝 서 있다. 방 안에서는
사람들이 어깨를 맞대고 서서 이야기를 나누고 있다. 대화를 나누
는 수십억 개의 목소리가 배경음으로 끊임없이 이어진다.

안으로 걸어 들어가니 작은 마이크가 주어진다. 이 거대하고 떠
들썩한 장소에 적응하기까지 잠시 시간이 걸리지만 익숙해지고 나
니 기이한 점 두 가지가 눈에 들어온다. 첫째, 모든 사람이 각자 소
지한 마이크에 대고 이야기를 하고 있다. 둘째, 멀리 떨어진 벽에 거

대한 천막이 설치되어 있고 천막 위로 이런 글귀가 거대하게 쓰여 있다. "가장 중요한 문장." 모든 이들이 그것을 바라본다.

계속 지켜보는 사이, 천막에 불이 켜지고 그 위에 우람한 문구가 한 자씩 대서특필된다. 그것을 읽으면서 분노로 목이 메고 뺨이 붉게 물드는 것을 느낀다. 정당하지만 충격적이며 지독하게 무감각하고 진심으로 불쾌한 문장이다.

방 안의 공기가 바뀐다. 수백만 명이 같은 방식으로 반응하며 불평하는 사이, 혐오와 분노가 군중 속에서 파문을 일으키며 퍼진다. 분위기가 바뀐다. 배경 소음은 이제 더욱 커지고 격렬해진다.

얼마 뒤 천막에 다시 불이 들어온다. 이번에 지나가는 글은 이전의 문장에 과도하게 반응한 터무니없는 진술로, 훨씬 더 충격적이고 극단적이다.

"동의하지 않는 사람은 악마다."

그다음 드러난 문장.

"동의한 사람은 창피한 줄 알아라."

이 문장이 지나가는 사이 혐오의 파도가 또다시 밀려오는 것을 느낀다.

순식간에 모든 사람들의 마이크가 켜지고, 숨겨진 프로그램에 따라 방 안의 수십억 명이 쏟아놓은 것 중에 가장 분노에 찬 진술이, 가장 혐오스러운 아이디어가, 가장 상스러운 일화가 선정되어 먼 벽에 대서특필되면서 모든 사람 앞에 드러난다. 가장 악독한 글이 포착되어 전시되고, 뒤를 이어 가장 극단적인 응수가 이어진다.

당신은 화를 내고 혼란을 느끼며 격분한다. 동시에 이 상황에 넋을 잃고 빠져든 나머지 다른 곳으로 눈길을 돌리지 못한다. "어이가 없네." 당신이 불쑥 큰소리로 말한다. 돌연 당신의 손에 들린 마이크가 윙윙거린다. 내려다보니 마이크 옆의 작은 화면에 숫자가 비친다. "4점!"

　주변을 둘러보자 방 안에 있는 모든 사람이 득점 계산기를 갖고 있음을 알아차린다. 무슨 말을 할 때마다 작은 점수가 부여되는 것이다. 관심을 많이 끌어모을수록 득점은 더욱 높아진다. 말을 할 때마다 사람들은 문장 '끝판왕' 자리를 차지하기 위해 경쟁한다. 방 자체가 거대한 게임장이고 그 안에 있는 모든 사람들이 점수를 따기 위해 혈안이 되어 있다.

　어쩌다 이 지경이 된 것일까? 이런 작은 점수가 어떻게 사람들을 계속 게임으로 몰아넣을 수 있는 것일까? 사람들이 하는 말은 모두 관심을 조금씩 끌어당긴다. 물론 **좋은** 말을 하는 사람들도 많다. 그런데 이런 좋은 말은 왜 거대한 벽에서 자주 볼 수 없는 것일까? 무언가 이상한 일이 벌어지고 있다.

　득점 계산기를 보면 겉으로 드러난 점수는 괜찮아 보인다. 각 점수에 대한 설명은 다음과 같다.

　1점: 당신이 방금 한 말을 인정한 사람은 몇 명인가?
　2점: 당신이 방금 한 말을 높이 평가해 다른 사람에게 전하고자 하는 사람은 몇 명인가?
　3점: 당신이 한 말을 팔로우하는 사람은 몇 명인가?

　이 모든 것들이 계산된다. 상당히 단도직입적이다. 그런데 대체 가장 중요한 문장은 왜 그렇게 독기와 분노로 가득 찬 것인가? 이

게임은 조작된 것인가? 이 지표는 뭐가 잘못된 것인가? 지표 자체가 방 안에 모인 사람들에게 아주 이상한 짓을 벌였다. 무슨 일인지 알아보자.

| 거대 측정 게임

측정되는 것은 관리된다.

_피터 드러커Peter Drucker(잘못된 인용)

측정되는 것은 관리된다. 측정하고 관리하는 것이 무의미할 때에도, 조직의 목적에 해를 가한다 해도 달라지지 않는다.

_사이먼 코킨Simon Caulkin, 〈규칙은 간단하다.
측정하는 대상에 주의를 기울여라〉

나는 지표를 좋아한다. 거의 매일 하는 턱걸이도 개수를 세고 간밤의 수면 상태는 어땠는지 건강 추적기로 확인한다. 점수를 매기는 앱으로 매일 명상 점수를 확인한다. 명상을 할 때면 기분이 좋아져서 앱에 있는 '연속 기록'도 매일 유지하려고 한다. 지표는 내 전반적인 행동을 이해하고 개선해야 할 부분에 집중하는 데 도움을 준다.

무언가를 수치화하는 것은 다분히 무해한 행동이다. 이런 지표는 순서를 표면화하고 세계를 계산하는 한 방식이다. 우리의 뇌는 대상을 제한하고 이를 나눌 수 있는 부분으로 분리하도록 설계되었다.

　인간 행동의 여러 형태는 사물과 행동, 사람과 현상에 수치를 매기는 유희에 의존하고 있다. 지표는 현대사회의 근간을 이룬다. 측정되지 않으면 사업과 무역, 경제, 과학은 가능하지 않을 것이다. '진보'라는 개념 자체도 어느 정도 측정을 요구한다. 간단히 말해 우리는 세계를 수량화하여 이해한다.

　측정이 이런 긍정적인 측면을 야기하기도 하지만 수량화가 대상을 나쁜 쪽으로 변화시킬 수도 있다.

　1902년 베트남 하노이에 거대 쥐가 출몰하자 당시 베트남을 식민 통치하고 있던 프랑스 정부는 후한 포상금을 걸고 도시 내 쥐 사냥 권장 프로그램을 실시했다. 잘린 쥐꼬리를 가져오면 그 수만큼 포상금을 준 것이다. 프로그램은 효과가 있는 듯 보였다. 현지 베트남인들이 쥐꼬리를 가져와 포상금을 요구하기 시작했다. 하지만 어느 정도 시간이 흐른 뒤에도 쥐 출몰 문제는 개선될 기미가 보이지 않았다. 당황한 프랑스 정부 당국이 조사한 결과, 꼬리만 잘린 채 돌아다니는 쥐들이 대거 발견되었다. 쥐 사냥꾼들이 쥐를 잡아서 포상금을 얻기 위해 꼬리만 잘라낸 뒤 하수관에 풀어주는 바람에 쥐들이 마음껏 번식할 수 있었던 것이다. 정책과 포상금이 새로운 직업을 창출해냈다. 벌이가 좋은 전문 쥐꼬리 수집자였다.[1]

　사업에서 측정을 잘못하면 덩달아 좋지 않은 일이 벌어질 수 있다. 예를 들어 담당자별로 완료된 고객 서비스 통화 수를 측정한 한 기업은 이 방법이 역효과를 내기 쉽다는 사실을 발견했다. 직원들이 통화 횟수를 늘리기 위해 고객과의 대화를 중간에 끊는 바람에 문제가 충분히 해결되지 않은 고객들의 불만이 쇄도한 것이다(이렇게 요구가 충족되지 않은 고객이 다시 전화를 걸면 통화 횟수가 늘어나니 직원 입장에서는 더 이득이었다).

지표는 추상적인 개념이다. 복잡한 것을 납작하게 눌러 단순화한다. 이 때문에 어떤 행동이 숫자로 바뀌면 그 행동의 일부분이 사라진다. 웬만한 경우에는 큰 문제도 없고 편리하다. 그렇지만 모든 사회적 지표가 항상 그런 것은 아니다. 소셜 미디어에서 검증을 거치다 보면 우리 자신이 어느새 온라인상의 쥐꼬리 수집자 같은 존재가 될 수도 있다.

┃사회적 지표 창출

1968년 겨울, 이틀에 걸쳐 낯선 사람들이 뉴욕시 어느 블록의 모퉁이에 무리 지어 모였다. 모두 특이한 행동을 하고 있었다. 그들은 아무 때나 갑자기 거리 위에 우뚝 선 어느 건물의 모서리를 일제히 올려다보았다. 모두 무언가 신나는 일이 이제 막 벌어질 것처럼 골몰한 채 위쪽을 바라보았다. 그곳을 지나가던 많은 사람들이 멍하니 하늘을 바라보는 이들을 보고는 가던 길을 멈추고 덩달아 눈을 가늘게 뜬 채 머리 위를 살피며 이게 다 무슨 일인지 파악하려고 애썼다. 그렇게 관심을 둘 만한 무언가를 찾았지만 별다른 것은 없었다.

이것은 실험이었다. 위쪽을 바라보던 낯선 사람들은 배우였다. 연구진이 근처에 지키고 서서 행인 중에 하던 일을 멈추고 덩달아 위를 올려다보는 이들이 몇 명인지 주의 깊게 살폈다. 꽤 많았다. 행인 대다수가 위쪽으로 눈길을 돌려 이 시끌벅적한 무리가 무엇을 바라보고 있는지 헤아리려 했다.

상황을 모르는 낯선 사람들은 모두 인간의 순응을 탐구하는 일련의 중대한 연구의 대상이었다. 연구를 주도한 스탠리 밀그램Stanley Milgram은 우리가 타인으로부터 언제 사회적 신호를 받으며, 그것이 인식에 어떤 영향을 미치는지 알아보고자 했다. 솔로몬 애시Solomon Asch가 진행한 또 다른 연구에서는 승강기가 움직이는 사이 배우들이 일제히 벽을 향해 돌아서면 승강기에 탄 일반인들 중에 이런 우스꽝스러운 행동을 따라 하는 이들이 얼마나 될지 실험했다(꽤 많은 사람들이 따라 했다).[2]

이런 실험은 우리가 주변 사람들의 신호나 행동을 따를 가능성이 얼마나 되는지 보여준다. 타인에게서 지침을 구하는 자연적 충동은 사회적 동물인 우리 안에 뿌리 깊이 박혀 있다.

불특정 다수가 무언가를 보고 있으면 그것이 관심을 쏟을 만한 가치가 있는 것임을 우리는 직관적으로 안다. 사회적 관심은 강력한 신호다. 이것은 온라인에서 극단적으로 증폭되고 있는 신호이기도 하다.

사회적 지표의 긍정적인 면

누군가의 게시물에 '좋아요'를 누르면 기분이 꽤 좋아진다. 온라인에서 아주 작은 노력만으로 누군가에게 긍정적인 감정을 제공하면서 상당한 영향을 미칠 수 있는 기회다. '좋아요'를 누르는 것은 주는 사람 입장에서는 큰 비용이 들지 않지만 받는 사람에게는 꽤 소중한 행동이다. 표면적으로 보면 양쪽 모두에게 좋은 일이다. 실제로 '좋아요' 버튼을 만든 저스틴 로즌스타인Justin Rosenstein도 이렇게 말했다. "주된 목적은 가장 쉬운 방법으로 긍정적인 일을 하자는 것이었습니다."[3]

열린 방식으로 콘텐츠의 순위를 매기는 것이 겉보기에는 본질적으로 민주적인 듯하다. 소셜 미디어에서는 평등주의적 특징으로 인해 누구나 거의 어떤 얘기든 할 수 있고 콘텐츠 자체의 가치만으로 평가받을 수 있다. 이런 가치가 콘텐츠를 더 멀리 확산시키는 신호로 사용될 수도 있다. 문지기도, 편애도 필요 없다.

이전까지 콘텐츠를 전파하던 방식과 비교하면 상전벽해 수준이다. 과거에는 발행자와 편집자, 큐레이터, 검열자 등 아이디어나 콘텐츠를 플랫폼에 올리거나 내리는 이들이 주로 콘텐츠 게시 여부를 결정했다. 이제는 콘텐츠에 '좋아요'나 공유 등 사회적 지표가 첨부되면서 경쟁의 장을 공평하게 측정하는 길이 열렸고, 이에 따라 콘텐츠의 성패가 관리 기관의 때 이른 변덕에 따라 갈리는 일이 사라졌다.

그런데 이렇게 간소화된 측정 방식이 사회 담론에 적용되면서 우리가 잃어버린 것은 무엇일까?

| 사회적 지표의 위험

내가 소셜 미디어에 게시물을 자주 올리지 않는 이유는 게시물을 올릴 때마다 기이한 힘이 나를 끌어당긴다는 느낌을 받기 때문이다. 콘텐츠가 어떤 반응을 얻는지에 따라 나는 실망이나 기대, 만족을 느낀다. 특정 콘텐츠에 대한 '좋아요'와 공유 수는 내 가치를 미세하게 검증받았다는 느낌을 준다. 어떤 게시물에 반응이 별로 없으면 세상에 내놓은 내 가치가 부정적으로 평가된 듯한 기분이 든다. 소셜 미디어에 게시물을 올리는 사람들은 대부분 개인의 성격을 평가하는 알고리즘의 기이한 시험이라도 치른 듯 이런 순간적 불안을 느낀다.

그럴 만한 이유가 있다. 1930년대에 진행된 일련의 유명한 실험으로 돌아가보자.

심리학자 B. F. 스키너B. F. Skinner는 동물이 무언가를 하도록 훈련받을 때 마음속에서 독특한 일이 벌어지고 있다고 확신했다. 비둘기를 빛이 드는 무반향실에 넣고 조작할 수 있는 작은 레버를 함께 둔 뒤, 시간이 지나 특정 행동(레버 누르기)을 강화할 수 있는지 실험하기 위해 비둘기에게 자극(섬광)을 주고 레버를 누를 때마다 보상(모이)을 주어 행동을 강화했다.

결과는 명백했다. 보상이 주어지자 쥐부터 원숭이, 심지어 무척추동물에 이르기까지 여러 동물 종이 특정 행동을 반복하고 학습된 습관을 따랐다. 스키너는 보상이 따른다면 동물이 특정 행동을 반복하게 할 수 있음을 입증했다. 이 실험 장치는 "조작적 조건 형성실Operant Conditioning Chamber"이라 불렸고 이후 간단히 스키너 상자로 알려졌다.[4]

스키너의 연구로 세 가지 놀라운 사실이 발견되었다. 첫째, 스키너 상자는 다른 동물에 그랬듯이 인간에게도 그대로 적용되었다.

둘째, 보상이 달라지면 특정 행동을 지속하는 시간도 달라졌다. 모든 행동에 대해 예측 가능한 보상이 주어지면 시간이 지남에 따라 사람(동물)은 결국 흥미를 잃는다. 반면 보상을 순전히 임의적으로 제공하면 행동이 훨씬 더 오래 지속된다. "간헐적 가변 보상"이라고 알려진 이것은 우리가 계속 행동에 참여하도록 보상 경로를 만들어간다(카지노의 슬롯머신이나 비디오게임의 전리품 상자 등도 같은 이치다).

셋째, 1차적 조건, 즉 음식처럼 생물학적 기본 욕구가 포함된 보상은 효과가 감소되었다. 생물학적 기본 욕구가 충족되고 나면 사람들은 행동을 멈춘다. 이에 스키너는 돈이나 점수, 사회적 지지 같은 2차 강화물이 만족의 한계점에 이르는 일이 없다는 사실을 파악했다. 사람들은 점수를 높이기 위해 그저 계속해서 참여할 것이다. 상당히 현실적인 방법으로 스키너는 인간의 행동을 "해킹"하는 법을 발견했다.[5]

| 소셜 미디어는 스키너 상자다

소셜 미디어에서 우리의 행동을 포착하고 강화하는 여러 보상 유형 역시 스키너 상자와 정확히 똑같이 작용한다. 특정 게시물이 많은 참여를 이끌어내면 그 경험이 우리에게 영향을 미친다. 그런 유형의 콘텐츠가 유효함을 확인해주는 것이다. 가령 우리가 고양이 관련 콘텐츠로 '좋아요'와 공유, 댓글을 많이 받았다면 향후 그런 유형의 게시물을 올릴 가능성이 높다. 다행히 넘쳐나는 고양이 사진은 사회에 별다른 문제를 일으키지 않는다.

하지만 분노로 가득 찬 선동적인 게시물은 다르다. 2021년에 예일대학교 연구진인 크로켓과 브레이디는 스키너의 실험이 소셜 미디어의 다분히 문제적인 현상에도 적용되는지 알아보기 위해 실험을 했다. 사람들이 온라인에서 충격적인 게시물을 무수히 공유하는 이유를 파악하고자 한 것이다.

그들은 팀을 구성해 트위터에 게시된 도덕적 분노를 추적 및 측정하는 툴을 구축했다. 트위터 사용자 7,331명을 추적하고 1,270만 개의 트윗을 샅샅이 뒤져서 사용자들이 플랫폼에 도덕적 분노를 어떻게, 왜 표출하는지 밝히고자 했다.

결과는 충격적이었다. 게시물에 분노를 표출했을 때 '좋아요'와 리트윗을 더 많이 받은 사용자가 이후 분노를 다시 표출할 가능성이 **상당히** 높았다. 더 많은 증거를 찾기 위해 연구진은 후속 행동 실험을 연이어 진행했고, 그 결과 사용자가 표출한 분노에 대해 지표라는 명시적인 보상을 받았을 경우 향후 분노를 표출하는 **총 횟수**가 증가한다는 사실을 밝혀냈다. 소셜 미디어의 보상이 분노와 경멸 같은 도덕적 표현에 대한 사람들의 행동을 분명히 바꾸고 있었다.[6]

더욱 놀라운 점은 이런 피드백 인센티브에 예민하게 반응하는 집단이 급진적이거나 극단적인 정파가 아니라 중도층이라는 사실이었다. 이에 대해 크로켓은 다음과 같이 설명했다.

연구 결과, 정치적으로 온건한 친구 및 팔로어를 거느린 사람들이 분노 표출을 강화하는 사회적 피드백에 더 예민하게 반응한다는 사실이 드러났다. 이로써 정치 중도층이 시간이 지나면서 급진적으로 변모하는 메커

니즘이 확인되었다. 소셜 미디어의 보상이 긍정적 피드백의 연쇄 고리를 창출해 분노를 악화하는 것이다.[7]

이 연구를 통해 온건한 소셜 미디어 사용자가 보상을 받고 분노를 더 많이 전시하게 되는 명백한 경로가 밝혀졌다. 심히 우려스러운 결과다. 초기 사용자들의 성향을 분석해보면 현재의 급진주의자들이 과거에는 온건주의자였음을 파악할 수 있을 것이다. 다시 말해 사용자가 소셜 미디어에서 오랜 시간을 보낼수록 정치적으로 극단에 치우칠 가능성이 높아지는 것이다.

| 팔로어 많은 사람이 이긴다

표면적으로 팔로어 수라는 수치는 온건해 보인다. 어떤 사람이 타인에게 미치는 중요도를 평가하는 간단한 방법이다. 인기 지표를 구축하는 것은 누가 중요하고 중요하지 않은지 파악하는 손쉬운 대용물로 보인다. 최상의 정보를 공유할 만한 사람이 누구인지 파악하려는 이들에게 이 지표는 시간을 아껴준다.

하지만 이제 참여는 더 이상 선택이 아니다. 소셜 미디어에서 계정을 개설하는 순간, 우리는 비교 게임에 돌입한다. 팔로어 수는 누가 더 많은가? 내 위치는 어디쯤인가? 누가 핵심 인물인가? 이런 지표는 우리를 무시할 수도, 피할 수도 없는 경쟁으로 밀어 넣는다.

시스템에 내재한 사회적 서열이 우리에게 자동적으로 매겨진다. 설계에 따라 이 서열을 거부하기는 힘들다. 수치가 일종의 인기 경쟁을 초래해 플랫폼 자체의 사용을 북돋고 결국 타인에 대한 오프라인 평가에까지 스며든다. 팔로어를 대거 거느린 사람들이 그 영향력으로 누리는 특전은 막강하다. 실생활에서 이런 수치에 관심을 쏟는 이들은 다급히 존경심을 내비친다("들었어? 저 사람 인스타그램 팔로어가 2만 명이래"). 청소년은 자신이 누릴 수 있는 보상을 본능적으로 알아차린다. 최근의 한 연구 결과 13세 이상 38세 이하 미국인 중에 기회가 된다면 소셜 미디어 인플루언서가 되고 싶다는 이들이 54퍼센트에 달했다.[8]

인간은 사회 환경을 고도로 민감하게 감지한다. 심리학자 마크 리어리Mark Leary는 우리가 순간순간 타인에게 어떻게 인식되는지 알려주는 내면의 심리적 가늠자를 "사회적 계량기sociometer"라고 이름 붙였다. 우리에게는 사실 자존감이 필요 없으며, 그보다 진화론적으로 긴급한 점은 타인에게 이상적인 파트너로 비쳐야 하는 것이라고 리어리는 주장했다. 우리에게는 사회적 평판이 필요하다. 친구와 팔로어를 전시하는 소셜 미디어는 개인적 생각 안에 갇혀 있던 사회적 계량기를 밖으로 빼내 모든 사람이 볼 수 있도록 게시한다.[9]

| 의견 불일치 계층도

웹 2.0 시대가 이제 막 시작되던 2008년에 프로그래머이자 기업가인 폴 그레이엄Paul Graham은 자신의 에세이에서 온라인에 머무는 시간이 늘어남에 따른 자연적인 부작용으로 의견 불일치가 더욱 빈번해질 것이라고 언급했다. 타인의 의견에 더 많이 노출되면 논쟁할 기회는 더 많아진다. 이에 그레이엄은 "의견 불일치 계층도Hierar-chy of Disagreement"라 부르는 모델을 제시했다. 여기서 논쟁 유형은 일곱 단계로 나뉜다.

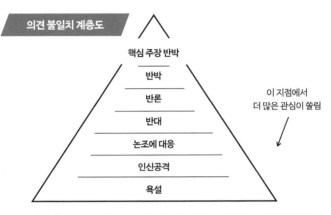

요즘에는 대화를 계층도의 아래쪽으로 밀고 갈수록 더 많은 인센티브가 주어진다.

그레이엄은 "의견 불일치 계층도의 위쪽으로 올라갈수록 비열함이 줄어들면서 많은 이들이 더욱 행복해질 것이다"라고 말했다. 계층도 꼭대기에는 논쟁의 핵심 주장에 반박하는 단계가 자리한다.

이 계층도를 보면 특히 담론에 지표가 적용될 때 어느 지점에서 실패 유형이 발현하는지 확인할 수 있다. 청중의 내재적 편견에 호소하는 독설적인 의견 불일치는 생산적인 의견 불일치보다 더 많은 팔로어를 끌어모을 수 있다. 관심 경제에서 상대 의견의 뉘앙스를 알아차린다는 것은 많은 인기를 끌 가능성이 낮다는 뜻이다. 피라미드 위쪽으로 올라가도 팔로어 수는 크게 달라지지 않는다.

계층도의 아래로 내려갈수록 논쟁은 저해된다. 이 새로운 담론에서 사람들은 가장 가치 있는 의견 불일치에 이르지 못한다. 이를 그래프로 표시해보면 한 축은 진실을 찾으려는 욕구로, 다른 축은 지켜보는 사람들의 수로 나타낼 수 있겠다. 청중의 규모가 커질수록 논쟁에서 **승리**하고픈 욕구가 진실을 찾으려는 욕구를 넘어선다.

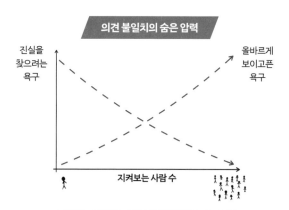

지켜보는 사람이 늘어날수록 진실을 찾으려는 욕구는
올바르게 보이고픈 욕구에 반비례해 줄어든다.

연구를 시행한 저스틴 토시Justin Tosi와 브랜든 웜키Brandon Warmke는 자신의 평판을 높이기 위해 도덕적 언어를 사용하는 경우를 가리켜 "도덕적 과시moral grandstanding"라 이름 붙였다.[10] 공론장에서 논쟁이 일어나면 연사들은 하나같이 앞사람을 능가하려 하고, 결과적으로 자신의 도덕적 태도를 드러내려 한다. 청중의 인정을 받고자 하는 이런 경쟁에서 과시자는 흔히 도덕적 비난을 꾸며내고 공개적 망신을 가차 없이 가하며 자신의 의견에 반대하는 사람은 누가 되었든 명백히 틀렸다고 주장한다. 그들은 청중에 호소하기 위해 자신의 감정을 과장해서 드러낸다. 이런 도덕적 과시자는 상대방이

한 말 중에 대중의 분노를 유발할 만한 단어를 일일이 검토해 찾아낸다. 이때 화자의 의도는 무시된다.[11]

관찰자의 규모가 막대한 데다 온라인 커뮤니티에서 신호를 찾으려는 성향 때문에 소셜 미디어상의 무수한 의견 불일치는 지표 경쟁에 내몰려 도덕적 과시를 쏟아내는 기회가 된다. 이런 의견 불일치가 생산적인 대화로 이어지는 경우는 많지 않다. 대부분 학습의 기회보다는 격론과 쇼맨십, 전술적 투쟁의 장으로 치달을 기회가 되기 마련이다. 사람들이 실시간으로 순위와 점수를 매기는 상황에서 우리는 신념을 품고 새로운 개념을 검토할 능력을 잃는다.

▎이것은 단순한 게임이 아니다

소셜 미디어가 게임처럼 보일 수도 있다. 앱을 열어 게시물을 만들면서 '좋아요'나 팔로어의 형태로 득점을 올리고자 하는 방식은 분명 새롭고 기이한 경쟁과 닮았다. 게임처럼 **느껴지지만** 이것은 한가할 때 하는 다른 어떤 게임과도 같지 않다.

철학자 C. 티 응우옌C. Thi Nguyen 교수는 게임과 소셜 미디어의 차이를 이렇게 설명했다. "게임에서 하는 행동은 중요한 점에서 일상과 분리되어 있다. 농구를 할 때 당신이 내 앞을 막아선다 해도 나는 이것을 당신의 오랜 적대감이 드러나는 신호로 받아들이지 않는다. 모욕 경쟁을 할 때에도 상대의 발언이 나의 실제 태도나 세계관을 겨냥한다고 받아들이지 않는다."[12] 게임은 네덜란드 역사학자 요한 하위징아Johan Huizinga가 말한 매직 서클, 즉 게임 플레이어가

역할을 교대로 맡고 행동이 교대로 의미를 띠는 공간 안에서 벌어진다.[13]

소셜 미디어에서는 결코 게임을 벗어날 수 없다. 휴대전화는 늘 우리 곁에 있다. 이 메커니즘에서 우리는 빠져나갈 수 없다. 소셜 미디어라는 게임의 설계자들이 세운 목표는 우리를 그곳에 가능한 한 오래 붙잡아두는 것이기 때문에 이 게임의 경쟁 상대는 실제 현실이다. 지속적으로 길들여진 관심이 지표로 드러나기에 우리는 이 디지털 공간을 결코 떠날 수 없다. 이렇게 소셜 미디어는 자신의 게임 메커니즘으로 **우리의** 세계를 식민지화했다.

| 지표가 곧 돈이다

추상적인 숫자를 축적하면 도파민이 소량 분비되긴 하지만 어떨 때는 숫자가 현금으로도 변환된다. 이런 지표를 획득하면 단지 감정적 검증만 얻는 것이 아니다. 지표는 수량화할 수 있고 매우 현실적인 경제적 가치로 전환된다.

관심을 지속적으로 끌어당기는 능력은 어떤 브랜드든 기꺼이 값을 치르고도 남을 자산이라는 사실을 이제 누구나 알고 있다. 팔로어는 실체적이고 현금화가 가능한, 가치 있는 자산이다. 팔로어를 구입하고자 한다면 트위터는 광고 계정 기능을 사용해 팔로어 한 명당 2달러에서 4달러를 청구할 것이다.

팔로어가 충분히 모인 사람은 브랜드의 광고 제품을 대신 게시해주는 대가로 돈을 받게 될 것이다. 이를테면 인스타그램의 팔로어 수에 따라 지불금은 게시물 한 개당 75달러(팔로어 2,000명 계정)에서 수십만 달러(팔로어 수십만 명 계정)에 이를 수 있다.[14]

2017년에서 2021년까지 트위터 사용자 1,000명에게 도달하는 데 드는 평균비용cost per mille, CPM은 5~7달러였다. 게시물 하나에 1,000개의 시선을 끌어오는 데 그만한 비용이 드는 것이다. 콘텐츠 공유 횟수를 늘리는 전략 역시 금전적인 가치가 있다.[15]

이제 이 경제적 인센티브를 빌리 브레이디Billy Brady가 계산한 도덕적 분노의 "참여 가치"에 적용해보자. 브레이디는 트위터 게시물 하나당 도덕적 또는 감정적 단어 하나를 덧붙일 때마다 해당 콘텐츠의 확산 속도가 17퍼센트씩 늘어난다는 사실을 발견했다.[16] 소셜 미디어에 올라와 있는 모든 게시물은 관심을 얻기 위한 시장에 나와 있고, 모두 팔로어의 피드 최상단에 오르기 위해 경쟁하고 있다. 우리의 게시물은 늘 다른 사람의 게시물과 경쟁한다. 이 경쟁에서 분노로 가득 찬 게시물이 유리하다면 그것의 금전적 가치가 그야말로 더 높은 것이다.

브랜드로서나 개인으로서 게시물의 가치를 올리고 싶은 경우, 도덕적 분노를 포함시키거나 도덕적 신념을 암시하는 더 큰 운동과 연계하면 해당 콘텐츠의 도달 범위가 최소한 그만큼은 늘어날 것이다. 더군다나 브랜드의 소비자 및 직원의 도덕적 기반에 호소해 매출을 증진하고 명성을 빛냄으로써 실제로 인지도와 브랜드 친밀도를 향상시킬 수 있다. 이것은 본질적으로 양극화 전략이 될 수 있는데, 고객의 도덕적 성향이 다양한 상황에서 기업이 어떤 대의를 지지할지 선택하면 그 대의에 동의하지 않는 상당 규모의 고객층이 소외되기 때문이다. 하지만 이런 경제학 역시 의미가 있다. 기업이 소비자와 직원의 도덕적 소속감을 충분히 인지하고 있다면 고객과 일치하는 대의를 확실히 선택할 수 있기 때문이다.

도덕적 콘텐츠는 관심을 끌어모으는 믿을 만한 도구이기 때문에 미래의 마케팅을 위한 심리적 자료 수집용으로 사용될 수도 있다. 다수의 주요 브랜드가 이 방법을 통해 엄청난 성공을 거두었다. 도덕적 의로움과 분노를 활용한 바이럴 캠페인을 벌여 도덕적 성향이 유사한 핵심 소비자층 사이에서 관심과 호응을 이끈 것이다. 이런 캠페인은 광고에 대해 논하는 후속 및 해설 기사로 부차적인 힘을 얻는다. 관심 시장에서는 제품을 도덕적으로 설명하는 브랜드가 주로 성공한다.

이렇게 많은 브랜드가 온라인상에서 대의명분을 내세운 쟁점과 어떻게, 왜 연결되기 시작했는지는 기본적인 경제적 인센티브로 설명할 수 있다. 이것이 의사 결정자에게는 강력한 도덕적 의미를, 기업 전체에는 분명한 경제적 의미를 부여하는 것이다. 브랜드와 인지도를 빛내기 위해 도덕적 언어를 포함시키려는 기업에 소셜 미디어는 측정 가능한 재정적 인센티브를 제공한다.

이런 현실이 비도덕적으로 들리겠지만 콘텐츠의 도덕적 교화가 항상 무정한 조작과 탐욕의 결과인 것은 아니다. 사회적 지표가 우리의 행동에 유해한 영향을 미치는 방식은 또 있다.

| 관중 포획

2016년 말, 나는 소셜 미디어가 우리의 공감 능력을 떨어뜨리고 있다는 기사를 썼다.[17] 그해에 치러진 대선의 여파 때문인지 이 기사는 무서운 속도로 퍼져나갔고 수백만 명에게 공유되었다. 당시 나는 다른 프로젝트 업무에 여념이 없었다. 기사가 인기를 얻자 나는 수년간 해온 컨설팅 업무를 내려놓고 전업 작가로서의 활동에 집중하기 시작했다. 새로운 독자들로부터 받은 엄청난 신호의 부산물 중 하나가 바로 지금 당신이 읽고 있는 이 책이다.

상당한 규모의 새롭고 낯선 독자들이 나에게 보낸 메시지는 분명했다. 이건 중요한 문제다. 더 해달라. 자신이 관심을 갖는 많은 이들에게서 무엇을 해야 한다는 말을 전해 들으면 누구든 귀를 기울이게 마련이다.

이것이 관중 포획audience capture의 결과, 즉 우리를 주시하는 이들에게 우리가 미치는 영향이고 우리가 **받는** 영향이다. 우리만 관중을 사로잡는 것이 아니다. 그들의 피드백에 우리 역시 사로잡힌다. 더 유용하고 흥미로운 일을 창출하도록 자극한다는 점에서 대체로 멋진 일이다. 크리에이터로서 독자가 보내는 신호는 우리가 무엇을, 왜 하는지 결정하는 데 큰 부분을 차지한다.

물론 여기에도 어두운 면이 있다. 작가 거윈더 보갤Gurwinder Bhogal은 인플루언서에 대한 관중 포획 현상을 설명하면서 니컬러스 페리Nicholas Perry라는 젊은 유튜버를 예로 들었다. 2016년에 페리는 마른 채식주의자 바이올리니스트로서 유튜브 채널을 열었다. 1년간 온라인에서 별다른 관심을 끌지 못한 그는 건강 문제를 언급하며 채식을 그만두고 구독자들을 위해 색다른 음식에 도전하는 '먹방'을 선보였다. 구독자들은 점점 더 극단적인 먹방을 요구하기 시작했다. 이윽고 점점 더 까다로워지는 사람들의 요구에 부응하고자

페리는 앉은 자리에서 모든 패스트푸드 메뉴를 먹어치우는 영상을 올렸다.[18]

이 새로운 포맷의 영상으로 시청자는 몰라보게 늘어났다. 지표만 보아도 새로운 포맷은 압도적인 성공을 거두었다. 몇 년간 시청자들의 계속되는 요청에 응하고 나니 구독자가 수백만에 이르렀고 전체 조회 수는 10억 회를 넘어섰다. 하지만 그 과정에서 그의 온라인 정체성과 신체적 특징 역시 극적으로 바뀌었다. 페리는 뚱뚱한 풍자 캐릭터 니코카도Nikocado가 되어 180킬로그램이 넘을 만큼 부풀어 올랐고 시청자들이 요청하는 것은 무엇이든 게걸스럽게 먹어치웠다. 시청자의 요구를 따르기 위해 자신의 육체적, 정신적 건강을 희생해가며 그는 점점 더 극단적인 곡예를 부리게 되었다.

보갤은 이런 양방향적 영향력을 다음과 같이 요약한다.

관객의 피드백을 분석할 때 인플루언서는 자신이 특이한 행동을 할수록 더 많은 관심과 호응을 얻는다는 사실을 자주 발견하고 실제 생활에서보다 훨씬 더 극단적인 사회적 신호에 따라 자신의 특성을 재조정한다. 그렇게 더욱 색다른 면모를 과장해 보이면서 스스로 자신의 조악한 캐리커처가 된다.[19]

이것은 비단 인플루언서에만 적용되는 이야기가 아니다. 우리는 신호를 처리하는 기계다. 자신을 주시하는 이들에게서 받는 긍정적 신호에 응답한다. 자신의 행동에 대해 온라인 관객들이 의견을 드러내면 우리는 그에 맞게 적용한다. 현재 소셜 미디어에서 확인할 수 있는 지표('좋아요', 팔로어, 공유, 댓글)에 따라 예전보다 피드백을 훨씬 더 정확히 측정할 수 있게 되면서 우리는 **좋은** 행동을 내면화하게 되었다.

이런 온라인 공간에 더욱 깊이 빠져들수록 그 영향력은 더욱 확연해진다. 보갤이 언급했듯, "우리는 모두 온라인 관객을 끌어모으고 있다."[20] 팔로어들을 상대로 게시물을 올릴 때마다 시청자와 교류하는 과정에 돌입한다. 그러면서 소셜 미디어의 다른 모든 곳에서 발견되는 것과 동일한 극단적인 참여 문제를 맞닥뜨린다.

이 장을 마치며

이번 장은 사람들로 가득 찬 거대한 방에 들어가면서 시작했다. 그 방은 우리가 하는 모든 말을 측정하는 시스템에 연결되어 있고 눈에 보이는 세 가지 지표, 즉 팔로어와 '좋아요', 공유를 사람들에게 제시한다. 방은 가장 많이 득점하기 위해 가장 저속한 말을 내뱉는 기이한 경쟁으로 변모한다. 이 방에서 우리가 알게 된 사실은 다음과 같다.

- 눈에 보이는 지표는 콘텐츠 홍보와 관련된 문지기를 제거해 공평한 경쟁의 장을 만드는 데 일조하면서 한편으로는 우리의 행동에 미묘한 영향을 미치기도 한다. 이렇게 가시적인 지표는 심리학자 리어리가 말한 사회적 계량기, 즉 매 순간 타인이 우리를 어떻게 인식하는지 보여주는 내면적 계측기의 디지털 버전과 닮아 있다.
- 관객이 늘면 논쟁에서 **승리**하고자 하는 욕구가 진실을 찾으려는

욕구보다 앞서고, 그레이엄이 말한 의견 불일치 계층도의 아래쪽으로 밀려난다. 건설적 반박에서 멀어지고 인신공격에 가까워지는 것이다.

- 소셜 미디어에서 지표를 얻기 위한 경쟁은 스키너 상자와 정확히 같은 과정을 거친다. 특정 게시물이 많은 호응을 얻으면 여기에 훈련되어 점점 더 많은 게시물을 올리게 되는 것이다.
- 자신만의 브랜드와 플랫폼을 구축하면 우리만 관중을 포획하는 것이 아니다. 관중의 피드백에 의해 우리 역시 포획된다. 관중의 인정을 받기 위한 과정에서 자신의 진정한 정체성을 잃을 때 관중 포획의 어두운 면이 드러난다.
- 관중은 도덕적이고 감정적인 콘텐츠에 잘 반응한다. 이런 호응이 현금화될 수 있기 때문에 개인 및 브랜드는 분열을 초래하는 문화적 쟁점에 대해 강경한 태도를 취함으로써 금전적 이득을 얻는다.

다음에는 지표에 이끌려 관중의 호응을 좇다가 선을 넘을 때, 또 관중이 크리에이터에게서 등을 돌릴 때 어떤 일이 벌어지는지 살펴보자.

13

트라우마, 처리, 등 돌림

TRAUMA, PROCESSING,
AND CANCELLATION

2014년 3월, 23세의 작가 수이 박Suey Park은 트위터에 들어가 〈콜베어 리포트〉(2005년부터 2014년까지 코미디 센트럴 채널에서 방영된 뉴스 쇼. 보수적이면서 해학적이고 통렬한 뉴스 비평으로 인기를 모았다-옮긴이) 계정에 올라온 게시물을 보았다. 워싱턴 레드 스킨스 축구단의 구단주인 대니얼 스나이더Daniel Snyder가 얼마 전 발표한 대로, 새로 출범한 워싱턴 레드 스킨스 오리지널 미국 재단을 놀림감으로 삼으며 농담을 하는 트윗이었다. 스티븐 콜베어Stephen Colbert가 자신의 쇼에서 한 농담을 코미디 센트럴 채널의 한 직원이 쇼의 공식 계정에 올리면서 이렇게 덧붙였다. "오리엔탈인지 뭔지를 조심스럽게 대하기 위한 칭총딩동 재단을 소개해 내가 '#아시아계' 공동체를 애정하고 있음을 보여주고 싶다." 그 농담이란 스나이더가 소외된 집단(아메리카 원주민-옮긴이)을 후원하기 위해 재단을 세우면서 그 집단에 대한 경멸적인 용어(레드 스킨redskin은 아메리카 원주민을

가리키는 매우 모욕적인 말이다-옮긴이)를 사용해 이름을 지은 것을 아주 직설적으로 희화화한 것이었다.[1]

이 농담이 지난 며칠 동안 쇼의 다른 소셜 미디어 계정에서도 몇 번씩 공유되었고 그럴 때마다 쇼의 원본 영상 링크가 함께 달렸다. 다른 맥락 없이 뜬 이 트윗을 한국계 미국인인 박은 가만히 보고 넘길 수가 없었다. 기분이 언짢아진 그가 트위터에 이렇게 남겼다. "동양인을 조심스럽게 대하기 위한 칭총딩동 재단은 '#캔슬콜베어'를 촉구하기로 결정했습니다. 퍼뜨려주세요."

박은 플랫폼에 콜베어를 겨냥한 비판적인 트윗을 연달아 올리고 다른 사람들에게도 동참할 것을 호소했다. 몇 시간 안에 박이 바라던 대로 '#캔슬콜베어'가 퍼져나갔다. 하지만 박이 원하던 이유 때문은 아니었다. 해당 트윗이 나오게 된 원래 맥락을 박이 이해하지 못했다고 생각한 콜베어의 팬 수천 명이 분노에 찬 반응으로 콜베어를 옹호해 해시태그를 급상승시킨 것이었다. 이에 질세라 박 역시 반박하면서 처음부터 몰상식한 트윗을 올린 것 자체가 잘못되었다고 주장했다. 여기에 더 많은 사람들이 가세해 박이 핵심을 잘못 짚었다고 꼬집었다. 관련 트래픽이 폭주하자 주요 언론사 10여 곳에서 이를 감지하고 기사를 내보내면서 **분노에 대한 분노**가 엄청난 폭발력을 얻었다. 〈USA 투데이〉 〈슬레이트〉, 〈버라이어티〉, 〈뉴요커〉, 〈CNN〉, 〈월스트리트 저널〉에서 모두 관련 특집 기사를 실었고 〈타임〉에서는 세 개, 〈살롱〉은 일곱 개의 기사를 발표했다. 그날 저녁 무렵, '#캔슬콜베어'는 트위터의 실시간 트렌드에 올랐다. 그중에서 스나이더의 안타까운 작명을 향한 분노는 거의 찾아볼 수 없었다.[2]

이와 같은 분노의 폭포는 풍자를 하려던 시도가 과하게 확대 해석된 결과였으며, 더불어 소셜 미디어에서 "등 돌림cancellation"이라는 말이 노골적으로 사용된 초기 사례이기도 했다.

콜베어를 향해 쇄도하는 비난에도 〈콜베어 리포트〉는 취소되지 않았다. 머지않아 그는 〈레이트 쇼The Late Show〉 진행을 맡게 되었고, 그곳에서 가짜 보수주의자라는 또 다른 자아를 벗어던진 뒤 진보주의적 대의를 훨씬 더 공개적으로 수용했다.

박은 '#나는 당신의 아시아인 들러리가 아니다', '#문화 풍부화를 위한 유색인종', '#블랙 파워 황화(블랙 파워black power는 흑인의 인권 및 정치력 신장을 위한 운동에 주로 쓰이는 구호다. 황화yellow peril 또는 황색 위기는 아시아인이 서구 문화를 잠식할 수도 있다는 서양인의 위기의식이 담긴 말로, 인종문제 관련 시위에서 아시아인이 스스로를 지칭하며 이 말을 쓴다-옮긴이)' 등 수많은 해시태그를 게재했다. 그 과정에서 팔로어 2만 명 이상을 모았지만 초기 해시태그 운동가로서 부정적 관심을 한 몸에 받기도 했다. 결국 박은 전면적인 소셜 미디어 운동이 반발을 사면서 큰 타격을 입자 트위터에서 한발 물러났다.[3]

2014년 당시는 박의 운동 성향이 진지하게 받아들여지기에 아직 이른 시기였는지도 모른다. '#캔슬콜베어'는 〈콜베어 리포트〉를 중단시키지 못했지만 곧 무시할 수 없는 문화 세력으로 자리매김할 기이하고 새로운 현상, 즉 등 돌림 문화를 소개하는 데 크게 일조했다. 이 현상은 이제 미디어 생태계의 근간이 되었고 우리가 뉴스를, 특히 편파적인 뉴스를 생산하는 핵심적인 방식이 되었다.

초기의 등 돌림 문화는 소셜 미디어의 뉴스 생태계가 어떻게 혼란과 분노를 토대로 성장하는지, 그 과정에서 사람들은 어떤 대가를 얻는지 보여주는 강력한 사례다.

자신이 소중히 여기는 대의에 관심을 끌어모으는 법을 찾고 있던 23세의 민감한 박은 맥락을 벗어나서 게시된 모욕적인 농담이 부당하다고 해석한 뒤 자신의 해석을 올렸다. 그는 '좋아요'와 공유, 팔로어라는 대가를 얻었고 자신이 소중히 여기는 대의, 즉 아시아인에 대한 인종차별이라는 주제로 관심을 모았다.

트위터 사용자들은 격분에 따른 오해라며 댓글을 달아 잘못을 바로잡으면서 부당함의 부당함에 대해 트윗했다. 그들 역시 '좋아요'와 팔로어, 공유를 대가로 얻었고 내집단의 일원을 옹호하려는 이들의 동지애를 얻었다.

이 혼란과 분노에 대해 기사를 쓴 언론사 10여 곳에서는 변방의 논쟁이 소셜 미디어를 **넘어** 주류 미디어로 확산될 기회를 알아보았다. 그들이 이 사건을 취재하려 한 것은 이로써 트래픽이 몰려들 것임을, 지금이 중요한 순간임을 알아보았기 때문이다. 그들은 사이트에 광고를 게시하는 광고주들로부터 실제 달러를 대가로 받았다.

그 결과 모든 과정에서 모든 이들이 대가를 얻었지만 세상은 오히려 더 나빠졌다. 맥락에서 벗어난 채 소셜 미디어에 게재된 풍자한 편 뒤에 수천 시간의 오도된 관심과 혼란이 자리했다. 논란이 있은 후, 쇼의 첫 번째 에피소드에서 콜베어는 당시 일어난 일에 대해 냉소를 머금으며 이렇게 말했다. "시스템이 제대로 통했다."

이 도덕적 순간은 요즘 들어 고도로 격앙된 용어인 트라우마와 코미디 사이의 핵심적인 관계를 드러낸다. 다른 이들의 웃음거리가 되는 아시아인의 역할에 대해 문화적으로 되돌아보는 중요한 순간이라는 주장도 있다. 박이 오해를 했고 과민 반응을 보였다는 얘기도 있다. 〈콜베어 리포트〉의 작가들이 애초에 이 농담을 만들면서 선을 넘었다는 의견도 있다. 하지만 이번 에피소드는 코미디와 소셜 미디어의 기이한 교차점에서 어떤 일이 벌어지는지 상세히 보여준다. 여기에는 도덕적 민감성이 어떻게 시스템 전체에 걸쳐 감정적 혐오로 폭발할 수 있는지 정확히 보여주는 핵심 요소가 몇 가지 있다.

이제 무슨 일이 일어났는지 하나씩 풀어보겠다. 이 글을 읽으면서 당신에게 이는 감정을 유심히 살펴보기 바란다. 콜베어의 농담이나 박의 반발, 혹은 반발에 대한 반발을 읽다 보면 이 서사 안에서 적을 찾고 싶어질 것이다. 누가 적인가? 박인가? 콜베어인가? 분노를 자본화한 언론사인가? 트위터 알고리즘을 설계한 엔지니어인가? 아시아계 미국인의 불만에 일말의 공감도 하지 못한 사회 전체인가? 책임은 누구에게 있는가?

이와 같은 도덕적 사건은 이를 주시하는 이들이 보고 느끼는 것이다. 이번 사안을 고찰하는 것만으로도 의로움에 목이 메거나 몸 안쪽 어딘가가 불편하고 불안한 느낌을 받을 수도 있다. 이런 감정은 당신의 도덕 매트릭스가 갱신되고 있다는 신호다. 이 문제로 인해 어딘가의 누군가가 상처받았다는 사실을 아는 것만으로도 무엇이 괜찮고 무엇이 괜찮지 않은지에 관한 개인적 견해가 팽팽하게 조여질 것이다. 이것이 바로 당신이 이제 지니고 다닐 새로운 도덕적 긴장감이다.

이런 도덕적 순간은 우리의 온라인 삶에서 트라우마와 코미디, 등 돌림 문화 사이에 맺어진 핵심 관계를 드러내 보인다.

| 비극에 시간을 더하면

우리가 안 좋은 일을 처리하는 방식은 희극에 대한 옛 속담으로 설명할 수 있다. "비극에 시간을 더하면 희극이 된다." 이 말은 비극이 발생한 뒤 민감한 기간에는 농담이 받아들여질 수 없음을 암시한다. 코미디언은 나쁜 일이 받아들여지는 경계선을 둘러 가려 한다. 아슬아슬한 긴장이 웃음으로 터져나올 수 있기 때문이다. 코미디언 해나 개즈비Hannah Gadsby는 이런 공식을 언급하면서 "결정타에는 트라우마가 필요하다"고 말했다.[4] 희극은 관객들에게 이런 불편한 순간의 어색함을 드러내고 마침내 압력 밸브처럼 막힌 곳을 풀어 사람들이 웃을 수 있게 한다.

이렇게 공유된 트라우마에 남아 있는 긴장이 효과적인 희극으로 변모할 수 있다. 비극을 희극적인 순간으로 바꾸는 것, 이것이 콜베어가 농담으로 얻으려 한 효과였다.

아시아인을 '오리엔탈'이라는 고루한 표현으로 지칭한 콜베어의 농담은 미국은 물론 세계 곳곳에서 흔히 벌어지는 노골적인 인종차별을 통렬하게 꼬집은 풍자였다. 인종차별은 역사적으로 널리 퍼져 있었지만 요즘에는 그렇게 노골적으로 드러나지 않는다. 이 농담 뒤에는 그 당시 똑같은 일이 북아메리카 원주민에게 벌어지고 있는 상황을 신랄하게 꼬집으며 조롱하고자 하는 의도가 담겨 있었다. 짐작건대 이 농담을 만든 〈콜베어 리포트〉의 작가진은 이런 희극이 도덕적으로 민감한 지점을 넘어섰다고 파악한 듯하다. 아시아인을 '오리엔탈'이나 '칭총딩동'이라고 부르던 시절에는 이런 말이 농담으로 받아들여지지 않았을 것이다. 풍자가 아닌 인종차별로 해석될 경우 무신경하고 유머 감각이라곤 없는 저열한 취향이라며 뭇매를 맞았을 것이다. 그런 시점에서 2014년에 콜베어의 농담은 (상황과 맥락이 주어진 경우) 대다수 관중들에게 도덕적 민감기를 넘어선 것으로 받아들여졌다.

하지만 이 농담은 일부 아시아계 미국인이, 특히 미국 특정 지역의 소수 커뮤니티에서 살아가는 이들이 경험했을 근원적 트라우마에서 그리 멀리 떨어져 있지 않았다.

아시아계 미국인 운동가로서 박은 이 농담이 재미있다고 느끼기엔 너무 밀접하게 연결된 사람이었다. 그는 살면서 극단적인 인종차별을 겪어보았을 것이며 자신의 트라우마를 스스로 달래야 했을지도 모른다. 이유야 어찌되었건 그는 이 농담에 화가 났고 의견을 밝히고자 했으며, 이를 수행할 강력하고 새로운 플랫폼도 있었다.

민감성의 1차원적 요소는 시간이고 다른 차원의 요소는 사회적 거리다. 어떤 사람이 끔찍한 일에 노출되었다면 그를 아끼는 사람들은 이 사건이 오랜 트라우마를 불러일으켜 그를 자극할 수 있기 때문에 이를 가벼이 여기면 안 된다는 사실을 알고 있다.

가끔 민감한 개인들(안 좋은 일에 연루된 사람들), 이번 경우에는 박처럼 공공연하게 만연하는 아시아인에 대한 인종차별의 역사적 비극에 민감한 사람들은 (콜베어의 농담이 맥락에서 벗어나 게시된 것처럼) 비록 별다른 관련이 없다 하더라도 오랜 비극과 이어지는 사건에 의견을 개진할 수 있다.

이렇게 연관이 있는 사람들은 오랜 트라우마의 심각성을 그야말로 **부르짖으면서** 자신들이 여전히 그 상처를 민감하게 느끼고 있음을, 그 감정이 중요하다는 사실을 타인에게 상기시킨다. 이런 부르

짓음이 도덕적 분노의 형태로 표출되면서 수치나 혐오, 분노를 자아내는 것이다. 콜베어의 농담과 그에 대한 반발은 문화적 민감성의 새로운 순간을 촉발했고, 이 문제는 아직 해결되지 않았다. 이제 콜베어는(그리고 미디어의 폭발을 목격한 다른 사람들은) 앞으로 이 민감성을 피해가려 할 것이다.

운동가 및 지지자 들은 이처럼 오랜 비극을 다시 논의하는 과정에서 자신의 생각을 주목받아 마땅한 것으로 만들 수 있다. 이렇게 해서 자기 경험의 중요성을 다른 사람의 눈앞에 입증해 보이는 것이다.

저널리스트 역시 기고문이나 분석 기사의 형태로 특정 사건에 맥락을 더해 이를 더 흥미롭고 비중 있게 만들려 한다. 이런 스토리텔링 과정이 센스메이킹sensemaking(집단적 경험에 의미를 부여하고 불확실한 환경의 전체 맥락을 파악하는 것-옮긴이)의 핵심이다. 이를 통해 우리는 무엇이 단일한 사건이고 무엇이 여러 사건의 패턴인지 가늠한다.

반면 소셜 미디어에서는 주목할 만한 개인적 고충이 있는 사람은 누구나 이와 같은 과정을 거칠 수 있다. 박은 우리가 앞서 12장에서 알아본 행동을 드러내 보였다. 콜베어를 규탄하면서 '도덕적 과시'를 했고, 반대편에서 박을 비방하는 많은 이들도 마찬가지였다. 이것이 아시아인을 향한 구조적 인종차별이라는 오랜 트라우마와 간접적으로 연관이 있는지 여부는 중요하지 않았다. 박 자신은 둘 사이의 연관 관계가 실재한다고 **느꼈기** 때문이다. 콜베어는 플랫폼을 거느린 힘 있는 백인 남성으로 박에게 위해를 가하며 아직 존재하는 상처를 파헤쳤다. 박은 상처를 입었고, 그 상처가 고통스럽다는 사실을 사람들에게 알리는 것이 그에게는 중요했다.

사람이 어떤 감정을 느끼면 그 감정은 원인과 상관없이 인정을 받아야 한다. 애지중지하거나 부추기거나 증폭시킬 필요는 없지만 감정이 개인의 마음으로 옮겨갈 공간적 여유는 필요하다. 중요한 점은 감정이 인정을 받아 옮겨갈 기회가 주어져야 한다는 것이다.

그런데 박의 감정 처리 절차는 트윗이라는 새로운 컨테이너 안에서 어마어마한 두 번째 생을 부여받았다. 새로운 생명을 얻어 스스로 살아가게 된 이 감정은 인터넷 전역에 파문처럼 번지며 다른 이들의 감정을 촉발했다.

▌트라우마와 처리

고대부터 전해진 가상의 이야기를 통해 트라우마와 처리 과정을 살펴보자. 때는 오래전, 당신은 부족과 함께 길을 걷고 있다. 길은 평온하고 산책은 평화롭다. 어느 날, 그 길이 위험하고 가파른 산골짜기로 이어진다. 산골짜기를 건너다가 몇몇이 발을 헛디뎌 산비탈로 떨어지면서 중상을 입는다. 부상이 심각하다. 사람들이 다급히 그러나 조심스럽게 내려가 그들을 도우려 하지만 너무 늦었다. 이제 뿌연 먼지가 부상자의 주변을 뒤덮으며 눈앞을 가린다. 비극적 순간이 흔적을 남기며 이어지고 이를 모든 이들이 지켜본다. 누구도 웃지 않는다. 부상자는 고통스러워하고 이 가슴 아픈 사건을 바라보는 주변 사람들도 고통을 느낀다. 사람들은 한동안 그 자리에 머물며 부상자를 돕는다. 하지만 결국은 움직여야 한다. 사람들은 부상자를 싣고 가면서 아무 말도 하지 않은 채 근심에 싸인다. 부족 전체가 그 짐을 함께 짊어진다.

한참 뒤, 비극적인 낙상 사고 이후 몇 년이 지났을 때 같은 부족이 그때처럼 협곡 옆으로 난 길을 따라 걷고 있다. 돌연 당신이 발을 헛디딘다. 잠시 비틀거리다가 균형을 잡는다. 완벽한 타이밍에 누군가가 그때 부상당한 사람과 그들 앞에 놓였던 역경에 대해 농담을 던진다. 농담의 대상은 당신이다. 조금 무신경한 발언이다. 허용 가능한 선을 아슬아슬하게 넘나든다. 하지만 이제는 괜찮다. 부상당했던 이들은 모두 오래전에 치유되었다. 당신은 참지 못하고 웃음을 터뜨린다. 다른 이들도 웃는다. 다 함께 웃는 사이, 눈물이 당신의 볼을 타고 흘러내린다. 부족은 앞으로 나아갔고 트라우마는 극복되었다. 공기는 맑다. 다시 모든 것이 괜찮아진다.

주변에서 벌어진 비극적인 사건은 다 함께 공유하는 상처가 된다. 집단적으로 망연자실하며 비탄에 빠지는 순간이 된다. 뜻밖의 사고나 예기치 못한 폭력 사건, 명백한 부당함 또는 심각한 자연재해는 모든 이의 고통이다. 이후 주변 분위기가 달라진다. 그때의 경험이 오래 머문다. 이런 사건이 일어나고 나면 누구든 그에 대해 차마 농담을 던지지 못하고, 이를 풍자한 코미디는 적개심을 불러일으킨다. 사회가 딛고 일어나 되돌아볼 여유를 찾기까지 얼마간의 시간이 필요하다. 사건은 가볍게 회상하고 웃으며 바라볼 수 있을 때까지 곁에 머문다. 고난은 일어나기 마련이고 우리는 이를 공유하며 함께 헤쳐나가야 한다. 결국은 웃는 날이 오겠지만 그러기까지 시간이 걸린다.

모든 비극은 희미해진다. 끔찍한 시간을 함께 견디고 아파하며 이윽고 나아갈 수 있는 것이 인간의 위대한 능력이다. 우리가 가장 잘하는 일이다. 안 좋은 일을 목격하거나 경험하면 먼지나 감정의 잔해가 일어 주변을 맴돈다. 어떤 개인이나 집단이 안 좋은 일을 가까이서 겪었을지도 모르고 말 그대로 상처를 받았을 수도 있으니 이에 대해 민감해지는 것은 당연하다.

트라우마는 감정적 상처가 아닌 육체적 상처를 이르는 그리스어다. 20세기 중반에 이르러 의미가 확장되면서 베트남 참전 군인들이 무시무시한 폭력을 목격하거나 그에 가담하면서 겪은 것과 같은 심각한 심리적 상처까지 아우르게 되었다. 최근에는 감정적으로 힘든 경험이라면 무엇이든 포괄하는 두루뭉술한 단어가 되었다. 미국 심리학 협회가 트라우마를 "끔찍한 사건에 대한 감정적 반응"이라 정의 내렸고, 이로 인해 문화와 사회 전반에서 광범위한 해석이 가능해졌다.[5]

현대사회는 많은 것을 트라우마와 관련짓는다. 트라우마적 관계, 트라우마적 어린 시절, 트라우마적 직업, 심지어 트라우마적 밈도 있다. 그러나 트라우마에도 정도가 있다. 폭력적 강간과 친구의 배신은 정도가 다르다. 누군가에게 욕설을 듣는 것과 신체적 폭력을 당하는 것은 정도가 다르다. 이런 위해의 정도를 분류하기 위해 법률제도가 구축되었고, 검사는 범죄에 대한 처벌 수준을 정도에 비례해 규정하기 위해 최선을 다한다.

집단이나 사회 전체가 트라우마를 경험할 수도 있다. 전쟁이나 참사처럼 공유된 트라우마는 문화의 근간에 깊은 손상을 입히기도 한다(물론 시간이 지나면서 공유된 트라우마로 인해 사람들의 대처 능력이 강화되는 경우도 있다. 자연재해나 테러 공격 등이 그 예다). 일례로 캄보디아에서 내가 만난 특정 연령대 이상의 사람들은 모두 외상 후 스트레스 장애PTSD로 분류될 수 있는 심리적 증상을 보였다. 수년에 걸친 내전과 극심한 가난을 겪으면서 나타난 자연적인 반응이었다.

트라우마는 다양한 방식으로 타인에게 건너갈 수 있다. 부모에서 자녀에게 학대나 학습된 불안 등의 형태로 옮겨갈 수도 있고 트라우마적 사건을 통과하는 사람들을 바라보면서 어느 정도는 그저 **느껴질** 수도 있다. 한 사람이 상대방에게 감정적 상처를 입히는 등 관계를 통해 옮겨가기도 한다.

관계를 예로 들어보자. 홀리 뮤어Holly Muir와 스펜서 그린버그Spencer Greenberg는 트라우마의 충돌적인 특성에 대해 저술해왔다. 친구나 파트너 간의 진지한 관계가 이런 반응적 사건으로 끝이 나는 경우도 많다. 한 사람이 베푼 어떤 호의가 상대의 트라우마를 유발하여 상대가 자기방어적인 행동으로 대응하면, 그 사람도 결국 자기방어적인 역반응을 일으키는 것이다.[6]

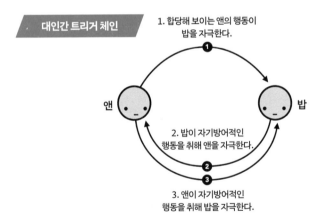

관계에서 충돌하는 트라우마는 트리거 체인과 닮아 있다.
한 사람의 반응이 다른 사람의 트라우마를 자극하는 것이다.

이를테면 앤과 밥은 연인 관계다. 밥이 입고 있는 옷에 대해 앤이 바보 같아 보인다고 한마디 한다. 어렸을 때 놀림받은 경험이 있는 밥은 침묵으로 일관하며 앤에게서 감정적으로 멀어진다. 전 연인과 감정적 거리감 때문에 헤어진 경험이 있는 앤은 밥을 퉁명스럽게 대하는 것으로 스스로를 보호한다. 앤이 더 잔인하게 군다고 생각한 밥은 더욱더 앤을 밀어낸다. 앤과 밥은 차례차례 상대의 트라우마를 자극하면서 결국 둘 사이에 감정적 거리감이라는 골을 만들고, 서로 이해하려 하지 않으면서 상대의 탓만 하게 된다.

익숙하게 들리는가? 이것이 두 사람 사이에서 벌어지는 또 다른 형태의 트리거 체인이다. 한 사람의 자극이 다른 사람의 자극을 유발하고, 이에 상대는 또 다른 자극을 유발하며 반응한다. 이와 같은 대인간 트리거 체인은 그 순간에 사태를 파악하고 해결하지 않으면 위험하고 해로울 수 있다.

▌트라우마를 유발하는 힘겨운 감정 다루기

트라우마의 핵심 특징 중 하나는 **맞서 싸울** 수 없다는 것이다. 누군가의 트라우마를 논쟁으로 이길 수는 없다. 상대방의 트라우마가 과장되었고 부적절하며 허용 가능 선을 넘어섰다고 느껴져도 이에 대해 분노나 죄책감, 수치심으로 대응할 수 없고 논리적으로 납득시키리라 기대할 수도 없다. 우리 자신의 힘겨운 감정에 대해서도 마찬가지다.

심리학자 타라 브랙Tara Brach이 쓴 것처럼 극심한 감정은 경계경보 같은 것으로, 무언가에 관심이 필요하다고 알려주는 것이다. 감정을 육체적으로 그대로 느끼며 분출되는 감정에서 비롯되는 모든 평계와 이야기를 지우면 감정은 그대로 흘러갈 수 있다.[7]

11장에서 본 하이트의 직관 모델로 돌아가보자.

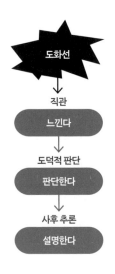

가끔 자신이 느끼는 힘겨운 감정을 처리하려 할 때 우리는 그것을 좋거나 나쁘다고 판단하거나 설명하려 한다. 직관 모델이 보여주는 것처럼 판단과 추론 모두 우리가 감정이나 직관을 느낀 **다음에** 일어나는 별개의 사건이다. 이와 같은 2차적 과정은 애초에 이런 감정이 **왜** 일어났는지 이해하는 데 그리 도움이 되지 않는다.

힘겨운 감정을 이해하는 방법이 몇 가지 있다. 게슈탈트 심리 요법과 인지 행동 치료 모두 판단을 내려놓고 감정을 그저 **느끼는** 것을 굉장히 강조한다. 마음챙김 수련자 미셸 맥도널드Michelle McDonald 는 감정이 우리를 통과할 때 이를 그대로 느낄 수 있도록 단계를

분류해 소개했다. 이를 "레인RAIN"이라 부른다.[8]

R recognize(인지하기): 지금 일어나고 있는 일을 인지하기

A allow(인정하기): 그 경험을 인정하고 있는 그대로 존재하게 하기

I investigate(살펴보기): 관심을 갖고 주의 깊게 살펴보기

N nurture(보살피기): 자기연민의 감정으로 보살피기

극심한 트라우마를 겪은 사람은 이 단계를 따라가기가 유독 힘들 수도 있다. 하지만 감정이 자연스레 흘러가게 하려면 인지하고 알아차리는 과정이 분명히 진행되어야 한다. 감정을 느낄 여유가 필요하다. 브랙이 말했듯 감정이 "손님처럼" 우리 안의 시스템을 통과하게 하면 감정을 놓아주는 것도 가능해진다. 감정이 닥칠 때마다 이를 무시하거나 판단하거나 맞서 싸우는 것은 역효과를 낳는다. 아무 이야기도, 설명도, 판단도 없이 감정을 그저 인정하고 느낄 때 심대한 결과에 이를 수 있다.

다른 사람에 의해 노출된 감정이 우리를 자극할 때에도 같은 절차를 거치는 것이 도움이 된다. 감정을 처리하려면 그 감정을 느껴야 한다. 트라우마를 극복하는 한 가지 방법은 제대로 된 환경에서 그것을 느끼고 드러내는 것이다. 잘못된 환경을 만날 경우 트라우마가 도리어 다른 사람을 자극해 상황이 악화할 수 있다.

당신이 누구든, 어떤 일을 겪었든, 안 좋은 일은 영원히 계속되지 않는다. 결국 사회의, 삶의 상처는 치유될 것이고 사람들은 앞으로 나아갈 것이다. 고난이 아무리 깊어도 시간이 충분히 주어지면 결국은 나아질 것이다. 사회 전체가 공유된 비극을 넘어 앞으로 나아

가듯이 개인 역시 비극을 넘어설 수 있다.

안타깝게도 소셜 미디어는 이렇게 나아가는 과정을 더욱 힘겹게 만든다.

| 유머로 트라우마 처리하기

다시 희극으로 돌아가보자. 최선의 경우 희극은 어려운 상황을 처리하도록 도움을 주는 한 가지 방법이 된다. 희극은 무언가에 신경을 쓰는 것과 같은 긴장감을 에둘러 가려 한다. 우리가 웃는 것은 신경을 쓰기 때문이며 혹은 다른 사람이 신경 쓰고 있다는 사실을 알기 때문이다. 우리는 재미없던 것을 **재미로** 삼는다. 이것이 모두 함께하는 처리의 한 형태다. 긴장을 내려놓고 비극을 웃음으로 바꾸는 방법이다. 하지만 희화화하려는 대상이 비극과 너무 가까이 닿아 있으면 희극은 실패하고 만다. 악취미라거나 너무 이르다고 느끼는 것이다.

이런 식으로 희극은 관중을 바라보는 민주적인 방식이다. 나쁜 농담이 꽤 많은 사람들에게 재미있게 받아들여지면 안전하게 내려 앉지만 일부 관중은 여기에 그저 끌려간다. 농담이 민감한 주제와 너무 가까우면 사람들은 낮게 신음하거나 심할 경우 분노한다.

예를 들어 2001년 9/11 테러가 발생하고 몇 주 지나지 않았을 때 코미디언 길버트 고트프리드Gilbert Gottfried가 쇼 초반에 맨해튼으로 날아드는 비행기에 관해 몇 가지 농담을 던졌다. 이 농담은 제대로 안착하지 못했고 관중은 그에게 야유를 보내며 "너무 이르다"고

외쳤다. 사건이 일어난 직후 그 사건에 대해 농담하는 것은 괜찮지 않았다. 너무 가까웠던 것이다.[9]

반대도 마찬가지다. 농담이 적절히 안착하기에는 **너무 먼** 경우도 있다. 비잔틴제국의 몰락에 대해 농담을 던지는 것은 가능하다. 지금 살아 있는 사람 중에 당시의 상황을 제대로 아는 사람이 없으니 말이다. 당시에는 그에 대해 농담을 던지는 것이 끔찍하게 느껴졌겠지만, 이제 와서 그렇게 오래된 트라우마적 사건은 대체로 하나 마나한 농담으로 그친다. 너무 멀리 떨어져서 누구도 관심을 갖지 않는 탓이다.

▎모든 것이 너무 이를 때

우리가 인지하게 되는 트라우마적 사건이 점점 많아지면서 다양한 도덕적 민감기가 중첩되는 상황에 이르렀다. 너무 많은 것들이 트라우마와 연계된다는 사실이 점차 인식되자 각각의 주제가 재미있지도 않고 괜찮지도 않으며 트라우마를 염두에 두지 않은 채 논의하는 것이 용인되지 않게 되었다.

뉴스에는 끔찍한 사건들이 넘쳐난다. 우리의 피드는 이런 끔찍한 사건들에 대한 사람들의 **반응**으로 넘쳐난다. 이런 것들에 더 많이 노출될수록 피드에서 더 많은 고통을 목격하게 되고, 이에 따라 도덕적 민감성은 더욱 자주 갱신된다.

충분한 시간 동안 충분히 노출되고 나면 대다수는 끔찍한 사건들 사이의 주제적 연관성, 즉 있을 수도 있고 없을 수도 있는 신호를 알아보기 시작한다. 마음이 폭력으로 가득 차 있기 때문에 더 많은 잠재적 위험이 눈에 들어온다. 각각의 주제적 연관성이 새로운 서사가 된다. 일종의 문화적 전설이나 이야기가 되어 도덕적 세계관이 동일한 이들 사이에서 공유된다. 이 과정이 음모를 쉽게 믿고 또 꾸미는 사람들에게 강력한 먹잇감이 될 수 있다.

종합해보면 이렇게 해서 우리가 집단적으로 탐험하게 되는 문화적 지뢰밭이 활짝 열린다. 각각의 지뢰는 새로운 지역에 잔해를 흩뿌리고 사람들이 트라우마를 재차 자극하지는 않을까 우려하게 만든다. 사람들은 측정할 수 있는 한도 내에서 각각의 도덕 매트릭스를 조금씩 갱신한다. 위반이나 등 돌림, 공개적 비난이 있을 때마다 공공 생활에서 용인 가능하다고 여겨지는 기준이 새로이 갱신된다.

이렇게 민감성이라는 모호한 도덕 매트릭스에서 우리는 연신 밖을 내다본다. 우리는 현재의 도덕적 순간 한가운데 자리한 **지금**이라는 장소에 앉아 있다. 그 위치가 미래를 내다보고 과거를 돌아보는 시선에 영향을 미친다. 십수 년 전의 영화를 보면서 놀라울 정도로 둔감하거나 문제가 있다고 느껴지는 이유가 무엇인지 의아하다면, 바로 이 때문이다.

과거와 미래는 현재의 도덕적 민감성이라는 렌즈를 통해 관찰되며,
이 렌즈가 당시의 사람과 콘텐츠, 사건과 아이디어에 대한 판단에 극적인 영향을 미친다.

여기서 우리가 기억해야 할 핵심 사항이 몇 가지 있다.

- 트라우마적 사건은 힘들지만 삶에서 예상 가능한 부분이다.
- 모든 비극과 트라우마는 결국 희미해진다. 개인으로서 우리가 이를 처리하기까지 시간이 걸린다. 사회는 이것을 기억 속에 영원히 담아두지 않는다.
- 더 많은 트라우마에 노출될수록 집단은 더 민감해진다.
- 사람들이 민감해질수록 문화적 지뢰밭을 자극해 누군가의 감정에 의도치 않게 상처를 입힐 가능성이 높아진다.
- 소셜 미디어는 사람들의 발밑에 묻힌 이런 지뢰를 기꺼이 자극하는 이들에게 지위와 힘, 명성을 부여했는데, 이로써 눈에 보이는 트라우마가 더 많이 야기될 수 있다.

이것이 우리가 어느 때보다 극심한 도덕적 민감성의 시대에 살고 있음을 인지하게 해주는 중요한 개념이다. 무엇보다 이들 개념은 등 돌림 문화가 주기적으로 퍼지는 이유, 이런 무수한 폭발의 중심에 코미디언이 자리 잡고 있는 이유를 설명한다.

현실적인 지뢰

캄보디아 저수지 설계 프로젝트가 중반에 이르렀을 즈음, 우리는 뙤약볕 아래에서 여러 날 동안 오토바이를 타고 현장을 돌며 이런 저런 답사를 했다. 저수지의 집수 구역, 즉 수평선까지 광활하게 뻗어나간 마른논도 파악해야 했다.

답사가 오래 이어지던 어느 날, 우리는 하루 중 가장 뜨거운 때를 피해 지역 주민과 야자나무 그늘에 앉아 물을 끝없이 들이켜고 있었다. 밋 센Mit Sen이라는 노인이 저수지의 역사를 들려주었다. 정확히 언제 저수지가 무너졌으며 주요 관개수로는 어디에 있었는지, 전쟁에서 최악의 전투는 언제 벌어졌는지 등을 이야기해주었다. 80년대와 90년대에 그 일대에서 맹위를 떨친 전쟁에 대해 알아가던 중 나는 지뢰에 대해 물었다. 저수지를 처음 방문했을 때 수도승들로부터 그곳의 지뢰를 모두 없앴으니 마음껏 돌아다녀도 안전하다는 장담을 받은 터였다.

"그렇지 않아요. 저번 달에도 지뢰 두 개를 찾았습니다. 추수를 하다가 한쪽 팔을 잃은 분도 있어요. 바로 저기에서요." 그는 우리가 이제 막 지나온 곳을 가리키며 팔을 흔들었다. 캄보디아 직원이 이 말을 통역해주었을 때 우리 얼굴에 공포의 기색이 역력했는지, 그가 덧붙였다. "맞아요. 위험하죠."

우리는 지난 몇 주 동안 언제든 터질 수 있는 지뢰와 불발 병기가 파묻힌 들판을 터덜터덜 걸어 다녔던 것이다.

지뢰밭을 걸어 다녔다는 사실을 깨달은 뒤 찾아온 심경의 변화는 말로 옮기기 힘들 정도다. 시선도, 초점도 변한다. 갑자기 내가 살고 있는 공간이 안전하지 못한 곳이 된다. 길은 좁아지고 내딛는 한 걸음 한 걸음이 신중해진다. 폭발에 대해 태평하던 태도와 호기심은 돌연 극도로 조심하고 염려하는 태도로 바뀐다. 사람들이 많이 다니는 길만 다닌다. 길에서 벗어나지 않는다. 빈둥대지 않는다. 근처의 누군가가 지뢰 때문에 부상을 입었다는 사실을 **아는** 것만으로도 앞에 놓인 길에 대한 관점이 송두리째 바뀔 수 있다.

소셜 미디어에서 비유적인 지뢰밭을 탐험하는 것도 감정적으로 별반 다르지 않다. 선의에서 비롯된 등 돌림 문화는 실제로 근접 효과를 야기한다. 이유가 어떻든 누군가가 분노한 군중과 충돌하는 광경을 목격하고 나면 자신이 감수해야 할지도 모르는 예외적이고 인지적인 위험의 종류가 바뀐다. 이로 인해 말과 행동에 제약이 따르면서 무슨 말을 어떻게 해야 할지 도무지 모르겠는 상황이 닥친다.

확실히 짚고 넘어가자. 물론 트위터는 사람들이 팔다리를 잃는 곳이 아니다. 소셜 미디어의 등 돌림 문화가 폭력적 결과를 불러오는 일은 거의 없고, 전쟁의 사상자는 감정에 상처를 입고 명성에 해를 입은 사람들과 결코 동등하게 비교될 수 없다.

하지만 그 영향은 무시해도 좋을 수준이 아니다. 주기적으로 이어지는 공개 등 돌림 문화의 파급력을 논외로 제쳐두기 전에 이것이 어떤 역효과를 낳는지 살펴보자.

| 경멸하는 100만 개의 눈

소셜 미디어는 인간의 여러 본능적인 충동 위에 세워졌다. 사회적 지위와 위신을 향한 기본적인 욕구가 팔로어와 '좋아요'에 대한 욕구를 뒷받침한다. 등 돌림과 공개적 비난은 누군가가 사회의 도덕적 규범을 위반했을 때 그 사람에게 망신을 주고 싶은 인간의 충동을 드러낸다. 인간의 주요 사회적 행동인 '가십'이 증폭된 것이라 할 수 있다.

가십은 부당한 평가를 받는 경향이 있지만 인간의 적응에 도움이 된다는 이점이 있다. 가십은 사람들이 다른 이의 경험을 통해 세계를 간접적으로 학습해 옳고 그름을 가릴 수 있도록 돕는 등 사회적 소통 시스템으로 기능할 수 있다. 통제 연구 결과, 사람들의 평판이 어떤지 알아야 하는 공공재 게임에서 가십이 신뢰와 사회적 결속을 높일 수 있는 것으로 나타났다. 가십은 사회집단의 협력을 촉진하고 유지한다는 점에서 값비싼 처벌보다 더 효과적이고 효율적이다. 연구에 따르면 가십을 일정 정도 활용하는 사람들이 실제로 형편이 더 나은 경우가 많다.[10]

하지만 소셜 미디어로 증폭될 경우 가십은 전혀 다른 것이 된다. 소셜 미디어에서는 사소한 행동 하나로 싫어하는 개인에게 망신을 주기가 쉽다. 자신의 원수에게 굴욕감을 주는 재미있는 게시물에 '좋아요'를 누르는 것만으로도 기분이 좋아진다. 개인을 몰락으로 이끄는 실수나 과실, 어리석은 행동에 대해 이야기하는 기사를 클릭하는 것도 그리 나쁜 행동으로 보이지는 않는다. 남의 불행에 쾌감을 느끼는 집단적 감정에 심취하는 것은 묘하게 유쾌한 경험이다. 사소한 리트윗이나 '좋아요', 공유, 재게시 등, 이 모든 것들이 무해하고 단순한 기쁨으로 보인다. 하루가 밝아지는 소소한 길티 플레저(죄의식을 느끼는 동시에 쾌락을 만끽하는 것-옮긴이)다.

하지만 이런 행동은 각각 상대를 비난하는 작은 투표가 된다. 게다가 각각의 투표가 연속적인 훈계로 이어져 타깃의 인생을 변화시킬 수 있다. 당신을 향해 수동적인 분노를 표출하는 사람들이 100만 명에 이른다면, 당신의 삶은 진이 다 빠져나간 나머지 아예 멈춰버릴 수 있다. 당신에 대해 온건하게 부정적으로 작성된 얼마 안 되는 뉴스 기사조차 구글에서 이름만 검색하면 공공 기록에 남은 모든 뉴스 기사와 연결되기 때문에 직업적 전망을 좁힐 수 있다.

물론 많은 경우 나쁜 행동을 저질렀다면 훈계를 받아야 마땅하다. 어떤 견해나 행동은 대단히 불쾌해서 격분하는 것이 당연하다. 공개적으로 끔찍한 말이나 행동을 한 사람들은 충분히 공개적 비난을 받을 만하며 공식 제재 없이 행동을 바꿀 것을 강요받을 수 있다. 그런다고 감옥에 가거나 신체적 해를 입는 사람은 없다. 그저 나쁜 행동 때문에 공개적 망신을 당할 뿐이다.

등 돌림 및 공개적 비난의 기저에는 다른 이들이 사용하는 도덕 프레임을 통합하고자 하는 시도가 깔려 있다. "저 사람은 틀렸어"라고 말하는 한 방식인 것이다. 자신이 속한 공동체에 공개적으로 신호를 보내 용납할 수 없는 행동을 저지하는 선이 그어졌음을 알리면 기분이 좋아진다.

하지만 소셜 미디어에서 목격되는 여러 사건이 그렇듯 이것은 연대에 대한 환상에 지나지 않는다. 이렇게 그어진 선은 생각만큼 명확하지 않다. 당신이 당파 문제로 등 돌림을 당했더라도 그것이 기이한 형태의 이익으로 돌아올 수도 있다. 등 돌림을 당한 이유에 공감하는 사람들이 당신을 향한 분노에 분노하면서 당신을 팔로우하고 지지하며 모범으로 삼고 싶어 할 것이다. 이른바 문화 전쟁에 참여하려는 개인은 이런 지지로 인해 상당한 보상을 얻을 수 있다. 공개 등 돌림을 계기로 언론 인터뷰 요청이 쇄도할 수 있고 새로운 팔로어가 수천 명에 이르면서 연설 및 집필을 위한 플랫폼이 구축될수도 있다. 한 집단에서 버림받은 사람이 다른 집단에서는 순교자가 될 수 있다. 일부 정치인은 의도적으로 이 선을 피해 가면서 문화적 민감성의 영역으로 뛰어들기도 하는데, 이것이 유권자의 관심을 끌어모으는 한 방법임을, 유권자에게 보내는 신호임을 알고 있기 때문이다. 그들이 분노한 언론 보도를 원하는 것도 그 덕에 자신의 인지도를 높일 수 있음을 알기 때문이다.

이처럼 등 돌림에 대한 반발 위에 자신의 커리어를 쌓을 수 있는 사람도 있지만 수치심에 그저 물러나 폭발해버린 일상의 잔해들을 조용히 수습해야만 하는 사람이 더 많다. 이런 폭발이 의도치 않은 실수나 대중의 오해 때문에 발생했을 때(이런 일은 주기적으로 벌어진다) 기다렸다는 듯 쏟아지는 비난의 폭포가 본인도 이해할 수 없는 이유로 일상에까지 쏟아져 들어와 삶을 새로이 규정하는 사건이 될 수 있는 것이다.

분명히 말하는데, 등 돌림은 단순히 좌파나 우파의 문제가 아니다. 연구 결과에서는 등 돌림이 진보의 무기로 쓰이는 경우가 더 많다고 하지만 보수주의자들 사이에서도 역시 사용되고 있다.[11] 등 돌림의 대상은 보수와 진보 양측에 존재하며 등 돌림의 주체 역시 보수와 진보 양측에 존재한다. 등 돌림의 위협과 보상은 소셜 미디어가 장악한 세계에서 새로운 삶의 특징이 되고 있다.

| 다른 이들에게 미치는 영향

패스를 한 번 할 때마다 심판에 의해 규칙이 바뀌는 농구 경기를 하고 있다고 생각해보자. 공을 던질 때마다 선수들은 속도를 늦추고 멈추어 서서 이다음 무엇을 해야 할지 알아내야 한다. 드리블은 계속할 수 있나? 3점 슛은 여전히 쏠 수 있는 것인가? 득점하기 위한 전략이 바뀌면서 모든 패스가 마찰과 혼란을 빚는다. 누군가에게는 이 게임이 불안하고 혼란스러우며 누군가에게는 극한의 분노를 유발한다. 누구든 임하기 힘든 게임임에는 틀림없다.

도덕적 기준이 끊임없이 변화하는 사회에 사는 기분도 이와 매우 비슷하다. 이런 사회가 유발하는 일반적 불안은 오래된 사회학 용어, "아노미anomie"로 설명할 수 있다. 에밀 뒤르켐Émile Durkheim이 1890년대에 처음 쓴 아노미는 규범이 불분명하고 끊임없이 바뀌는 사회를 일컫는다. 옳고 그름에 대한 공통된 합의가 이루어지지 않으면 사람들은 결함 없이 행동하거나 협력하거나 대체로 잘 지내는 데 더욱 어려움을 겪는다.[12]

개인 권리 및 표현 재단Foundation for Individual Rights and Expression, FIRE 에서 최근 실시한 조사 결과, 대중의 공개적 비난과 등 돌림에 대한 두려움이 사람들 사이에 광범위하게 퍼져 있다는 사실이 확인되었다.

응답자의 4분의 1 가까이는 학교 내의 평판이나 자신의 직업을 잃을지 모른다는 두려움 때문에 특정 의견을 밝히기가 "꽤 자주" 혹은 "매우 자주" 꺼려진다고 답했고 18퍼센트는 이와 유사하게 뒤따를 결과가 두려워서 "자신의 신념을 말하기가 꺼려진다"고 답했다. 8퍼센트는 집단에 "어울리기 위해" 가끔 자신이 믿지 않는 것도 믿는다고 말해야 한다는 강박에 시달린다고 답했다.[13]

대학의 상황은 더욱 참담했다. FIRE에 따르면 캠퍼스 내 다른 학생들에게 보복을 당할지 모른다는 두려움 때문에 자신의 의견을 표현하지 못하겠다는 학생이 전체의 60퍼센트에 달했다. 다양한 관점을 이해하기 위해 서로 다른 개념과 아이디어를 탐구해야 하는 교육 환경에서 이와 같은 분위기는 특히 해롭다.[14]

삶은 복잡하고 어지럽다. 기회를 얻어 자신의 신념을 갱신하는 것은 인간 삶의 일부다. 소셜 미디어가 강력한 문화 권력으로 부상하면서 우리는 회색 지대를 좀처럼 찾아보기 힘든 도덕적 확신의 틈으로 빨려 들어가고 있다.

공개적 망신에 대한 두려움이 극심한 지경에 이르면 사람들이 아이디어를 공동으로 탐구하기 꺼리는 경우가 많아진다. 실제 현실에서는 도덕적 회색 지대에 대한 공공의 탐구가 가치 있는 소통과 학습의 기회가 된다. 사람들이 자신의 견해를 숨긴다고 해서 그들의 견해가 반드시 바뀌는 것은 아니다. 오히려 온라인과 오프라인을 막론하고 더욱 엄격한 이념 집단에 끌려다니는 와중에 자신의 신념은 아무 의심 없이 안전하게 유지할 수도 있다.

순수 선 또는 순수 악

대중의 공개적 비난을 받아 마땅한 끔찍한 사건은 셀 수 없이 많다. 무언가를 온라인에 공유하기가 꺼려지는 조용한 망설임이 모두 나쁜 것은 아니다. 대중의 비판이 모두 틀린 것은 아니다. 도덕적인 말과 행동의 날조는 분명 공공의 논의에 영향을 미쳤다. 그렇다면 무엇이 옳고 그른지 어떻게 측정할 수 있을까?

이념적으로나 문화적으로나 모든 종류의 소수자들은 종종 다수에 속한 사람들의 신념을 교화하고 갱신하는 책임을 짊어져야 한다. 물론 이런 책임을 주기적으로 떠맡는다는 것이 개인으로서는 힘겹고 지치는 일일 수도 있다. 대중의 공격적인 서사에 주기적으로 대응하지 않아도 된다는 것이 등 돌림의 유용한 부산물로 느껴질지도 모른다.

더군다나 최근 몇 년 사이의 가장 크고 의미 있는 변화는 소셜 미디어를 통해 도덕적 분노가 공유되고 이로써 행동주의가 촉발되면서 일어났다. 이런 문화적, 정치적 운동은 대부분 소셜 미디어가 없었다면 가능하지 않았으며 그중 일부는 힘의 비대칭과 사그라지지 않는 노여움을 부르짖는 것이었다. '#아랍의 봄', '#티 파티(2000년대 후반 금융위기를 돌파하기 위한 미국 정부의 증세와 규제에 반대하며 설립된 단체로, 작은 정부를 지향하는 강경 보수주의 성향을 띤다. 비타협, 무협상 전략을 일관하면서 극우적 성향으로 치달아 정치 양극화를 야기했다는 평을 받는다-옮긴이)', '#흑인의 생명도 소중하다', '#미투' 모두 공론장에서 도덕적 위반 사항을 공유하고 사람들의 범법 행위를 공개적으로 비난하는 데 일정 부분 기여했다.

이해를 돕기 위해 이 사안은 두 가지 요소로 나눌 수 있다. 소셜 미디어는 동시에 다음의 두 가지 일을 해왔다.

첫 번째는 도덕적 범법 행위에 대한 인식 증가다. 사회에 대대적으로 벌어진 끔찍한 사건을 알아보는 능력을 향상시켰다. 표면적으로는 좋은 일처럼 보인다. 무엇이 잘못되었는지 많이 알수록 더 나아지기 위해 노력할 수 있기 때문이다.

하지만 소셜 미디어는 두 번째 일도 했다. 도덕적 범법 행위에 대한 민감성 역시 높인 것이다. 직면하는 도덕적 문제의 수가 늘어났다.

이다음에 우리는 '어떤 범법 행위가 유효한가?'라는 중요한 질문에 대답해야 할 것이다. 까다롭기로 악명이 높은 질문이다. 해악에 대한 인식은 변덕스럽고 주관적이며 해악을 규정하는 합법적 정의를 한참 넘어선다. 사람을 해칠 수 있고 화나게 하고 불쾌하게 할 수 있는 기회의 전반적 기준점을 옮기면, 그리고 **사람들에게 돈을 지불해** 더 많은 범죄를 찾아내게 하면, 우리는 시간에 따라 켜켜이 쌓인 노여움을 한도 끝도 없이 파헤쳐 내려가게 될 것이다.

등 돌림 문화가 얼마나 강력하고 문제적일 수 있는지 인식함으로써 우리는 어떤 대가를 치르더라도 맞서 싸워야 하는 도덕적 범법 행위와 분노의 특정 유형, 즉 그릇된 인식과 노골적인 허위, 거짓말 등을 중심으로 방향을 설정할 수 있을 것이다. 허위 정보disinformation처럼 의도적이든 잘못된 정보misinformation처럼 의도적이지 않든, 정보의 왜곡은 충격적일 만큼 치명적이며 노출된 모든 이에게 깊은 문제를 야기할 수 있다.

시스템을 향상시킬 방안을 궁리하기 시작했다면 바로 그 지점에서부터, 즉 거짓말과 그릇된 인식, 허위에서부터 시작할 수 있다. 처리해야 할 문제는 뒤얽혀 있지만 명확히 처리할 가치는 충분히 있다. 이제 우리의 몫이다.

이 장을 마치며

인터넷상의 분노가 언제나 잘못된 것은 아니다. 대중의 비판은 세상을 이해하는 데 중요한 역할을 한다. 인터넷을 타고 번진 분노는 대부분 정당한 불만과 트라우마에서 비롯된다.

등 돌림과 공개적 비난call-out은 사회의 도덕적 규범을 어긴 사람에게 망신을 주려는 인간의 기본적 성향이다. 이는 인간의 사회적 행동에서 핵심을 이루는 가십의 연장선상에 있다. 연구 결과에서 드러났듯 가십을 둘러싼 규범은 대개 집단의 결속에 긍정적인 영향을 미친다.

하지만 소셜 미디어는 트라우마적 사건에 대한 인식을 증폭시켜 그 사건의 유통기한을 한없이 늘리고 도달 범위를 끝없이 넓히는 시스템을 만들었다. 과거였다면 몇 사람만 알고 넘어갔을 일들이 순식간에 퍼져 수백만 명에게 다다르고, 그 사람들이 모두 트라우마의 증인이 된다. 이에 따라 내뱉기 적절한 말이 무엇인가에 대한 집단적 규범이 갱신되고 때로는 진행되어야 마땅한 중요한 논의가 가로막혀 오해의 가능성이 극적으로 늘어난다.

문제적 사건들을 더 많이 인식하게 하는 소셜 미디어의 힘을 고려하면 우리가 급격한 도덕성 갱신의 시대에 살고 있다는 생각이 든다. 무엇이 옳고 그른지, 무엇이 용인 가능하고 불가능한지 이야기하는 신선한 의견은 부족하지 않다. 다음 장에서는 이런 질문에 답해보고자 한다. 이제 다 어디로 가는 것일까?

14

도덕적 규범의 물결

THE WAVES OF
MORAL NORMS

소셜 미디어는 옳고 그름에 대한 공공의 관념을 빠르게 갱신하면서 과거의 규범이 돌연 아주 이상한 것으로 보이게끔 만들고 있다. 하나의 사회로서 우리는 앞으로 가치관이 어떻게 변화하리라 기대할 수 있을까? 마틴 루터 킹Martin Luther King의 말처럼 세계의 도덕적 활은 자연히 "정의를 향해 굽을까?" 아니면 그저 무작위 방향으로 굽을까?

우리는 모두 어떤 순간에 갇혀 있다. 결정에 아무런 관여도 하지 못한 채 어떤 시대에 태어났다. 부모를 선택할 수 없는 것처럼 태어나는 시기도 선택할 수 없다. 우리가 갇혀 있는 삶은 특정 순간에 시작되었으며, 그 순간은 **지금**을 이루는 규범과 경험의 집합체에 파묻혀 있다. 우리가 풍덩 빠진 그 순간, 길 위에는 무수한 타인들이 함께 앞으로 나아가고 있었다. 우리는 그 길을 앞서간 부모와, 그보다 더 앞서간 조부모와 포개어졌다.

특히 자신이 속한 지금이 남들의 지금보다 안 좋을 수도 있다. 되돌아보면 이전의 무수한 **지금**은 살아남기 끔찍한 순간이었다. 전쟁 중에 태어났거나 수돗물이 없는 시대에 태어났거나, 혹은 피부색 때문에 법적 권리를 제한받는 시대에 태어났으니까.

많은 경우 가장 최근의 지금이 최상의 지금이다. 인간은 행복하게 오래오래 살기 위해 도구와 법, 규율을 만드는 등 무언가를 더욱 잘해왔기 때문이다. 하지만 지금에는 제약이 있다. 규율이 있다. 대부분 타인 앞에서 노상 방뇨하지 않기(다른 지금에는 아무 문제가 없었던 행동이다)와 같은 분명한 규율이다.

반면 어기면 기분이 나쁘다는 이유에서 성문화되지 않고 그저 존재하는 규율도 많다. 이런 규율은 특정한 지금에 용인될 수 있는 것들을 기준으로 한다. 이런 규율은 공동체의 도덕 매트릭스를 기준으로 삼는다. 과거의 도덕규범을 돌아볼 때에도 우리는 현재의 렌즈를 통해 판단한다.

그럼 도덕은 시간에 따라 어떻게 변화할까? 사회는 도덕 매트릭스를 어떻게 변화시킬까?

도덕규범은 기이하다. 같은 시간과 공간에 거주하는 공동체의 합의를 통해 사회에 드러난다. 오랜 시간에 걸쳐 큰 물결을 지나 변화한다. 변화는 눈앞에 드러난 비극에서 시작되어 집단의 평가와 인식을 통해 이루어진다. 성스러운 글에 대한 해석이 강경한 연설가와 위대한 사상가, 필력 있는 작가에게 영향을 미치고, 그들이 이를 순간에 적용시킨다. 그들이 펼치는 논증을 들으면서 옳고 그름에 대한 대중의 개념이 서서히 변화한다. 모두 깊은 도덕적 가치가 작용한 결과임은 물론이고 더욱 인간적인 선택지를 허용하는 기술 및 흑자 경제가 작용한 결과다.

개인으로서 우리는 대개 이런 물결을 탄다. 옳고 그름에 대한 감정을 입증하기 위해 타인을 주시하면 규범이 드러난다. 그렇게 문화 규범이 성립되고 가치가 기준이 되어 법으로 성문화된다.

| 헤겔: 사회는 변증법의 방향으로 나아간다

철학자 게오르크 빌헬름 프리드리히 헤겔Georg Wilhelm Friedrich Hegel 은 사회에서 집단적 진리가 발견되는 방식을 이해하기 위한 틀을 세웠다. 그 방식은 선형적이지 않았다. 그보다 **변증법**이라는 방식으로 관점이 형성된다고 헤겔은 믿었다.

변증법은 정thesis(테제), 반antithesis(안티테제), 합synthesis(진테제)이라는 세 단계를 거친다. 진리를 발견하는 최상의 방법은 대립되는 두 개념을 서로 반대편에 놓는 것이다. 진리에 대한 하나의 명제인 테제 부터 시작하는데, 테제는 안티테제 혹은 반대 명제에 맞선다. 이 두 개념이 서로 겨룬 뒤에야 진테제, 즉 그 순간에 성립 가능한 진리와 가장 가까운 결론이 드러난다. "진리는 테제나 안티테제에서 발견되는 것이 아니라 이 두 가지를 조합한 진테제에서 드러난다."[1] 과학 세계도 이와 동일한 방식으로 전개된다. 가설이 실험을 통해 증명되고 그 결과가 세계에 알려진다. 이 결과가 다른 증거에 의해 반박을 받고 기존 증거를 종합해 새로운 가설이 제시된다.

헤겔은 사회 전반에서도 이와 같은 과정이 반복된다고 믿었다. 사회는 결코 선형적으로 진보하는 것이 아니라 부분적 진리에서

부분적 진리로 선회한다. 한 극단에서 다른 극단으로 비틀거리며 우리는 무엇이 정확하고 정확하지 않은지 파악하는 법을 익힌다. 어둠 속에서 길을 잃은 사람들이 앞이 보이지 않은 채 걷는 것과 유사하다고 할 수 있다. 누군가가 자신의 믿음을 선포한다. "서쪽으로 가는 것이 맞습니다(테제)." 어둠 속에서 걷다가 가파른 절벽에 다다른 그들은 벼랑 끝에서 몇 사람을 잃고 만다. 너무 멀리 온 것이다. 그러자 다른 누군가가 이전의 결정을 비판하면서 대안을 제시한다. "이것 보시오! 당신이 틀렸소! 북쪽이 올바른 길입니다(안티테제)." 이제 북쪽으로 향하던 그들은 얼마 뒤 거대한 산을 마주하고 더는 앞으로 가지 못한다. 누군가가 말한다. "아, 북서쪽이 맞는 길이군요(진테제)." 깨달음에 이를 때마다 그들은 극단에서 극단으로 나아가며 어둠 속에서 길을 찾아간다.

마찬가지로 사회는 도덕적 극단 사이를 지그재그로 나아간다. 헤겔은 프랑스혁명을 예로 들었다. 민주적 자유로 향하는 열띤 움직임에 이어 공포정치의 대혼란이 찾아오면서 수천 명이 목숨을 잃었다. 이런 격변의 시기를 거쳐 나폴레옹의 중앙집권적 통치가 이어졌다. 이와 유사하게 미국에서는 50년대에 전후 극단적 보수주의가 휩쓸었고 뒤이어 60년대와 70년대에는 극단적 행동주의가, 이후 80년대에는 자유주의적 물질주의가 나타났다.

이렇게 사회의 집단 여론이 변동하는 현상은 시간에 따라 전진하는 기계화된 트랙 위의 추와 닮았다. 부분적 진리에서 부분적 진리로 흔들리면서 사회에 실제로 기능하는 것이 무엇인지 파악하는 것이다. 돌이켜보면 이런 흔들림은 분명 반응적인 것이지만 그 안에서 함께 흔들리고 있으면 자신이 속한 도덕 매트릭스가 무엇인지에 따라 마치 파국을 초래하는 끔찍한 재앙처럼 느껴지거나 이상향에 다다른 듯한 도취에 휩싸일 수 있다.

그러나 이런 현상은 오직 사회규범에 대한 사후 평가에 국한된 것이 아니다. 우리가 사용하고 규제하는 도구 및 기술에 대해서도 이와 같은 현상을 쉽게 적용해볼 수 있다.

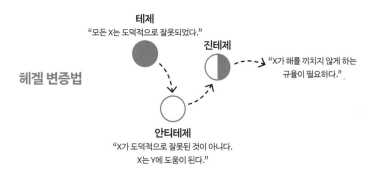

우리는 시간 안에 갇혀 있듯, 지금 이 순간의 변증법에도 어느 정도 갇혀 있다. 누구든 공동체의 정의에 순응할 수밖에 없다. 우리는 소속되어 생활하는 도덕 매트릭스에 순응한다. 이것이 인간 존재의 일부다. 사회에 속하는 삶의 일부다. 우리는 지금의 정의를 받아들인다.

어쩌다 지금 이 순간을 지배하는 도덕 매트릭스의 한계에 갇혀버린 것인지 생각하고 싶지는 않다. 이것은 현재의 기술적 가능성과 윤리적 기준에 따라 가능하게 된, 기이하게 뒤얽힌 공간이다.

| 우리는 손주들의 비난을 받을 것이다

내가 스물한 살이던 어느 늦은 저녁, 해안과 가까운 어느 뒷골목에서 처음으로 차 사고가 났다. 어둡고 늦은 밤, 생일 파티에 가기 위해 숲속 깊은 곳을 지나 목적지로 향하던 중 난데없이 사슴이 뛰어나와 내 차의 왼쪽 전조등에 부딪혔다. 피할 새도 없었던 나는 부딪힌 직후에야 방향을 틀었다. 차를 멈추고 보니 불구가 된 사슴이 길가에서 버둥거리고 있었다. 아직 성체가 되지 않은 어린 사슴이었지만 그래도 대형견보다 몸집이 두 배는 커 보였다. 그것은 목이 부러진 채 길에 누워 이따금 허우적거리면서 일어나려고 애썼다. 근처 동물 보호소와 경찰서 등 되는 대로 연락을 취해보았지만 할 수 있는 일이 없었다. 너무 늦은 시간이었고 번화가에서 너무 멀리 떨어져 있었다.

나는 어두운 숲속 길가에서 사슴 곁에 한 시간 정도 앉아 그것이 그만 생을 놓기를 기다렸다. 안 그러면 내가 직접 이 고통을 끊어주어야겠다고 마음먹었다. 트렁크에서 오래된 야구 배트를 꺼내 사슴의 목숨이 끊어질 때까지 머리를 쳤다. 잔혹하면서 거짓 없고 비극적인 그 행동을 나는 결코 잊지 못할 것이다.

그 순간부터 동물을 먹는 것에 대한 나의 인식이 바뀌었다. 그 사건 이후로 내가 동물성 제품을 먹을 때마다 느껴지는 거북한 마음을 다른 사람들에게 적극적으로 피력하고 있음을 알아차리게 되었다. 결국 먹고 싶은 동물을 스스로 죽일 수 있을 때까지 채식주의자가 되기로 마음먹었다. 20대 내내 나는 길고 긴 철학적 실험에 착수했다. 수년 동안 종에서 종으로, 생선부터 닭, 돼지 등이 도축에서 소비에 이르는 과정에 대해 가능한 한 많이 교육을 받았다. 그렇게 동물을 도축하고 세척하고 요리해 먹기까지 어떤 과정을 거치는지 학습한 다음에 서서히 새로운 동물을 식단에 추가했다. 지금도 나는 직접 도축한 동물만 먹으려 애쓰고 있다.

그에 더해 인간 세상에서 가장 고통스러운 외주 산업인 대규모 공장식 축산 농장을 더욱 폭넓게 이해하게 되었다. 이 도덕적 견해에 모든 이들이 수긍하는 것은 아니라는 사실을 잘 알고 있지만 잠시 연단에 올라가보겠다. 내 의견에도 일리가 있으니 끝까지 읽어주기 바란다.

2020년에 인간의 음식으로 쓰이기 위해 도축된 짐승은 740억 마리에 이른다. 대략 지구상의 사람 한 명당 동물 열 마리가 도축되는 셈이다. 그중 대부분은 비좁고 어두운 환경에서 평생을 살다 간다. 많은 경우 무게가 최대한으로 늘어날 때까지 사육되며, 짧고 고통스러운 삶 내내 살아 있기 위해 항생제와 호르몬을 공격적으로 투여받는다.[2]

육류 산업 설비 이미지를 보면 누구든 섬뜩함을 느낄 것이라 믿어 의심치 않는다. 육류를 먹는 사람들은 이런 동물을 소비해왔다. 우리는 누군가가 이런 시설에서 일을 하도록 돈을 지불했고 동물을 처형하는 생산 라인을 지원해왔다.

인간과 같은 잡식성 동물의 유전자에는 도덕적 수수께끼가 내재해 있다. 인간은 음식에 공감할 수 있다. 이 동물들을 측은히 여길 수 있다. 육류는 맛도 좋고 건강에도 좋다. 다만 어쩌다 보니 고통을 느낄 수 있는 생명체와 연계가 된 것이다. 이런 현실의 공포가 아무런 가치도 갖지 않는 시장경제에 의해 우리는 진실에서 멀리 떨어졌다. 랠프 월도 에머슨Ralph Waldo Emerson의 말처럼 "당신은 이제 막 저녁 식사를 마쳤다. 도축장이 먼 거리에 떨어진 채 아무리 섬세하고 우아하게 감추어져 있어도, 당신 역시 공모자다."**3**

이런 대의에 깊은 관심을 두고 있는 사람으로서 나는 질문을 던지지 않을 수 없었다. 이 관행을 어떻게 바꿀 수 있을까? 어떻게 하면 지금의 현실과 최소한의 화해를 할 수 있을까? 공장식 축산 농장에서 일하는 사람들 역시 이와 같은 딜레마를 인식하고 있으며 대다수는 동물의 고통을 완화하기 위해 애쓰고 있다. 목장주와 연구진, 정책 입안자 들이 소가 다니는 길이나 축사 없는 환경 등의 선택지를 통해 동물이 견뎌야 하는 고통을 줄이기 위해 최선을 다하고 있다. 규제를 통해 변화를 도모할 수도 있다. 최악의 관행을 축소시켜 산업이 전반적으로 더 나아지게 할 수 있다.

하지만 인도적으로 사육된 동물이 있는 반면 그와 비교도 안 되게 많은 동물이 끔찍한 삶을 살다가 짧은 생을 마감한다. 이런 현상은 특히 기준이 거의 존재하지 않는 지역에서 두드러진다. 문제를 세심히 살피다 보면 복잡한 딜레마에 빠지고 만다. 인간은 육류 없이도 **살 수 있다**. 육류 산업을 증식시키는 것은 생존 문제가 아니라 편안함과 사치의 문제다.

일례로 인도인은 다른 선택을 한다. 열 명 중 네 명이 채식을 고려하고 열 명 중 여덟 명은 식단에서 육류 섭취에 제한을 둔다. 음식 규정 및 전통은 인도에서 가장 널리 행해지고 있는 종교 관습의 일부분이다. 힌두교 성전에서는 채식주의가 찬양받고 소가 전통적으로 신성한 존재로 여겨지기 때문에 힌두교도들은 대부분 소고기 섭취 자체를 삼간다. 지구상에서 가장 큰 나라 중 하나임에도 불구하고 인도는 다른 어디보다 육류 소비량이 적다.

그렇다고 육류 섭취 금지를 도덕적 의무로 삼자는 말이 아니다. 역시 육류를 섭취하는 나에게 이 사실은 우리가 시간과 공간에 얼마나 깊이 박혀 있는지를 보여준다. 상당히 곤란한 문제와 관련해 우리가 사회 전반의 공모라는 좁은 대역에 갇혀 있음을 깨닫는다. 그리고 이 곤란한 문제, 즉 서로 다른 생물종 간의 산업적 학살 문제는 미래 세대에게 진정한 공포로 비칠 가능성이 있다. 한 사회로서 우리가 손주 세대에게 도덕적 비난을 받을 수 있겠다는 사실이 냉혹하게 드러난다. 우리의 가장 무해한 관습도 미래 세대에게는 공포와 격분의 대상으로 비칠 수 있다.

사회규범이 경제 시스템의 내면에 굳게 자리 잡은 탓에 변화는 요원하다. 오늘날 우리의 무수한 신념과 행동은 미래의 도덕적 심판에서 살아남지 못할 것이다.

수백 년 앞서 벌어진 대규모 종교운동과 문화 규범 이외에 사회의 도덕을 변화시키는 것은 무엇이 있을까? 당대의 부당함에 대한 분노는 **실제로** 행동의 변화를 이끈다. 이로써 법이 개선되고 산업이 발달한다. 시장에서 더 나은 선택지에 대한 수요가 창출되고 때로 이것이 실질적이며 긍정적인 결과로 이어진다. 여기서 기회가 발생한다. 기술은 우리를 예측하지 못한 방향으로 깊이 밀어 넣기도 하지만 도덕적 문제를 사라지게 할 수도 있다. 새로운 도덕에 익숙해진 경제가 훨씬 더 나은 결과를 이끌어내기도 한다.

가령 70년대 후반에 언론은 지구의 극지 가까이 있는 오존층의 구멍이 급격히 커지고 있는 문제에 대대적인 관심을 쏟기 시작했다. 이에 따라 염화불화탄소CFCs, 즉 냉장이나 에어로졸에 사용되어 오존층에 특히 해로운 영향을 미치는 화학물질에 대한 폭넓은 관심이 촉발되었다. 오존층 파괴는 계속 진행되어 환경에 심각한 피해를 입혔고 세계 일부 지역의 온도는 물론 자외선을 극적으로 증가시켰다. 이것은 국가적인 관심을 사로잡은 최초의 주요 환경 운동이었고 놀랍게도 초당파적인 문제로 받아들여졌다.

해결책을 두고 정부와 산업계가 수년에 걸쳐 논의를 이어갔다. 눈앞에 닥친 문제에 대해 증거가 뒷받침된 합의가 이루어진 뒤 사람들은 해결책을 찾아나서기 시작했다. 해결책은 마침 실행에 옮기기 쉬운 몇 가지 대체 기술의 형태로 찾아왔다. 수소불화탄소HFCs는 CFCs를 손쉽게 대체할 수 있었고 여전히 강력한 온실가스이긴 하지만 오존에는 훨씬 덜 해로운 것으로 알려졌다. 1987년에 전 세계적으로 오존층 파괴 화학물질이 금지되어 오존층에 대한 재앙적인 폐해의 증가를 가로막을 수 있었던 것은 간단한 대체 물질이 있었기 때문이다. 그 이후로 훨씬 덜 해로운 무수한 기술이 발견되자 대다수 국가에서 더욱 친환경적인 대체제 사용을 위해 HFCs를 금지하기 시작했다. 2022년, 남극의 오존층을 측정한 결과 오존층 파괴 물질이 금지된 이후 구멍이 가장 작아진 것으로 드러났다.[4]

사람들이 실행에 옮기기가 더 수월할 때에야 비로소 가장 문제적인 행동도 대대적으로 변화할 수 있다는 것이 현실이다. 분노 역시 이런 변화를 촉발할 수 있지만 이 역시 누군가가 더 나은 선택지를 구축해 이를 소비자에게 제시할 때에야 가능한 일이다.

여러 도덕적 문제가 해결 가능해진 것도 기술적 대안이 있는 **덕분**이다. 우리의 증손주들이 만나게 될 기술은 적용 가능한 도덕적 선택과 관련해 근본적으로 다른 관점을 제시하게 될 것이다. 그들은 비인간적으로 사육된 육류를 섭취할 일이 없을 것이다. 역사가 길잡이가 된다면 그들은 우리가 증조부모 세대의 터무니없는 규범을 비판하듯 우리의 규범을 비판하게 될 것이다. 육식을 하기로 마음먹으면서 힘겨운 선택을 내릴 필요가 없어질 것이다. 그들에게는 더 나은 선택지가 있을 것이다. 지금 우리가 고된 노력을 하고 있으니 그들의 양심은 더럽혀지지 않을 것이다.

이렇게 그 시대에 내재된 기이한 도덕규범을 탐험하는 재미있는 방법 중 하나는 인터넷에서 오래된 광고를 찾아보는 것이다. 증조부모 세대가 보던 광고를 유심히 살펴보면 정말 진기한 장면을 목격하게 될 것이다. 흡연이 실은 당신에게 **좋다**고 말하는 의사들("의사들은 '캐멀'을 많이 피웁니다!"), 제대로 된 커피를 내오지 않는 부인이라면 때려도 괜찮다고 암시하는 광고, 침대에서 **절대적으로 안전한** 권총을 갖고 노는 어린 여자아이가 나오는 광고 ("아빠가 그러는데 이건 우릴 다치게 하지 않는대요"). 우리는 이런 광고를 충격과 역겨움으로, 어쩌면 그 후진성에 꽤 큰 재미를 느끼며 되돌아본다. 이들은 도덕 매트릭스가 지금과 달랐던 시대를 비추는 작은 창이다.[5]

내가 보기에 이런 광고는 어느 시대에서든 도덕적 판단의 극단을 형성하는 데 일조한다. 이전 세대의 실수이니 용서하겠다는 뜻이 아니라 지금 우리는 서로에 대한 도덕적 비난에 관대해야 한다는 사실을 이들 광고가 일깨운다는 것이다. 위대한 도덕적 진보가 더욱 수월해진 것은 더 나은 도구와 혁신이 있기 때문인데, 이는 과거에 까다로운 도덕적 충돌을 피하는 데 법률이 도움이 된 것과 같은 이치다. 특히 지금처럼 정의로움이 만연하는 시기에 우리가 행한 기이한 행동은 이를 당혹스럽게 바라보는 자손들의 연구와 평가, 규탄을 받을 것이 틀림없다.

| 도덕보다 빨리 변화하는 언어

어느 날 일어나보니 특정 연령 이하의 사람들이 하룻밤 사이에 일제히 가벼운 독감에 걸렸다고 상상해보자. 독감에 걸린 사람들은 두 가지 증상을 동시에 보였다. 첫째, 뇌의 언어 처리 담당 중추가 변경되어 젊은 사람들이 모두 고양이라는 단어를 "타코"로 발음하게 되었다.

둘째, 기억도 영향을 받아서 이 단어가 다른 의미를 뜻하는 기억은 무엇이든 삭제되었다. 이제 당신이 아는 모든 젊은이들에게 타코는 고양이를 뜻하게 되었다. 달라지는 것은 없었다. 이상하게도 특정 연령 이상의 사람들, 현실과 동떨어진 따분한 사람이라고 생각되는 사람들만이 아무런 장애 없이 고양이를 알아보고 발음할 수 있으며 의미도 완벽히 인지하고 있다. 이제 젊은이들 앞에서 고양이라고 하면 그들은 당신이 고루한 늙은이처럼 말하는 사람이라고 판단한다.

당신은 어떻게 하겠는가? 내가 정신이 나간 게 아닌가 싶어 병원을 찾아가 청력검사를 받아볼 것인가? 아니면 그저 웃어넘기면서 젊은이들을 따라 당신 안의 사전을 개정하고 함께 어울릴 것인가?

위의 각본은 많은 사람들이 요즘 소셜 미디어 속에서 자란 세대들과 소통하려 할 때 느끼는 감정과 다르지 않다. 소셜 미디어로 인해 정보 소비 속도가 몰라보게 빨라졌고 덩달아 언어의 진화 속도까지 빨라졌다.

물리학의 세계에서 '반감기'라는 말은 어떤 물질의 처음 양이 반으로 줄어드는 데 필요한 시간을 말한다. 원자 수가 반으로 줄어들기까지 얼마나 걸리는지, 혹은 혈액 내 화학물질이 반으로 줄어드는 데 얼마나 걸리는지 등을 측정하는 데 사용된다.

우리가 쓰는 언어에도 반감기가 있다. 먼 과거로 거슬러 갈수록 영어를 해독하기가 더욱 힘들어진다. 1400년대에는 깃털이 달린 날짐승을 'brid'라는 철자로 썼다. 그러다 누군가가 잘못 발음하기 시작했고 시간이 지나면서 'bird'가 되었다(그 시대의 아이들이 먼 훗날의 자손들에게 올바르다고 통용되는 대로 단어를 발음했다가 야단맞는 광경을 어렵지 않게 떠올려볼 수 있다). 미국 헌법에서도 'choose'라는 단어를 **잘못된** 철자인 'chuse'로 표기한다.

같은 기간에 당대에서 가장 유명한 연설가이자 저자인 알렉산더 해밀턴Alexander Hamilton이 대중의 이해를 돕기 위해 분명히 말하고자 〈연방주의자 논집〉에 이렇게 썼다. "정부의 활기와 능률에 대한 계몽적 열성은 독재 권력 찬양과 자유 원칙 대적의 소산으로 낙인찍힐 것이다."[6]

이것이 200년이 조금 넘은 과거의 미국 영어다. 현재 평균 수준의 영어 사용자로서는 이해하기 힘든 문장이다. 말은 되지만 제대로 이해하려면 몇 번씩 읽어야 한다(해밀턴이 지금 시대로 와서 트위터를 읽는다면 마찬가지로 당혹스러워할 것이다).

어떤 언어든 용인된 규범은 오독과 혁신, 자연 진화를 거쳐 변하기 마련이다. 언어는 시간과 함께 변화한다. 사회에서 중요한 대상을 가리킬 때 우리가 사용하는 용어, 특히 정치적으로 논쟁의 여지가 있는 용어는 더욱 급격히 변화한다. 이를 "의미변화semantic drift"라고 한다.

정체성과 연관된 단어는 유독 급격히 변화한다. 아프리카계 미국인의 권리와 관련해 가장 잘 알려진 조직은 전미 유색인 지위 향상 협회National Association for the Advancement of Colored People, NAACP다. 1908년에 W. E. B. 듀보이스W. E. B. Du Bois와 메리 화이트 오빙턴Mary White Oving-ton, 무어필드 스토리Moorfield Storey, 그리고 노예제도 폐지론자 아이다 B. 웰스Ida B. Wells가 설립한 NAACP는 당시 '유색'이라는 단어를 포괄적이고 진보적인 용어로 사용했다. "유색인People of Color, PoC"이라는 용어는 최근 들어 다시 흔히 쓰이게 되었지만 오늘날 누군가를 "유색인"이라 부르는 것은 경멸적이라고 여겨진다. 배우 베네딕트 컴버배치Benedict Cumberbatch는 2015년 인터뷰에서 영국 영화 산업에 흑인 배역이 부족한 상황을 애석해하며 "유색인 배우colored actors"라는 말을 썼다가 비난을 받았다. 그가 전하려던 정서는 분명했다. 흑인 배역이 더 많아질 필요가 있으며 현 상황이 바뀌어야 한다는 것이었다. 하지만 "유색인 배우"라는 말을 쓰면서 그는 대의를 실현하려는 사람들의 사회규범을 따르지 않았음을 드러냈다.[7]

우리가 사용하는 언어는 내집단에서 용인된 사회 진보의 스펙트럼 중 자신이 어디에 위치하는지 결정하는 중요한 신호다. 일상 언어는 내집단의 현재 도덕규범을 얼마나 **잘 알고** 있는지, 그에 얼마나 익숙한지를 보여주는 신호다.

언어의 변화 방식은 대개 하위문화와 청소년에 의해 규정되며, 논쟁적인 주제와 관련해 진화하는 사고방식에 노출되면서 정해진다. 의미변화는 새로운 아이디어 및 대화에 노출된 결과이기도 하다. 지난 세기에는 주로 미디어의 독점이 강화하면서 이런 유형의 의미변화가 더욱 대칭적으로 진행되었다. 같은 텔레비전 채널을 시청하고 같은 라디오를 들으면서 아동과 성인 모두가 동시에 새로운 수사법과 속어에 노출될 수 있었던 것이다. 이후 인터넷이 등장해 공유 미디어를 붕괴시키면서 공유 언어의 변화를 수월하게 추적하는 능력마저 붕괴시켰다.

하지만 용인되는 언어가 시간에 따라 바뀐다 해도 언어를 지적받으면 여전히 마음이 쓰리다. 많은 이들에게 언어 규범은 이를 따라잡는 역량보다 더 빨리 변화한다. 이렇게 용인되는 언어의 변화에 분노하는 이들도 있다("나 어렸을 때는 이런 말을 해도 괜찮았어! 왜 지금은 안 된다는 거야!"). 이런 분노 아래에는 어떤 애석함, 즉 시간이 흘렀다는 인식과 나이 듦에 대한 두려움이 서려 있다. 사회가 너무 빨리 변해서 따라가기 벅차다는 서글픔이 있다. 존엄성이 상실되고, 관련성이 희미해진 것이다.

사회에서 뒤처지지 않는다는 것은 일종의 힘이다. 우리는 세계를 어떻게 항해하는지, 지금도 영향력이 있는 말을 어떻게 하는지 알고자 하며 자신의 발언권이 여전히 중요하다는 사실을 확인하고 싶어 한다. 많은 이들에게 이런 힘을 잃는다는 것, 혹은 그 힘이 폐기되는 느낌이 든다는 것은 정체성을 잃는 아픔과 같다. 사회는 그리 세심하지 않은 말로 이렇게 말한다. "당신의 방식은 더 이상 중요치 않습니다."

이렇게 배제되는 느낌은 정체성에 가해지는 위협과 다르지 않다. 이 감정은 같은 식으로 배제되었다고 느끼는 다른 사람들 사이에서 안정을 찾으라고 떠민다. 여러 정치 후보자들은 그들의 분노를 적극 활용해 이런 전환이 사회의 근본적 붕괴를 드러낸다고 주장한다. 중간에 서 있는 사람들은 변화를 촉구하는 이런 압력을 인지하기 힘든데, 특히 현재 무엇이 용인되지 않는지와 관련해 너무 많은 의견에 노출되었을 때에는 더욱 그렇다.

그러나 누구든 언젠가는 용인 가능한 언어의 도덕적 전환기에 갇히고 만다. 결국 누구나 그 쓰라림을 경험할 것이다. 젊은이들이 다음 버전의 언어를 규정할 것이고 시간이 충분히 지나고 나면 **모든** 이들이 뒤처지게 될 것이다. 중요한 점은 좋은 의도를 취하는 것이다. 사람들은 대부분 서로 이어지고 소통하기를 **원한다**. 위해를 가하고 싶은 사람은 거의 없다. 그러니 무슨 일이든 일어나고 있음을 인식하면서 연민과 선의를 품고 변화의 스펙트럼을 이루는 양극단을 탐색하는 것이 중요하다.

이 장을 마치며

이번 장은 도덕규범의 변화에 대해 아슬아슬한 질문 몇 가지를 던지면서 시작했다. 우리가 그 시대의 도덕 매트릭스에 어떻게 갇히는지 살펴보고 헤겔이 말한 변증법처럼 극단을 오가는 과정을 통해 도덕규범이 어떻게 변화하는지 알아보았다.

현재의 규범 및 관습이 영원히 지속되지는 않을 것이다. 우리가 증조부모의 취미 생활을 끔찍한 시선으로 되돌아보았듯이 우리의 증손주들 역시, 혹은 손주들까지도 우리의 규범을 공포에 질린 시선으로 바라볼 것이다. 이런 변화가 불가피했음을 이해한다 해도 과거의 악행은 용서되지 않는다. 하지만 사회가 끊임없이 가치를 갱신한다는 점을 떠올리면서 과거에 대한 비난의 수위를 낮추어야 할 것이다.

모든 언어는 의미 변경에 따른 변화가 진행되기도 전에 그 유용성이 반감되는데, 소셜 미디어로 인해 언어 변경 속도가 과거보다 더욱 빨라졌고 동시에 감당하기 힘든 수정이나 공개적 비난이 장려되었다는 사실도 알아보았다. 공개적 비난은 잘못될 경우 정체성에 가해지는 실질적 위협으로 느껴지기 때문에 사람들이 이념적 내집단에서 안전을 찾도록 부추긴다.

지금까지 소셜 미디어가 우리의 문화와 사회에 초래한 급격한 변화를 여러 장에 걸쳐 살펴보았다. 이제 방향을 바꿔 이런 변화가 인간의 주요 발명 뒤에 숨은 중요한 패턴과 어떻게 이어지는지 집중적으로 파헤쳐볼 것이다.

15

어두운 골짜기

THE DARK
VALLEY

 2000년대 초반, 처음 캄보디아에 갔을 때에는 도로에 정지 신호가 하나도 없었다. 도로는 대부분 1975년의 내전 이전에 허물어지고 남은 잔해이거나 그 지역 특유의 붉은 점토가 깔린 흙길이었다. 대개는 바퀴 자국에 깊이 패여 있었고 진흙투성이 구멍과 깊이를 알 수 없는 웅덩이로 가득했다. 길 위를 지나가려면 고통스러울 만큼 오래 걸렸다. 차 밑바닥이 떨어져 나가거나 오토바이가 고장 나지 않은 채 빨리 달리기란 불가능에 가까웠다.

 2000년대 초반에 UN과 세계은행이 공동 출자한 프로그램으로 6번 국도가 건설되었다. 그 당시에는 캄보디아의 최초이자 유일한 주요 포장도로였다. 도로는 수도 프놈펜에서 태국과 접한 국경까지 멀리 뻗어나갔다. 서양의 기준에서는 포장된 갓길이 딸린 2차선에 차들이 양방향으로 지나갈 수 있는 평범한 도로였다. 도로만 보면 그리 특별할 것이 없었다.

하지만 진창만 달리던 현지인들에게 새롭게 열린 이 길은 초고속 도로나 다름없었다. 전 세대가 시속 25킬로미터보다 빠른 속도로 운전할 수 있게 된 것은 이번이 처음이었기에 사람들은 즉시 도로를 질주했다. 너 나 할 것 없이 도로에 모여들었다. 갑자기 마을을 쉽게 오갈 수 있게 된 사람들이 200시시cc 혼다 오토바이를 타고 시속 80킬로미터씩 내달리기 시작했다. 결국 공공 안전은 재앙적인 결과를 마주했다.

오토바이 속도가 시속 25킬로미터일 때에는 헬멧도 필요 없고 고속 충돌을 걱정할 필요도 없다. 도로 자체의 장애물 때문에 자연스레 속도가 조절되는 데다 낮은 속도에서 벌어지는 사고로 사망하는 사람은 거의 없다. 하지만 시속이 80킬로미터에 이르면 운전자 자신은 물론 다른 누군가를 죽일 가능성이 몰라보게 높아진다. 안타깝게도 이런 사고가 충격적일 만큼 자주 벌어지기 시작했다.

2001년에서 2007년 사이에 캄보디아의 교통사고 사망자가 세 배 증가했다.[1] 도로 위에서 죽었거나 죽어가고 있는 오토바이 운전자를 1주일이 멀다 하고 마주쳤다. 끔찍한 사고가 일어나는 광경을 직접 목격한 일도 더러 있었다. 뒤틀린 차량, 무시무시한 부상, 정면충돌 같은 비극이 점차 일상의 무늬가 되었다. 필요할 때 언제든 긴급 구조대를 불렀지만 우리는 모두 도로 위에서 주기적으로 마주하는 시체에 무감각해지기 시작했다. 시골의 진창길을 이제 막 벗어나 향상된 효율과 속도를 경험한 사람들에게 업그레이드된 도로는 치명적이었다.

2009년에서 2012년 사이에 미디어 기반 시설에 일어난 변화도 이와 다르지 않다. 통신망의 속도와 확산성, 범위가 늘어나면서 환경이 어마어마하게 업그레이드된 것이다. 고속 감정 콘텐츠의 시대가 싹트기 시작하면서 의견과 감정적 콘텐츠가 재앙적으로 충돌하는 전혀 새로운 분야가 창출되었고, 그 결과 급속히 확산한 분노가 지금의 문화를 대거 지배하면서 피해가 속출했다. 우리 모두 도회지의 포장도로에 발을 디딘 시골 농부처럼 더없는 행복에 잠식되어 새로 획득한 속도와 연결성의 위험을 인지하지 못하고 있었다. 그리고 몇 년이 흐른 지금, 우리는 도로 위에 어지러이 널린 대학살의 흔적에 무감각해진 자신을 마주하고 있다.

물론 조금 더 발전한 나라에서는 매일 시속 100킬로미터가 넘는 속도로 질주하는데도 사고가 발생하는 경우는 많지 않다. 모두 수 년에 걸쳐 안전 운전에 대한 공공 교육과 교통 단속이 이어진 결과다. 운전은 여전히 우리가 매일같이 행하는 가장 치명적인 활동이지만 시스템과 법, 규범을 정립해 사람들에게 운전대 앞에 있을 때에 자신이 무엇을 하는지 확실히 인식하게 함으로써 위험을 줄이고 있다. 규제는 차와 운전자를 가능한 한 안전하게 한다. 이것이 수십 년에 걸쳐 점진적으로 진행된 과정이었고 주변에 쌓이는 잔해 더미를 보며 우리가 생각하기 시작한 일이었다.

| 어두운 골짜기

기술의 끔찍한 부작용은 충분히 예측 가능하다고 추정하고 싶겠지만 언제나 그런 것은 아니다. 이런 문제는 대부분 처음부터 본질적으로 눈에 보이지 않는다. 물론 그렇다고 문제를 해결할 책임이

면제되는 것은 아니다. 포드의 모델T 자동차가 처음 도로를 내달렸을 때 그로부터 100년 뒤에 자동차가 전 세계적인 기후 위기의 근원이 되리라고 예상한 사람은 극소수에 불과했다. 불과 얼마 전까지만 해도 비트코인이 한 국가의 배출량에 맞먹을 만큼의 온실가스를 만들어내리라 예상한 얼리어답터는 찾아보기 힘들었다.[2]

소셜 미디어는 작은 규모에서는 잘 보이지 않던 극단적 폐해로 가득 차 있다. 새로운 기술이 등장할 때마다 그 기술이 대규모로 사용될 때 미칠 부정적 결과는 도무지 예측하기 힘들다.

폐해가 간과되는 이유는 명확하다. 기업은 한정된 자원을 어디에 배치할지 우선순위를 정할 필요가 있다. 초기에 이런 자원은 흔히 성장에 도움이 되면서 기존 사용자들에게 가능한 한 지속적인 만족을 주는 곳에 투입될 필요가 있다. 모든 초기 제품은 오류나 극단적 사례 때문에 결국 해결이 필요한 경우가 있기 마련인데 규모가 작을 때 이런 문제는 사실 그리 큰 문제가 되지 않는다. 사용자 100명 중 1퍼센트에 해당하는 한 명이 어떤 오류나 문제 때문에 만족하지 못할 경우 초기 단계의 기업이 그 한 명의 문제를 해결하기 위해 온갖 노력을 기울인다는 것은 현명치 못한 선택이다.

하지만 사용자가 100만 명에 이르면 사소한 문제도 절대적으로 거대해진다. '사용자 1퍼센트'의 문제는 이제 1만 명의 문제가 된다. 일부 고객에게 끔찍한 경험을 제공하는 오류 같은 단순한 문제일 수도 있고 아니면 악의적인 소수가 제품을 부적절하게 사용해 타인에게 해를 입히는 등 사회 전반에 극심한 영향을 미치는 문제일 수도 있다. 단순히 규모의 부산물로서 또 다른 유형의 외부 효과일 수도 있다. 가령 제품이 폐기물 순환 과정에 유입되어 오염을 일으키면서 향후 모든 이에게 영향을 미치는 것처럼 말이다.

널리 사용되는 주류의 신기술은 대부분 인간의 번영을 한동안 저해할 수 있는 뜻밖의 해를 미친다. 운이 좋으면 이런 해악에 대한 폭넓은 이해와 개입이 이루어지며 사회가 최악의 폐해를 해결하고 최대한 번영하기 위해 기술과 통합되기 시작한다.

이는 진화생물학자들이 생물종의 번성 과정을 도표화할 때 사용한 도구, 즉 유기체가 환경에 어떻게 반응하고 적응하는지 보여주는 그래프로 나타낼 수 있다. 이 그래프는 산맥을 닮아 "적합도 지형fitness landscape"이라 불린다. 산맥에는 정상 혹은 최대치, 즉 모든 길이 내리막길로 접어들어 낮은 적합도로 이어지는 지점이 있다(관심 포착의 최댓값까지 상승하는 알고리즘을 기억하는가? 비슷한 그래프가 여기에도 적용된다). 생물종이 적합도의 산을 올라 더 큰 최대치로 향해 가다가 주어진 환경에서 성공을 거두면 번성하고 번식할 수 있다.[3]

적합도 지형은 동물이 번식 성공률을 높이기 위해 각기 다른 특성을 어떻게 진화시키는지와 관련해 생물학자들에게 유익한 정보를 제공하기도 하지만 동시에 인간이 새로운 기술에 어떻게 적응하는지 숙고하는 데 있어 유익한 비유가 되기도 한다.

새로운 기술을 창조하면 적합도가 극댓값에 이르고, 규모가 늘어남에 따라 부정적 효과가 축적되면 골짜기로 내려간다. 이런 경우 적합도는 인간의 집단적 번영과 유사하다. 기술이 널리 쓰이면서 새로운 문제가 등장하면 더욱 깊은 골짜기까지 내려가다가 출구를 발견하고는 결국 더 높은 고원을 오른다. 이런 골짜기는 (폐해가 심각할 경우) 깊을 수도 있고, (폐해가 심각하지 않을 경우) 얕을 수도 있다. (기술을 통합시킬 방법을 파악했을 경우) 골짜기가 더 높은 곳으로

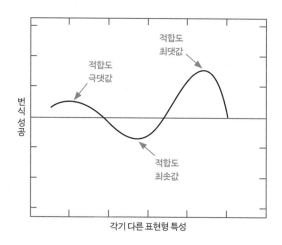

이어질 수도 있고 (방법을 파악하지 못했을 경우) 더 낮은 곳으로 이어질 수도 있다.

기술이 도입되면서 여러 문제가 숨겨지기도 한다. 이런 문제는 사회의 상당수가 기술을 사용하고 난 뒤에야 드러난다. 이런 식으로 대다수의 눈에 띄지 않다가 시기를 놓치고 만다. 결국 내가 "숨겨진 폐해의 어두운 골짜기dark valley of hidden harm"라 부르는 이 숨겨진 외부 효과의 기간은 사회가 부정적 영향에 반응하기 시작한 뒤에야 빠져나갈 수 있다. 이를 그래프로 나타내면 다음과 같다.

주요 기술은 대부분 이런 유의 그래프를 거치는데 변함없이 초기에 널리 채택되었다가 이후 사회가 그 폐해를 인식하는 순서로 이어진다.

골짜기에서 발생하는 사건은 순서가 정해진 것이 아니지만 대체로 폐해에 대한 인식, 폐해에 대한 연구, 그리고 개입의 필요성을 알리는 조사와 패닉, 정치가 조합된다. 이 과정은 기술의 폐해를 줄이

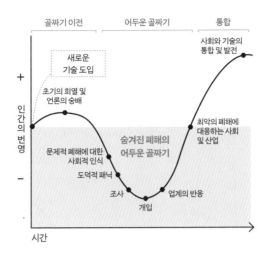

는 데 도움이 될 수도 있고 되지 않을 수도 있다.

이 골짜기가 **어두운** 것은 기술이 대거 수용되기 전까지는 그 폐해가 눈에 잘 띄지 않기 때문이다. 기술의 수용 곡선은 다음과 같은 모양을 띤다. 새로운 기술이 도입되고 언론의 숭배와 사용자의 희열이 이어진 뒤 결국 전면 수용에 이른다.

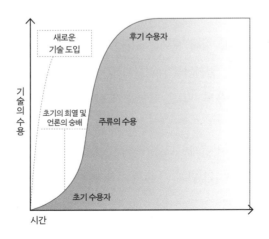

어두운 골짜기 위에 기술의 수용 곡선을 덧입히면 기술이 대규모로 수용되었을 때에야 비로소 어두운 골짜기가 드러난다는 사실을 알 수 있다. 새로운 사용자가 초기의 희열에 젖어 있는 데다 향후 막대한 문제를 유발할 수도 있는 극단적 사례가 눈에 띄지 않는 탓에 어두운 골짜기가 잘 드러나지 않는 것이다.

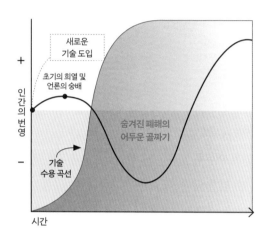

폐해의 어두운 골짜기가 '숨겨진' 이유는 널리 퍼진 폐해가 신규 사용자 쇄도나 주류의 제품 사용을 유지하기 위한 업계의 로비로 인해 눈에 잘 띄지 않기 때문이다.

시간의 흐름과 함께 새로운 도구를 힘겹게 수용하면서 우리는 집단적으로 이들 골짜기를 내려갔다가 다시 올라온다.

이 과정을 활용해 새로운 기술을 세 단계로 나누어볼 수 있다.

- 골짜기 이전 단계: 도구가 아직 널리 채택되지 않은 단계
- 어두운 골짜기 단계: 주류의 사용에 따라 폐해가 발생하지만 이를 해결할 명확한 전략이나 욕구는 보이지 않는 단계

- 통합 단계: 가장 심각한 폐해를 해결한 뒤 도구가 사회에 통합되기 시작하는 단계

각 단계에는 골짜기 자체의 깊이와 지속 기간을 줄이기 위해 해결하고 대응할 수 있는 질문 및 우선 사항이 있다.

일부 기술에 여러 골짜기가 존재하는 경우도 있는데, 이들을 건너가는 속도는 각각 다르다. 앞으로 보겠지만 자동차는 교통사고 사망 이외에도 큰 문제점이 여럿 있어서 이를 해결하는 데만 수십 년이 걸렸고 지금도 우리가 완전히 해결하지 못한 온실가스 방출이라는 문제가 남아 있다.

새로운 기술이라고 모두 어두운 골짜기가 있는 것은 아니다. 오늘날 우리가 마주하는 혁신은 대부분 이미 산업 내에서 많이 사용되고 있는 기존의 도구가 점진적으로 개선된 형태다. 금속이나 플라스틱을 강화하는 자재 생산 공정에 작은 변화를 주거나 제작 비용 효율을 조금 높이는 식이다. 더 위생적이고 질병 확산 가능성이 낮은 폐기물 처리 시설의 개선, 전력의 효율적 사용을 위한 전력망의 송전 변전소 현대화, 네트워크 속도 향상을 위한 코드 개선 등 작은 단위의 점진적 변화는 시스템 전반에 심각한 영향을 미치지 않는다.

어두운 골짜기가 상당히 완만하거나 단순히 심미적인 문제를 내포한 경우도 있다. 도시의 공유 스쿠터 사업 도입이 그 예다. 대도시 곳곳에 스쿠터가 볼품없이 쌓여 있는 문제는 명확한 주차 규제가 시행되지 않는 한 계속될 것이다.

반면 새로운 **미디어** 기술은 널리 사용될 경우 유난히 험난한 골짜기에 빠질 수 있다. 사용자가 대거 늘어나기 시작하면 세계에서

무슨 일이 벌어지고 있는지 **알아보고 이해하는** 능력이 갱신된다. 기술 자체의 폐해를 알아보고 이해하는 능력 역시 여기에 포함된다. 새로운 미디어 기술이 시스템 전반의 맹목과 혼란을 야기하면 문제 및 해결책을 파악하기가 애매하고 어려워질 수 있다.

소셜 미디어에서 무언가가 **잘못되었다**고 판단하려 할 때 어떤 과정을 거치는지 잠시 생각해보자. 앞서 말했듯 여러 학자 및 나와 같은 저술가 들은 이념의 노출 문제가 분명히 존재하며, 반대 의견을 가르는 알고리즘 분류에 따라 우리의 관점이 즉시 고립되고 있다고 확신했다.

하지만 보수주의자에게 물어보면 소셜 미디어의 근본 문제는 우파의 목소리와 관점을 알고리즘으로 억제하는 조직적 음모라고 말한다. 진보주의자에게 물어보면 같은 알고리즘이 보수주의의 목소리와 혐오 발언을 **장려하고** 있다는 답이 돌아올 것이다. 이런 관점은 각각 실제 사례로 증명할 수 있다(트럼프의 SNS 계정이 정지된 사건, 트럼프가 거대 플랫폼을 직접 구축한 사건이 그 예다). 이와 같은 기술이 만연해져서 센스메이킹 시스템 전반에 극적인 영향을 미치기 시작하는 시기에 **근본적인** 문제가 무엇인지 어떻게 알아볼 수 있을까?

일부 어두운 골짜기는 인류에게 충격적인 비극을 안긴다. 다시 자동차 이야기로 돌아가보자. 1920년대에 제너럴 모터스General Motors, GM는 테트라에틸납을 표준 휘발유 첨가제로 도입했다. 처음부터 위험한 물질임이 알려져 있었지만 GM은 엔진 압축비와 성능 향상을 위해 이런 납 기반 화합물을 가솔린에 첨가하기 시작했다.[4] 그 부작용으로 신경독인 납이 자동차 배기가스를 통해 환경에 분사되었다. 납은 인지 장애 및 공격성, 빈혈, 눈에 띄는 지능 저하, 사망까지 야기하는 참담할 정도로 해로운 화합물이다.[5] 수백 년 전부터 상당히 유독한 물질로 알려진 바 있었다. 이 첨가제의 초기 생산 과정에서 자동차 제조 노동자 상당수가 납 중독으로 목숨을 잃었다. 이런 소식을 접하고도 GM은 홍보 공세를 이어나갔고 자사의 화합물을 가솔린에 첨가하도록 미국 정부를 설득해 결국 승인을 받았으며 머지않아 이 납 화합물이 세계 기준이 되었다.[6]

이 끔찍한 실수를 바로잡기까지 50년이 넘게 걸렸다. 1970년대와 1980년대에 추가 연구가 진행되었을 때 전문가들은 유연휘발유가 공중 보건에 대참사를 일으켰고 이것이 전 세계 범죄율 증가와 수조 달러에 이르는 경제적 손실, 수백만 명의 사망으로 이어질 수 있다고 결론 내렸다. 당시 미국 환경 보호청이 유연휘발유 사용을 금지하자 다른 국가들도 단계적으로 이를 금지하기 시작했다. 이익 추구에 눈이 먼 기술이 인류 번영에 막대한 손해를 입혔다. 환경에 퍼진 소량의 납도 건강에 해롭다는 사실은 과학적으로 완전한 합의에 이르렀지만 어두운 골짜기는 50년 넘게 지속되었고 현대 역사상 최악의 공중 보건 재앙을 초래했다.[7]

▎통합으로 모두 보장되는 것은 아니다

거의 모든 도구가 통합에 이르면 우리가 그 도구의 문제를 더 잘 파악하고 이후 발생하는 폐해를 대부분 처리할 수 있지만 때로 착오가 일어나기도 한다.

일례로 원자력은 처음 도입될 당시 모든 에너지 문제를 해결할 구원으로 여겨졌다. 하지만 체르노빌 폭발 같은 대참사나 스리마일섬의 부분 용해와 같은 인지된 재난(되돌아보면 도덕적 패닉이었다)으로 원자력 에너지의 존립 가능성과 안정성에 대한 여론이 악화하면서 원자력의 인기는 시들해졌다. 중대한 폐해가 거의 파악된 지금, 원자력 에너지는 이런 사고 가능성을 염두에 두더라도 가장 안전하고 친환경적인 에너지 생산 기술이다.[8] 이 기술의 채택과 관련해 가장 거세게 이는 비판은 막대한 비용인데, 이 역시 지금은 세계 대부분의 지역에서 태양광 및 풍력 발전보다 저렴해졌다.

온실가스 배출량 감소를 목표로 삼은 전 세계 모델은 대부분 일정 정도의 원자력이 필요하다. 하지만 원자력 기술은 그에 관한 오명 때문에 여전히 정치적 논의 금지 영역으로 남아 있다. 미래의 참사에 대한 두려움으로 인해 원자력발전소가 폐기되고 그 자리를 화력발전소처럼 훨씬 더 더러운 에너지 발전 형태가 차지했다. 대다수 전문가들은 현대의 원자로에서 체르노빌과 같은 사건이 발생할 가능성은 제로에 가깝다고 입을 모은다.[9]

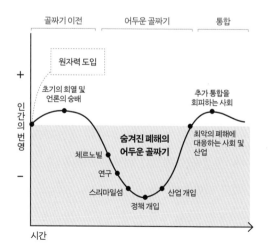

최악의 상황은 기술이 널리 퍼지고 그 폐해가 막대해져서 인류가 더 이상 피할 수 없는 지경에 이르는 것이다. 지금 우리는 그 지경에 이르지 않기 위해 맞서 싸우고 있다. 새로운 기술에 건강하게 적응하는 길을 찾아 이다음 고지대에 빨리 다다르고자 하는 것이다.

소셜 미디어는 유연휘발유인가, 원자력인가? 사회에는 얼마나 해가 되는 것인가? 어디서부터 잘못되었는지, 어디가 제대로 되었는지 파악하기 위해서는 그 폐해를 정확히 따져봐야 한다.

| 골짜기 안에서의 혼란

소셜 미디어에서 실제로 무엇이 잘못되었는지 파악하기란 본질적으로 힘들다. 마지막으로 한 번 더 2016년 미국 대선으로 돌아가 우리가 어두운 골짜기에 빠져들던 상황을 헤아리면서 지금의 감정이 어떤지 살펴보도록 하자. 대다수가 소셜 미디어의 절대적으로 기괴한 효과를 깨닫게 된 시점은 트럼프가 대통령으로 당선된 날이었다. 이 사건은 기존의 질서와 전통적인 정치적 방법론에 근본적인 충격을 안겼다. 사람들은 너 나 할 것 없이 혼란에 빠졌다. 트럼프 선거 캠프 내부에서도 자신들의 승리가 내심 놀라운 듯했다.

내가 다닌 대학교는 트럼프의 당선에 깊이 공헌한 지역으로, 뼛속 깊이 공화당을 지지하는 펜실베이니아에 있었다. 이 붉디붉은 지역에서 몇 년을 보낸 끝에 나의 정치적 피드는 어느 정도 다양성을 띠게 되었다. 선거가 끝나고 몇 주 동안 페이스북 친구 수십 명이 평소와 달리 새롭고 기이한 연대를 드러내며 서로를 친구 목록에서 삭제하는 광경을 목격했다. 플랫폼상의 오랜 친구와 지인들 사이에서 일종의 도덕적 필터, 즉 순도 테스트 같은 것이 적용되면서 다들 이렇게 말하고 있었다. "너는 아군이냐, 적군이냐?"

피드에는 독선적인 게시물과 함께 공포와 분노, 특히 실존적 절망이 깊이 느껴지는 메시지가 대거 흘러들었다. 반면 공화당을 지지하는 친구들 사이에서는 기쁨과 들뜸, 감사와 미래에 대한 낙관이 퍼졌다. 분열이 이렇게 적나라하게 드러난 적은 처음이었다.

두 집단에서 공통적으로 나타나는 바는 매우 뚜렷했다. 상대편이 자신의 관점을 이해하지 못한다는 사실에 대한 깊은 혼란이었다. 이렇게 오랫동안 한 나라에 살고 있으면서 트럼프가 진정한 대권 도전자라는 사실을 알지 못했다는 사실이 의아하게 느껴졌다. 의기양양해하며 무례하게 구는 지지자들조차 대부분 트럼프가 현실적으로 승리할 수 있는 후보라 생각하지 않았다. 트럼프가 당선된 날, 인터넷에는 다음과 같은 주장을 지지하는 해설 기사가 폭발하듯 쏟아졌다. "힐러리가 워낙 형편없는 후보였다." "언론이 잘못된 정보에 놀아났다." "여론조사가 틀렸다." "힐러리는 부패했다." "트럼프는 4D 체스를 두는 정치적 주동자였다."

대체 무슨 일이 있었던 것인가?

이번 사태를 그럴듯하게 설명하는 듯한 또 다른 아이디어도 있었다. 우리가 이념적으로 고립된 상태에 머물러 있다 보니 다른 사람들에게 보이는 것이 우리에게는 노출되지 않았던 것 아닐까?

이 개념은 저자이자 기업자로 몇 년 전 《생각 조종자들》을 쓴 일라이 패리저Eli Pariser가 대중에 알렸다. 패리저는 정치 및 인간관계

에서 일어나는 일이 본질적으로 알고리즘이 야기한 분리 문제라고 말했다.[10]

표면적으로는 이 가설이 옳은 듯 보인다. 미디어 환경에서 더 많은 선택이 주어질수록 우리가 타인의 의견으로부터 고립될 가능성은 더욱 높아진다. 편견을 확증하는 정보가 더 많이 제시될수록 자신의 성향을 믿을 가능성은 더욱 높아진다. 구글과 페이스북이 당신을 이념적으로 계속해서 분리해놓았다면 이를 어떻게 알 수 있겠는가?

이 주장은 학계의 이론으로도 뒷받침된다. 사회심리학에는 "접촉가설contact hypothesis"이라는 틀이 있다. 이에 따르면 자기 자신과 배경이나 의견, 문화가 다른 사람들과 확장된 접촉을 할 때 편견이 줄어든다. 심리학자 고든 올포트Gordon Allport가 차별을 이해하기 위해 개발한 이 가설은 편견을 줄이고 공감을 늘리는 성공적인 방편으로 지금까지 널리 언급되고 있으며 사람들이 어울려 살아가는 방

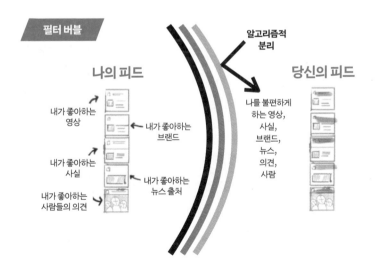

식으로서 오랜 세월 입증되었다.[11]

논리는 이렇다. 서로 이익이 되는 다른 환경의 사람들과 많은 시간을 보낼수록 그들에 대한 이해의 폭은 더욱 넓어질 것이다. 그들에 대한 이해의 폭이 넓어질수록 선입견이나 내재적 편견은 더욱 줄어든다. 더 많은 연결이 곧 더 많은 공감을 야기한다.

민주당 지지자 대부분이 트럼프 지지자들과 가상의 공간에서 충분한 시간을 함께 보내지 않은 것이라고 하면 어떻게 될까? 필터 버블이 우리를 고립시키고 있다면 진보주의자들이 공감적 관계를 맺을 수 있는 기회가 기계적으로 상실되었다고 추정하는 것이 가능하다. 뉴스 피드의 세계에서 이런 알고리즘은 본질적으로 우리의 선호도를 기반으로 정보를 저장하고 제공한다.

그 결과 개개인의 확증 편향을 충족시키는 데에 집중된 정보가 흘러 들어온다. 우리의 관심에 최적화된 피드는 또한 기존의 세계관을 지지하고 강화하는 데 최적화될 것이다.

이 가설은 그럴듯하다. 인간의 확증 편향은 강력하고 자신의 성향과 일치하는 정보를 소비하고픈 욕구 역시 강력하다. 우리는 그렇게 책을, 잡지를, 영화를, 뉴스 채널을 고른다. 인터넷에 의해 어느 때보다 파편화된 소비가 가능해졌다. 이들 도구가 그에 맞게 설계된 것이라면 온라인 세계에서 이런 일이 일어나지 말라는 법이 어디 있겠는가?

듀크대학교 교수 크리스 베일Chris Bail이 현실을 파악해보기로 했다. 동료들과 함께 실험을 구축한 뒤 사람들에게 대가를 지불해 정치적 신념이 정반대인 봇을 따라가게 했다. 실험 목표는 엇갈린 정치적 관점에 노출된 사람들이 자신의 의견을 바꿀 것인지, 특히 사람들의 필터 버블을 터뜨리면 서로에 대한 반감이 줄어들 수 있을지 알아보는 것이었다.

연구진은 사람들이 다른 정치적 이념에 노출되면 더욱 열린 합의에 이르러 상대편의 관점을 더 잘 이해하게 될 것이라고 추정했다. 그래서 사전과 사후의 '정서적' 양극화, 즉 상대편에 대한 사람들의 반감이 어느 정도인지 측정했다. 필터 버블을 터뜨리면 상대편의 정치적 관점에 대한 친밀감 및 이해도가 높아져서 양극화 현상도 줄어들 것이라는 가정이 맞는지 실험했다.

결과는 충격적이었다. 두 집단 간, 즉 진보주의자와 보수주의자의 정서적 양극화는 상대편의 정치적 견해에 노출된 뒤 더욱 **뚜렷해졌다**. 민주당 지지자보다 공화당 지지자 측의 증가 폭이 눈에 띄게 컸지만 양측 모두 관대함이 줄어들고 양극화는 심해졌다. 아울러 양측 모두 다른 관점에 노출된 뒤에 상대편에 대한 의견이 오히려 더욱 **악화**되었다.[12]

이로써 필터 버블과 메아리 방이 우리에게 미치는 영향과 관련해 여러 가설과 상반되는 결과가 나왔다. 사람들은 배타적으로 견해를 확증하는 버블 안에 숨어 있는 것이 아니었다. 무언가 다른 일이 벌어지고 있었다.

디지털 플랫폼상의 대화에서 벌어지고 있는 현상에 대한 이와 같은 견해는 어떤 유형의 콘텐츠가 널리 퍼지는지를 기억해보면 더욱 이해가 간다. 무엇보다 극단적이고 선동적인 콘텐츠가 가장 빨리, 멀리 퍼졌다.

소셜 미디어에서 사용자들은 타인이 제시하는 주장의 최상 버전에 노출되는 것이 아니다. 그보다는 가장 **극단적인** 관점에 주로 노출된다. 그러니 반대편의 정치 봇을 따라간다고 해서 설득될 가능성은 낮다. 오히려 좀 더 온건한 견해라면 누군가의 관점이 그쪽으로 기울게 하는 데 도움이 될지도 모르지만 다름 아닌 정치적 내집단의 관심을 끌 가능성은 극단적인 관점이 훨씬 더 컸다.

패리저가 말한 필터 버블은 실제로 존재하지 않는다. 그보다 더 치명적인 일이 벌어지고 있었다. 소셜 미디어가 작동하는 사이, 반대되는 견해가 아닌 온건한 견해가 사라지고 있었다.

새로운 기술의 어두운 골짜기를 따라 내려가면서 실제로 무슨 일이 벌어지고 있는지 파악하기란 극도로 힘들다. 이와 관련해 여러 이론이 존재하지만 가장 그럴듯한 것이 언제나 맞는 것은 아니다. 물론 패리저의 가설은 잘못되었을지 모르는 현상에 관한 대화와 연구에 정보를 제공했다. 현실이 이론과 놀라울 정도로 다르다는 사실이 밝혀졌지만 그는 우리의 사고를 상당히 진전시키는 데 기여했다.

이 장을 마치며

이번 장은 사회가 새로운 기술을 수용하면서 얼마나 자주 난관에 직면하는지 살펴보며 시작했다. 캄보디아에서는 포장도로 같은 단순한 변화가 과속 운전이나 교통법규를 경험해보지 못한 세대에 심각한 문제를 야기했다.

이것은 다양한 신기술이 도입될 때마다 일관적으로 관찰되는 패턴이다. 이를 숨겨진 폐해의 어두운 골짜기라 부르는데, 신기술이 널리 채택된 뒤 부정적 효과가 발생하는 기간을 뜻한다.

이런 적응 기간이 생물학자들이 말하는 적합도 지형, 즉 생물종이 극댓값에서 아래로 내려간 뒤 진화적 적합성이라는 더 높은 지형에 이르기 전까지의 기간과 닮아 있다는 사실을 알아보았다. 전환기는 '골짜기 이전', '어두운 골짜기', '통합'의 세 단계로 이어졌다. 이들 단계는 새로운 기술의 채택으로 인한 초기의 희열에서 사회적 인식과 도덕적 패닉, 연구로 이어지고 결국 개입을 야기하며 서서히 통합을 향해 올라간다.

이와 관련해 지난 세기에 벌어진 두 가지 주요 사례를 살펴보았다. 첫 번째 사례는 테트라에틸납 함유 휘발유로, 인체에 해롭다는 초기의 연구 결과에도 불구하고 사태가 해결되기까지 50년이 넘게 걸렸다. 유연휘발유 사용으로 사회 전반에 막대한 피해가 발생하면서 사용이 전면 금지된 것이다. 두 번째 사례인 원자력은 역시 막심한 손해를 야기했지만 피해를 경감하는 방법을 익히는 계기가 되었다. 인류가 여전히 새로운 원자력을 꺼리는 것은 가장 심각한 위험을 다스리게 된 뒤에도 과거의 실패에 대한 기억이 여전히 생생하게 남아 있기 때문이다.

이번 장의 핵심 아이디어는 **주요 신기술에는 대개 숨겨진 폐해의 어두운 골짜기가 있다**는 것이다. 새로운 도구를 대규모로 수용하면 인류의 번영에 부정적 영향을 미치는 외부 효과를 불러올 것이다. 모든 폐해를 피하려 하기보다는 특히 언론의 숭배와 대중의 급격한 수용이 이어지는 시기에 몇 가지 좋지 않은 결과를 예측할 수 있어야 한다. 이런 어두운 골짜기가 예상된다면 지속적인 조사와 성찰을 통해 골짜기의 깊이(나쁜 정도)와 너비(지속되는 정도)를 줄이는 데 초점을 맞출 수 있다.

새로운 미디어 기술에서 어두운 골짜기가 유독 험난한 까닭은 그런 기술이 우리의 센스메이킹 능력, 즉 어떤 위협이 실제적인지 판단하는 집단적 사고 과정에 영향을 미치기 때문이다. 이와 관련해 2016년 미국 대선 기간 동안 소셜 미디어에서 벌어진 상황을 살펴보았다.

3부에서는 시간을 거슬러서 역사상 가장 기념비적인 미디어 붕괴 사건을 알아보려고 한다. 각각의 사례를 통해 붕괴 및 개입의 일관된 패턴을 이해하고 소셜 미디어의 폐해에 어떻게 대처해야 하는지 익힐 수 있을 것이다. 지금 우리가 겪고 있는 이 순간은 전례가 없는 것이 아니다. 우리는 전에도 이런 상황을 겪은 적이 있다.

3부
기계의 역사

History of the Machine

Jtrage Machine

16

바이럴리티의
고대사

THE ANCIENT HISTORY
OF VIRALITY

우리 종은 오랫동안 존재해왔다. 인류 역사 대부분에서 지식은 그저 흩어져 사라졌다. 끔찍한 참극과 전쟁, 대학살이 난무했다. 믿을 수 없는 영웅주의와 고전 끝의 완전한 승리. 여러 언어와 문화, 사람들이 송두리째 다른 언어와 문화, 사람들에 흡수될 수도 있었다. 모든 것이 잊혔다.

지식이 머무르지 못한 것은 이를 적용할 매체가 없었기 때문이다. 이름과 얼굴, 사건은 구전 역사를 통해 다시금 쓰일 테지만 이마저도 그리 오래 남지는 않을 것이었다. 오직 일부만이 그나마 몇 세대까지 이어지다가 결국 신화에 흡수되거나 영원히 사라지고 말 것이었다. 인류는 글을 쓸 수 있게 된 뒤에야 기록할 수 있었다. 인쇄할 수 있게 된 뒤에야 비교할 수 있었다.

인간 종의 역사를 이해하는 것은 오랜 세월로 빛이 바랜 작은 사진 조각들이 담긴 액자를 되돌아보는 것과 같다. 이렇게 해서 인간 형태의 대략적인 윤곽은 그릴 수 있지만 얼굴이나 뚜렷한 특징을 알아보기는 힘들다. 이미지는 사라졌고 우리는 그들의 삶과 투쟁에 나름의 해석을 적용해 추론해야만 한다.

우리가 알고 있는 바는 지구 곳곳의 모든 문화에 걸쳐 인간이 새로운 소식을 접하고 공유하기를 갈망했다는 것이다. 인류의 조상은 정보가 취약한 세상에 살았고 새로운 지식에 노출될 길이 별로 없었다. 이 때문에 인류의 뇌가 설탕을 갈망하듯 새로운 정보를 갈망하도록 진화한 것인지도 모른다. 설탕과 정보 모두 인류의 생존에 도움이 될 뿐더러 자연에서 드문 것이었다.

과거에 최신 지식은 생사가 걸린 문제이기도 했다. 위험이 어디에 도사리고 있는지, 누구를 믿어야 하는지, 무엇을 피해야 하는지 알려면 지식이 있어야 했다. 새로운 지식은 소비하는 상품이면서 또한 교류 의식이었다. '뉴스news'라는 단어의 기원은 문자에서 그대로 드러난다. 사람들이 알고 전달하는 "새로운" 것들이다.[1]

고대사회는 산업 시대에 비하면 극히 일부에 불과할 정도로 (지구상에서 가장 큰 도시는 대부분 인구가 10만 명이 채 되지 않았다) 인구가 적었을 뿐만 아니라 관점도 좁았다.[2] 세계는 기본적으로 눈앞에 뚜렷이 드러나지 않았다. 불완전하고 순간적인 환영일 뿐이었다. 삶은 느리게 순환하면서 따분하게, 좁은 지역 안에서 흘러갔다. 어떤 뉴스든 미지의 것을 잠깐 스쳐 갈 뿐이었다.

지방에서 여행객이 뉴스를 안고 도착하는 날은 1년 중 가장 중요한 정보가 쏟아지는 특별한 날이었다. 글이 적힌 양피지나 편지가 사람들 앞에서 큰 소리로 읽히면 그것이 낯선 세상으로, 또 다른 현실로 나아가는 새로운 창이 되었다. 주요 사건에 대한 뉴스는 충격적일 만큼 느리게 전파되었다. 아득히 먼 별에서 빛이 방출되듯, 사건에 대한 의견은 그 일이 발생하고 한참 뒤에야 알려졌다.

문명의 이야기는 서서히 진화하는 뉴스 네트워크의 이야기다. 각각의 네트워크는 몇 세기에 걸쳐 심혈을 기울여 구축되고 개선되며, 갓 도입된 기술에 의해 지식의 이동이 개선될 때마다 영향을 받았다.

지식은 권력과 이어져 있었다. 네트워크를 통해 뉴스가 더 빨리, 더 멀리 퍼질수록 통치자가 나라를 다스리기는 더욱 수월했다. 네트워크는 권력을 쥔 자들에게 워낙 중요한 것이었기에 원활한 작동을 위해 아낌없는 투자가 이어졌다. 쿠빌라이 칸Kublai Khan 시대의 원나라 기록에 따르면 우편 업무에 대륙 전역의 우체국 1,500여 곳이 포함되어 있었고 광대한 제국 전역으로 배달하는 운반원 역시 대거 포진해 있었다.[3]

마찬가지로 우편제도인 '쿠르수스 푸블리쿠스cursus publicus'에 쏟은 세심한 관심은 로마의 막대한 강점 중 하나였다. 운반원의 방대한 네트워크를 구축해, 위협을 받을 경우 용이하게 배치된 각 지점에서 추가 인력을 소집할 수 있었다. 국가의 권력은 정보를 빠르게 공유하는 능력과 직결되어 있었다. 다시 말하면 빠른 뉴스가 정부 통치의 중추였다.[4]

하지만 정보는 이를 전달하는 인간이나 짐승의 한계 때문에 속도가 제한되어 있었다. 1516년 유럽에서 뉴스의 가장 빠른 이동 경로 중 하나는 안트베르펜에서 로마로 이어지는 우편제도였다. 맹렬하게 빠른 이 제도를 활용하면 로마에 사는 사람이 약 1,500킬로미터 떨어진 지금의 벨기에에서 어떤 사건이 벌어진 뒤 단 11일 만

에 뉴스 속보를 받아볼 수 있었다.[5]

이런 우편제도가 최초의 뉴스 네트워크였다. 이 네트워크의 연속적인 속도로 누가 권력을 장악하고 유지하는지 결정되었다.[6] 그렇기에 교역과 통치를 위해 정보 네트워크에 막대한 투자가 이어졌다. 오래된 중앙 우편국이 왜 그렇게 거대한지, 기둥과 중앙 홀을 갖춘 우람한 건물에 의아해한 적이 있었다면 이것이 그 이유다. 우체국은 국가권력의 상징이었고 이를 과시하는 방편이었다.

인류의 정보 네트워크는 수년에 걸쳐 속도와 정확성이라는 두 가지 핵심 요소를 중심으로 개선되었다. 계속 향상되지만 서로 모순되는 이 두 가지 변수 안에서 뉴스의 역사를 살펴볼 수 있다. 속도와 정확성이 모순되는 것은 뉴스의 확산 속도가 빠를수록 정확성이 떨어질 확률이 높기 때문이다. 모든 뉴스에는 본질적으로 이런 긴장감이 서려 있다. 정확성이 떨어지더라도 우리는 뉴스가 즉시, 신속히 전달되기를 원한다. 새로운 것을 갈망하면서 동시에 진실하기를 바란다.

바이럴리티를 향한 지금의 집착도 마찬가지로 동일한 함정에 빠진다. 바이럴 뉴스는 정확도가 떨어지지만 우리는 여전히 그것을 원한다. 새로움에 대한 인류의 오랜 갈망이 정점에 달한 것이다.

그밖에 뉴스는 또 다른 영향을 미친다. 뉴스를 보면서 우리는 사회에 더 많은 시간을 쏟는다. 더 넓은 세계를 이해하고 관심에 두고자 한다. 뉴스는 우리 자신은 물론 인류 전체에 무엇이 중요한지 파악하는 장이 된다. 뉴스를 소비하면서 인류에 관심을 기울이는 것이다.

| 자연적이고 치명적인 루머

잘못된 바이럴 정보는 소셜 미디어와 악의적 이용자가 기여한 현대의 발명품이 아닐까 하는 생각이 든다. 하지만 가짜 뉴스는 뉴스 자체만큼이나 역사가 깊다. 유사 이래 거짓이 사실인 양 널리 퍼져서 몇 달 혹은 몇 년째 정정되지 않다가 결국 진실로 받아들여지는 경우가 적지 않다.

이런 가짜 이야기는 대체로 결과가 명확하지 않다. 가령 1569년에는 영국 레스터셔의 한 여성이 고양이를 낳았다는 사실이 "확인"되었다는 보도가 사실처럼 널리 받아들여졌다. 그런가 하면 비극이나 공포로 이어지는 뉴스도 있었는데, 흑사병이 독으로 가득 찬 유대인의 우물에서 비롯되었다는 소문이 번지면서 유럽 전역에 처형과 폭력적 학살이 자행되기도 했다.[7]

사실이 입증된 뉴스 시스템이 정립되기 전까지 대부분의 뉴스에는 도덕적 형체가 있었다. 계몽주의 시대에 이르기까지 집단적 센스메이킹은 대체로 종교적 수단을 통해 이루어졌다. 일례로 샴쌍둥이의 탄생은 부모의 도덕적 결함이나 죄악을 드러내는 기괴한 징후로 여겨졌다.[8]

1500년대 중반, 영국의 세인트 폴 대성당과 같은 대형 교회의 첨탑이 벼락을 맞으면 자연재해가 아니라 새롭게 복원된 개신교에 대해 신이 심판을 내린 것이라 받아들여졌다. 가톨릭교도인 팸플릿 집필자는 이를 대죄의 증거이자 미사 폐지에 대한 신의 마땅한 분노라는 글을 실었다. 개신교도인 주교는 이를 종교개혁이 **충분히** 빨리 진행되지 않았다는 신의 신호로 받아들였다.[9]

인류의 조상은 삶의 불확실성 속에서 신의 흔적을 찾았다. 그 뿌리는 도덕적 자극을 통해 세계를 이해하고자 오래전부터 이어진 결과론적 시도에 있었다.

지금 우리가 도덕적 또는 종교적으로 잘못된 정보라 여기는 것은 단순히 뉴스였고, 그것이 당시 사람들이 구할 수 있는 최상의 것이었다. 이런 종류의 미신적이고 자극적인 센스메이킹이 일상에 만연했다. 도덕적 의미가 부여된 설명이 진실로서 군림했다.

시사를 전달하는 책임자들은 주기적으로 사건에 색을 입히고 장식을 덧대었다. 유럽에서 뉴스의 주요 원천은 글을 읽고 쓸 수 있는 성직자들이었는데, 이들은 사건이 신의 계획 안에서 벌어진 것으로, 덕이 있는 사람에게 펼쳐진 기적이나 불경한 이들에게 가해진 처벌이라고 전했다. 그 당시에 자주 그랬던 것처럼 역병이 돌 때에는 그것이 도시의 죄악에 대한 불가해하고 신성한 힘의 응징이라거나, 성스러운 존재의 알 수 없는 의지라고 보도되었다. 널리 퍼지는 소문은 주기적으로 멀리까지 뻗어나가 엄청난 고통을 야기했다. 이런 근거 없는 소문에 따른 린치나 민족적 박해가 흔하게 벌어졌다. 그 자체가 도덕적 센스메이킹의 기능이었다. 경험주의가 확립되기 전까지는 원인과 결과에 도덕적 판단이 깊이 스며들어 있었다.

제도적 권위가 아무 근거 없는 의미의 실타래까지 뻗어나갔다. 이야기가 보도되었지만 그중에 지금 우리가 사실이라 부를 만한 것은 드물었다. 예기치 않은 일식이나 혜성이 임박한 재앙이나 정치적 격변의 증거라고 보도되었다.

| 사실과 마찰

시대에 상관없이 소문과 거짓은 두 가지 기본 단계를 거치며 퍼진다. 바로 발견과 입증되지 않은 지식의 확산이다.

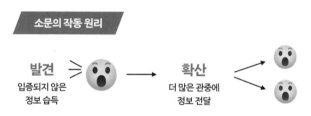

소문이란 단어는 일종의 정보 폭포를 가리키는데,
검증되지 않은 출처에서 비롯된 믿음을 제시한다는 의미다.[10]

거짓이 널리 확산됨에도 불구하고 사업가나 통치자, 정치인은 여전히 신뢰할 만한 지식과 사건에 대한 정확한 설명을 요구한다. 그들은 시기적절하고 믿을 만한 뉴스에 거액을 소비할 것이다. 그들에게 고용된 이들, 즉 최초의 저널리스트에게 진실 추구는 끊임없는 투쟁이었다. 몇 세기 동안 뉴스를 전달하는 유일하게 확실한 방법은 패치워크 시스템으로, 상인과 성직자, 귀족의 후원을 받아 여러 운반원이 메시지를 보내는 것이었다. 이런 뉴스는 꼼꼼하게 수집되고 작성되어 검증되었다.

검증의 형태는 여러 가지였다. 예를 들어 신문이 널리 유통되기 전에는 양가죽을 공들여 늘리는 양피지 제작 기술을 사용해 그 위에 메시지를 적었다. 하지만 양피지 가격이 비싼 데다 가죽 자체의 크기가 제한되어 있어서 메시지가 짧고 간략해야 했는데, 이런 상황은 문자 수를 제한한 초기 소셜 미디어 플랫폼과 다르지 않았다. 그 말인즉 전달자가 메시지 뒤에 숨은 세부 정보와 맥락을 직접 전달해야 한다는 뜻이었다. 양피지 문서는 권한을 부여하며 이렇게 말하는 것과 같았다. "이 문서를 소지한 자를 믿어라." 전달자를 선택할 때에도 세심한 주의가 필요했는데, 검증된 사람이어야 한다는 것이 필수 조건이었다.[11]

뉴스 작성자는 자신의 명성과 후원을 잃지 않기 위해 뉴스를 알리기 전에 2차, 3차 출처를 통해 전달자와 이야기를 공들여 검증함으로써 지식 공유 과정에 지금 우리가 "마찰friction"이라 부르는 것을 추가했다.

이런 마찰이 초기의 뉴스 보도를 정의하게 되었다. 시기적절하고 정확한 뉴스는 믿기 힘들 만큼 비쌌고 검증된 운반원과 전달자가 필요했다. 이것이 최초의 우편제도였다. 뉴스 작성자가 우체국에서 특전을 직접 작성하면 집배원들이 비밀스레 요금을 받고 이를 전달했다. 지금도 신문사 이름에 '포스트post'가 붙은 것을 보면 그 유물이 오랫동안 이어지고 있음을 알 수 있다.

| 도달과 검증

초기 미국 신문은 믿을 만한 것과 거리가 멀었다. 대중을 상대로 한 최초의 신문은 대부분 거짓과 추문, 노골적으로 편파적인 이야기를 공격적으로 유포하고 특히 섬뜩한 범죄 보도에 집중하면서 관심을 끌기 위해 경쟁했다. 그러던 것이 19세기에 접어들어 일부 신문이 서서히 성숙해지고 전문화하면서 사실 기반 보도로 명성을 쌓았고 **객관적인** 뉴스 출처로서의 신뢰와 지위를 얻었다.[12]

제1차 세계대전 당시 검증되지 않은 프로파간다가 사방에서 쏟아지며 흥분이 극에 달했고 모든 교전국이 여론을 얻기 위한 대규모 쟁탈전에 돌입했다. 전쟁이 끝날 무렵에는 정보가 강력한 무기라는 사실이 확실해졌다. 정보 하나로 군대를 동원하고 폭력적인 군중을 선동하는가 하면 국가의 안전을 위협할 수 있었다.[13]

전쟁이 끝난 뒤, 저널리스트들을 자극하는 문제적이고 전혀 새로운 유인책이 마련되었다. 홍보라는 전문직이 등장하면서 전문 마케터들이 이 새로운 도구를 활용해 제품을 판매하고 여론을 대규모로 조작하기 시작한 것이다. 이 조직적인 진실 조작에 대응해 미국에서는 언론 산업을 전문화하고 사실 중심의 언론 학교를 세워 더 많은 마찰을 도입하는 결연한 노력이 이어졌다. 이들 학교 중에는 악행을 일삼은 최악의 초기 범법자가 후원하는 곳도 있었다. 그중 대표적인 인물인 조지프 퓰리처Joseph Pulitzer는 언론을 위한 퓰리처상을 제정하고 컬럼비아대학 언론 학교에 거액을 기부하기도 했지만 그전까지는 선정적인 황색 언론 공급에 생애의 대부분을 바친 이력이 있었다.[14]

뉴스를 수집하고 배포하는 이런 패치워크 시스템이 정보를 확산하기 전에 실증적으로 검증하는 지배적인 방식으로 차츰 자리를 잡았다. 우리가 신문 기사 작성자를 믿게 된 것도 그들이 대체로 소문의 진위 여부를 확인했기 때문이다. 이 과정을 통해 최초의 대중매체 네트워크, 즉 전국 신문 및 전국 라디오가 등장했다. 신문과 라디오는 서서히 텔레비전에 자리를 내주었고, 이 세 가지 새로운 플랫폼 사이에서 저널리즘의 신조에 고무된 세계적인 미디어 시스템이 세를 넓혀갔다. 정보의 자연스러운 확산에 마찰을 더하는 이런 과정이 오늘날 뉴스 산업의 핵심이 되었다.

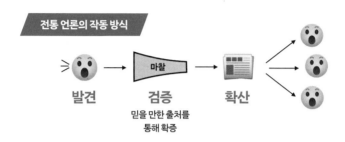

라디오에 이어 텔레비전이 부상하면서 뉴스는 계속 진화했다. 이런 기술을 통해 정보가 전례 없이 멀리 뻗어나갔지만 문지기 역할은 여전히 사람이 맡고 있었다. 대중, 즉 사로잡힌 청중captive audience(라디오, 확성기 등이 갖추어진 환경 안에서 어쩔 수 없이 들어야만 하는 청중-옮긴이)은 똑같이 **객관적인** 정보에 노출되었다.

미국의 네트워크 시대에 언론은 기본적으로 더욱 강력해졌고 〈NBC〉와 〈CBS〉, 〈ABC〉 주요 세 언론에서 미국인 대다수의 관심을 통제했다. 얼마 안 되는 지역신문사와 더불어 이들 방송사가 미국 전역의 뉴스 안건을 지정했다. 그들의 편집 성향이라 부를 수 있는 취재 메커니즘은 몇 안 되는 편집자가 담배 연기 자욱한 회의실에서 사람들이 무엇을 보아야 하고 무엇을 보지 말아야 할지 결정한 결과였다.[15]

방송 언론의 작동 방식

발견 → 검증(마찰) → 확산
라디오,
텔레비전

이 시스템에는 큰 결함이 있었다. 막강한 정부 당국이나 기업, 기관에 대한 보도는 특히 해당 채널이나 신문의 경제적 이해관계와 충돌할 우려가 있는 경우 무비판적으로 이루어졌다. 권력에 접근하는 대가로 정부 관료의 실책을 눈감아주는 일도 잦았다. 뉴스의 출처가 단일한 것도 결함이었다. 주류에서 벗어난 의견은 좀처럼 허용되지 않는 독점이나 다름없었다. 그래도 사실은 검증되었다. 정치인이 잘못을 저질렀을 경우 저널리스트는 여전히 경쟁적으로 질문을 던지고 그에 대해 보도했으며 해당 문제의 사실 여부를 두고 앞다투어 특종을 실었다.[16]

이 거대 플랫폼이 정치에서 워낙 막강한 영향력을 행사했기에 1927년에 미국에서 균등 시간 할당법Equal Time Rule이 제정되었다. 어느 정당의 후보든 황금 시간대에 라디오나 텔레비전에 출연하는 경우 상대 후보에게도 동일한 방송 시간을 허용해야 한다는 것이었다. 방송사는 이러한 힘의 균형을 맞추기 위해 각 당의 후보를 두루 수용해야 했고 편집상의 관점을 위해 대체로 주요 두 정당에 초당적인 기회를 부분적으로나마 제공해야 했다.[17]

이런 언론 독점 시대를 지나면서 대다수의 전문 기자들은 노골적으로 거짓인 바이럴 소문의 확산과 관련해 언론의 기준을 고수했다. 이에 따라 잘못된 정보의 뿌연 안개는 대부분 걷혔고 전염성 강한 거짓은 대중 사이에 널리 확산되지 않았다.

조너선 라우시Jonathan Rauch가 자신의 저서 《지식의 헌법》에 언급한 것처럼 몇 세기에 걸쳐 구축된 언론의 이런 시스템은 거대한 깔때기와 닮았다고 볼 수 있다. 깔때기의 넓은 주둥이로 소문과 풍문, 흥미진진한 가십, 억측 등 온갖 정보를 취한다. 큐레이션과 확증, 비판의 절차를 거쳐 반대쪽 끝에 도달한 소량의 정보만이 실제 사건에 관한 지식, 즉 뉴스가 되는 것이다.[18]

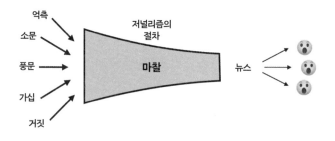

오늘날의 모든 성인은 이런 정보 생태계가 현대적으로 구체화한 환경에서, 즉 완전하진 않지만 진실과 거짓의 균형을 공들여 유지한 환경에서 살아왔다. 우리가 태어난 인식적 환경은 마찰을 이용해 정확한 정보에 특권을 부여하도록 구축되었다.

▌바이럴 시대

10년이라는 짧은 기간 안에 인터넷과 소셜 미디어가 이 깔때기를 산산이 조각냈다. 먼저 인터넷이 발행 방식을 바꾸어놓았다. 1990년대 말에 블로그 플랫폼이 등장하면서 저널리스트 동료의 비판적 시선을 받을 일 없이 누구나 언제든, 무엇이든 발행할 수 있게 되었다. 이제 발행은 민주화되었고 비용도 들지 않았다.

소셜 네트워크가 등장하면서 배포 및 도달 방식 역시 변화했다. 10년 안에 수억 명의 사람들이 타깃 설정이 가능하고 마찰이 없는 새로운 온라인 공동체에 영구히 머물 수 있게 되었다. 집단은 문지기 없이 평범한 사람들이 정보를 공유하는 디지털 모임 장소가 되었다. 클릭 한 번으로 공유가 가능해지자 사람들이 정보의 배포와 확산에 적극적으로 참여했다. 뉴스 피드에서 짤막한 게시물이 친구에게, 또 친구의 친구에게 쏟아졌다. 큐레이션 알고리즘은 '좋아요'와 즐겨찾기를 활용해 무엇을 소개할지 결정했고 추천 엔진은 매력적인 콘텐츠를 더욱 멀리 내보냈다.

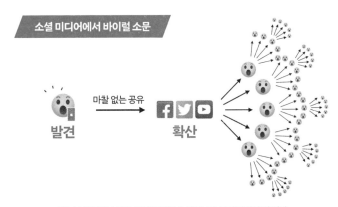

소셜 미디어에서 바이럴 소문

발견 → 마찰 없는 공유 → 확산

오늘날 바이럴 소문은 전통적인 방송 매체보다 도달 범위가 더 넓다.

마찰이 줄어들자 새롭고 중요한 목소리가 들려왔지만 동시에 강력한 영향력을 갖춘 잘못된 바이럴 정보 역시 급속히 확산했다. 바이럴 시대에 접어들면서 지식의 신뢰도를 유지하는 검증 시스템이 갱신되지 않은 채 잘못된 정보의 전파 속도와 확산 범위만 증가했다.

일례로 2020년 대선 당시 도둑맞은 선거와 CIA 슈퍼컴퓨터에 대한 얼토당토않은 헛소문이 순식간에 퍼지면서 사람들이 이를 공유하고 확증하자, 소문은 그럴듯한 것처럼 **느껴졌다**. 큐어난QAnon(온라인에서 활동하는 미국의 극우 음모론 집단-옮긴이)은 온라인에서 작은 음모론으로 시작해 회원 수백만 명을 거느린 탈중심적 온라인 컬트 집단으로 거듭나면서 아동 밀매에 가담했다고 의심되는 기업에 대해 터무니없는 이론을 격렬히 퍼뜨렸다. 코로나19 팬데믹 당시에는 무수한 가짜 뉴스와 음모론을 옹호하며 명백하고 분명한 거짓을 이야기하는 〈플랜데믹Plandemic〉(계획된 팬데믹이라는 뜻-옮긴이)이라는 영상이 퍼지면서 수백만 명에게 노출되었고 결국 플랫폼에서 이 영상의 게시를 금지하기에 이르렀다.[19]

그 결과 우리는 역사의 과도기를 보내고 있다. 마찰이 줄어들면서 새롭고 중요한 목소리가 들려왔지만 한편으로는 근본적으로 위험하고 잘못된 바이럴 정보도 급속히 확산되었다. 소문은 업그레이드되었고 그 진위를 따지는 언론적인 마찰은 다운그레이드되었다.

┃소음에서 온 신호

지금이라는 이 시간은 사실과 거짓의 역사에 대해 그리 많은 것을 보여주지 않는다. 어떻게 지금 이 순간에 이르렀는지 진정으로 이해하고 싶다면 시간을 한참 더 거슬러 올라가야 한다. 시야를 넓히면 새로운 정보를 공유하고 처리하는 방식에서 드러나는 기본 패턴을 알아볼 수 있다.

새로운 미디어 기술이 도입될 때마다 우리는 거대한 변화를 거친다. 혼돈과 잘못된 정보가 폭발하듯 터져나오고 사람들은 무슨 생각을 해야 하는지 알지 못한다. 이런 혼란을 틈타 자신만의 의제를 발전시키는 이들이 등장한다. 그들이 권력과 부를 축적한다. 결국 틀렸다는 사실이 발각되면 그들은 영향력을 견제하는 사람 및 기관들에 의해 추궁받는다. 이처럼 견제하는 이들을 저널리스트라고 부르게 되었다.

저널리즘은 등장할 때부터 형태가 완전히 갖추어진 것이 아니었다. 몇 세기에 걸쳐 발전하면서 집단적 진상 조사 기관을 구축하기 위해 불안정한 노력을 계속했다.

20세기의 유명한 저자이자 정치 평론가인 월터 리프먼Walter Lippmann이 저널리즘 제도의 자연적 진보에 관한 이론을 세웠다. 그는 언론이 시간의 흐름과 함께 네 단계를 거치면서 더욱 현대화해 모든 사람이 믿을 수 있는 기관으로 거듭난다고 믿었다. 그렇게 시간이 지나면서 각 단계를 거칠 때마다 언론이 현실에 근거해 더욱 객관성을 띨 것이라고 내다보았다.[20]

리프먼이 언급한 네 가지 명확한 단계를 각기 다른 시대의 네 가지 이야기로 폭넓게 각색해 살펴보고자 한다.

첫 번째는 국가 독점 단계, 즉 미디어의 모든 조직과 뉴스, 관심, 신념에 권위주의적 통제가 가해지는 단계다. 이 시스템에서는 권력자를 옹호하는 서사만이 유일하게 허용된다. 이 단계는 종교개혁 이전의 유럽에서, 가톨릭교회가 모든 서사를 소유하고 통제하던 시기에서 찾아볼 수 있다. 이렇게 권위적인 서사 통제가 유럽 사회에서 극적으로 붕괴된 것은 인쇄기라는 새로운 기술의 등장 때문이었다. 인쇄기는 유럽 대륙 전역에 폭발적으로 퍼져나가면서 이를 접한 모든 이들의 종교적, 도덕적 정체성을 근본적으로 바꾸어놓았다. 우리는 시간을 거슬러 올라가 이처럼 심대한 혼란의 시기에 삶이 어떠했는지 알아볼 것이다.

두 번째 단계는 정당이 서사를 통제하던 시기와 맞물려 있다. 정치 운동가 및 변호 단체는 정치적 서사에 맞서 싸우며 그들에게 가장 중요한 것에 집중했다. 의제가 뚜렷한 정치 운동가 및 당원 들로부터 자금을 지원받은 미국 초기 언론의 상황이 이에 해당한다. 여기서는 식민지 시대 미국 언론의 초기 분노 유발 기계를 살펴보면서 프로파간다를 독특하게 활용한 그때의 방식이 우리가 살고 있는 지금 이 시대에 어떤 영향을 미쳤는지 알아볼 것이다.

세 번째 단계가 시작된 것은 1830년대, 언론이 광고와 공익의 지원을 받게 된 시기였다. 뉴스에 대한 대중의 입맛에 맞춘 상업 시장이 야기한 결과였다. 이와 관련해 광고라는 유인책이 선정주의를 야기하고 최초의 초당파적 신문사를 설립하게 된 역설을 알아볼 것이다. 우리가 지금 알고 있는 뉴스 산업이 탄생한 것도 이 시대다.

네 번째이자 마지막 단계는 리프먼 자신이 막을 열고 있다고 생각한 전문화의 단계다. 우리가 태어난 이 세계를 일컫는 것으로, 여기서 뉴스는 훈련된 전문가만의 책임이 되었고 이들 전문가는 더 넓은 대중을 위해 최상의 현실과 객관적 사실을 포착해야 할 의무를 졌다. 이 단계는 두 개의 이야기로 살펴볼 텐데, 그중 하나는 초기 라디오와 텔레비전의 위험에 대한 것이다.

리프먼은 자신의 살아생전에 저널리즘이 마지막 단계에 접어들어서 모든 이가 믿을 수 있는 사실 기반 기관에 이르고 있다고 믿었지만 나는 그가 틀렸을지도 모른다고 생각한다. 지금 우리는 다섯 번째 단계에 접어들고 있다. 이에 대해서는 마지막에 상세히 풀어보겠다. 기술의 탈중심화를 통해 관중이 편파적인 틈새 집단으로 과도하게 세분화된 것이 지금 우리가 살고 있는 세계다. 이 세계에서는 정치적 동기에 의해 타깃이 설정되었고 이에 따라 서사가 분열되었다. 소셜 미디어가 이 새로운 단계를 진전시켰지만 시작을 연 것은 아니다. 가장 최근의 단계를 열어젖힌 것은 미디어의 규제 완화와 케이블 뉴스의 등장이었다. 다음 장에서 살펴볼 여러 이야기를 위해 참고한 책 세 권은 앤드루 페트그리Andrew Pettegree의 《뉴스의 탄생》, 마이클 셔드슨Michael Schudson의 《뉴스의 발견》, 헤이즐 디켄-가르시아Hazel Dicken-Garcia의 《19세기 미국 언론의 기준》이다.

그와 함께 각각의 새로운 미디어 기술이 도입될 때마다 어두운 골짜기는 어떠했는지 역시 살펴볼 것이다. 이 골짜기는 새로운 인물들이 새로운 도구를 악용하며 사회 전반을 희생시킬 때 드러난다. 그 득과 실은 동등하게 찾아올 수 있다. 인쇄기에서 전보, 라디오, 텔레비전, 그리고 지금의 스마트폰과 소셜 미디어에 이르기까지 모든 것에는 골짜기가 있고 사회는 이들 기술이 널리 유용하게 쓰일 수 있도록 골짜기를 반드시 넘어야 한다.

이제 이것을 더 자세히 살펴보자.

17

첫 번째 트위터 타래

THE FiRST
TWiTTER
THREAD

거의 정확히 500년 전, 독일 북동부 벽지에서 중년의 수도사가 불같이 화를 냈다. 그가 반역자라니 말도 안 되는 일이었다. 풍채 있는 가톨릭 수도승으로 평생을 종교 교리 탐구에 성실히 매진하던 그는 교회 동료들 사이에서 인정받는 인물이었다. 그가 유럽 역사를 통틀어 가장 지배적인 기관을 전복시키고 전례 없이 난폭한 시기를 몰고 오리라고 믿을 만한 이유는 없었다.

마르틴 루터Martin Luther는 완고함이라면 어딜 가도 빠지지 않는 인물이었다. 법학을 공부하고 나서야 수도승의 길로 들어선 그는 성서 속에서 세상의 이치에 대한 정당성을 찾는 데 특히 열중했다. 1500년대 초 유럽은 여전히 봉건적 가난에 허덕이고 있었고 교회와 왕족은 막대한 부를 거느리고 있었다. 사람들은 대부분 제대로 된 교육을 받지 못했기에 평생 동안 만나는 이들 중 글을 읽을 수 있는 사람이라고는 단 한 명, 지역 신부뿐일 가능성이 높았다. 그 정도로 교육이 부족했던 터라 사람들은 지식과 도덕적 권위, 미약한 사회복지나마 얻으려면 교회에 의존할 수밖에 없었다. 루터에게 가장 중요한 점은 성직자가 소작농의 영혼을 천국으로 인도하는 목자라는 믿음이었다. 그는 이 임무를 엄중히 여겼다.

얼마 전부터 교회에서 면죄부를 팔아 기금을 마련하는 운동이 시작되었다. 면죄부는 구매자 혹은 그들이 사랑하는 이들의 죄를 용서해주는 작은 종잇조각이었는데, 이를 얻으려면 상당한 금액이 필요했다. 일종의 천국으로 가는 통행증이었다. 이 종잇조각을 판매하는 성직자들 사이에서는 이런 말이 후렴구처럼 반복되었다.

관 속의 금이 울리는 즉시
구원받은 영혼은 천국으로 올라간다네![1]

루터는 격분했다. 면죄부를 구입하는 데 꽤 거금이 들어가는데 교회에서는 교구 주민들에게 세상을 떠난 친지들의 영혼이 고통을 받으며 위험에 처했다는 말을 전하고 있었던 것이다. 형편이 안 되는 사람들도 루터가 보기에는 하등 쓸모없는 종잇조각을 구입하기 위해 그동안 모아놓은 얼마 안 되는 돈을 긁어모았다. 이 문제를 비롯해 자신이 목격한 성직자들의 윤리적 타락에 대해 루터는 95개의 반박문, 〈95개 논제〉를 작성해 지역 대주교에게 보냈다. 도덕적 장광설이 절반을 차지하고 학문적 논쟁이 절반을 차지하는 이 짧은 글로 인해 당대의 모든 군사 및 정치, 종교 기관의 분노가 루터에게 집중되었다.[2]

사실 루터의 〈95개 논제〉는 지금의 트위터 타래thread와 확연히 닭아 있다.

- 교황 문장이 새겨져 있고 면죄부 설교자에 의해 세워진 십자가가 그리스도의 십자가와 동일한 가치가 있다고 말하는 것은 신성모독이다.
- 이런 이야기가 사람들 사이에 퍼지도록 허용하는 주교와 교구 목회자, 신학자 들은 이에 대해 해명해야 할 것이다.
- 임종하는 자들에게 교회법에 따라 연옥을 위한 참회를 유보하는 성직자들의 행동은 무지하고 사악한 것이다.

　모두 300자 이내로 요점을 밝혔다. 모두 중대한 진술을 하고 있으며 한 기관이 부패했음을 도덕적으로 심판하고 있다. 그리고 논란이 많은 트위터 타래와 마찬가지로 많은 이들을 열받게 했다.

　그 시기에 이처럼 신랄한 비판을 가한 사람은 필시 징역형에 처하거나 끔찍한 죽음을 맞이할 것이었다. 루터가 〈95개 논제〉의 초안을 작성한 시점에서 100년 전이 안 되던 시기에 이와 상당히 유사한 교회 개혁 운동이 실패로 끝났다. 15세기를 앞둔 무렵 영국의 사제 존 위클리프John Wycliffe가 자신의 논제를 통해 성직자의 규율을 비판하며 교황의 권위에 의문을 제기한 것이었다. 그의 추종자들은 그런 사상을 추종했다는 이유로 무시무시한 처형을 받았다. 위클리프는 사후 치욕 속에 파문을 당하고 그의 유해는 성지에서 파헤쳐진 뒤 불태워졌다.[3]

　끔찍한 형벌에 처할 위험이 있었기에 이와 같은 신성모독은 흔치 않았다. 사람들이 공개적으로 교회에 등을 돌리면 대부분 즉각적인 비난과 투옥이 뒤따랐고 그 후 이단자는 주장을 철회해야 하거나 산 채로 화형에 처해졌다. 교회는 기득권이었고, 사형을 선고함으로써 언론과 서사를 통제했다. 그만큼 강력한 집단이었다.

하지만 루터가 태어난 시기는 특별했다. 그가 자신의 견해를 확고히 하던 때는 새로운 기술 플랫폼이 급속히 확장하던 시기, 그의 목숨을 구할 수도 있는 시기와 맞물려 있었다. 이로써 서구 문명의 방향 역시 바뀌게 될 터였다.

루터가 〈95개 논제〉를 작성하기 몇 년 전, 요하네스 구텐베르크 Johannes Gutenberg라는 숙련된 금 세공인이 납과 주석을 혼합해 내구성이 뛰어난 금속 주조 기술을 완성했다. 이것이 활자, 즉 재사용과 교환이 가능한 문자판이었다. 이 활자는 특별 설계된 기계 행렬에 배치되어 손으로 쉽게 설정하고 교체할 수 있었으며 유성 잉크가 주입된 나사 압착기에 들어맞았다. 이런 혁신으로 새로운 인쇄기가 탄생했다. 하루에 40쪽씩 손으로 인쇄하던 과거의 작업 공정과 달리 이제는 인쇄기를 돌리면 하루에 3,600쪽 이상을 인쇄할 수 있었다. 생산량이 100배 가까이 증가한 것이다. 이 현대식 인쇄기는 얼마 전 루터의 마을에 보급되어 루터가 경멸해 마지않던 면죄부를 복사하는 데 사용되었다.[4]

하지만 이 새로운 혁신에는 이념이 부재했다. 최근 문을 연 인쇄소는 상업성을 추구하며 경쟁에 열을 올리고 있었다. 팔 수 있는 것은 무엇이든 인쇄하고자 했지만 무엇이 고객의 관심을 사로잡을지 알 방도가 없었다. 그러던 중 충격적인 것을 인쇄하면 틀림없이 돈이 된다는 사실을 알아냈다.

처음에 루터는 자신의 학문적 비판을 읽어볼 사람이 극소수에 그치리라 예상했다. 이것이 교회 내부의 문제라고 생각한 것이다. 그런데 그의 〈95개 논제〉가 수백 장, 수천 장 재인쇄되었다. 그의 글과 함께 사명을 띤 한 남자의 모습을 담은 도시 전설이 빠른 속도로 퍼져나갔다. 정의에 불타 격분한 지도자가 자신의 개인적 분노를 담은 글을 비텐베르크 교회 문에 못 박는 모습이었다.

이 이야기와 루터의 〈95개 논제〉는 마을 광장에서 큰 소리로 낭독되었고 선술집에서 이야기되었으며 미사 후에 논의되었다. 일부 도시에서 다급히 금지되기에 이르자 그의 글은 인쇄업자들 사이에서 판매 보장 수표나 다름없는 제목을 달고("로마에서 금지됨!") 다른 곳에서 인쇄되었다. 1년 안에 루터는 독일에서 가장 유명한 작가가 되었다. 7년 안에 유럽 전역에서 그의 글 수백만 부가 인쇄되어 언론은 논쟁을 좋아한다는 핵심 원리가 처음으로 입증되었다.

가톨릭교회가 사안의 엄중함을 인지했을 때는 이미 늦은 뒤였다. 루터의 글에 대한 세간의 관심이 워낙 뜨거워서 무시하기 힘들 정도였다. 루터가 워낙 유명해진 탓에 그를 비밀스레 투옥하거나 처형하는 것도 힘들어졌다. 마침내 신성로마제국에서 그를 이단으로 파문한다고 선언했을 때에도 루터는 명성 덕분에 보호받을 수 있었다. 루터의 중요성을 알아본 독일의 한 군주가 가짜로 노상강도 납치 사건을 조작해 그를 성으로 데려가 안전히 보호했다.

은신 중에도 루터는 교회가 자신의 비판을 수용하지 않은 것에 분노하고 걷잡을 수 없이 퍼진 자신의 명성에 용기를 얻어 저술 활동에 전념했다. 이후 통렬한 팸플릿을 더욱 많이 인쇄했다. 오랜 노력을 들여 성경을 라틴어에서 독일어로 번역하기도 했다. 그는 이 번역이 신자들에게 본질적이고 객관적이며 명징하고 순수한 해석을 제공해 거룩한 말씀을 쉽게 이해하도록 도울 것이라 생각했다.

그전까지는 성직자를 비롯해 일부 선택받은 부유층 엘리트만이 교회가 권위를 부여한 책을 읽을 수 있었다. 루터의 새로운 번역본은 대량 인쇄되고 널리 분포되어 즉각적인 돌풍을 일으켰고 루터가 바란 대로 평범한 사람들도 **신의 말씀**을 해석할 수 있는 기회를 열었다. 인쇄기가 성경을 민주화한 것이다.

루터가 당황해 어찌할 바를 몰랐던 이유는 이 사건이 단발성의 읽기로 그치지 않았기 때문이었다. 루터는 물론 가톨릭 교리의 문지기들조차 걷잡을 수 없이 밀려드는 새로운 해석의 파도를 막을 방도가 없었다. 한때 엄격한 제도적 진실이었던 것이 갑자기 수많은 의견 중 하나가 되었다. 이제 새로운 선지자들이 성경의 특정 구절을 인용해 **자신이** 내세우는 진리를 말할 수 있게 되었다. 읽고 쓰는 능력이 폭발적으로 향상하면서 기존 질서의 본질에 대한 공개적 질문이 이어졌다. 교육과 의견이 꽃피었다.

한편 그동안 대중의 눈에 숨겨졌던 부당함 역시 눈앞에 드러나기 시작했다. 이전에 받아들여졌던 규범이 도덕적 분노가 되었다. 이렇게 폭포처럼 쏟아지는 해석의 물결 속에서 독학으로 깨우친 일부 설교자들이 신이 부여한 인권이라는 새로운 개념을 공개 석상에서 이야기하기 시작했다. 그들은 성경 구절을 가리키며 **자신만의** 결론을 내릴 수 있었다. 당시의 농부와 소작농 들은 계약 노예제와 유사한 제도 안에서 봉건적 토지에 묶여 있었기 때문에 성서의 구절을 증거로 들며 노동조건의 온당한 변화를 요구하기 시작했다.

이런 이의는 시위가 되었고 시위는 반란이 되었다. 1524년, 30만명이 넘는 독일 소작농들이 빈곤 노동자의 조건 개선을 요구하며 무기를 들고 나섰다. 루터의 〈95개 논제〉에서 실마리를 얻은 이 대규모 집단은 〈12개 조항〉으로 알려진 그들만의 요구 목록을 작성했다. 요구 사항은 기본적이었다. 소작농은 지역 성직자의 행실이 방탕할 경우 그를 파면할 수 있어야 한다. 소작농이 숲에서 나무를 일부 벨 수 있도록 허가되어야 한다. 고아 및 과부에 대한 과세를 금해야 한다. 모두 새로운 권리에 대한 온건한 요구와 닮아 있었다.[5]

이런 요구 사항이 봉건 군주들의 마음에 들 리가 없었다. 권력을 잃고 위험한 선례를 남길 수 있음을 직감한 군주들은 훨씬 강력히 무장한 병사들을 집결시켜 소작농의 요구에 양보하는 대신 공개적으로 적대적인 태도를 취했다.

지역 인쇄 업소에서 이 사건을 알리긴 했지만 소작농들의 요구가 비합리적이며 처신이 야만적이라 보도할 뿐이었다. 난폭한 소작농의 광란에 대한 거짓된 이야기가 멀리까지 유포되었다. 관용을 설파하던 루터는 이런 거짓 보도를 접한 뒤 분개했다. 성경에 대한 그릇된 해석이 널리 퍼지고 새로운 혁명이 잘못된 방향으로 향하고 있다는 사실에 격분했다. 그는 지배층인 군주의 편에 서서 소작농을 "미친개"처럼 학살해야 한다고 부르짖었다. 군주들이 군대를 동원하고 루터의 축복을 받아 10만 명에 달하는 소작농들을 무참히 학살하면서 혁명은 막을 내렸다.[6]

대학살의 광경은 무시무시했지만 새로운 인쇄기가 야기한 유혈 사태는 이제 시작일 뿐이었다. 정보의 폭발로 얼마나 많은 폭력이 야기되었는지 일일이 열거하기 힘들 정도였다. 루터의 인쇄물이 세상에 알려진 뒤 한 세기 동안 유럽 전역에서 수 세대에 걸쳐 이어진 종교전쟁으로 1,000만 명 이상이 목숨을 잃었다. 이런 격변과 유혈이 낭자한 박해가 앞으로 다가올 17세기를 정의 내렸다.

이 시기를 염두에 두고 한 가지 사고실험을 해보자. 시간을 거슬러 올라가는 마법의 문을 통과해 루터의 〈95개 논제〉가 널리 퍼진 뒤 한 세기가 훌쩍 지난 1600년대 중반의 런던에 다다랐다고 상상해보자. 인구가 수십만에 달하는 런던은 세계에서 손꼽히는 대도시다. 소란스럽고 불결하며 악취가 진동하는 곳.

이곳에서 당신은 기본적인 두 가지 사실을 알아본다. 첫째, 당신이 들어선 곳은 파벌과 종파의 세계로, 종교적 구분이 어디서나 엄격하게 이루어지고 있다. 정의에 가득 찬 도덕적 열정이 어디서나 들끓고 정체성은 충격적일 만큼 강하다. 크롬웰의 장로교도(청교도)는 한동안 우위를 점한 뒤 지금은 무력해졌다. 지독하게 이어진 그들의 투쟁은 이제 막을 내린 듯하다. 그 어느 때보다 사람들은 다른 신앙이 아닌 한 가지 신앙을 품고 있다. 기독교의 종교적 믿음을 가르는, 즉 같은 나라 사람들을 가르는 경계선이 돌에 새겨진 듯 굳건하다. 청교도와 구도자, 그린들턴교Grindletonians, 제5왕국파, 머글톤파, 초기 퀘이커교도 등 모든 사람의 마음속에 구분선이 뚜렷하다. 가톨릭 신자가 되는 것은 공식적으로 불법이다. 가톨릭교를 믿으면 벌금형이나 투옥, 혹은 사형에 처해질 수 있다. 관용 자체는 행하지 않도록 설파되는, 말 그대로 죄악이다. 주변의 죄인들을 개종시켜 신앙을 **바로잡아**주는 것이 적극 권장된다. 개종하지 않는 사람에게는 가혹한 처벌을 내리는 것이 허용된다. 영국은 공식적으로 영국국교회Anglicanism(성공회)라는 단 한 가지 종교만 용인하지만 더 많은 종교 활동이 비밀스레 이어지고 있다. **올바른 신앙**이 무엇인지

에 관해 모든 사람이 저마다 의견을 품고 이를 굳건히 고수하고 있다. 광신도가 권력을 쥐고 있다.[7]

그다음으로 당신이 알아본 점은 개인의 신앙에 관계없이 모든 사람이 나쁜 사실을 접하고 있다는 것이다. 잘못된 정보가 만연하고 끔찍한 소문이 들불처럼 삽시간에 퍼져나가 끓어오르는 불만에 불씨를 지피며 때로 폭력 사태를 터뜨린다. 죄악과 독실함, 성경의 맥락에서 현 사태를 이해하는 옳고 그른 방법에 대한 프로파간다가 가득한 팸플릿이 여기저기 나돈다. 국가는 잘못된 기도서를 소지한 사람들을 기소하지만 사람들은 여기저기서 금서를 공유한다. 검열에 대해 저마다 나름의 의견을 품고 있다. 다른 신앙에 관한 기이한 이야기가 도처에 퍼져 있다. 가톨릭교도와 악마의 밀약에 대한 소문, 심지어 교황이 적그리스도Antichrist(그리스도를 부인하며 그에 대적하는 자-옮긴이)라는 소문이 공공연한 사실로 받아들여진다. 이따금 마법에 대한 비난이 수면 위로 드러나면서 성난 군중의 모의 재판과 살인을 야기한다.

이 기묘한 시대에서 당신은 이런 믿음이 왜 틀렸는지 설명해보려 한참을 애쓸지 모른다. 미래에는 이런 규범이 얼마나 무시무시하게 느껴지는지 말로 옮기려 할지도 모른다. 미래에는 모든 기독교도들이 평화를 이룰 것이다! 나라 전체의 모든 신앙인들이 서로 관용을 베풀 것이다! 주변 사람들에게 그들이 착각하고 있다고, 그들의 관습이 잔혹한 것이라고 납득시키기 위해 온갖 수를 다 써본다. 대다수는 당신의 생각이 이단적이며 말도 안 된다고 생각한다.[8]

당신은 인쇄기의 어두운 골짜기 깊은 곳에 갇혀버렸다. 사회가 하나의 전체로서 모습을 드러내려면 수십 년이 더 지나야 할 것이다. 잘못된 정보는 분노와 혁명, 혼란의 폭포를 야기했다. 복음에 대한 새로운 해석이 누구도 해결할 수 없는 무수한 **진리**를 만들어냈다. 교활한 지도자들은 이런 무질서를 악용해 권력을 장악하고 위세를 떨쳤다. 이런 위협의 한복판에서 사람들은 현실에 발을 붙이고 온전한 정신을 유지하기 위해 새로운 정체성에 의지한다.

이것이 인쇄기가 초래한 결과였다. 구텐베르크의 기계는 가톨릭교에 대한 루터의 비판을 증폭시켜 기존의 질서를 해체하고 무수한 개신교 교파를 만들어냈다. 종교개혁을 유발하고 발길이 닿는 곳마다 폭력적인 혁명을 일으켰다. 이런 발작이 가라앉기까지 수많은 폭력 사태와 내전이 100년 넘게 이어져야 했다.

충돌이 일고 수십 년 뒤, 심연을 들여다보면서 사회는 적응하기 시작했고 새로운 유형의 다원주의가 규범으로서 마지못해 받아들여졌다. 한 세기 동안 이어진 악인화와 유혈 사태 이후, 어딘지 종교적 관용과 닮은 독특한 아이디어가 드러나기 시작했다.

하지만 이런 혼란을 계기로 인간과 지식의 관계는 근본적으로 달라졌다. 종교 교육에 대한 접근성이 높아지면서 자유의지와 사상, 인권의 초기 개념이 생겨났다. 세계를 이해하는 새로운 시대가 시작되었다. 혁명적인 인쇄기는 루터의 분노를 비롯해 그 모든 근본적 결함과 결부되어 사회에 대한 도덕적 심판을 강요했다. 이로써 르네상스의 기반이 마련되었고 유럽 대륙은 계몽주의로 나아갈 준비를 갖추었다.

이 장을 마치며

루터와 그의 〈95개 논제〉는 몇 가지 익숙한 패턴을 따른다.

- 인쇄기는 뚜렷한 지향점이 없었다. 처음에는 권력을 쥔 자들에 의해 사용되는가 싶더니 금세 사회를 근본적으로 변화시키고 싶은 사람들 사이에서 쓸모를 찾았다.
- 초창기에도 미디어와 논란은 자석처럼 관심을 끌어당겼다. 사회는 새롭고 중요한 정보와 아이디어를, 특히 논란이 많은 것을 공유하고 그 일부가 되고자 했다.

인쇄기의 발명에 뒤이어 일어난 거대한 분열로 당대의 중앙집권적 권력이 와해되면서 사회의 조직 방식이 근본적으로 재편성되었다. 이후 한 세기가 넘도록 유혈 사태가 이어지는 사이, 사람들은 폭발하듯 쏟아지는 새로운 정보와 아이디어를 어떻게 처리해야 할지 익히려 애썼다.

18

미국의 분노

AMERICAN
OUTRAGE

시간을 100년 건너뛰어서 대서양 너머 식민지 시대의 북아메리카로 가보자. 미디어 기술이 얼마나 강력해질 수 있는지 이해하려면 미국의 기원을 들여다볼 필요가 있다. 미국의 정체성은 초기 분노 유발 기계, 즉 정치 운동 조직과 닮은 뉴스 기업인 식민지 언론에 의해 형성되었다.

계몽주의에 관심이 많았던 미국의 건국자들은 인쇄기에 전적으로 의존해 자신의 사상을 식민지에 전파했다. 그들은 뉴스가 여론에 영향을 미치는 도구임을 누구보다 잘 파악하고 있었다. 그중 많은 이들이 인쇄업자나 작가, 기자 등의 직책을 맡았다. 모두 식민지 언론에 다수의 글을 기고했다. 여러 신문사를 설립한 벤저민 프랭클린Benjamin Franklin은 인쇄 기술과 그 영향에 매료되어 있었다. 당시 가장 유명한 미국 정치인이자 발명가였던 그는 인생 말기에도 서명할 때면 자신의 이름 옆에 "인쇄업자Printer"를 써넣었다.[1]

그 시대에는 품질 좋은 원작 콘텐츠를 찾기가 힘들었기 때문에 프랭클린이 직접 글을 썼다. 출판된 작품은 대부분 상상 속 이야기나 조언, 기발한 이야기 등이었는데 모두 '푸어 리처드Poor Richard'나 '사일런스 두굿Silence Dogood' 등의 필명으로 작성한 것이었다.[2] 당시에는 알려지지 않은 필명이나 가명을 쓰는 경우가 흔했다. 냉혹한 정치적 주장을 펼친 익명의 기고문이 지역 언론에 실리면 한 주 뒤에 이를 저격하는 또 다른 익명의 팸플릿이 등장하는 경우가 다반사였다. '객관성'이라는 말이 신문과 어울리려면 100년은 더 기다려야 했다. 의견과 뉴스는 명확히 구분하기 힘들었고 독자들도 이 둘의 구분을 기대하지 않았다.

그래도 미국 식민지 주민들은 신문을 열렬히 탐독했다. 청교도에 뿌리를 둔 초기 정착민들은 성경 공부와 쓰기를 통해 자녀들의 초기 교육을 확실히 시켰다. 남부 지역은 예외적이었는데 문맹률이 더 높은 데다 일반적으로 노예는 글을 배우는 것이 금지되었기 때문이다. 반면 북부 식민지의 식자율은 영국의 나머지 지역에 비해 두 배 가까이 높았다.[3] 그 결과 굶주린 독자들이 가득한 시장에서 신문과 시사 뉴스가 게걸스럽게 소비되었다. 덕분에 그 지역의 인쇄업이 크게 성행했다.

언론의 자유가 조금이나마 새로이 확립되면서 식민지 언론이 권한을 얻었다. 1730년대에 널리 알려진 인쇄업자, 존 쟁어John Zenger가 떠들썩한 소송에 회부되었다. 부패한 왕실에 의해 임명된 뉴욕 주지사가 명예훼손 소송을 제기한 것이었는데 결국 이 부패한 주지사는 소송에 패하면서 명예까지 잃고 말았다. 이로써 저널리스트를 상대로 평판이 좋지 않은 소송을 제기할 경우 위험을 감수해야 한다는 선례가 남았고, 선동이나 명예훼손 사건이 발발하면 권력자들도 소송을 망설이게 되었다. 무엇보다 식민지의 배심원단은 미국 저널리스트에게 유죄를 선고하지 않을 것임을 영국 당국이 확신하게 되었다.[4]

이런 환경 덕분에 미국 인쇄업자들 사이에서 통렬한 풍자와 다채로운 논평, 강력한 의견을 게재하는 문화가 떠올랐다. 그들은 지역 및 유럽 뉴스를 진지하게 다루면서 동시에 어지러울 정도로 다양한 아이디어와 관점을 담은 팸플릿도 출판했다. 이런 언론의 자유가 미국의 독립 혁명과 미래의 미국 자체를 형성할 것이었다.

1700년대 중반, 영국과 프랑스 사이에서 대대적으로 벌어진 세계 전쟁이 막을 내렸다. 식민지 열강 사이의 대규모 충돌은 7년전쟁 또는 프렌치 인디언 전쟁이라고 알려졌다(이 갈등은 영향력이 워낙 지대했고 범위도 방대해서 이후 윈스턴 처칠Winston Churchill이 이를 "진정한 제1차 세계대전"이라 부를 정도였다).[5] 전쟁은 주로 신세계에서 벌어졌다. 영국은 무수한 희생을 치른 끝에 아메리카 대륙 대부분에서 프랑스를 추방하는 데 성공했지만 식민지 자산을 보호하기 위해 막대한 돈을 쏟아부은 탓에 큰 빚을 지게 되었다. 곳간이 마른 영국 의회는 프랑스와의 전쟁으로 직접적인 수혜를 입은 식민지가 비용을 부담해야 한다며 식민지에서 세금을 징수하겠다고 결정했다. 1765년 "인지조례the Stamp Act"로 알려진 이 법은 종이 제품 판매에 세금을 부과해 전쟁 빚을 갚겠다며 의회에서 제정한 것이었다.

미국 인쇄업자에게 이 법은 우스꽝스러운 비극이었다. 모든 신문과 팸플릿을 인지가 붙은 종이에 인쇄해야 했고 그 종이는 런던에서 식민지의 지폐가 아닌 금이나 은 등의 실물화폐로 구입해야 했다. 불필요한 물류로 막대한 비용이 들고 이익이 위협받는 상황을 인쇄업자들은 받아들일 수 없었다. 그들이 일제히 분노하기 시작했다. 자칭 '애국자' 저널리스트들은 이 조례에 강력히 반대하는 비판적인 의견을 팸플릿에 인쇄해 13개 주 식민지 전역에 배포했다. 한 산업으로서 인쇄업의 수입은 이 법에 의해 부과되는 세금의 영향을 가장 많이 받았기에 거의 모든 이들이 이에 반대하고 나섰다.

인쇄업자들은 다양한 경로로 공분을 불러일으켰다. 6만 부가 넘는 엄청난 판매 부수를 자랑하며 미국에서 가장 널리 인쇄되는 연감인 〈에임스 연감〉이 소비자의 지지를 끌어모으기 위해 두 가지 가격을 붙여 인쇄되기 시작했다. "인지조례 시행 전 가격: 12개당 0.5달러, 1개당 6코퍼. 인지조례 시행 후 가격: 기존가의 두 배 이상."[6]

다른 인쇄업자들은 더 고상한 이상을 끌어와 존 로크John Locke 같은 유명한 계몽주의 사상가의 말을 빌려서 "피통치자의 동의"와 인권을 언급하며 세금 부과를 비난했다.[7] 미국의 본질적인 자유와 해방을 촉구하는 가장 단호한 공공 언어가 이들 신문에서 발견되었다. 최초로 공개 인쇄된 수사인 "영국의 폭정"이 인용되는가 하면 "대표 없는 과세taxation without representation(조세는 국민의 대표 기관인 의회의 동의 없이 부과될 수 없다는 원칙을 말한다. 여기에서는 미국에 부과하는 세금을 제정하는데 미국 대표는 참여하지 않은 채 영국에서 단독으로 결정한 사안에 굴복할 수 없다는 의미가 담겨 있다-옮긴이)" 개념에 반대하는 것이었다.

그보다 더 나아간 이들도 있었다. 〈펜실베이니아 저널〉은 인지조례 시행을 앞둔 전날, 조례에 따라야 한다면 인쇄기 조업을 모두 중단하겠다고 선언했다. 이 저널은 인지조례를 노예제와 비교하면서 극단으로 나아갔다.

> 탄압의 첫 번째 단계가 감지되었다. [⋯]
>
> 하루, 한 시간의 고결한 자유는 영원한 구속보다 가치 있다.

발행인란을 두개골과 뼈로 장식한 이 신문은 관 사진과 함께 자신의 죽음을 선언하는 사망 기사로 발행물의 끝을 장식했다. "〈펜실베이니아 저널〉의 마지막 유물. 1765년 10월 31일 생을 마감하다. 심장에 찍힌 인지. 향년 23세."[8]

역사가 페트그리가 언급했듯 "1765년의 인지조례 위기가 입증한 것이 하나 있다면 언론은 자유 수호를 외칠 때보다 자신의 경제적 이익이 걸려 있을 때 비교도 안 될 만큼 더욱 유창하고 독선적이며 요란하다는 것이다."[9]

이들 인쇄업자는 인지조례에 대한 반대 집회를 열면서 자신의 분노를 더 멀리, 널리 퍼뜨렸다. 식민지 주민이 인지조례의 폭정에 대해 읽어보거나 들어보지 **않기란** 불가능에 가까웠다. 이윽고 새로운 감정이 드러나기 시작했고 여론은 무관심에서 마지못한 반대로 서서히 돌아섰다.

많은 저널리스트들이 정치 운동에 더욱 깊이 빠져들었다. 1765년 3월, 조례안이 통과하자 법의 시행을 막기 위해 한 집단이 〈보스턴 가제트〉 사무실에 모였다. 그들은 보스턴의 일반인 중에서 폭도의 수장을 모집하고 실질적인 폭력을 계획하기 시작했다.

8월 14일, 법 시행을 맡은 지방 관리들을 조롱하고 위협하기 위한 폭도가 조직되었다. 인지조례안 배포자 중 한 명인 앤드루 올리버Andrew Oliver를 본뜬 형상이 제작되어 거리 행진에 동원되었고, 이후 형상은 "자유의 나무"라 불리게 된 나뭇가지에 매달려 참수되고 불태워졌다. 그럼에도 올리버가 물러나지 않자 군중은 그의 사무실로 향해 건물을 부수고 집까지 불태우기에 이르렀다. 이 소식이 (역시 언론을 통해) 퍼지자 식민지 전역에서 다른 시위가 시작되었다. 공식 인지가 찍힌 종이의 사용을 인정하지 않으면서 지역 판사 및 사업가들에게 협박을 가하는 가운데 형상을 불태우고 집을 약탈하는 등 유사한 폭도 전략이 진행되었다.[10]

이렇게 정치 운동을 벌이는 미디어 캠페인과 그에 따른 분노는 상당한 성공을 거두었고 1년 안에 영국 의회는 이 법안을 폐지했다(물론 체면을 세우기 위해 향후 미국 식민지에 세금을 부과할 권리를 재확인하는 법안을 성급히 마련하기도 했다). 대다수 식민지 주민들은 부당함이 시정되었다는 사실에 만족하며 일상으로 돌아갔다. 한바탕 폭풍이 지나갔다.

반면 다른 이들에게는 폭풍이 이제 막 시작되었다. 인지조례에 대한 격노가 만든 여파로 조직적인 식민지 주민들이 고유한 권리와 억압, 자유라는 언어에 열광하기 시작했다. 이런 이상에 현혹되고 승리감에 도취된 이들은 스스로 "자유의 아들단The Sons of Liberty"이라 칭했다. 인쇄업자의 분노를 몰고 온 인지조례가 미국 독립의 씨앗이 된 것이다.[11]

이 사례를 통해 집단적 분노를 일으킬 만한 사건의 인식에 정보 공유의 도구가 얼마나 강력한 영향을 미치는지 알 수 있다. 저널리즘이라는 시스템이 마련되기 전에 식민지 시대의 언론은 진실을 찾는 기업이라기보다는 옹호 단체에 더 가까웠다. 그랬던 언론이 분노를 촉진해 나라의 궤적을 바꾸어놓았다.

| 보스턴의 프로파간다 기계

그리고 몇 년 뒤, 들끓던 분노가 다시 한번 타올랐다. 1770년 3월 5일의 쌀쌀한 저녁, 보스턴에서 비극이 벌어졌다.

자유의 아들단은 분노가 고조되는 식민지의 분위기에 일조하면서 영국의 통치에 대한 불만의 씨앗을 뿌리고 보복과 전복을 촉발했다. 불과 몇 년 전, 의회에서 수입품에 대한 영국의 또 다른 과세 제도인 타운센드법Townshend Acts(종이, 유리, 차※ 등의 수입품에 대한 과세를 제정한 법률-옮긴이)이 통과되자 자유의 아들단은 식민지 전역에서 대규모 시위와 폭동을 대거 조직했고, 종국에는 영국산 제품에 대해 광범위한 불매운동을 펼치기에 이르렀다. 이로 인해 여러 지역에서 영국과의 무역이 마비되었고 2년 안에 영국 당국은 식민지 세를 다시 한번 폐지하며 물러났다. 하지만 징벌적 차원에서 영국은 1,000명에 이르는 새로운 군대를 보내 보스턴에 주둔시키며 세금 및 관세를 징수하고 그 이상의 불만을 진압하고자 했다. 아니나 다를까, 이 조치가 화를 불렀다.

도시 전반에 긴박한 분위기가 감돌았다. 며칠 전에는 현지 밧줄 제작자와 영국군 사이에서 일련의 소동이 벌어진 끝에 한 보병의 두개골이 골절되는 사건이 벌어졌다. 더 큰 갈등이 임박했다는 소문이 지역 주민들 사이에 퍼졌다. 보스턴 시민들은 점령군으로 주둔하는 영국군에 드러내놓고 저주를 퍼부었고, 영국 정규군은 며칠 전 벌어진 소동을 되갚아주겠다고 나지막이 되뇌었다.

그날 밤, 보스턴 거리는 얼마 전 내린 폭설로 눈이 30센티미터씩 쌓여 있었다. 홀로 보스턴 세관을 지키고 있던 영국군 보초병이 초소 안에서 몸을 떨며 앉아 있었다. 거리에 군인들과 식민지 주민 무리가 서로 지나쳐 가는 모습이 보였다. 주민 중 한 명인 13세의 가발 제조 견습생이 욕설을 내뱉었다. 욕설을 듣고 화가 난 보초병이 초소를 나와 소년에게 소리를 지르며 조롱을 멈추라고, 존중을 표하라고 요구했다. 소년은 이에 굴하지 않고 뒤돌아 보초병을 바라보며 그의 면전에 악담을 쏟아냈다. 분노한 보초병이 머스킷 총의 개머리판을 휘둘렀고 소년은 땅에 쓰러졌다.

그 광경을 목격한 사람들이 소년을 돕기 위해 달려가면서 고함을 질렀고 보초병에게 욕설을 퍼부었다. 순식간에 군중이 모여들어 보초병에게 불경한 말을 한바탕 쏟아냈다. 소란을 듣고 더 많은 사람들이 모여들었고 늘어난 군중은 눈 뭉치를 던지면서 욕을 퍼부었다. 세관 계단으로 물러난 보초병이 총알을 장전하며 큰 소리로 도움을 요청했다.

근처에서 위태로운 상황이 벌어진 것을 감지한 지휘관이 군인 일곱 명을 현장으로 보냈다. 보초병이 홀로 문에 등을 기댄 채 꼼짝 못하는 상황에서, 성난 식민지 주민 50여 명이 그를 조롱하며 얼음과 돌덩이를 던지고 있었다. 군인들이 대치에 가담하며 성난 군중을 향해 총검을 장벽 삼아 반원을 그리고 섰다. 노여움이 더욱 거세진 군중이 군인들에게 어디 쏠 테면 쏴보라고 비아냥거렸다. "총을 쏘는 순간 넌 우리 손에 죽는다! 어서 쏴!" 군중이 소리쳤다.

소문이 마을 전체로 번지자 혼란이 바이러스처럼 연쇄적으로 퍼져나갔고 "세관 근처에 불이 났다"는 말로 변질되었다. 화재 진압을 위해 마을 주민들을 불러 모으고자 교회 종소리가 울려 퍼졌고 주민 수백 명이 현장으로 몰려들면서 군중의 규모는 몰라보게 불어났다. 엄청난 군중을 마주해 수적으로 열세에 몰리자 지휘관이 군중에게 흩어져 집으로 돌아가라고, 누구도 다치지 않을 것이며 군중에게 총을 쏠 생각은 전혀 없다고 외쳤다.

일부 군중이 폭력 쪽으로 기울기 시작하며 던지는 돌과 눈덩이, 얼음, 곤봉 앞에서 군인들은 숨을 곳이 없었다. 군중에서 날아온 어떤 물체가 군인 한 명의 머리에 부딪히자 그가 무기를 떨어뜨렸고, 그 바람에 무기가 발사되었다. 군중들이 여전히 "쏴라!" 하고 외치는 가운데 잠시 혼란이 이어지더니 군인들이 성난 군중을 향해 계획에 없던 사격을 가했다. 주민 다섯 명이 총에 맞아 목숨을 잃었다. 아비규환 속에 사람들이 깊은 어둠 속으로 달아났다. 주민과 군인 모두 이 끔찍한 사태를 되짚어보았다. 끓어오르는 분노가 비극으로 타올랐다.

이후 며칠 동안 긴장이 감도는 가운데 식민지 언론에서 여론 전쟁이 폭발했고 그 불길이 식민지 전역으로 퍼져나갔다.[12] 누가 보아도 그날 밤은 재앙이었다. 금방이라도 반란으로 치달을 것 같은 소란스러운 상황에서 가장 중요한 것은 책임 소재였다. 책임은 누구에게 있는가?

기회를 알아본 자유의 아들단 일원들은 〈보스턴 가제트〉에서 조판공 폴 리비어Paul Revere와 손을 잡고 군인들을 비난하는 팸플릿 캠페인을 시작했다. 리비어는 군인들이 냉소를 지으며 군중을 이룬 식민지 신사들을 향해 총을 쏘는 섬뜩하면서 상당히 부정확한 이

미지로 당시 사건을 그린 동판화를 제작했다. 프로파간다의 본보기인 이 이미지는 이에 동조하는 식민지 전역의 신문을 장식하면서, 피비린내 나고 선정적인 표지 이미지가 되었다.[13] 영국 군인이 평화로운 시위대를 향해 정당한 이유 없이 악의적인 공격을 가했다는 서사가 즉시 신문 1면을 차지했다. 희생자를 향한 공감이 요청되었고 가해자를 향한 분노가 요구되었다.

여기저기 위험이 도사리고 있었다. 영국 측의 대규모 보복과 무력 과시를 두려워한 지역 당국은 공정하고 균형 잡힌 조사 및 재판을 시행하고자 했다. 애국적 대의에 동조하는 젊은 변호사, 훗날 미국의 대통령이 될 존 애덤스John Adams는 법정에서 영국 군인을 변호하기로 결심했다. 그는 지역 주민의 격앙된 분노에서 진실을 분석하고자 했다. 뜨거운 열기를 가라앉히고 매사추세츠가 공정한 법의 고장임을 증명하는 한편으로 영국의 가혹한 대응을 피할 수 있기를 염원했다.

이후 이어진 극적인 재판은 당시 언론에서 돌풍을 일으켰다. 애덤스는 대중의 분노 속에서 미묘한 차이를 찾아보리라 결심했다. 그는 다음과 같은 유명한 선언을 했다. "사실은 완고합니다. 우리가 어떤 바람 혹은 어떤 성향을 품었든, 열정이 무엇을 지시하든, 사실과 증거를 바꿀 수는 없습니다."[14] 증인 선서와 설득력 있는 웅변을 통해 애덤스는 영국 지휘관이 발포 명령을 내리지 않았음을 배심원단에게 입증했다. 군인들은 궁지에 몰렸고 덫에 걸렸으며 혼란에 빠졌고 구타당했다. 변호인이 공개한 증거에 따르면 군인 중 단 두 명만이 살인 혐의로 유죄판결을 받고 엄지손가락에 "M" 자 낙인이 찍혔다. 나머지는 모두 무죄판결을 받았다.[15]

애덤스가 논리적인 변호를 펼친 것은 물론이고 다수의 보스턴 시민들 사이에서도 공정한 재판으로 널리 받아들여졌지만 이미 너무 많은 프로파간다가 퍼진 뒤였다. 폭력적인 영국군과 무력한 지역 주민들에 대한 이야기가 진실처럼 고착되었다. 피해자들에 대한 동정이 분노로 이어졌다. 사건에서 맥락이 떨어져 나갔고 자유의 아들단은 자신의 대의를 위한 새로운 순교자를 찾았다. 미국 언론에서 이 사건은 "보스턴 대학살"로 알려졌고 응징할 가치가 있는 쓰라린 분노로 기억되었다. 많은 이들이 동요하며 애국적 대의에 가담했다. 식민지 주민들은 이제 집결을 위한 구호를 갖게 되었다. 희생자와 관련해 새로운 국가적 서사가 조직되었다. 이 사건이 결정적 계기가 되어 민심은 영국으로부터 등을 돌렸고 이후 몇 년 동안 노골적인 혁명의 장이 마련되었다.

과거에 분노가 폭발한 순간을 되돌아보면서 현대의 감성은 이런 식의 반응적 해석에 마음이 동할 일이 없다고 생각하고 싶을지도 모른다. 현대 저널리즘이 태동하기 전에 과거의 분노는 소수가 특정 메시지와 이념을 제시하며 다수에게 선택을 강요한 결과였다. 우리가 공유하는 국가 신화는 이런 집단에 의해 형성되었다.

물론 좋은 결과를 낳기도 했다. 이번 사건으로 영국군의 아메리카 대륙 주둔이 빠른 시일 안에 종식될 수 있었고 국가의 정체성이 새로이 정립되었다. 또한 미국 문화를 규정하게 된 언론의 핵심 가치인 해방 및 표현의 자유라는 신조에 기반을 두고 민주주의 체제가 형성되는 장이 마련되었다.

이 장을 마치며

이번 장에서는 현대의 소셜 미디어에서 목격되는 분노가 식민지 시대의 미디어 환경에 그대로 반복되어 미국의 탄생에 이바지한 광경을 살펴보았다. 분노는 미국의 국가적 서사 형성에 중요한 역할을 했다.

- 식민지 언론은 미국 최초의 분노 유발 기계였다. 인지조례에 대항하는 봉기는 미디어에서 영향력을 행사하는 이들에 의해 시작되었고 이로써 반反영국 감정이 고조되는 초석이 마련되었다.
- 몇 년 뒤 보스턴에서 혼란스럽고 치명적인 갈등이 벌어진 이후, 유

혈 소동의 책임을 가리는 과정이 언론에서 화제를 모았고 식민지 언론을 통해 반영국 프로파간다에 불이 붙었다. 대중의 분노 속에서 진실을 추구하고자 한 애덤스의 이성적인 시도에도 불구하고 보스턴 대학살에 대한 분열적인 견해는 이미 널리 퍼진 뒤였다.

• 분노가 혁명의 씨앗을 뿌리면서 해방과 표현의 자유를 바탕으로 새로운 체제로 향하는 길을 닦았다.

하지만 분노가 야기한 체제는 영원히 지속될 수 없었다. 다음 장에서는 20세기에 이르면서 신문이 식민지 시대의 프로파간다를 넘어 진화한 과정을 살펴볼 것이다. 여기서 우리는 저널리즘적 센스메이킹을 야기한 최초 기관의 대략적 형태를 보게 될 텐데, 이들은 아주 기이한 자본가의 지원을 받게 되었다. 바로 광고다.

19

광고는 어떻게
신문을 만드는가

HOW ADVERTISING
CREATED NEWSPAPERS

소셜 미디어의 핵심 문제는 무엇일까? 광고? 여러 전문가 및 학자 들은 소셜 미디어 관련 문제의 주요 원인으로 광고 비즈니스 모델에 주목한다. 광고는 우리의 관심을 세분화하고 추출해서 판매한다. 광고는 초창기부터 미디어 보급에 어마어마한 부분을 차지했다. 아울러 역사상 가장 중요한 사실 조사 기관, 즉 저널리즘의 탄생과 불가분한 관계였다.

지금처럼 지식이 불협화음을 이루고 미디어의 진실과 현실, 객관성에 대한 의견과 질문이 폭발하는 시기와 닮은 시대가 있다면 1830년대 미국일 것이다.

현대 뉴스는 기본적으로 이 시기에 발명되었다. 이 시기 이전에는 지금 우리가 생각하는 신문과 같은 형태가 존재하지 않았다. 지금 이 순간 우리가 마주하는 여러 인식론적 문제는 뉴욕 로어 맨해튼의 한 거리로 거슬러 올라간다. 그곳에서 한 젊은이가 동시에 두 가지를 발명했다. 바로 현대식 신문과 광고였다.

1833년 9월 3일, 벤저민 데이Benjamin Day라는 23세의 자신만만한 기업가가 뉴욕에서 〈더 선〉 초판을 발행하면서 혁명을 일으켰다. 그의 새로운 신문은 헐값에 판매된 탓에 즉시 손실이 났다. 하지만 데이에게는 혁신적인 아이디어가 있었다. 광고만 팔아도 이익을 낼 수 있으리라 믿은 것이다.

"모두에게 빛난다It shines for all"는 슬로건을 내건 〈더 선〉은 단돈 1페니, 지금으로 치면 25센트에 불과했다. 6센트짜리 경쟁 신문에 가득 실리는 정치나 상류사회 소식처럼 덜 흥미로운 주제에 치우치기보다는 범죄 보도나 음란한 가십 전달에 초점을 맞추었다. 이후 삽화가 추가되고 신문의 휴대가 용이해졌으며 주요 기사에 생생한 사진이 실렸다.[1]

이윤을 위해 사람들의 일상적 관심을 광고주에게 판매한다는 아이디어는 뉴스 업계에서 패러다임의 대전환을 불러왔고 그렇게 바뀐 패러다임이 지금까지 이어지고 있다. 이 혁신으로 세상에 대한 인간의 지식 획득 방식이 본질적으로 바뀌었다. 이로써 신뢰할 만한 관심 포착이라는 새로운 산업이 시작되었다. 광고주가 정보를 위해 우리의 일상적 생각을 조금씩 추출해 가게 하는 대가로 뉴스 제작자는 이익을 손에 쥐었다.

과연 어마어마한 이익이었다. 1페니 신문으로 불렸던 이 신문은 6센트 신문보다 열 배 더 팔리면서 굉장한 성공을 거두었다.[2]

〈더 선〉이 영업을 시작하기 전에는 인쇄소에서 직접 신문을 생산했지만 종종 손실을 입었다. 인쇄업자들은 인쇄 서비스를 판매하거나 정치적 후원을 받아 생계를 유지했다. 사실 미국의 초기 신문은 대부분(초기 혁명 언론과 마찬가지로) 근본적으로 당파적이었고 정치 지향적이었다. 대다수가 그저 정당의 대변자일 뿐이었다. 당의 노선을 따르면서 당파적인 뉴스를 주로 공유했고 민주공화당, 휘그당, 연방당 같은 정당 연합으로부터 자금을 지원받았다(여러 신문은 여전히 〈언론 민주당〉, 〈스프링필드 공화당〉 같은 이름을 유물처럼 간직하고 있다).[3]

이들 신문에서는 정치적 객관성을 가장한 기사를 찾아볼 수 없었다. 미국 각지의 우체국장이 지역신문의 편집자를 겸임하는 경우가 많았다. 그들은 신문이 '무료 송달 우편물'로 배달되게 했는데, 이는 자신의 신문이나 같은 당의 신문에만 적용되는 혜택이었다(지금 받아볼 수 있는 신문이 공화당의 지역신문밖에 없으며 공화당 우체국장이 우체국을 운영하면서 동시에 뉴스를 전달한다고 상상해보라. 이것이 식민지 시대 이후 미국의 초기 뉴스 형태였다).

초기 미국인은 신문이 이처럼 주요 정치집단의 후원을 받아 운영된다는 사실을 알고 있었다. 이 시대의 저널리스트는 역사가 아이작 클라크 프레이Isaac Clarke Pray의 말처럼 "정치인과 상인, 브로커 및 구직자 패거리에 의존하는 비서에 지나지 않았다."[4] 이렇게 경직된 구식 미디어는 엘리트 집단의 구미에 맞출 뿐 뉴스에 대한 일반 대중의 관심은 중히 여기지 않았다.

새로운 페니 신문은 달랐다. 이민자와 장인, 평범한 시민 등 여러 다양한 경제 및 사회 집단에 동시다발적으로 호소함으로써 무관심했던 청중의 관심을 분산시켰다. 페니 언론을 통해 구입한 뉴스는 일반 대중이 구할 수 있는 최초의 뉴스가 되었다.

범죄와 선정적인 뉴스에 초점을 맞춤으로써 페니 신문은 기존 신문의 범위를 넘어서는 새로운 시장을 개척해나갔다. 이전에는 대부분의 신문 기사가 정치나 연극 평론, 출판된 책에 대해 논했다면 페니 신문은 재미있거나 섬뜩하거나 외설스러운 것에 초점을 맞추었다. 데이는 이야기를 수집하기 위해 최초로 기자를 고용한 사람이었다. 기자들을 법원에 보내 이혼이나 살인, 자살, 사망 사건에 대한 세부 정보를 취재하게 했다. 게다가 그는 신문팔이 소년을 고용해 거리 모퉁이에서 신문을 팔게 해 광고 중심 신문을 처음으로 광고한 인물이었다.

〈더 선〉은 거의 전적으로 광고를 통해 운영자금을 조달한 최초의 신문이면서 더불어 무수한 경쟁업체들이 나아갈 길을 열어준 개척자이기도 했다. 그로부터 불과 2년 뒤, 데이의 주요 라이벌인 제임스 고든 베넷James Gordon Bennett이 창간한 〈뉴욕 헤럴드〉가 금세 〈더 선〉을 따라잡았다. 이 신문은 도심에서 벌어진 고급 매춘부 살인 사건을 충격적으로 보도하며 급속도로 명성을 얻었다.[5]

새로운 페니 신문은 주로 관심을 포착하는 데 전념했다(베넷이 말했듯 그의 신문의 목적은 "가르치는 것이 아니라 깜짝 놀라게 하고 즐겁게 하는 것"이었다).[6] 경쟁이 치열해지자 실험적 의지도 강렬해졌다. 경쟁사는 대개 영세기업이었다. 한 사람이 전체 발행물의 편집자이자 광고 대행업자이며 기자이자 인쇄업자가 될 수 있었는데, 이는 현대의 블로거나 인플루언서와 매우 흡사하다. 사업적인 사람은 누구든 적당한 투자로 수동식 인쇄기를 사용할 수 있는 데다 성실함과 노고를 더하면 자신만의 뉴스 브랜드를 출시할 수 있었다. 돈을 조금 더 들이면 증기 구동식 평판 실린더 인쇄기를 구입할 수 있었는데, 이것으로 시간당 1,000장까지 인쇄물을 늘리는 것이 가능했다.

광고를 등에 업고 독자가 급격히 늘어나자 보도되는 뉴스의 유형도 완전히 바뀌었다. 선정주의와 범죄 보도, 가십, (대부분이 허구인) 극적인 사건이 초기 미국의 뉴스 환경 전반에 걸쳐 폭발적으로 쏟아졌다. 흥미를 끄는지 여부가 보도의 가치를 결정했다.

처음으로 신문들이 관심을 얻기 위해 거친 경쟁을 펼치기 시작했다. 초기 신문사가 골머리를 앓은 문제는 현대의 플랫폼을 괴롭히는 문제와 동일했다. 이들 인쇄물은 그날의 바이럴 뉴스를 파는 원 스톱 매장이었다. 최근 폭발적으로 증가한 온라인 미디어(허프포스트, 버즈피드, 업워시를 비롯해 2010년대 초반 낚시성 기사를 제작한 선정적인 뉴스 보도업체)가 직면한 어려움과 다를 것 없이, 이들은 서로 상대의 아이디어와 이야기를 통째로 훔쳐와 재포장한 뒤 소비자 앞에 선보였다.

페니 신문의 등장과 함께 초기 신문 지면에서 판매되는 기업 및 제품의 품질이 급격히 저하되면서 콘텐츠와 광고 모두 품질이 바닥을 치는 경쟁이 시작되었다. 초기 페니 신문의 광고 지면은 시류에 편승하는 주장과 함께 제품을 판매하려는 특허 의약품과 사기꾼으로 가득했는데, 오늘날 유튜브와 페이스북에 보이는 광고와 크게 다를 것이 없었다. 또한 이들 신문은 광고 게재 지면 판매와 관련해 공정함을 운운하며 불간섭주의 관행을 옹호했다(이 역시 현대의 소셜 미디어 기업의 행태와 흡사하다). 지금도 그렇듯 그 당시의 자유방임주의식 도덕은 기민한 기업 윤리를 내세운 결과였다.

신문사들은 경쟁사의 저급한 광고 수준을 비판하는 일에 있어서 침묵을 지키지 않았다. 〈뉴욕 타임스〉는 〈뉴욕 헤럴드〉를 "돌팔이 의사 기관"이라고 했다.[7] 역사학자 셔드슨이 지적한 바처럼, 이것은 미묘한 차이에 대한 나르시시즘이었다. 같은 호에서 〈뉴욕 타임스〉

는 말도 안 되는 건강 보조제 및 건강 권고 사항을 알리는 와중에 "미국 정신 연금술사" 광고를 내보냈다.[8]

이는 지난 10년 동안 기술 기업이 도덕적 지향점 없이 결정한 광고 게시 방안과도 닮아 있다. 트위터와 유튜브, 페이스북 역시 영양 보충제부터 가짜 백신 대용품에 이르기까지 인플루언서들이 판매하는 쓰레기 의약품 때문에 골치를 썩고 있다.

광고가 도덕성과 표준을 수반한 것이 아닌 전적으로 경제적인 선택이 되자 쓰레기 같은 제품의 광고가 통과되었다. 관심이 포착되고 판매되는 방식이 근본부터 바뀌었다. 이 시기 이전에 광고는 〈애드버타이저〉나 〈머캔타일 프레스〉 같은 이름을 내건 무역 신문에 주로 게재되었는데, 품질 좋은 제품에 대해서는 "플랫폼"을 덧붙여 자사의 명성을 조심스레 보호하기도 했다. 여기서는 **광고 자체**가 주목을 끌었고 무역 신문은 광고 지면을 할당하면서 자신의 도덕성에 손상을 입지도 않았다. 그런데 페니 신문은 처음으로 뉴스 자체를 상품화했고 관심을 끌기 위해 정의로운 드라마에 크게 의존했다.

페니 신문은 이야기에 시선을 고정시키는 방편으로 도덕적 권위를 내세웠다. 실은 몇 안 되는 사람들이 허름한 창고에서 등불을 켜고 일하는 것인데도 불구하고 자신을 기관이라 칭했다. 이 놀라운 거만함은 이름에서도 드러나는데, 사회에 고귀한 선행을 베풀고 있음을 암시하는 듯하다. 〈트리뷴〉은 고대 로마에서 임의적 판단으로부터 일반 시민을 보호하는 책임을 맡은 관리의 이름을 본뜬 것이고 〈헤럴드〉는 왕실의 칙사, 〈인콰이어러〉는 예리한 질문을 던지는 자를 뜻한다. 〈더 선〉, 〈스타〉처럼 빛의 언어를 차용한 곳도 있었다.

전략은 효과적이었다. 페니 신문은 하루에 수천 부가 팔리면서 기하급수적으로 성장했다. 2년 뒤인 1833년에서 1835년 사이, 이처럼 새로운 광고 기반 모델을 앞세운 신문의 판매 부수는 경쟁 신문의 열 배에 육박했다.[9]

이로써 최신 정보에 접근하기가 훨씬 쉬워졌지만 페니 신문은 무엇보다 오락성 뉴스를 제일로 쳤다. 그러면서도 초당파성을 핵심으로 삼았다. 말 그대로 최초의 비정치적 신문이었다. 처음으로 외설스러운 뉴스가 실제 보도를 경제적으로 지원했다. 이를 통해 신문사 대다수가 다각화하면서 공공 교육의 주요 전달자가 되었다. 사회 지면과 유용한 팁, 문화적 조언, 새로운 아이디어가 결국 새로운 학습 및 통찰의 흐름이 되었다. 정식 교육을 제대로 받지 못한 노동자 계층에게 이런 신문은 개인의 발전을 돕는 새롭고 귀중한 원천이기도 했다.

페니 신문은 또한 사생활을 새로운 방식으로 사회에 공유하는 지면을 만들었다. 역사학자 셔드슨은 자신의 책 《뉴스의 발견》에서 이런 지면이 만들어진 사례를 설명한다. 미국 하원 의원 윌리엄 소이어William Sawyer의 점심 습관이 〈뉴욕 트리뷴〉에 대서특필되었다. 이 **기사**는 그가 빵과 소시지를 곁들인 기름진 점심 식사를 어떻게 하는지 이야기하면서 칼을 이쑤시개로 쓰고 손을 코트 소매에 닦는 모습을 묘사했다. 그 당시로서는 상당히 유별난 기사였다. 공영 신문에서 볼꼴 사나울 수 있는 평범한 일상에 대해 쓴다는 것은 인격이 부족하다는 신호로 여겨지던 때였다.[10]

그런데 이렇게 관심이 가는 사람의 개인적 삶을 보도하고 그들을 공공 광장에서 가혹하게 비판하는 것이 새로운 입맛을 창출했다. 주요 인사의 사생활에 전과 다른 종류의 관심이 쏟아졌고 대중의 면밀한 시선 앞에서 유명 인물들은 자신의 이미지를 더욱 신경 쓰게 되었다. 이런 공개적인 가십을 통해 공공 시민 생활에 대한 공통된 이해와 비슷한 무언가가 구축되기 시작했다. 한나 아렌트^{Han-}^{nah Arendt}가 이후 **사회**에 대해 언급한 바처럼 "개인적 이익이 공적 중요성을 띠는 기이하게 혼합된 영역"이었다.[11]

▌인쇄하기 좋은 거짓말

1835년 8월 25일, 〈더 선〉은 노골적인 거짓을 신문에 싣기 시작했다. 전부 날조한 이 기사는 실제 천문학자 존 허셜^{John Herschel} 경의 증언을 조작한 것이었다. 기사에서는 그가 달에서 박쥐 인간을 발견했다고 주장했다. 몇 주에 걸쳐 각기 다른 호에 여섯 번 실린 관련 기사에는 달에서 발견된 날개 달린 박쥐 인간이 환상적일 정도로 상세하게 기록되어 있었다. 기사는 이번 관찰을 위해 새로운 대형 망원경이 사용되었고 달 표면에 살고 있는 유니콘과 들소, 염소도 목격되었다고 알렸다.

이 연재 기사는 선풍적인 인기를 끌며 상업적 성공을 거두었다. 당대 가장 유명한 신문에 게재된 이 충격적인 거짓 기사는 몇 주 뒤 예일대학교 과학자들이 기사를 검토한 뒤에야 거짓임이 밝혀졌다. 그럼에도 〈더 선〉은 결코 철회 기사를 내보내지 않았다.[12]

최초의 광고 중심 신문이 동시에 지독한 허위 사실을 유포한 신문이 된 것은 우연이 아니었다. 역시 광고 중심 모델을 채택한 당대의 여러 신문사가 신문 판매 부수를 늘리기 위해 외설스럽고 터무니 없으며 노골적인 거짓을 더욱 깊이 파헤치기 시작했다. 〈더 선〉은 독자가 뉴스에 쉽게 접근하도록 지원하는 사업 모델을 발견했지만 뉴스 자체가 늘 정확한 것은 아니었다. 이제 신문은 단순히 종이 위에 잉크를 인쇄하는 매체가 아니었다. 이미지도 거짓말을 할 수 있었다.

| 보도적 포토리얼리즘

19세기 중반, 객관적 현실에 대한 인간의 사고방식을 형성하는 새로운 기술이 시작되었다. 바로 사진이었다. 1853년에 영국의 사진가 로저 펜턴Roger Fenton이 우크라이나 크림반도로 향해 러시아와 영국 및 그 동맹국 간에 벌어진 격렬한 전쟁의 이미지를 포착했다. 여행 내내 그는 오랜 노출 시간이 필요한 사진 원판을 300개 넘게 썼다. 대부분 풍경과 인물을 담은 것이었는데 그중에서도 치열한 전투가 벌어진 뒤 길가에 포탄이 널린 풍경을 담은 사진은 가히 충격적이었다.

영국으로 돌아온 펜턴은 〈죽음의 음산한 골짜기〉라는 제목의 사진을 전시해 즉각적인 열풍을 일으켰다. 이것은 전투 현장을 정확히 묘사한 최초의 전쟁 사진으로 알려지면서 대중의 상상력을 자극했다.[13]

이 사진(을 비롯한 일반적인 사진)은 이후 수십 년 동안 저널리즘의 강력한 상징이 될 것이었다. 저널리즘의 '렌즈'라는 개념은 사건을 포착하는 행위를 문자 그대로 표현하는 것임과 동시에 저널리스트가 하는 일, 즉 현실의 충실한 재현을 효과적으로 빗댄 것이었다. 신문의 관찰적인 성격은 카메라가 피사체를 있는 그대로 드러내는 방식에 비유할 수 있었다. 저널리스트는 진실을 정확히 재현하는 사람으로서 자신을 카메라와 비교하기 시작했다. 이 새로운 관찰 기술을 통해 현실을 **인식할 수 있게** 되었으니 신문도 이와 같은 역할을 할 수 있다고 본 것이다.

전시회가 열리고 몇 년 뒤, 펜턴이 그날 찍은 원본 사진으로 보이는 또 다른 원판이 발견되었다. 사진 속 골짜기의 도로에는 포탄이 널려 있지 않았다. 이 불일치를 조사한 2012년 문서에서 펜턴과 그의 팀이 사진 효과를 높이고 더 극적인 장면을 연출하기 위해 포탄을 옮겨서 도로 전체에 고르게 퍼뜨렸을 가능성이 농후하다는 사실이 발견되었다.[14]

이런 식으로 저널리즘은 사진과 정확히 같은 길을 갔다. 실제 사건을 담은 객관적인 프레임이 아니라 극적인 개작, 즉 관심을 끌기 위한 사건의 재구성이었다. 원래 사건을 극적으로 연출해 더욱 흥

1855년 로저 펜턴이 우크라이나 크림반도에서 찍은 <죽음의 음산한 골짜기>.
최초의 전쟁 사진 중 하나다. 연구자들은 펜턴이 텅 빈 길을 먼저 찍은 뒤 포탄을 옮겨서
더 극적인 장면을 연출한 것으로 보인다고 밝혔다. 공개된 사진은 극적인 버전이었다.

미진진하게 표현하는 것이다.

한 번 속으면 네 잘못, 두 번 속으면 내 잘못

〈더 선〉이 초기 뉴스 산업의 외설적 특성을 드러내는 전형적인
사례라면 그 관행은 미디어 산업이 대중의 관심을 포착한 역사와
함께한다.

1833년에 기업가 데이를 비롯한 동시대인들은 저렴한 새 인쇄기
를 사용해 외설적이고 때로는 거짓된 뉴스를 바탕으로 하는 새롭
고 혁신적인 비즈니스 모델을 구축했고, 이를 통해 지적 수준이 높
지 않은 독자들의 관심을 사로잡았다. 그렇게 이들 독자를 훈련시

키고 새로운 개념과 통찰을 불어넣으면서 동시에 그들을 기만하기도 했다. 역설적이게도 페니 신문이 제공한 정보는 더욱 선정적이거나 **아니면** 더욱 편견이 없었다. 객관적이고 검증된 정보를 위한 시장 역시 존재한다는 사실을 발견한 것이다.

기업가는 새로운 기술을 활용해 우리의 관심을 착취하지만 이런 착취에도 한계가 있는 법이다. 믿을 수 없는 이야기와 거짓에 대한 대중의 욕구도 거기까지였다. 신문사가 내놓는 주장이 거짓임이 밝혀질 때마다 명성이라는 화폐가 소비되고 있었다.

달이 바뀌고 해가 갈수록 소비자는 읽기 쉽고 신뢰할 수 있다고 생각하는 신문을 선택하기로 결심했다. 〈더 선〉의 달 조작 사건 이후 독자는 몰라보게 늘어났지만 보도 지식의 정확한 원천과 신뢰할 만한 신문으로서의 명성은 큰 타격을 입었다.[15]

일반 대중으로서는 누구를 신뢰할지 파악해야 하는 조정의 문제였다. 그 바탕이 되는 조건은 네 가지가 있다.

1. 대중은 무엇이 진실인지 알지 못하며 진실을 밝히기 위해서는 뉴스 발행자에게 의지해야만 한다.
2. 대중에게는 선택지가 있기에 진실을 밝힐 여러 뉴스 발행자 중 한 곳을 선택할 수 있다.
3. 뉴스 제작자는 이야기 하나를 발행할 때마다 자기 브랜드의 평판을 조금씩 소비한다.
4. 발행된 이야기가 거짓으로 밝혀지면 대중은 해당 발행자에 대한 신뢰를 잃었으니 향후 그곳을 피하려 할 것이다.

이와 같은 기본 과정을 거쳐 거짓을 인쇄한 신문의 자체 수정 메커니즘이 만들어졌다. 평판이 떨어지면 매출이 타격을 입고 결국 해당 발행사는 폐업에 이르고 마는 탓이다.

달 조작 사건이 있은 지 16년 뒤인 1851년, 또 다른 신생 신문이 로어 맨해튼에서 창간되었다. 이곳은 〈더 선〉 및 〈헤럴드〉 바로 옆에 사무실을 두고 그들과 직접적인 경쟁을 벌였다. 설립자는 저널리스트이자 정치인인 헨리 자비스 레이먼드Henry Jarvis Raymond와 은행가 조지 존스George Jones였고, 초판본은 역시 페니 신문이었다. 신문사 창간 목적을 알리며 설립자들은 이렇게 썼다.

> 우리는 보수주의가 공익에 필수적이라고 생각하는 모든 경우에 보수주의를 주창할 것이고 급진적인 논의와 개혁이 필요하다고 생각하는 모든 상황에서 급진주의를 외칠 것이다. 사회의 모든 것이 정확히 옳거나 정확히 그르다고 생각하지 않는다. 선한 것을 보존하고 개선하고자 하며 악한 것은 근절하거나 개혁하고자 한다.[16]

뉴스를 사실대로 보도한다는 평판을 바탕으로 창간된 이 신문사는 〈더 선〉이나 〈헤럴드〉와 똑같은 비즈니스 모델을 통해 광고의 지원을 받았음에도 불구하고 중요성이 높아졌다.

〈뉴욕 데일리 타임스〉는 더욱 올바르고 교양 있고 검증된 뉴스를 제공하며 성장을 시도했다. 이곳의 언론적 진실성은 매일, 매주, 매월, 매해 대중의 시험대 위에 놓였다. 1857년에는 이름에서 데일리를 삭제하고 간단히 〈뉴욕 타임스〉가 되었다.

이 신문은 자사의 명성을 걸고 언론의 새로운 기준과 검증 가능한 사실에 큰 비중을 두었다. 보도가 항상 정확한 것은 아니었지만 한 주 한 주 지날수록 정확하다는 평판을 꾸준히 쌓아 올렸다.

1890년대에 이르러 구조 조정을 거치고 소위 페니 신문의 극단적 선정주의가 폐단에 이른 결과, 〈뉴욕 타임스〉는 꾸준히 성장해 미국에서 가장 인기 있는 신문 중 하나가 되었다. 그 당시의 정서를 가득 포착한 변호사 클래런스 대로Clarence Darrow는 1893년에 이렇게 말했다. "세계는 설교자와 훈계에 지쳤다. 지금 세계는 사실을 묻고 있다. 요정이나 천사에 염증을 느끼며 피와 살이 있는 사람을 원한다."[17]

뉴스는 경쟁적인 시장이다. 관심에 대해서만 경쟁하는 것이 아니라 정확성과 명성을 두고도 경쟁한다. 허위 사실만 유포하는 신문은 많은 가치를 얻지 못할 것이다. 허위 사실은 발행사에 타격을 입혀 결국 신문사 사주에게, 그리고 그 정보를 진지하게 받아들이는 모든 이들에게 골칫거리가 되고 만다. 이런 경쟁을 통해 사실 보도라는 개념이 정립되었다. 신문은 경쟁사의 추악하고 외설적이며 의욕만 앞서는 부정확한 기사를 서슴없이 규탄했다.

뉴스 조직에서 매일같이 생성되는 어마어마한 양의 콘텐츠에는 특정한 경쟁력이 필요했기에 새로운 유형의 직업윤리가 창출되었다. 19세기 후반에는 정확성과 검증 가능성을 지향하는 자연적인 성향이 표준이 되었다. 콘텐츠에 이런 요구 사항이 강력히 제시되자 저널리스트를 위한 규약이 확립될 필요가 생겼다.

1890년대에 이르러 가능한 한 최상의 뉴스를 포착하고자 명성과 실용 두 가지 측면의 압력을 받은 결과, 확실한 사실을 선호하는 경향이 드러나기 시작했다. 이로써 신문에서 처음으로 언론의 표준이 생성되었다. 지금 우리가 뉴스 기사에서 볼 수 있는 '역피라미드형' 기사(가장 중요한 사실을 먼저 배치하고 뒤이어 이를 뒷받침하는 사실과 세부 사항을 배치하는 방식)가 탄생한 것이다.

인쇄기의 몇 가지 새로운 발전으로 신문의 논조 역시 바뀌었다. 1843년에 리처드 M. 호Richard M. Hoe가 증기 구동식 윤전 인쇄기를 발명하면서 하루에 수백만 장을 인쇄할 수 있게 되었다.[18] 종이를 두루마리 형태로 연속 주입할 수 있게 되자 인쇄기의 구동 속도가 훨씬 빨라졌고 인쇄물의 대량생산이 성행했다. 하지만 가격이 상당히 높아서 이를 지탱하려면 판매 부수가 더욱 늘어나야 했다. 뉴스가 얼마나 멀리까지 퍼질 수 있는지, 이런 인쇄기를 구동할 수 있으려면 얼마나 많은 부수가 팔려야 하는지 등의 제약이 인쇄되는 내용에 실질적인 영향을 미쳤다.

이전 신문의 주된 특성이었던 당파성은 신문의 적확한 보도 부분에서 조심스럽게 편집되었다. 정치적 성향이 뒤섞인 더 넓은 독자를 사로잡기 위함이었다. 신문을 더 많이 팔고자 하는 언론인 입장에서는 정치적 편견 때문에 성향이 다양한 뉴스 소비자의 관심을 잃을 수 있었다. 이렇게 당파성을 내려놓겠다는 결정은 편집상의 영향력은 물론이고 새로운 기술 및 경제적 상황이 야기한 경쟁에 따른 것이었다.

로어 맨해튼에서 〈더 선〉의 사무실은 시티홀 공원 맞은편 프랭크퍼트와 나소 거리가 만나는 모퉁이에 자리하고 있었다. 이 거리는 최초의 주요 관심 시장이 탄생한 곳이었다. 〈뉴욕 타임스〉와 〈트리뷴〉, 〈헤럴드〉 모두 이 주변에서 태동했기에 이 블록 일대는 신문의 거리로 지정되었다.

〈더 선〉의 본거지는 이제 그곳에 없다. 사무실은 오래전 브루클린 다리 진입 차선 공사를 위해 허물어졌다. 하지만 그곳을 걷다 보면 이 급진적인 사업 아이디어가 탄생한 뉴욕 남부의 비좁은 거리에서 어떤 에너지를 감지할 수 있을 것이다. 거리 모퉁이의 신문팔이 소년이 예사롭지 않은 헤드라인이 달린 신문을 팔던 그 시절의 열기를 지금도 느낄 수 있을 것이다. 서로 지나치고 의견을 듣고 가십과 뉴스를 갈망하며 처음으로 신문을 사볼 수 있게 된 사람들의 짜릿한 쾌감을 느낄 수 있을 것이다.

여러모로 지금의 인터넷은 이렇게 갑갑하고 난폭했던 초기 뉴스의 환경과 닮아 있다. 사람들의 관심을 포착하고 이익을 위해 관심을 팔아넘기는 혁신을 거쳐 산업이 탄생했고, 우리는 지금도 그 산업에서 알려주는 대로 세상을 바라보고 있다.

이 장을 마치며

앞서 4장에서는 많은 이들이 오늘날 소셜 미디어에서 사실 기반 정보가 멸종한 책임을 광고 탓으로 돌리는 이유를 살펴보았다. 이번 장에서는 이런 역학이 결코 새롭지 않다는 사실, 전에도 이런 일을 겪었다는 사실을 알아보았다. 19세기에 뉴스를 위한 광고 기반 비즈니스 모델이 등장하면서 잘못된 정보라는 어두운 골짜기가 형성되었지만 이로써 예기치 않게 현대의 사실 기반 저널리즘을 위한 초석이 마련되었다.

- 초기 미국 신문은 당파적이었고 정당 지지자들에 의해 통제되어 엘리트 계층 독자들의 구미에 맞추어져 있었지만 대체로 수익성은 없었다. 반면 범죄 보도와 사회 가십에 치중해 대중을 끌어모은 페니 신문은 광고주를 위해 독자를 늘렸다. 하지만 노골적인 거짓 보도와 선정주의로 시간이 흐를수록 신뢰도가 무너져내렸고 독자는 믿을 수 있는 뉴스를 찾기 시작했다.
- 신문 소유주의 입장에서 평판을 유지하고 수익성을 지키기 위해서는 사실에 입각한 보도를 현실적으로 고려해야 했다. 더 넓은 범위의 독자를 흡수하기 위해 보도에서 당파성이 분리되었다. 19세기 말에 이르러 〈뉴욕 타임스〉 같은 신문이 사실 보도로 명성을 쌓으면서 높은 인기를 구가했다.
- 요점은 이것이다. 평판을 잃을지 모르는 뉴스 제작자의 명백한 위험과 소비자의 강력한 선택권으로 인해 인쇄 뉴스는 허위 보도 및 선정주의의 어두운 골짜기에서 빠져나와 우리가 저널리즘이라 알고 있는 센스메이킹 시스템으로 진입했다.

어두운 골짜기를 빠져나오는 과정은 비단 인쇄 매체에 국한된 것이 아니다. 다음 장에서는 라디오 기술의 출현에 뒤이은 어두운 골짜기와 이를 해결하기 위한 정부의 규제를 살펴보자.

20

라디오의
어두운 골짜기

THE DARK VALLEY
OF RADiO

1930년대 미국의 어느 일요일 저녁 거실에 앉아 라디오를 켰다면 당신을 반기는 것은 경제학을 설명해주는 디트로이트 가톨릭 신부의 활기찬 목소리일 공산이 크다.

한 시간에 걸친 이 방송에서 당신은 사회정의가 세계에서 가장 중요한 문제라고 말하는 그의 나긋나긋한 목소리를 듣게 될 것이다. 노동자의 보편적 단결권에 대해 설교하는 목소리를 듣게 될 것이다. 자신의 교회 마당에서 십자가를 불태웠다는 큐클럭스클랜KKK에 격분하는 목소리도 들릴 것이다. 미국 내에서 발생한 문제에 국가적 관심을 집중시켜야 한다며 해외 분쟁을 피하는 것과 관련해 조지 워싱턴George Washington의 말을 인용하는 목소리도 듣게 될 것이다.

조금 더 오래 듣다 보면 미국 은행을 장악한 유대인 비밀 결사단이 미국을 공산주의 국가로 만들려 한다는 체제 전복적 음모론도 듣게 될지 모른다. 히틀러 독일 수상의 새로운 정책에 공개적으로 찬사를 보내면서 당시 미국 대통령 프랭클린 루스벨트Franklin Roosevelt를 폄하하는 이야기도 들릴 것이다. 게다가 이 목소리는 주류 미디어를 통해 미국 대중의 마음을 지배하려 하는 더 깊은 음모론에 대해 경고할지도 모른다.

그렇게 당대 가장 인기 있는 라디오 방송인이자 세계 최초의 라디오 유명 인사였던 찰스 코글린Charles Coughlin 신부의 목소리를 듣게 될 것이다. 방송의 인기가 한창일 때 그의 목소리는 미국 전체 가정의 3분의 1에서 울려 퍼졌다. 방송 자금은 라디오 연맹Radio League의 지원을 받았는데, 일종의 지상파 라디오 방송의 원형 격으로 코글린이 설립하고 수만 명이 몇 달러씩 소액 기부해 후원한 곳이었다.[1]

당시 라디오는 개척 시대의 황량한 서부와 같았다. 돈과 지식이 있는 사람은 누구든 안테나를 세우고 신호가 잡히는 한 자신의 방송을 송출할 수 있었다. 코글린은 감각 있는 유명 인사이자 기업가로 뜨거운 정치적 쟁점 위에 자신의 라디오 제국을 건설했다. 그는 라디오라는 새롭고 독특한 매체를 사용해 스스로 **연단 위에 섰고** 역사적 불만이나 감정적 논쟁, 정치적 선동을 바탕으로 어마어마한 청중을 확보했다. 미국 수정헌법 제1조인 언론, 종교, 집회의 자유를 추구하는 권리와 라디오를 활용해 그는 미디어 제국을 건설하고 미국에서 가장 인기 있는 쇼를 만들었다.

같은 시기, 대서양 건너편에서 또 다른 강력한 연설가이자 코글린의 존경을 한 몸에 받은 인물이 같은 기술을 활용해 국민의 마음을 사로잡았다. 권력을 장악해 스스로 '총통'이라 선언한 히틀러와 그의 선전 장관 요제프 괴벨스Joseph Goebbels는 이후 독일 라디오의 모든 이익을 거머쥐었고 독일에 거주하는 거의 모든 사람이 나치당의 방송을 들을 수 있게 하는 포괄적 캠페인을 벌이기 시작했다.

역사적으로 볼 때 비싼 편이었던 라디오는 여전히 일반 독일인이 감당할 수 있는 영역 밖의 것이었다. 나치당의 대의를 추진하는 데 있어 이 매체의 강력한 힘을 알아본 괴벨스는 독일 엔지니어들과 협력해 폴크스엠팽어Volksempfängers, 즉 '국민 라디오'를 만들어 지급했다. 가격이 적당하고 대량생산이 가능한 라디오였다. 이것이 엄청난 인기를 끌면서 정치적 통제의 초석이 되었다.[2]

나치당은 라디오 방송국을 통해 독일 내는 물론 해외로도 24시간 내내 프로파간다를 전송했다. 히틀러의 연설을 비롯해 오페라와 드라마 쇼도 방송했다. 역사학자 올리버 래스콜브Oliver Rathkolb는 라디오의 사용이 나치의 정책을 성공적으로 전파하는 데 크게 기여한 요소였다면서 "대다수 독일인이 쉬이 무시할 수 없었을" 것이라고 말했다.[3]

미국으로 돌아와, 코글린의 연설은 미국 전역에 거대한 정치 운동을 불러일으켰고 제3제국(1933~1945년 히틀러 치하의 독일-옮긴이)을 향한 미국의 동정심을 야기하는가 하면 유대인에 대한 깊은 증오를 자아냈다. 코글린의 미디어 제국은 라디오를 넘어 확장했다. 그는 〈소셜 저스티스〉라는 주간지도 발행해 어마어마한 인기를 구가했다. 이 잡지는 코글린의 사상과 글의 보고가 되었을 뿐만 아니라 그가 괴벨스의 연설을 표절해 자신의 이름으로 글을 내놓는 장이기도 했다.[4] 코글린은 라디오를 혁신적으로 사용한 덕분에 당대에 가장 중요한 정계 인사가 되었다.

그에게 무슨 일이 있었던 것일까? 루스벨트 정부에 대한 코글린의 적대감이 더욱 심해지고 그의 수사 역시 점점 더 선동적으로 변모하자 미국 정부 측도 경각심을 높였다. 독일 전역에서 유대인을 대상으로 폭력적인 대학살이 벌어진 '수정의 밤Kristallnacht(1938년 11월 9일과 10일, 나치 대원들이 독일 전역의 유대인 가게를 약탈하고 유대교 사원에 방화를 일으켰다. 이때 깨진 유리 파편이 거리에 어지러이 흩어진 모습 때문에 수정의 밤이라 불리게 되었다-옮긴이)' 이후 다수 방송사에서 그의 방송에 대한 배급 계약을 파기했다. 코글린의 방송을 송출하기 전에 녹취록을 요구해 방송의 도달 범위를 줄이고 그와 청중 사이에 마찰을 두는 방송사도 있었다. 이에 대응해 코글린의 지지자 수천 명이 그의 쇼를 금지한 라디오 방송사 앞에서 피켓 시위를 벌이기도 했다.

루스벨트 정부는 수정헌법 제1조에서 코글린의 언론의 자유를 보호하지만 이 권리에 반드시 라디오 방송 매체가 포함되는 것은 아니라고 결정했다. 정부의 관점에서 라디오 주파수는 공유물의 성격이 짙기 때문에 규제가 가능하다고 판단한 것이다. 코글린 사태로 인해 미국 정부는 처음으로 모든 방송사가 주파수 사용에 대한 운영 허가를 받게 했다. 이후 미국 연방 통신 위원회Federal Communications Commission의 규정을 준수하기 위해 미국 방송 협회National Association of Broadcasters의 윤리 강령에 코글린의 방송을 금지하는 특별 규정이 작성되면서 코글린의 방송 허가가 거부되었다.[5] 코글린의 쇼를 배급한 라디오 방송사 협회 역시 조치를 취할 책임을 인식하고 청취자를 대상으로 한 방송 배포를 중단했다.

일본의 진주만 폭격 이후 코글린의 선동적인 방송을 완전히 중단하라는 압력이 높아졌다. 결국 미국이 참전하면서 코글린의 방송 역량이 축소되었고 이후 우편으로 잡지를 배포하는 그의 면허 역시 취소되었다.

이런 조치는 전시 중 적대적 프로파간다를 진압하기 위한 방편이었지만 체제 전복적이라고 여겨질 수 있는 활동을 축소시키기 위한 연방 정부의 단호한 의지와 긴급한 필요를 보여주는 것이기도 했다. 이 경우 언론의 자유는 도달의 자유와 같지 않았다.[6] 전쟁 중에 민심은 단호히 돌아섰지만 코글린은 여전히 자신의 쇼를 방송으로 내보냈다. 루스벨트 정부에 의해 추대된 가톨릭교회의 장이 코글린에게 선택권을 주었다. 방송을 중단할 것인가 아니면 성직을 잃을 것인가. 그는 방송 중단을 선택했다.

코글린의 극적인 권세와 강력하고 파괴적인 영향력으로 인해 미국 연방 통신 위원회는 먼저 라디오 방송에서, 이후 텔레비전에서 무엇을 말할 수 있고 말할 수 없는지 세심히 규제하기 시작했다. 이런 방호책이 30년 가까이 굳건히 자리를 지켰다.

이 장을 마치며

이번 장에서는 규제받지 않은 초기의 새로운 라디오 기술이 코글린부터 히틀러에 이르는 라디오 선전주의자들을 비롯해 극심한 편견과 분열적 콘텐츠라는 어두운 골짜기를 만들어낸 과정을 살펴보았다.

이런 어두운 골짜기를 벗어날 수 있었던 것은 어느 정도 정부의 개입이 있었기 때문이다. 아무런 제한 없이 증오에 가득 찬 폭력적인 언사를 유포하는 행위는 지상파 접근 허가 및 배급 콘텐츠에 대한 사전 검토 같은 새로운 마찰로 인해 축소되었다. 널리 퍼뜨리는 능력은 박탈할 수 없는 권리가 아니었고 정부는 플랫폼으로서의 라디오에 접근하는 이들을 통제하기 위해 전시 조치를 시행했다.

라디오 규제는 다른 기술 규제의 토대를 닦았다. 텔레비전은 격동의 20세기에 인기가 급상승했다. 다음 장에서는 현대사에서 최악으로 기록되는 수십 년과 비교해도 지금이 그토록 끔찍하게 **느껴지는** 이유를 살펴볼 것이다.

21

텔레비전, 혼돈, 집단

여느 때와 다름없이 시작된 1963년 댈러스의 어느 화창한 날, 시내 공원을 통과하던 자동차 행렬에 저격수의 총알이 몇 차례 날아들었다. 미국 역사상 가장 불명예스러운 순간으로 기억될 이 사건으로 존 F. 케네디John F. Kennedy 대통령이 환한 대낮에 아내와 수백 명의 구경꾼들이 공포에 질려 지켜보는 사이 숨을 거두었다. 미국인은 대통령이 사망했다는 소식을 들으며 하루를 마감했다. 총격 즉시 경찰에 체포된 암살범은 이틀 뒤 암살되었고 그 장면이 카메라에 담겨 전 세계 뉴스에 퍼져나갔다.

그로부터 5년이 채 지나지 않은 1968년 4월, 미국에서 가장 중요한 시민 평등권 지도자이자 비폭력 저항운동의 뛰어난 전략가인 루터 킹이 멤피스의 모텔에서 거의 같은 방식으로, 암살범이 쏜 고성능 소총에 맞아 숨을 거두었다.

다시 두 달 뒤, 존 F. 케네디의 동생이자 대선 후보였던 로버트 F.

케네디Robert F. Kennedy가 핵심 주 두 곳에서 열린 민주당 경선으로 승리를 거둔 뒤 로스앤젤레스 축하 집회에 참석했다가 암살범의 총격에 사망했다.

이런 사건이 연이어 발발한 뒤 수개월, 수년 동안 미국 전역에 대규모 시위가 벌어졌다. 인종차별과 베트남전에 대한 분노로 수십만 명이 거리에 나와 미국의 방향성에 대해 분노를 드러냈다. 징병제가 뒷받침된 베트남전쟁에서 사망해 고국으로 이송된 미국 군인이 한 달에 1,000명에 이르렀고 베트남인 사망자는 수천 명에 달했다. 1970년, 캄보디아로 확장하는 전쟁에 반대하며 오하이오에서 벌어진 시위에서 주 방위군이 대낮에 비무장 시위대에게 총격을 가해 19세에서 20세 사이의 켄트주립대학교 학생 네 명이 사망했다.

그 시기 미국 내 다수의 혁명 분파가 미국 전역에 폭격 작전을 벌였다. 워싱턴 국회의사당은 물론이고 거의 모든 주요 도시의 경찰서가 폭격을 맞았다. 브라이언 버로Bryan Burrough가 《격노의 나날: 미국의 급진적 지하조직과 FBI, 잊힌 혁명적 폭력의 시대》에 쓴 것처럼 FBI는 1971년부터 1972년에 걸친 18개월 동안 미국 땅에 2,500번의 폭격을 퍼부었다. 하루에 폭격이 다섯 번씩 일어난 셈이다.[1]

경제 발전 측면에서 봐도 대공황 이후 최악의 시기였다. 성장률은 대폭 감소했고 인플레이션은 사상 최고치를 기록했으며 임금은 정체되었다. 석유수출국기구Organization of the Petroleum Exporting Countries, OPEC 회원국들이 부과한 석유 금수 조치로 전 세계에 연료 위기가 촉발되었고 휘발유 가격이 급등해 광란의 사재기 열풍이 일면서 미국 전역에 휘발유 부족 사태가 발생했다. 휘발유를 구하지 못한 사람들이 연료통을 들고 몇 시간씩 줄을 서서 기다려야 하는 진풍경이 펼쳐졌다.

1974년, 재선에 성공한 미국 대통령 닉슨이 첫 임기 동안 지독한 권력 남용을 자행했다는 사실이 발각되었다. 닉슨 정부의 고위 관료가 다수 포함된 48명이 다양한 범위의 은밀하고 불법적인 활동에 가담한 혐의로 재판에 회부되어 유죄판결을 받았다. 이들은 정치적 반대 인사들의 사무실을 도청하는가 하면 반대 세력에 대한 수사를 명령했고 FBI와 CIA, IRS를 정치 무기로 활용했다. 1974년 닉슨은 패소할 것이 확실한 탄핵 심판을 피하기 위해 대통령직에서 물러났다.

다음 해인 1975년 9월, 제럴드 포드Gerald Ford 대통령은 **17일 사이에** 각기 다른 사람이 벌인 **두 번**의 암살 시도에서 살아남았다.

이러한 혼란스러운 사건들은 텔레비전에서 막강한 인기를 끌던 단 한 명의 아나운서, 〈CBS 이브닝 뉴스〉 앵커 월터 크롱카이트Walter Cronkite의 입을 거쳐 미국 대중에 알려졌다. 그의 방송을 시청하지 않는 사람들은 다른 두 방송망 중 하나를 통해 거의 비슷하게 음울하고 사실적인 어조로 사건을 전하는 방송을 시청했다. 미국 문화에서 텔레비전은 거대하고 단일한 중앙집권적 권력이었고, 이를 통해 모든 이들이 트라우마를 함께 헤쳐나가야 했다.

미국 역사 중 어느 시기를 선택하든 폭력과 혼란의 광경을 마주할 수 있다. 하지만 1963년부터 1978년에 이르는 15년 동안은 미국 역사상 가장 격앙되고 폭력적이며 파괴적인 시기 중 하나였다. 그때를 지금과 비교해보면 그 시대가 유난히 혼란스럽고 파괴적이었음을 알 수 있다. 그 시대를 지나온 사람들을 만나면 나는 그런 격동의 시기를 살아온 것에 대해 묻곤 한다. 어떤 기분이었는지, 지금

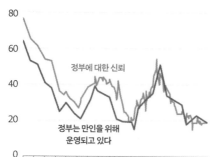

정부에 대한 신뢰 및 정부의 공정성에 대한 인식

정부에 대한 신뢰

정부는 만인을 위해
운영되고 있다

64 67 70 73 76 79 82 85 88 91 94 97 00 03 06 09 12 15

2015년 8월 27일~2015년 10월 4일에 실시된 조사.
추이선은 조사 결과의 평균을 나타내며 연간 평균은
수년에 걸친 한 개 이상의 조사 결과를 계산했다.

과 비교하면 그 시절은 어떠했는지.

그들은 보통 이렇게 대답했다. "살아남기 힘든 광란의 시대였지요. 그런데 지금이 더하다고 **느껴집니다.**"

국가가 나아갈 방향성을 염두에 둔 채 그 시기를 되돌아보면서 오늘날 눈앞에 보이는 문제를 파악하고 부모 세대가 20년 동안 겪은 일들과 지금의 문제를 대조해보자.

지난 50년에 걸쳐 시행된 퓨 리서치 센터의 여론조사 분석 결과에 따르면 1975년은 정부에 대한 신뢰도가 고전을 면치 못한 시기다. 연구 결과, 정부에 대한 대중의 신뢰는 "정부가 만인을 위해 운영되고 있다"는 믿음과 마찬가지로 감소 추세를 보였다. 그래도 지금과 비교하면 정부에 대한 대중의 신뢰도는 높은 편이다.[2]

| 신뢰 게임

미국 역사에서 지난 10년이 이런 파괴적인 시대보다 더 충격적이고 치명적이며 난폭하다고 느껴졌다면 그동안 무슨 변화가 있었던 것일까? (다만 이 글을 쓸 때는 코로나19 팬데믹이 터지기 **몇 년 전**이었다.) 우리가 지금 집단적으로 느끼는 감정이 어떻게 이처럼 큰 차이가 날 수 있는 것일까?

가장 확실한 대답은 미디어 운영 방식이 달랐다는 것이다. 사람들은 주요 지역신문을 읽고 몇 안 되는 방송망을 통해 저녁 뉴스를 시청했다. 그날 벌어진 사건은 모두에게 공유되었지만 미디어는 구조적으로 분노를 유발하도록 설계되지 않았다.

다양한 시대의 신문 칼럼을 조사한 2009년의 연구에서,《분노 산업》의 저자 제프리 M. 베리Jeffrey M. Berry와 세라 소비에라지Sarah Sobieraj는 1955년과 1975년, 2009년에 각기 다른 저명한 신문들에서 10주 동안 발표된 칼럼을 분석했다. 이들 시기가 선택된 것은 시민권 시위가 절정에 이르고 워터게이트 사건으로 국민적 공분이 극에 달한 1975년에 분노가 표출된 전례가 있다는 가정에 의한 것이었다. 1955년을 통제 집단으로 삼아 그들이 발견한 것은 1955년과 1975년에 표출된 분노는 2009년의 신문 칼럼에서 분출된 분노

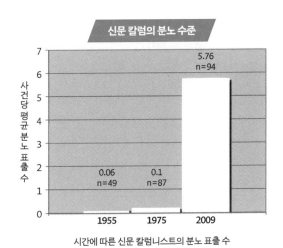

신문 칼럼의 분노 수준

시간에 따른 신문 칼럼니스트의 분노 표출 수

에 비해 상당히 낮은 수준에 그친다는 사실이었다.[3] 미국 역사상 최악의 정치적 순간으로 기록되는 시기에도 사람들은 언론의 독선적 비난과 분노에 그리 많이 노출되지 않았다. 표출된 감정이 차이를 보이는 이유가 이로써 일부 설명된다.

그동안 무슨 일이 있었기에 뉴스에서 공유되는 분노가 이렇게 엄청나게 증가한 것일까? 무엇 때문에 논조가 바뀐 것일까?

| 화가 나서 미쳐

1976년, 지난 10년을 통틀어 가장 기이하고 선견지명 있는 영화 〈네트워크〉가 개봉했다. 빛바랜 〈네트워크 뉴스〉 앵커이자 저녁 뉴스 전성기의 유물인 하워드 빌이 수십 년 일해온 방송사에서 해고될 위기에 처한 이야기를 담은 영화였다. 신경쇠약에 이르기 시작한 빌은 생방송에서 자살을 예고한다. 뉴스의 시청률이 급등하면서 막을 내리자 시청률에 목마른 방송사 측은 그를 해고하는 대신 그의 쇼를 오락 프로그램으로 **발전**시킨다.

우울증 상태에서 조증 상태에 이른 빌은 밤 시간대 방송에 나라 곳곳에서 목격되는 불의에 호통을 치며 보는 것마다 "개소리"라고 외친다. 신경쇠약이 악화한 것이 분명한 어느 날 밤에는 전 세계의 부패와 사회문제에 대해 도덕적 비난을 퍼붓고 시청자들에게 창문으로 가서 "화가 나서 미치겠어. 더는 가만두지 않을 거야!"라고 소리를 지르라며 악을 썼다. 실제로 뉴스 시청자들이 한밤중에 창문을 열고 비명을 내지르자 미국 전역의 도시가 들썩였다.

텔레비전 방송사 경영진은 이 쇼의 시청률을 확인하고는 엄청난 이익을 거머쥘 기회임을 알아보았고, 야간 뉴스 전체를 도덕적 비난으로 도배하는가 하면 점쟁이와 실제 은행 강도의 영상을 내보내거나 생방송 스튜디오에서 토크쇼 형식으로 진행하는 선정적인 보도 등으로 쇼를 꾸렸다. 에피소드가 시작할 때마다 관중은 빌의 구호를 외쳤다. "화가 나서 미치겠어. 더는 가만두지 않을 거야!"[4]

영화는 영민하게 잘 쓰인 픽션으로, 아카데미상을 수상한 인상적인 연기와 실제로 있음직한 캐릭터가 눈길을 끈다. 아울러 당대의 뉴스 방송에서 일어나던 놀라운 변화를 사실적으로 담으며 시청률과 감정적인 오락물이 뉴스 방송 산업을 어떻게 잠식해갔는지 보여준다.

기득권과 시스템에 대한 분노는 아직 개척되지 않은 새로운 엔터테인먼트 시장이었다. 이는 앞으로 수십 년 동안 미국 미디어의 주요 식단이 될 저질 토크쇼와 전문가 의견, 리얼리티 텔레비전 쇼의 시작을 예고했다.

▌다 같이 화를 내자

〈네트워크〉는 이 혼돈의 시기가 국가에 덜 파괴적이고 덜 양극화된 양상으로 드러난 이유를 명확히 그려 보인다. 사람들은 여전히 세 개의 방송, 즉 〈CBS〉나 〈NBC〉, 〈ABC〉 중 하나를 시청하고 있었다. 끔찍하고 폭력적이며 분열적이던 이 시대에 미국인은 여전히 공동 저장고에서 콘텐츠를 얻고 있었다. 화가 나면 다 같이 화를 냈다. 방송 뉴스는 어느 때보다 중앙집권적인 사업이 되었다. 모든 사람들이 같은 프로그램을 시청하고 있었다.

20세기 초에 몇 가지 법안이 통과되면서 이런 중앙집권적 방송이 일반 뉴스 소비자들에게 한결같이 제공되는 구조적 환경이 마련되었다. 앞서 살펴보았듯이 균등 시간 할당법은 방송사가 선거 결과를 쉽게 조작할 수 있다는 문제점을 해결하기 위해 통과된 법안이었다. 이 법은 라디오나 텔레비전 프로그램이 다른 후보의 기회를 희생해가면서 한 후보에게만 집중하는 편파적인 영향력을 줄이기 위해 제정되었다. 이 법안은 지금도 유효하다.

콘텐츠 배포 방식을 좌우하는 또 다른 주요 법안은 더욱 위력적이었다. 공정성 원칙Fairness Doctrine은 미국 연방 통신 위원회에서 1948년에 통과된 법안이다. 이 법안은 방송인이 논란 많은 현안을 대중에 소개할 경우 다양한 견해를 공정하게 반영할 것을 요구한다.[5] 그렇다고 모든 텔레비전이나 라디오 프로그램이 각각 균형적 관점을 견지해야 한다는 의미가 아니라 전반적으로 편파적인 프로그램이 있으면 대안적 견해를 제공하는 다른 프로그램을 제시하는 방식으로 균형을 맞추어야 한다는 것이다.

공정성 원칙은 중앙집권화된 막대한 권력에서 비롯된 미디어 방송인의 관심 독점 현상을 줄이기 위한 시도였다. 유연성을 장려하고 더 많은 의견에 접근하는 기회를 부여하고자 한 것이다. 실제로 이 원칙으로 인해 가장 정치적인 프로그램을 전파로 내보내고자 하는 유인책이 의도치 않게 감소했다. 그러려면 방송사 측에서 관점의 균형을 맞추기 위해 대안적인 프로그램과 콘텐츠를 찾아야 했기 때문이다. 결국 다양한 정치적 관점을 제시하는 것 자체가 골치였기에 정치 프로그램의 방영 횟수는 실제로 줄어들었다.

단편적 편파성

미디어에서 정치적 언급을 제한하는 이런 규율을 못마땅해 하는 이들도 있었다. 80년대 중반, 다수의 공화당 지지자들은 언론이 좌편향되었다고 의심하기 시작했다. 주류 신문에서 대서특필하며 폭로한 닉슨 행정부의 스캔들 이후 일부 보수 정객은 자신들이 미디어의 눈 밖에 난 것은 아닌지 의문했다.

1987년에 케이블이라는 새로운 방송 기술이 주류로 빠르게 편입되면서 (더불어 공정성 원칙 시행과 관련한 새로운 난관을 인식하자) 로널드 레이건Ronald Reagan 정부의 미국 연방 통신 위원회는 공정성 원칙을 폐지했다. 미디어 환경은 즉각적인 변화를 맞이했다.[6]

규제 폐지 후 1년 뒤, 캘리포니아 새크라멘토의 지역 방송 시간대를 주름잡던 중년의 라디오 호스트가 새로운 형식의 토크쇼를 시작했다. 과격한 방송인이자 기업가인 그는 어떻게 선을 넘나들고 논란을 초래하며 비난을 모면하는지 잘 알고 있었다. 자신의 방송을 제약하던 공정성 원칙이 폐지되었으니 이제는 라디오 쇼의 성패를 좌우할 방송 배급 계약을 잃을지 모른다는 두려움 없이 새로운 논쟁, 즉 **편파적** 논쟁을 야기하는 쇼를 시작할 수 있었다.

그의 이름은 러시 림보Rush Limbaugh였다. 더 많은 청취자와 관심을 끌어들인다는 이유 하나만으로 그는 난폭하고 편파적인 말을 일삼았다. 림보가 수용 가능한 선을 벗어난 것도 그렇게 하면 청취율이 높아질 것임을 정확히 **알고 있었기** 때문이다. 이 독특하고 새로운 규제 환경에서 그는 정치적 편향에 호소해 상당수의 청취자를 떼어 놓음으로써 처음으로 라디오 청취자를 갈라놓을 수 있었다.

림보는 계약에 따라 자신의 광고를 재생한다는 조건하에 미국 전역의 라디오 방송사에 쇼를 무료로 제공했다. 이로써 즉각 선풍적인 인기를 불러일으켰고 불과 2년 뒤인 1990년에 평균 청취자 500만 명을 확보하는가 하면 광고 수익으로 수백만 달러를 거두어 들였다.[7]

림보는 광고를 판매하기 위해 도덕적 분노에 호소하면서 전문가 논평과 저널리즘의 새로운 트렌드를 이끌었다. 그의 쇼는 텔레비전 및 신문 논평과 더불어 접근 방식을 근본적으로 변화시키고 있었다. 크롱카이트의 '객관적' 틀에서 벗어나 사람들을 분노하게 하는 오피니언 저널리즘으로 향하고 있었다.

림보는 자신의 방송이 야기한 감정만큼이나 자신의 논평에 담긴 사실의 진위 여부에 크게 신경 쓰지 않았다. 그는 언론의 기준을 거의 고려하지 않았다. 추측과 갈등을 불러일으키고 부추기는가 하면 들쑤시고 북돋았으며, 그 과정에서 사실에 구애받지 않는 보수적인 전문 논평을 창안했다. 림보는 주기적으로 편파적 음모론을 제기했고 오바마가 미국에서 태어나지 않았다는 거짓 주장을 대중화한 것으로 널리 회자되기도 했다.

그의 틀에 박히지 않은 도덕적 입장과 유머, 전반적인 박식함 때문에 청중들은 이런 일을 크게 문제 삼지 않았다. 림보의 열혈 지지자들은 그의 거의 모든 언행을 용서했고 진보주의자들이 그저 히스테리를 부리고 있는 것이라 주장하면서 비난을 모면했다. 트럼프의 행보를 지켜본 입장에서 이런 말이 꽤 익숙하게 들린다면 그것은 바로 트럼프가 림보의 절친한 친구인 데다, 림보가 어떻게 대중의 관심을 끌면서 자기 자신을 내세웠는지 면밀히 지켜보며 익혔기 때문이다. 하버드대학교의 브라이언 로즌월드Brian Rosenwald는 림보의 죽음에 대해 〈뉴욕 타임스〉에 이렇게 말했다.

> 러시 림보가 없었다면 조지 H. W. 부시의 정당이 트럼프에 이를 방도도 없었다. 32년이 넘도록 림보는 청중이 무엇을 듣고 싶어 하고 무엇을 원하는지를 길들였다. 그리고 사람들은 자신이 생각했을지도 모르지만 말하기가 꺼려졌던 것들을 대신 말해주는 사람의 이야기를 들으며 열광했다. […] 트럼프는 이를 정치에 적용했다.[8]

림보의 쇼는 의견 및 논평 분야에 수익성이 상당히 높은 신규 시장이 있음을 증명했다. 이후 몇 년 동안 다른 미디어에서도 이와 유사하게 대중의 관심을 끌 만한 편향된 쇼를 실험하기 시작했다. 그중 단연 돋보인 것이 〈폭스 뉴스〉였다.

1996년에 개국한 〈폭스 뉴스〉는 보수 성향의 뉴스 전문 채널로 시장을 빠르게 개척했다. 이전에는 공정성 원칙과 미디어 규제 때문에 경제적으로 실현 가능성이 없는 분야였다. 케이블 텔레비전이 미국 전역으로 확장하기 시작하면서 전문적인 쇼와 프로그램으로 이전보다 더 많은 틈새 시청자 층을 확보할 수 있게 된 것이다.

〈폭스 뉴스〉는 "공정하고 균형 잡힌 언론"이라는 슬로건을 내걸고 첫 선을 보였다. 주류 언론을 가볍게 비꼬고 좌편향 미디어에 반하는 보수적 주장에 동조하는 것이 차별화 전략이었다. 점점 더 편파적인 견해를 제시하면서 〈폭스 뉴스〉는 이후 20년 동안 세력과 규모를 확장해갔고 2016년에 이르러 미국에서 가장 인기 있는 단일 뉴스 방송사가 되었다. 이윽고 떠오르는 우익 미디어 생태계에 기반을 두고 뉴스 블로그와 보수적 라디오 토크쇼를 비롯해 오피니언 구성의 대안 버전을 공유하기 시작했다.

하지만 〈폭스 뉴스〉에는 여전히 사실 보도를 담당하는 기자들이 있었다. 이들은 대부분 좋은 보도를 해온 전문 저널리스트였다. 뉴스 데스크와 오피니언 데스크는 분리된 조직이었다. 뉴스 데스크와 오피니언 데스크 사이에 뚜렷한 벽이 세워져 있었지만 오피니언 프로그램에 할애되는 시간이 점차 늘어났다. 그렇게 수년에 걸쳐 뉴스 데스크를 걸러내고 극단적인 전문가 논평을 우선시한 결과, 〈폭스 뉴스〉는 뉴스 조직이라기보다는 홍보부에 더 가까워졌다. 〈폭스 뉴스〉의 전직 정치부 수석 기자 칼 캐머런Carl Cameron이 말했듯 "〈폭스 뉴스〉에는 사실보다 의견이 훨씬 더 많았다."⁹

2017년에 요하이 벤클러Yochai Benkler와 MIT의 공동 저자들이 《네트워크 프로파간다》에서 정보, 특히 정치적 허위 정보가 주류 미디어와 우익 미디어 내에서 전송되는 방식을 분석했다. 400만 개의 정치적 이야기가 소셜 채널을 통해 어떻게 전달되는지 연구한 결과 놀라운 사실이 발견되었다. 진보와 보수 사이에 비대칭적인 차이가 드러난 것이다.

저자들은 주류 미디어와 '드러지 리포트Drudge Report'부터 〈브라이트바트〉, 〈폭스 뉴스〉에 이르는 우익 미디어의 생태계에서 모두 변방의 음모론이 주기적으로 나돌았고, 더불어 노골적인 거짓이 유포되어 정치인의 논지로 이어지기도 했지만, 지나친 관심이 쏟아지기 전에 이런 허위 사실을 추려내는 데는 주류 미디어가 훨씬 더 효과적이라는 사실을 발견했다(가령 트럼프가 제프리 엡스타인Jeffrey Epstein의 저택에서 미성년자와 성관계를 가졌다는 소문이 빠르게 퍼졌지만 주류 매체가 이를 일축했다). 반면 보수 방송사에서는 우익의 기회주의적 음모론이 오피니언 보도에 주기적으로 등장해 계속해서 확산되었다(민주당 직원이었던 세스 리치Seth Rich가 클린턴의 사주로 암살되었다는 이야기가 대표적인 예다). 허위 사실 검증에 있어서 우익 미디어 생태계는 좌익 미디어와 동일한 비율의 노력을 기울이지 않았다.[10]

이로써 20세기 후반에 발생한 미디어의 강력한 분열이 집단적 진실의 붕괴를 야기한 주요 원인 중 하나였음이 밝혀졌다. 완전히 독립적인 우익 미디어 생태계의 분리, 그리고 이들 미디어가 수익성이 상당한 허위 보도 시장에 지속적으로 추파를 던지는 열의가 지금의 문제에 극적으로 기여한 것이다.

새로운 시장이 이처럼 세분화되는 경향은 정보의 흐름이 점차 개인화되는 패턴을 그대로 드러낸다. 미디어의 초점이 개인의 선호도에 맞추어지는 이런 추세는 우리가 무엇을 원하고 어떤 의견과 가장 어긋나는지를 알고리즘이 점점 더 많이 파악하게 되면서 소셜 미디어 전반에 그대로 반복된다. 뉴스가 우리의 도덕적 기반을 그대로 반영하기 시작한다. 허위에서 사실을 가려내려 할 때에도 우리는 공유된 사실을 희생해가면서 점점 더 내집단의 방침을 따르려 한다.

이 장을 마치며

오늘날 우리가 소셜 미디어에서 느끼는 분열은 텔레비전 시대의 분열과 종류가 다르다. 20세기 중반의 격동과 격변의 시기를 통과하면서 미국인은 여전히 미디어 독점과 지상파 규제, 균등 시간 할당법과 공정성 원칙 등의 법률에 따라 강요된 콘텐츠의 공통된 보고를 기반으로 반응을 형성했다.

그러던 것이 1980년대 말과 1990년대 초 공정성 원칙 폐지와 케이블 텔레비전의 등장으로 변화했다. 림보 같은 기업인들이 틈새 독자층을 확보할 수 있고 수익성 좋은 신규 시장을 발견했다. 바로 극단적 편파성의 시장이었다. 이 새로운 콘텐츠는 도덕적 분노에 호소해 독자층을 확보하고 광고를 판매했으며 의견과 사실의 구분을 점차 모호하게 만들었다. 분노가 수익을 창출하자 인쇄물과 라디오, 텔레비전 미디어 같은 신흥 매체에 오피니언 저널리즘이 확산하기 시작했다. 뉴스 소비가 원자 단위로 세분화하면서 소비자는 도덕적 선호에 맞춘 뉴스와 더욱 밀접하게 이어졌다.

3부에서는 인쇄와 라디오, 텔레비전의 역사를 되짚어보며 새로운 기술이 진실 관리 시스템보다 빨리 성장할 때 나타나는 분노의 패턴을 살펴보았다. 어두운 골짜기에서 빠져나오는 길이 길고 잔혹하게 느껴질 수도 있다. 인쇄기의 등장 직후부터 이어진 길이니 그럴 만도 하다. 시장 원리와 광고, 더불어 제도적 규제에 의해 유발된 신흥 저널리즘 산업은 라디오와 텔레비전의 어두운 골짜기를 가로지르는 데 도움을 주었다.

2부에서는 새로운 어두운 골짜기가 과거 어두운 골짜기와는 비교도 안 될 만큼 위험해진 독특한 특징을 살펴보았다. 종류를 막론하고 어두운 골짜기를 빠져나오려면 진실을 파악하는 것이 중요한데, 지금 우리의 집단적 센스메이킹은 어느 때보다 위험에 처해 있다. 4부에서는 우리의 센스메이킹이 어떻게 기능하는지, 오늘날 센스메이킹이 위기에 처한 연유가 무엇인지 알아보기 위해 저널리즘의 제도를 살펴보고 현재 어두운 골짜기가 어쩌다 난투를 유발했는지 살펴볼 것이다.

다음 장에서는 저널리즘이 진실 전달에 있어서 정확히 어떻게 성공을 거두었는지(그리고 가끔은 어떻게 극적으로 실패했는지) 알아보자.

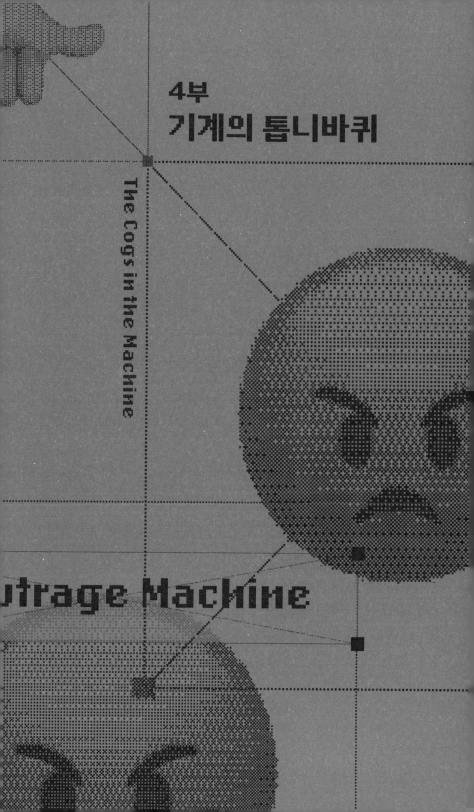

4부
기계의 톱니바퀴

The Cogs in the Machine

22

진실을 알게 된 경위

HOW WE LEARN
THE TRUTH

저널리스트는 진실을 말해야 한다는 사실에 모두 동의한다.
하지만 진실이 무엇을 의미하는지에 관해서는 혼란이 난무한다.

_빌 코바치Bill Kovach

1865년, 마른 몸에 완고한 오스트리아 출신 젊은 이민자가 세인트루이스 부두를 돌아다니며 일자리를 구하고 있었다. 남북전쟁에 참전하고 돌아와보니 파산 직전에 이르러 간간이 노숙을 하는 처지가 되었다. 그는 지난 몇 달 동안 갑판원으로 일하면서 짐을 내리고 난로에 석탄을 채워 넣는가 하면 마구간에서 노새의 배설물을 삽으로 퍼 나르는 등 손에 잡히는 일은 무엇이든 했다.

부두를 어슬렁거리던 그날, 그의 운명이 바뀌었다. 말솜씨가 남다른 한 남자가 다가와 루이지애나 사탕수수 농장의 일자리를 제안했다. 남자는 배가 한 대 있다면서 1인당 5달러(지금으로 치면 약

150달러)만 내고 다른 구직자 수십 명과 함께 배에 타면 통행료를 포함해 높은 보수가 보장된 일자리를 제공하겠다고 말했다.

젊은 이민자는 그 제안을 받아들였고 남성에게 남은 돈 거의 전부를 건넨 뒤 옷가지를 챙겨 악취가 진동하는 비좁은 증기선에 올라탔다. 강을 따라 50킬로미터 정도 갔을까, 선장이 배를 부두에 대고는 문제가 생겨서 처리해야 하니 어서 배에서 내리라고 요청했다. 사람들은 그 말을 따랐다.

얼마 뒤 선장만 탄 배가 그들을 태우지 않은 채 부두에서 멀어졌다. 사람들은 배가 돌아오길 기다렸지만 인내심이 이내 혼란으로, 이윽고 분노로 바뀌었다. 배가 돌아오지 않으리라는 사실이 분명해졌다. 사기를 당한 것이었다. 일자리도, 보수도 모두 사기였다. 사람들은 분노에 치를 떨며 다시 세인트루이스로 돌아가기 위해 50킬로미터를 제 발로 터덜터덜 걸어가야 했다. 형편이 더욱 나빠진 것은 물론이었다.

노여움이 가시지 않은 채 돌아오는 길에 남자는 잠시 앉아 방금 겪은 일을 글로 옮겼고 이를 세인트루이스 지역신문에 투고했다. 놀랍고도 기쁘게도 그의 글이 받아들여졌다. 머지않아 신문에 실린 그의 글은 사람들에게 이 사기꾼을 조심하라고 경고하는 동시에 세인트루이스에서 누구든 이런 사기 행각을 다시는 벌이지 못하도록 견제하는 역할을 했다. 젊은이는 분노를 기록한 대가로 원고료를 받았고, 신문 독자들은 정보를 얻었으며 사회는 조금 더 나아졌다.[1]

젊은이의 이름은 퓰리처였다. 이후 그는 기자, 정치인, 출판인, 그리고 신문사 소유주가 되었고 궁극적으로 저널리즘의 틀을 세웠다.

이후 수십 년 동안 그의 신문은 미국 역사상 가장 큰(그리고 가장 선정적인) 뉴스 제국을 이루어 뇌물 수수와 정부 부패, 눈에 띄는 부정행위 등을 감시하는 기관이 되었다.

원자 단위로 보면 퓰리처의 첫 번째 글은 사회의 부패를 감시하는 기본 기관으로서 저널리즘이 가질 수 있는 최상의 기능을 보여주는 본보기였다. 보통 사람들의 흥미와 관심을 바탕으로 권력과 남용을 예의주시한 것이다.

저널리스트는 일반 대중에게 세 가지 각기 다른 서비스를 제공한다. **확증**과 **큐레이션, 비판적 의견**이 그것이다. 이들 각각은 센스메이킹의 핵심을 이루는가 하면 심각한 실패에 이르기도 한다.

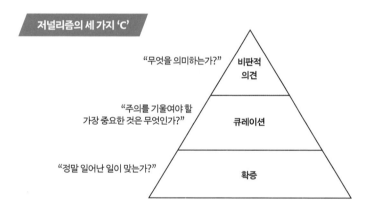

저널리즘의 세 가지 'C'

"무엇을 의미하는가?" — 비판적 의견

"주의를 기울여야 할 가장 중요한 것은 무엇인가?" — 큐레이션

"정말 일어난 일이 맞는가?" — 확증

종합적으로 이들 서비스는 사회 전체에 **수십억** 달러의 가치가 있다. 숨겨진 사안을 들여다보고 뇌물 수수를 근절하며 부패를 척결하고 권력자들을 예의주시하도록 돕는다.

그런가 하면 퓰리처는 극한까지 치달은 최악의 저널리즘을 대표하는 인물이기도 했다. 만년에 그의 미디어 제국은 상당히 선정적인 뉴스를 인쇄해 대중을 공포에 빠뜨리고 집단 분노를 부추기는 일종의 타블로이드 저널리즘을 발전시켰다. 또 다른 미디어 거물인 윌리엄 랜돌프 허스트William Randolph Hearst와의 공공연한 불화는 '황색 저널리즘'의 재앙으로 알려졌다.[2] 헤드라인을 장악한 그들의 이야기는 정치 및 사회 분야에서 상당한 영향력을 발휘했고 무절제와 사회적 불안, 도덕적 패닉을 야기했다.

저널리즘은 이해를 위한 도구이면서 동시에 관심을 사로잡기 위한 도구다. 이 두 기능 사이에는 본질적인 갈등이 존재한다. 익숙하게 들리는 까닭은 소셜 미디어 역시 같은 갈등으로 고심하고 있기 때문이다. 여기서 잠시 멈추고 신문과 소셜 미디어 기업의 근본적인 차이를 비교해보자. 신기하게도 차이점이 생각보다 그리 크지 않을지도 모른다.

| 배턴 터치

인터넷의 발전을 수년간 이어진 릴레이 경주의 배턴 터치로 상상할 수도 있다. 새로운 기술과 튼튼한 다리로 무장한 새로운 주자가 이전 주자의 배턴을 이어받는 순간과 마찬가지로 인터넷이 기존의 제도로부터 배턴을 넘겨받은 것이다.

아날로그식 서적 및 학술 연구 관리를 위해 기존의 문서 도구를 사용하던(듀이 십진 도서 분류법 기억하는가?) 사서 및 학자 들은 새로운 색인 작성 서비스에 배턴을 넘겼다. 바로 구글이다. 구글은 도서관을 대체하지 않으면서 더 빠르고 효율적인 방식으로 지식을 제공했다. 이와 유사하게 백과사전은 인터넷을 만나면서 수천 명이 인용 시스템을 관리하는 자발적 지식 네트워크에 배턴을 넘겼다. 바로 위키피디아다. 위키피디아는 확실히 출판된 백과사전보다 정확성은 떨어지지만 규모는 수천 배 더 컸고 누구나 무료로 사용할 수 있었다. 이런 배턴 터치에 따라 이전까지 내재되어 있던 지식 원리는 설계 안에 그대로 유지되면서 더 나은 결과를 창출했다.

새로 등장한 소셜 미디어는 전혀 새로운 세상으로 보였다. 배턴 터치 자체가 없는 듯했고 전혀 새로운 혁신과 닮아 있었다. 우리가 배턴을 놓친 것이라는 사실을 누구도 인식하지 못했다. 그것은 저널리즘이라는 제도가 우리 모두에게 건넨 배턴이었다. 저널리즘의 기본 원리조차 이해하지 못한 사람들을 모두 저널리스트로 만드는 배턴이었다. 결국 우리는 어느새 규칙도 제대로 알지 못하는 경주를 뛰게 되었다.

| 신문이 소셜 네트워크다

잠시 눈을 가늘게 뜬 채 소셜 미디어의 기본 디자인을 살펴보고 이를 신문과 비교해보면 이 둘이 그리 다르지 않다는 사실을 알 수 있을 것이다. 사람들, 즉 저널리스트 또는 사용자가 중요하고 흥미진진하다고 생각되는 정보를 찾거나 만들거나 공유해서 이를 독자들에게 제공한다. 누군가, 즉 편집자 혹은 알고리즘이 이들 항목을 가려내 어떤 콘텐츠를 선보일지 규칙을 정한다. 그다음 콘텐츠 사이에 여유 공간을 마련해 광고주들에게 판매한다.

신문과 소셜 네트워크의 주된 차이점은 두 가지로 나눌 수 있다.

- 서비스 지침: 소비자에게 선보이도록 허용되는 것과 허용되지 않는 것
- 규모: 서비스 사용자 수, 서비스를 이용하는 빈도, 기업이 독자층에 대해 알고 있는 정도

신문과 소셜 미디어 모두 규모가 증가함에 따라 서비스 지침의 중요성 역시 높아졌다. 신문의 경우 위험한 콘텐츠가 그 평판이나 재정에 미치는 영향, 법적 책임은 여전히 규모와 연계되어 있다. 눈치 챘는지 모르겠지만 소셜 미디어는 그렇지 않다.

이런 차이를 염두에 두면 해결책을 찾을 수 있다. 소셜 미디어를 어떻게 바로잡을지 생각해보고 싶으면 초창기 신문이라는 기존 플랫폼을 들여다보아야 한다. 19장에서 우리는 분노와 추문, 혼란의 소굴이었던 신문이 허위에서 사실을 가려내는 기관으로 거듭나는 과정을 살펴보았다. 이런 일은 정확히 어떻게 벌어졌는가? 한 세기가 넘도록 목숨을 부지해온 저널리즘이 객관적인 사실을 가늠하는 데 아직까지 실패하는 이유는 무엇일까? 여기서 얻은 교훈을 어떻게 활용하면 더 나은 방향으로 나아갈 수 있을까? 그나저나 **객관성**은 대체 무엇인가?

지금 우리가 사용하는 알고리즘이 사회에 점점 더 막강한 영향력을 행사하고 있으니 알고리즘이 무엇을 할 수 있고 무엇을 해야 하는지 결정하기 위한 기본 원리를 알 필요가 있다. 기존 시스템의

실패 요인을 파악하면 새로운 시스템을 위한 해결책을 역설계할 수 있을 것이다. 저널리즘의 신뢰에 닥친 현대의 위기부터 살펴보자.

| 신뢰의 위기

바이럴 시대에 접어들어 새로운 콘텐츠가 우리의 삶에 쏟아져 들어오면서 언론 매체에 대한 신뢰는 점차 떨어졌다. '뉴스'를 생각하면 대부분 뉴스 피드에서 제공하는 것을 떠올린다. 뉴스 작성자가 전문가이든 저널리스트이든, 삼촌이든 크게 중요치 않다.

이로써 우리가 세상을 이해하는 방식이 근본적으로 달라졌다. 확인되지 않은 지식은 무엇이 되었든 깊은 회의를 품고 바라보는 경향이 늘어난 것이다. 이렇게 회의론이 지속되는 이유 중 하나는 뉴스를 소비하는 대중이 저널리스트가 실제로 무슨 일을 하는지 제대로 알지 못하기 때문이다.

한 세기가 넘도록 저널리스트가 무슨 일을 하는지 알 필요가 없었다. 인터넷이 등장하기 전까지 사람들은 대부분 텔레비전 뉴스를 보거나 신문을 읽을 때 택할 수 있는 선택지가 많지 않았다. 유통 채널의 독점 때문이었다. 저널리즘의 이해하기 힘든 방식을 설명할 필요가 없었던 것도 그 문제에 대해 누구도 선택권이 없었기 때문이다. 저널리스트는 이런 권력을 기꺼이 그러쥐었고 자신이 왜 그런 권력을 누리고 있는지 묻는 어떤 질문에도 대답할 필요를 느끼지 못한 채 행복에 젖어 있었다.

투명성 부족이나 망각, 노력 부족 때문인지 모르겠지만 저널리스

**미국인 대다수, 뉴스 미디어에 대한
회의론이 사회에 긍정적이라고 생각**
이상적으로 사회가 나아지기 위해
미국 대중이 해야 하는 것과 관련한
미국 성인의 응답(%)

무응답 1%

뉴스
미디어
신뢰
36%

뉴스
미디어
의심
63%

트는 자신의 작업 과정을 공개한 적이 없다. 대중은 저널리즘의 **절차**를 잘 모르기에 회의론에 빠지기 쉽다. 언론이 우리에게 감추는 안건이 있지는 않은가? 더 큰 기만이 일어나고 있는 것은 아닌가? 오늘날 '미디어'라는 말이 간혹 경멸적인 의미를 띠는 것도 대중의 이해가 부족하기 때문이다.

최근에 성토된 비난 중에 몇 가지를 꼽아보자. **"주류 미디어는 편향적이다." "미디어 간부들은 좌파적 안건을 제시한다." "미디어는 인종차별적이다." "미디어는 순전히 거짓말을 하고 있다."** 미디어에 대한 이런 비난은 다양하고 손쉽다. 이들 기관이 유효기간을 훌쩍 넘기고도 권위와 중요성, 공정성을 내세우면서 불안하게 서 있다는 사실을 우리는 감지할 수 있다. 그 때문에 미디어는 아주 좋은 타깃이 된다.

그런데 저널리즘이 제공하는 것 중에 아직 소셜 미디어로 대체되지 않은 한 가지가 있다. 바로 **시사 문제에 대한 검증된 성찰**을 제시하려는 진지한 시도다. 학계를 제외하면 이런 막강한 영향력과 주의력으로 진정한 **진실**을 추구하고자 하는 분야는 많지 않다.

뉴스 미디어의 사회적 역할에 대한 미국인의 평균 인식, 긍정적이기보다 부정적

뉴스 조직에 대한 미국 성인의 응답(%)

업무 능력에 신경 쓴다	고도로 전문적이다	민주주의를 보호한다	미국을 옹호한다	보도 대상에 관심을 갖는다
45%	33	30	28	23
37%	39	36	35	53
업무 능력에 신경 쓰지 않는다	전문적이지 않다	민주주의를 해친다	미국에 지나치게 비판적이다	보도 대상에 관심을 갖지 않는다
해당사항 없음 17%	27	33	37	23

(무응답자 수는 드러나지 않았다.)

| 그나저나 객관성은 대체 무엇인가

진실에 대한 이런 주장은 어떻게 입증될 수 있을까? 나는 저널리즘이 이렇게 호언장담하는 객관성의 틀이 어디에서 비롯된 것인지 알고 싶었다. 신화일까? 야망에 가득 찬 목표일까? 속이 빤히 보이는 허울일까? 이를 파헤치기 위해 이해를 거듭하는 데 몇 달이 걸렸다. 저널리스트 및 언론학 교수와 심층 인터뷰를 진행하고 언론에 대한 역사적 논쟁과 언론사를 다룬 교과서, 저널리즘에 관한 무수한 에세이를 찾아 읽는 것은 물론 객관성을 비판하는 이들과의 대담도 읽어보았다.

나는 언론이 실제로 작동하는 방식을 규정하는 조직적 원리를 찾아보려고 했다. 그러다 언론계가 충격적일 만큼 오해를 받고 있는 직종임을 알게 되었다.

현실은 저널리즘이 암묵적이고 명시적인 부호와 규범의 집합이 며 지금으로부터 한 세기도 더 전에 설립되었고, 한때는 이익과 위신을 동력 삼아 강력한 힘을 발휘했지만 지금은 제 기능을 못하고 있다는 것이다. 이들 기관은 사회에 제대로 인정받지 못하는 서비스, 즉 **센스메이킹**을 제공한다.

오늘날 소셜 미디어에서 우리는 모두 저널리스트다. 모두 센스메이킹 사업의 성공과 실패를 이루는 일부다. 현재의 미디어 시스템은 제대로 기능하는 민주주의와 별개로 생각할 수 없다. 우리의 의견은 언제나 뉴스의 영향을 받고 그 지식이 투표 결정에 반영되었다. 사회를 거대하고 집합적인 인체로 본다면 뉴스 미디어는 중추신경계와 같다. 위협에 대응하고 정보를 공유하며 무엇을 바로잡아야 하는지 파악하는 기관이다.

뉴스 미디어는 저널리스트를 성가신 존재로 바라보는 정치인의 공격과, 그야말로 모든 이들에게 보도 권력을 부여한 기술의 공격을 받고 있다. 한편 저널리즘이 이런 다각적인 맹습에서 살아남기 위해 분투하는 동안 미디어 기관 자체는 살아남아 중요성을 잃지 않기 위한 필사적인 계략으로 신뢰를 훼손하고 있다.

이것은 재앙이다. 그 결과 사회의 병폐를 바로잡는 가장 중요한 메커니즘 중 하나인 자유 언론에 대한 신뢰가 깨졌다.

이제 저널리스트가 실제로 무엇을 하는지 파헤쳐보자. 센스메이커로서 저널리스트는 일반 대중에게 세 가지 서비스, 즉 확증과 큐레이션, 비판적 의견을 제공한다.

언론의 서비스 1: 확증 "그 사건이 정말 일어났는가?"

어머니가 당신을 사랑한다고 말해도 확인해보라.

_한 저널리스트

뉴스 조직이 제공하는 첫 번째이자 단연 중요한 것은 **확증**, 즉 사건의 검증이다. 이 서비스는 소문과 현실의 차이를 가늠하는 방법을 제시한다. 확증이 뉴스 사업 전반을 뒷받침한다. 확증이 없으면 전체 시스템은 제대로 기능할 수 없다.

확증은 가까운 과거에 벌어진 사건의 추가적인 세부 사항을 찾아 무슨 일이 있었는지 확인하는 도구 역할을 한다. 주로 직접 인터뷰나 사건 발생 당시 현장에 있었던 사람들과의 대화를 통해 이루어진다.

언론의 기본 검증 과정은 다음과 같이 진행된다.

1. 주장이 제시된다.
2. 주장하는 사람의 명성을 바탕으로 그 주장에 일정 부분 무게가 실리거나 신뢰가 쌓인다.
3. 주장이 확립된다(혹은 뒤집힌다).
4. 주장이 발행되고 증폭된다.

상당히 중요한 사건, 특히 정치적 사건에는 풍문이나 허위 주장이 난무한다. 발생하는 사건마다, 들려오는 소식마다, 심지어 과학적 발견에도 다양한 주장이 무수히 수반된다. **평범한** 정보환경에서는 사실보다 허위가 더 흔하다는 사실을 명심하라.

저널리즘은 우리가 현실을 이해할 수 있도록 검증이라는 서비스를 제공한다. 우리가 언론에 돈을 지불하는 것도 이 때문이다. 주요사건이 발생하면 저널리스트가 세 가지 각기 다른 정보원으로부터 주장을 검증해야 하는 것이 기본 관행이다. 물론 다른 여러 사건에서는 직접 정보원은 물론이고 간접 정보원도 쓸 만하다.

시민 봉기가 일어난 상황이나 참사 또는 재난의 한복판에 있는 등 여러 의견이 분분한 혼란스러운 사건의 경우, 실제로 무슨 일이 벌어졌는지 파악하기는 힘들다. 뉴스란 본질적으로 새로운 것이기에 최초 보도에 대한 압박이 때로는 정확한 보도에 대한 강박과 상충하기도 한다.

이러한 정확성과 긴급성 사이의 균형이 뉴스 취재 과정의 핵심을 이루며, 이런 이유 때문에 신문이 제공하는 정보가 항상 정확한 것은 아니다. 때로는 사건을 지나치게 다급히 보도하거나 잘못된 정보원을 택하기도 한다. 출처가 잘못된 기사는 대체로 인쇄까지 이어지지 않지만 인쇄가 되는 경우 **기자는 물론 신문의 평판에도** 큰 타격을 입는다. 이와 관련해 코바치와 톰 로젠스틸Tom Rosenstiel은 《저널리즘의 기본 원칙》에서 이렇게 말한다.

결국 검증이라는 규율은 저널리즘을 엔터테인먼트나 프로파간다, 픽션이나 예술과 가르는 기준이 된다. [⋯] 사건을 올바르게 파악하는 것에 제일 먼저 초점을 맞추는 것은 저널리즘뿐이다.

코바치와 로젠스틸이 볼 때 이것이 검증이라는 규율의 토대를 이루며 무엇이 진실인지 알아내고자 하는 저널리스트들을 위한 격언이 된다. 존재하지 않는 것은 무엇이든 절대 추가하지 마라. 독자를 절대 기만하지 마라. 방법과 동기를 투명하게 밝혀라. 자신만의 독자적인 보도를 믿어라. 마지막으로, 실제 발생한 일을 보도할 때에는 겸손하라.[3]

언론의 서비스 2: 큐레이션 "무엇이 중요한가?"

두 번째 서비스는 **큐레이션**이다. 큐레이션은 "무엇에 관심을 기울여야 하는가?"에 답한다. 우리가 뉴스를 볼 때 저널리스트와 편집인은 매일매일 이 질문에 답하고 있다.

뉴스를 읽으려면 먼저 뉴스에 관심이 가야 한다. 살아남아 번성하기 위해 뉴스 조직은 독자의 관심에 초점을 맞추어야 한다. 이렇게 해서 언론은 여러 기사 중에 특정 기사를 **선택**한다. 이 과정을 통해 어떤 기사가 뉴스거리가 되는지 결정되는 것이다.

다른 나라 스포츠 팀의 승리가 신문의 1면을 차지하는 것이 말이 안 되듯이 뉴스는 우리와 관련이 있을 때에야 비로소 효과적이다. 독자가 **읽고 싶어 하는** 콘텐츠를 만들면 독자 수는 물론 수익도 최대화될 것이다.

그런데 신문사마다 1면을 장식하는 기사 선별 기준이 상당한 차이를 보이기도 한다. 기사를 싣는 순서는 자체 편집부의 결정에 따른다. 1면에 실릴 뉴스를 선택하는 것에도 나름의 논리와 규칙이 있다.

관련성 선정은 신문사 편집부원이 따르는 간단한 지침과 같다고 생각하면 된다. 1면 맨 위에 오를 기사를 선택하라. 뉴스가 배달되었을 때, 혹은 사람들이 거리를 지나가다가 신문을 보고 집어서 읽을 만한 기사를 선택하라.

현대 알고리즘의 규칙처럼 들리는가? 맞다. 신문 편집인이 바로 참여 알고리즘의 원형이다. 이들은 어떤 기사가 1면 상단부(접은 면의 위쪽)에 배치될지 주기적으로 결정했다. 신문 편집인이 우리의 관심을 형성한 방식은 뉴스 피드가 특정 콘텐츠를 상단에 위치시키는 방식과 같다.

즉 미디어 조직은 소비자가 소비하고자 하는 콘텐츠를 제공함으로써 이익을 유지한다. 저널리스트는 관심을 사로잡는 기사 및 이야기를 작성해 보상을 얻는다.

언론의 서비스 3: 비판적 의견 "그것이 왜 중요한가?"

해밀턴은 이런 유명한 말을 남겼다. "근거가 충분하든 충분하지 않든, 의견은 인간사를 지배하는 원리다."[4] 이런 **비판적 의견**은 저널리즘이 제공하는 가장 중요한 서비스 중 하나다. 사설이나 전문가 견해, 분석, 변호 등 다른 이름으로도 알려져 있다. 주된 목적은 사건 및 사고에 대해 강력한 관점을 제시해 독자에게 뉴스의 맥락을 설명하는 것이다.

앞서 언급한 두 가지 서비스(큐레이션과 확증)는 같은 방 안에 존재한다. 그 방은 스트레이트 뉴스straight news(육하원칙에 따라 작성한 객관적인 뉴스. 정보를 명확히 제공하는 것이 목적이다-옮긴이)가 발생하는 곳이다. 비판적 의견은 전혀 다른 공간에서 발생한다.

초창기 저널리스트에게 물어보면 그들은 전문 저널리즘에서 '의견'이 설 자리는 없다고 말할 것이다. 지금은 이상하게 들리겠지만 한때 뉴스 조직에서는 뉴스 데스크와 편집 데스크 사이에 명확한 경계가 그어져 있기도 했다. 신문사 사주가 어떤 주제에 관해 자신의 의견을 말하고 싶으면 사설을 썼다. 외부인의 견해를 알고 싶으면 누군가에게 대가를 지불하고 **사설란 반대편**에 실릴 기사, 즉 기명 논평Op-Ed에 실릴 기사를 쓰게 했다.

이런 논평이 대다수 뉴스 소비자의 견해와 일치하기는 다소 힘들다. 소비자로서는 사설과 논평의 차이를 인식하기 어렵다. 뉴스를 소비하는 일반인들과 이야기를 해보면 대다수는 특히 의견을 **얻기 위해** 저널리즘에 의지한다고 말할 것이다. 그들에게 "관심이 가는 저널리스트가 누구입니까?"라고 물어보면 대부분 전문가나 논평가, 의견 저술가를 언급할 것이다. 대중의 마음속에는 **의견이 곧 저널리즘**인 것이다. 하지만 초창기 저널리스트가 보기에 여론 형성자는 전체 뉴스실에서 전혀 다른 분야를 차지한다.

저널리즘이 제공하는 서비스	
스트레이트 뉴스	❶ **확증:** 실제로 일어난 일에 대한 검증
	❷ **큐레이션:** 중요한 사건 선별
‒ ‒ ‒ ‒ ‒ ‒ ‒ ‒ ‒ 편집의 벽 ‒ ‒ ‒ ‒ ‒ ‒ ‒ ‒ ‒	
주관적 해석	❸ **비판적 의견:** 분석, 사설, 관점

이런 구분은 명확해야 하지만 실제로는 그렇지 않다. '진정한 저널리즘'이라고 하면 일반적으로 날씨부터 탐사 보도에 이르는 모든 것을 막론하는데, 여기서 의견은 세심히 잘려나간다.

사람들은 이런 관점을 원하고 또 찾는다. 강력한 관점은 본질적으로 뉴스 소비자의 흥미를 끈다. 가끔 사람들이 의견을 단호히 피력할 때에도 도움이 되는데, 이로써 그 당시 초미의 현안과 관련해 유익한 대화를 촉발할 수도 있다.

오피니언란에서는 '편집자의 편지'와 편집국, 정기간행물 소유주의 공식 성명과 함께 사건에 대한 관점 및 분석을 찾아볼 수 있다. 세상에서 무엇이 일어나야 하고 일어나지 말아야 하는지에 관한 오피니언 필자들의 대담한 선언도 만나볼 수 있다.

실제로 저널리즘과 스트레이트 뉴스 사이에는 뚜렷한 구분선이 존재한다. 스트레이트 뉴스는 객관적이고 오피니언은 그렇지 않다. 오피니언과 스트레이트 뉴스 사이의 이런 **벽**은 언론의 객관성을 유지하는 핵심 요소 중 하나다.

미국의 뉴스 소비자에 대해 퓨 리서치 센터에서 실시한 연구 결과, 많은 이들이 스트레이트 뉴스와 오피니언의 차이점을 구분하기 어려워한다는 사실이 밝혀졌다.[5] 대다수의 뉴스 웹사이트에서도 논설과 스트레이트 뉴스의 디자인이나 배치에 별다른 차이가 없다. 강력한 논조가 담긴 헤드라인을 마주할 때 그 아래에 붙은 '분석'이나 '오피니언'이라는 꼬리표를 놓치는 경우도 많다. 하물며 뉴스 피드에서는 더더욱 그렇다.

이런 구분선을 파악하는 것이 중요한 이유는 이 선을 넘어가면 중립을 지킨다는 모든 명분을 잃기 때문이다. 이 지점에서 편견이 공개적으로 드러난다. 이 지점에서 자극적인 의견이 중요성을 띠며 권장된다. 옹호가 어울리는 것도 이 지점이다.

오피니언, 저널리즘, 스트레이트 저널리즘의 경계가 모호해지면 독자는 그들 사이의 차이를 이해하지 못한다. 이것이 바로 오피니언 기사와 기명 논평을 통해 자신의 특정 안건을 추진하는 운동가 및 정치인의 목표다. 이곳은 정치적 활동이 허용되는 유일한 공간이다.

그렇다고 오피니언이 사실 보도와 확증이라는 규범을 피할 수 있다는 뜻은 아니다. 오피니언 저널리즘은 허위 사실을 보도하거나 명백한 거짓을 진술할 수 없다. 사설이나 분석, 오피니언 기사는 여전히 검증할 수 있어야 한다. 거짓이나 사실의 부정확성이 포함되어서는 안 된다. 평판은 여전히 중요한 문제다.

저널리즘이 진실 반영에 실패하는 이유

자체 기준에 따라 저널리즘이 사실을 정확히 반영하는 데 실패하기도 한다. 이 사실을 다른 모든 이들이 인정해도 저널리스트는 인정하려 하지 않는다. 객관성의 원칙을 고수하려 하는 저널리스트의 바람과 독자를 뉴스로 끌어들여야 하는 시장 원리 사이에는 잠재적 갈등이 존재한다. 뉴스는 객관성을 표방하고 있음에도 불구하고 여전히 시장에 의해 좌우되는 사업이다.

미국의 아이들은 자라면서 이야기에 다섯 가지 원칙, 즉 '누가, 무엇을, 언제, 어디서, 왜'가 들어간다는 사실을 배운다. 저널리스트가 어떤 이야기를 보도하려 할 때에도 비슷한 사안을 다룬다고 추측하기 마련이다.

스탠퍼드대학교 경제학자 제임스 T. 해밀턴James T. Hamilton에 따르면 이런 가정은 명백히 틀렸다. 그는 오히려 기자나 제작자에게서 나오는 다섯 가지 질문은 경제학적이라고 주장한다. 다섯 가지 경제학적 질문은 다음과 같다.

- 누가 정보의 특정 부분에 관심을 갖는가?
- 그들은 정보에 대한 대가로 무엇을 지불할 의향이 있는가, 혹은 다른 이들은 관심을 쏟는 대가로 무엇을 지불할 의향이 있는가?
- 언론 매체를 통해 사람들에게 어디까지 다가갈 수 있는가?
- 해당 정보를 제공할 때 이익이 되는 시점은 언제인가?
- 해당 정보를 제공하면 이익이 되는 이유는 무엇인가?[6]

해밀턴은 뉴스 제작자가 매일 아침 일어날 때마다 "오늘은 우리 회사의 수익을 극대화해야 해!"라고 외치지는 않는다고 말한다. 그래도 그들은 일자리를 지키고 싶어 한다. 관심 시장에서 일하는 한 그들은 여전히 이런 기본 질문에 영향을 받을 것이다.

바람이 어떻든 이런 질문은 뉴스 제작 사업에서 그들의 생사를 결정한다. 신문은 사업을 계속 이어나가길 원하고 기자는 일자리를 계속 지키길 원한다. 그들은 살아남기 위해 시장 상황과 사회의 동력에 적응할 것이다. 위의 다섯 가지 질문에 대답하면서 차이를 만들어낼 것이다.

이런 면에서 신문이나 텔레비전 프로그램은 생존을 위해 애쓰는 유기체와 닮았다. 19장에서 우리는 사실 기반 저널리즘이 이와 같은 생존의 필요에서 진화했으며, 신문사가 자사의 명성을 강화하고 믿을 만한 정보원을 갈구하는 독자들을 끌어오는 데 도움이 되었다는 사실을 알아보았다. 진화론적 관점에서 뉴스는 그에 가해지는 선택적 압력과 더불어 환경조건에 적응한다. 소유주를 만족시키려면 수익성이 있거나 영향력이 있어야 한다.

관련 법률이나 기술이 변화하면 **뉴스라는 유기체**도 그에 맞게 적응해야 한다. 이런 법률이나 기술은 사실을 상당히 객관적으로 판독하게 함으로써 지난 100년 동안 신문에 호의적이었다. 그런데 최근 들어 전통적인 저널리즘의 기준이 유기체의 생존에 그리 필요하지 않게 되었다. 5장에서 우리는 소셜 미디어에 의존해 뉴스를 배급함에 따라 저널리즘의 기준을 적용하는 경우가 눈에 띄게 줄어든 사례를 살펴본 바 있다.

신문이 더 이상 자립할 수 없다면 폐업하는 수밖에 없다. 그대로 끝이다. 살아남으려면 수익과 영향력이 필요하다. 부차적 효과와 혜택이 대규모로 운영될 수 있도록 공공에(〈NPR〉과 〈BBC〉의 경우처럼), 혹은 자선가에게(〈워싱턴 포스트〉를 인수한 제프 베조스Jeff Bezos나 〈애틀랜틱〉을 인수한 스티브 잡스의 미망인 로런 파월 잡스Laurene Powell Jobs처럼) 인수되어야 한다.

이들 유기체의 공생 관계에 따라 얻게 되는 이익은, 우리가 호흡하는 산소를 식물이 생산하는 것처럼 대중에게 정확한 지식이 제공된다는 것이다. 이런 공생 관계에 따라 부수적으로 발생하는 산물은 공통된 대의, 공유된 현실, 그리고 민주적 참여 형태다.

하지만 뉴스 유기체가 이렇게 공생 관계로 진화한다고 해서 본질적으로 객관성을 지향하게 되는 것은 아니다. 환경이 급격히 변하면 최근 여러 신문 및 언론 매체에서 그러했듯 생존을 위해 객관성이 희생될 수 있다.

뉴스 미디어를 추동하는 근본 목적을 오인해서는 안 된다. 뉴스 미디어는 그 자체로 민주적인 기관이 아니다. 이들은 경쟁적인 환경에서 번성하고자 하는 시장 중심적인 창조물이다. 관심을 끌지 못하면 이들은 생을 마감할 것이다.

저널리즘이라는 유기체가 진실을 반영하는 데 실패한 몇 가지 원인은 다음과 같다.

저널리즘의 실패 1: 선택적 사실, 혹은 대표성의 실패

이야기는 관심을 사로잡는다. 데이터는 그렇지 않다. 하나의 일화를 선별해 그보다 흥미가 떨어지는 이야기를 걸러내면서 저널리스트는 우리의 관심을 특정 주제로 유도한다. 이런 일화의 선별이 뉴스 소비자에게 상당한 불만을 야기할 수 있는데, 자신이 구할 수 있는 더 광범위한 정보가 세계에서 실제로 일어나는 일을 직접적으로 대변하지 않을 수 있음을 인식하기 때문이다.

여기에 내재하는 문제는 **대표성**이다. 1면 상단부를 장식하는 이야기가 그날의 가장 대표적인 사건일 가능성은 드물다. 가령 사망 사건이 대표적으로 다루어진다면 매일매일의 헤드라인은 심장 질환이나 암에 관한 이야기가 차지할 것이다. 이런 질병과의 싸움에서 획기적인 진전이 일어난다면 사회 일반은 물론 사랑하는 사람이 겪을지 모르는 위험을 고려해 그것이 주요 뉴스가 되어야 한다.

하지만 이런 유형의 사망은 일반적이고 평범하며 예견된 것이다. 독특한 추세나 현상을 드러내지 않으니 흥미롭지도 않다.

코로나19 팬데믹을 제외하고 사망 가능성이 가장 큰 원인은 우리가 뉴스에서 좀처럼 접할 수 없는 것이다. 이런 선택적 보도는 더 광범위한 대중에게 신호처리 문제를 야기한다. 사람들이 자신을 해칠 가능성이 별로 없는 문제를 지나치게 염려하게 되는 것이다. 또한 관심 경제에서 일종의 음울한 수학을 야기하는데, 평범한 삶의 가치가 사망 원인의 참신함과 결부되는 것이다. 네밀 달랄Nemil Dalal 은 이를 "선택적 사실selective facts"이라 부른다.[8]

예를 들어보자. 어느 날 뉴스를 보다가 최근 일어난 연쇄 납치 사건에 대한 기사를 접했다. 당신과 이름이 똑같은 사람들에게 유괴 사건이 일어나고 있다. 당신이 사는 동네와 가까운 곳에서 이런 사건이 또다시 일어날지도 모른다. 실제로 모든 납치 피해자의 머리카락 색과 눈동자 색, 옷차림이 당신과 정확히 닮았다.

이제 당신은 이 사건으로 자신의 안전이 위협받고 있다고 믿어 의심치 않는다. 납치범에 대한 이야기를 들은 뒤 링크를 클릭해 더 많은 것을 찾아보고, 인터넷을 뒤지면서 범죄에 대해 더 많은 정보를 알아내기 시작한다. 구할 수 있는 세부 정보와 수사 상황을 빠짐없이 알고 싶어진다. 필사적으로 더 많은 사실을 알고 싶어진다.

기사의 배후에서는 인간 편집자(혹은 당신의 뉴스 피드를 책임지는 알고리즘)가 엄청난 양의 **잠재적** 이야기 중에 무엇을 소개할지 선별하고 있다. 이들 편집자는 당신이 편견에 호소하고 관심을 끄는 납치 사건에 반응을 보일 것이며 다른 납치 피해자의 이야기는 외면할 것임을 잘 알고 있다.

우리는 자신과 생김새도, 목소리도 비슷하고 옷차림에 말투까지 비슷한 사람과 스스로 연관 짓는다. 인종이 다르고 언어가 다른 사람이 납치되거나 살해된 기사를 읽을 가능성은 현저히 줄어든다. 이들 기사가 본질적으로 중요성이 떨어지기 때문이 아니라 개인의 관심을 충분히 끌지 못하기 때문이다.

소수 집단에 속한 사람들에게 이런 현실은 쓰라리다. 저널리스트 그웬 아이필Gwen Ifill은 이와 같은 추세에 "실종된 백인 여성 증후군"이라는 유독 신랄한 이름을 붙였다. 실종 사건 보도 중에 백인여성 납치 사건이 다른 납치 사건, 특히 유색 인종 납치 사건보다우선시되는 현실에 대한 비판이 그대로 담겨 있다.[9]

더 광범위한 정보 더미에서 특정 일화를 선택하는 이런 큐레이션 과정은 강력한 편견에 치우치기 쉽다. 큐레이션은 다양한 뉴스제공자의 편집 성향 차이를 뚜렷이 확인할 수 있는 분야 중에 하나다. 〈뉴욕 타임스〉 1면을 살핀 뒤 〈폭스 뉴스〉 웹사이트의 1면으로건너가보면 그들이 같은 뉴스를 보도하거나 우선시하지 않는다는것을 알 수 있다.

신문 편집자는 무엇이 **중요하고** 무엇이 **부적절한지** 매일 결정을 내린다. 이런 관심의 프로토콜은 일종의 동질성을 초래한다. 납치 사건을 보도할 때 무엇을 다룰지 결정하는 것은 무엇이 독자의 관심을 끌지 결정하는 것이나 다름없다. 이런 조건은 인종과 이념, 종교, 독자와의 유사성에 부합하는 경향을 보인다. 독자 대다수가 백인이라면 젊은 백인 여성의 납치 사건이 뉴스 독자의 내재적 편견에 호소할 가능성이 높다. 독자의 인종적 선호도가 불균형적이거나 논쟁의 여지가 있다면 이런 선호가 뉴스 소비 습관에서도 그대로 드러날 것이다.

본질적으로 우리는 자신의 내집단에 더 많은 관심을 기울이도록프로그램되어 있다. 이것이 외국인 혐오나 인종차별주의, 자민족 중심주의 등 여러 문제적인 방식으로 드러난다. 이런 편향은 일상 속에서 좀 더 미묘한 방식으로 매일같이 드러난다. 이를 "동종 선호homophily"라 부르는데, 사람들이 자신과 비슷한 사람을 찾거나 비슷한 사람에게 이끌리는 경향을 뜻한다.

뉴스를 소비하는 집단은 어디든 자신만의 편견을 갖고 있다. 본질적 객관성에 대해 무슨 이야기를 들었든 상관없이, 뉴스 조직은 신문을 판매할 수만 있다면 이런 다양한 편견에 이의를 제기하기보다는 최선을 다해 **호소할** 것이다. 정치 보도도 마찬가지다. 논쟁의 여지가 있거나 악영향을 미치는 정치 사건에 대한 보도를 피하고 대신 다른 기사에 우선순위를 둠으로써 뉴스 조직은 관련 보도를 시야에서 가리고 정치인의 체면을 지켜줄 수 있다.

저널리즘의 실패 2: 갈등이 없는 곳에서 갈등 추구

갈등은 보도 가치가 있으며 저널리스트의 시선에 영향을 미친다. 특정 다양성의 갈등은 독자의 관심을 끈다. 의견이 일치하는 두 사람의 대화를 듣는 것보다는 의견이 일치하지 않는 두 사람의 대화를 듣는 것이 더 흥미진진하고 더 교육적이다. 미디어 학자이자 저널리스트인 로건 몰리노Logan Molyneaux는 이렇게 말했다. "저널리스트에게 갈등은 곤충에 설탕물과 같습니다. 피할 수 없는 것이지요. 이것이 바로 뉴스에 대한 정의입니다. 갈등을 보면 누구든 마음이 끌릴 수밖에 없습니다."[10]

갈등은 뉴스 소비자에게 강력한 정신적 휴리스틱이 된다. 갈등이야말로 여론을 이해하는 유용한 지름길이다. 두 사람이 하나의 주제에 대해 훌륭한 논의를 펼치고 있다면 그들은 자신의 관점을 뒷받침할 최상의 변호를 끌어올 가능성이 높다. 이런 식으로 갈등은 의견을 파악하고 현안의 핵심에 빠르게 다가가는 데 상당히 유용하다.

그런가 하면 갈등은 논란이 없는데도 논란이 있다고 생각하게 만들 수도 있다. 가령 정치적 모사꾼에 반대하는 주제에 맞서 과학 전문가를 참여시켜 갈등을 유발하면 그 주제와 관련해 여전히 논쟁의 여지가 있는 것처럼 보일 것이다(지구온난화가 대표적인 예다).

저널리즘의 실패 3: 집단 사고

뉴스는 비싸다. 뉴스 미디어는 대부분 세계의 사건을 바라보는 시야가 제한적이다. 기자는 특정 장소에 머물 뿐이고 선별할 수 있는 취재 정보원 수도 한정되어 있다. 뉴스 조직은 기자를 어디로 보낼지 결정해야 하는데 이 과정에서도 유한한 비용이 발생한다. 그 때문에 신문에 실을 수 있는 가시적인 사건의 범위는 협소할 수밖에 없다.

미국 AP통신사는 전 세계 뉴스 및 정보 공유의 비용 부담을 나누기 위해 설립되었다. 1846년 5월, 뉴욕시의 주간신문사 다섯 곳에서 멕시코-미국 전쟁 보도를 위한 취재진 파견 비용을 함께 부담하기 위해 시작되었다. 〈로이터 통신〉 역시 근원은 유사하다.[11]

한 뉴스 조직이 특종을 취재해 국내 뉴스 1면에 게재하면 다른 조직에서 그 기사를 **공유**할 수 있었다. 다른 편집자들도 주도권을 잃거나 흐름을 놓치지 않도록 같은 기사를 헤드라인에 실을 기회가 공평하게 주어졌다. 다른 신문사에서 같은 기사 보도를 선택한 뒤 기자를 보내 독자들의 구미에 맞게 해당 사건을 자사의 방식으로 작성하게 하는 것도 더욱 수월했다. 비용 대비 효과가 좋은 방식이었다. 경쟁사가 보도하는 기사를 그대로 보도함으로써 특종을 최초 보도할 때 드는 비용과 노력을 절감할 수 있었다.

이런 식의 기사 공유가 선호 시스템에도 드러났다. 전국 신문의 엘리트 편집자들이 문지기가 되어 대중이 무엇에 노출되고 노출되지 말아야 할지 결정하게 된 것이다. 일례로 뉴욕 미디어 산업의 편집자 및 제작자는 점심시간에 만나 무엇을 그날의 특종으로 삼을지 논의했다. 어떤 가십이 보도할 가치가 있는가? 어떤 정치인을 연단에 올려야 하는가? 어떤 화제를 보도해야 하는가? 뉴스 조직의 이런 중복 보도는 영향력이 워낙 강력해서 보편적인 공통 서사라는 착각을 불러일으켰다. 사실상 배후의 네트워크였다.

이것은 한 가지 공유된 진실을 대중에게 제시하는 성문화된 음모는 아니었지만 새롭고 참신하고 쉬운 기사 보도를 지향하는 새로운 추세였다. 경쟁사의 기사를 보도하는 것은 경제적으로도 합당해 보였는데, 사람들의 입에 하나같이 오르내리는 그날의 '최고' 뉴스를 확보함으로써 독자가 보장되는 한 가지 방법이었기 때문이다.

이런 큐레이션과 사실 선별의 추세에는 장단점이 있었다. 장점은 주요 신문 및 뉴스 네트워크 전반에 어느 정도 강력한 합의의 여지가 있었다는 것이다. 뉴스 소비량이 전체 인구에 걸쳐 대체로 동일한 까닭에 동지애를 장려하는가 하면 그 순간의 집단 서사를 공유하도록 북돋웠다. 사람들은 정수기 주변에서, 혹은 저녁 식사 자리에서 같은 헤드라인에 대해 이야기를 나눌 수 있었다. 모든 사람이 같은 문제에 대해 논의하고 있으니 이런 공유된 합의가 객관적 실재의 복사본인 것처럼 보였다. 이것이 이전 세기 미국인의 삶을 정의하게 된 특정 유형의 애국심에 영향을 미쳤다.

하지만 소수에 의해 뉴스가 강력히 중앙집권화되었다는 것은 다수 또는 권력자의 서사가 인기 있는 편집 서사가 되었음을 의미했다. 소수의 문제나 대안적 관점은 검열을 통해 생략되었다.

이런 서사의 통제는 비판의 계기가 되었다. 언어학자 노엄 촘스키Noam Chomsky는 조작된 합의를 이끈 미디어 시스템을 질타하며 신랄한 비판을 이어왔다. 촘스키는 뉴스에 소위 "필터"가 작동한다고 믿으면서 "엘리트층의 미디어 장악과 필터의 작동에 따른 반체제 인사의 주변화가 워낙 자연스럽게 일어난 탓에 최대한의 성실과 선의로 임하는 보도 관계자들도 자신이 전문적인 보도 가치에 근거해 뉴스를 **객관적으로** 선택하고 해석한다고 확신하게 되었다"고 말했다. 그의 의견에 따르면 소수의 목소리는 대화나 논의에서 부당하게 제외되었다.[12]

저널리즘의 실패 4: 홍보와의 영합

제2차 세계대전 당시 검증되지 않은 프로파간다가 사방에서 쏟아지며 흥분 상태에 이른 끝에 모든 교전국이 여론을 얻기 위한 대규모 전쟁에 뛰어들었다. 전쟁이 끝날 무렵에는 정보전이 강력한 무기라는 사실이 명백해졌다. 정보전으로 군대를 모집하고 폭도를 선동하는가 하면 나라 전체를 와해시킬 수도 있었다. 전쟁이 끝난 뒤 새로운 민간 직종이 등장해 삽시간에 전 세계를 휩쓸었다. 바로 홍보였다.

그로부터 수십 년 뒤, 홍보 산업은 거대한 성공을 거두며 공유 매체 전반에 스며들었다. 최초의 텔레비전 뉴스로서는 막강한 기업의 의지를 노골적으로 용인하는 셈이었다. 초기에는 이런 용인이 극에 달했다. 초기 텔레비전 뉴스 프로그램 중 일부는 〈캐멀 뉴스 캐러밴〉과 같이 주요 광고주의 이름을 그대로 따서 명명했고 앵커가 그날의 헤드라인을 읽는 형식을 띠었다.[13] 시청자에게는 텔레비전 뉴스라는 새로운 매체가 마법과 같았던 시대였다. 이런 쇼에 노출된 적이 없는 사람들은 제시되는 정보를 액면 그대로 받아들였고 뉴스 방송의 시작과 끝은 지금 우리가 터무니없는 광고 선전이라 생각하는 것들로 장식되었다. 가령 뉴스 앵커가 뉴스를 엄중히 전달하다가 돌연 담배의 이로움을 설명하곤 했다. 이와 같은 광고와 저널리즘의 흐리멍덩한 혼합은 텔레비전 뉴스 산업이 맛본 초기의 실패였다.

그 시대에 미국 소비자들은 권위의 차이를 알지 못했고 대부분 텔레비전에서 전해 들은 말을 곧이곧대로 믿었다. 이런 쇼가 광고주에게 막대한 수익을 안겨주었다. 홍보와의 노골적인 영합이 결국 도처에 있는 뉴스 소비자들의 회의를 불러일으켰다.

예전처럼 명시적으로 드러나지는 않지만 이런 영합은 지금도 벌어지고 있다. 어떤 홍보 대행사든 이렇게 말할 것이다. 주요 매체에서 무수한 기사가 나온 것은 기사 자체의 보도 가치 때문이 아니라 그들이 저널리스트에게 해당 기사를 홍보했고 저널리스트가 이를 흥미롭게 받아들인 까닭이라고 말이다. 저널리스트 입장에서 자신의 눈앞에 떨어진 기사는 특종을 찾기 위한 노력을 절감해주는 고마운 존재다. 지금은 홍보가 지나치게 두드러지지 않도록 제도적 지침이 마련되어 있고, 이들 기사는 지금도 다른 기관에서 볼 수 있는 것과 정확히 동일한 기준에서 확증된다. 그래도 영합은 여전히 일어나고 있으며 여전히 우리가 마주하는 일부 뉴스에 영향을 미치고 있다.

저널리즘의 실패 5: 권력 추종

9/11 테러와 미국 땅에 가해진 끔찍한 공격의 결과, 막대한 분노와 슬픔, 고통이 언론을 가득 메웠다. 미국은 아프가니스탄에 진입한 뒤 관심을 이라크로 돌렸다. 프랑스 철학자 비릴리오는 이라크 침공에 대한 미디어의 조직적이고 폭넓은 지지에 대해 언급했다. 그는 후세인을 규탄하는 민중 동원을 앞두고 거의 모든 주요 미디어 기관이 수용한 집단적이고 감정적인 열의를 비난했다. "참사와 대재앙을 알리며 세상을 슬픔으로 무력하게 만든 미디어는 이제 너무 거대해졌다. […] [그것은] 불관용이 복수로 신속하게 이어지도록 길을 닦고 있다."14

비릴리오는 당시 미디어의 감정적 논조에 대해 이야기하면서 테러에 대한 광범위한 패닉이 사태를 뚜렷이 바라보는 능력까지 흐리고 있다고 주장했다. 그에 따르면 미국 미디어는 9/11 테러의 배후에 복수를 가하고자 분노를 잘못된 방향으로 이끌고 있었다.

결국 비릴리오의 말이 맞았다. 미국의 이라크 침공을 촉발한 잘못된 정보는 현대사에서 최악의 참사를 일으킨 군사적 실수로 기록되었다. 미국의 주류 미디어가 전쟁을 앞두고 소극적인 회의론으로 일관했다는 (때로는 전쟁을 지지하기까지 했다는) 사실이 중대한 실패로 드러났다. 나는 이를 "권력 추종의 실패"라고 부른다.

객관적인 언론 보도가 암묵적으로나 명시적으로나 이라크 침공을 지지했다는 사실은 실로 우려스럽다. 뉴욕의 한 저명한 지식인은 이렇게 말했다. "이라크 침공과 관련해 〈뉴욕 타임스〉는 잘못된 정보를 제공하는 가장 유명한 집단일 것입니다."15 그 말의 의미는 〈뉴욕 타임스〉를 비롯한 당시 미국의 주요 언론이 대량 살상 무기를 찾아낸다는 거짓된 구실을 내세워 문제적 침공을 거행하려던 정부의 신중치 못한 선택을 난처한 질문으로 저지할 수도 있었는데 그러지 않았다는 것이다.

여기서 확증의 치명적인 문제가 드러난다. **권력 당국의 말을 사실로 받아들이는 것**이다. 저널리스트가 정부의 공식 방침을 스트레이트 뉴스로 취하는 것만큼 쉬운 일도 없다. 그러면 보도 기자와 신문의 책임이 줄어든다. 때로 확증이 힘들거나 불가능한 경우도 있다. 일례로 〈뉴욕 타임스〉는 이라크의 무기 시스템을 확인할 가시적 방편이 제한적이었고, 또는 확보할 수 있는 정보원이 부시 행정부의 정보원으로 추정되는 것과 동일한 것뿐이었다.

하지만 언론 기관이 정부의 압력에 완전히 굴복하는 것과 보도 능력의 한계에 직면하는 것은 다른 이야기다. 이런 상황을 순전히 말도 안 되는 것과 동일시하는 것은 또 다른 이야기다.

확증의 결여와 정부의 공식 서사에 이의를 제기하지 못한 주류 미디어의 실패는 침공 이후 수십 년간 이라크와 시리아, 그리고 정도는 훨씬 덜하지만 미국 자체에 처참한 결과를 안겼다.

권력에 의지하기, 이것이 저널리스트의 근본적인 실패 양상이다. 많은 경우 보도를 확정하거나 부인하는 것은 쉬운 일이 아니다. 그러는 대신 저널리스트는 정부의 공식 방침을 그대로 전달한다. 보도가 틀렸을 경우 저널리스트 자신과 신문은 보호를 받으니 저널리스트 입장에서도 더 깊이 파헤치는 것보다 권력에 의지하는 편이 훨씬 쉽다.

| 저널리즘의 작동 방식

저널리즘이 단순히 실패만 일삼은 것은 아니다. 언론 기관은 자체 검열을 하도록 설계되었기 때문에 실제로 제대로 기능할 때도 많다. 개인으로서 우리는 제도를 향해 무엇이 진실인지 질문하는 것에 상당히 서툴다. 특히 어떤 정보에 감정적으로 사로잡혀 있을 경우 그것이 진실이기를 **바라기** 때문에 더욱 그렇다. 1부에서 살펴보았듯 누구나 편견을 갖고 있기 마련이니 자신의 센스메이킹 능력을 향상시키기 위해서는 타인의 힘을 빌려 이런 편견을 점검해보아야 한다. 다행히 저널리즘이 설립된 것도 잘 정립된 길을 따르는 뉴스 제작자들이 생태계를 이루어 번성할 당시 이런 검열을 수행하기 위해서였다.

저널리즘의 안전장치 1: 교정 주기

이라크 침공 사례로 돌아가보자. 전쟁 옹호론을 구축하기 위해 미국 정부는 상당한 노력을 기울였는데, 후세인이 대량 살상 무기를 소유하고 있다는 콜린 파월Colin Powell의 주장을 입증할 유력한 정보는 충분치 않았다. 회의적인 개인 보도 기자 및 오피니언 저술가 들은 정부의 공식 보고에 반박할 만한 증거를 충분히 확보하지 못했다.

하지만 정보 수집의 치명적 실패를 두고 저널리즘의 도덕적 붕괴를 선언하기 전에 우리는 저널리즘이 자체 검열을 거쳤다는 사실을 알고 있다.

다수의 신문이 오보를 낸 것은 다른 저널리스트의 보도가 **한참**

뒤에 나왔기 때문이다. 저널리스트들은 사실을 검토했지만 침략이 정당하다고 믿을 만한 이유는 찾지 못했다. 대량 살상 무기는 발견되지 않았으며 실제로 이라크에 없었다는 사실을 우리는 알고 있다. 저널리스트들이 10년 동안 이를 찾기 위해 애썼기 때문이다. 미국 정부의 주장을 조사하면서 기자들은 확증을 위해 나라를 샅샅이 뒤졌고 결국 그 주장이 거짓임을 알게 되었다. 뉴스 기자들은 공식 기록을 업데이트하고 정부가 초기에 제시한 잘못된 정보와 허위 사실에 대한 분노를 불러일으켜서 관심을 사로잡는 등 맡은 바 임무를 계속 해나갔다.

실수를 정정하는 시스템은 너무 느리긴 했지만 결국 제대로 작동했다. 이번 실패로 미국 정부의 진실성이 큰 타격을 입었다. 거짓 구실을 위한 전쟁으로 1.9조 달러가 들었고 민간인과 군인 수천 명이 목숨을 잃었으며 900만 명이 넘는 난민이 발생했다.[16]

이렇게 확증 절차를 거치는 뉴스 조직이 **없는** 세계에서는 침공한 미군에 의해 무기가 "발견되었다"는 대안적 시나리오가 쉽게 등장할 것이다(지금도 다수의 열혈 지지자들은 아무 증거도 없는 이 주장이 진실이라 믿는다). 언론의 검증과 이를 뒷받침하는 제도가 없었다면 실수를 미봉책으로 가리려는 이런 시도가 전적으로 가능했을 것이다. 같은 이치에서 북한과 같은 독재 정부는 처참한 한국전쟁이 자국의 승리로 끝났다고 선언하고, 푸틴은 우크라이나 사태에 대한 자신의 견해에 동의하지 않는 모든 언론에 조직적으로 의심을 제기한다.

확증 절차가 지나치게 오래 걸렸다는 사실에 깊이 실망할 수도 있지만 시스템은 어쨌든 작동했다. 이런 **교정 주기**는 용인된 서사가 검토를 거쳐 게재되기까지 걸리는 시간을 의미한다.

저널리즘은 "역사의 초안"이라는 말도 있지만 초안은 몇 번이고 교정되어야 한다. 그러니까 사건을 이해하고자 하는 첫 번째 시도는 대체로 부분적이나마 틀릴 것이라는 뜻이다. 얼마나 틀릴지는 증인의 진실성이나 정부의 개입, 사건에 대해 상충되는 관점, 어수선한 상황에서의 혼란 등 여러 요소에 따라 달라진다. 그래도 결국 교정은 이루어진다.

언론의 안전장치 #2: 스위스 치즈 방어

이상적인 세계에서는 교정이 훨씬 더 빨리 이루어진다. 한 신문에서 기사가 잘못 전달되어도 지독한 거짓이 여러 신문에 퍼질 가능성은 기사가 게재될 때마다 조금씩 줄어든다. 시위 중 발생한 어떤 사건에 대해 한 신문이 부정확한 사실을 보도할 수도 있다. 하지만 같은 필터로 걸러내고 같은 취재 과정을 거친 또 다른 조직에서 자체 검증 절차를 통해 실제로 거짓을 포착할 수 있다.

이런 과정은 "스위스 치즈 방어Swiss Cheese Defense"라고 알려져 있다. 어떤 개인적인 뉴스 조직도 100퍼센트 정확할 수는 없지만 거짓이 각기 다른 뉴스 조직 둘, 셋, 넷을 거치고도 살아남을 가능성은 급격히 줄어든다.

저널리스트 라우시가 2021년 자신의 책 《지식의 헌법》에서 언급했듯, 전통 저널리즘이 올바르게 기능한다면 가설 단계의 허위가 게재될 확률은 50퍼센트일 것이다. 하지만 같은 허위가 다른 신문의 두 번째 필터를 거쳐서 살아남을 확률은 25퍼센트에 불과하고 세 번째 신문에서 살아남을 확률은 12퍼센트로 떨어진다. 해당 사건에 대해 더 많은 뉴스 조직이 자체 검증 절차를 거치면 허위가 대중에게 전파될 가능성은 막대하게 줄어든다.

이 사실을 인식하는 것이 중요한 까닭은 화제와 사건을 보도하는 뉴스 조직 네트워크 안에 라우시가 말하는 "긍정적 인식의 유의성positive epistemic valence", 다시 말해 진실을 지향하는 근본적인 경향성이 있기 때문이다. 뉴스 조직은 특종을 싣기 위해 앞다투어 경쟁하고, 이런 상호 검증 절차를 통해 상대의 맹점을 파악한다. 뉴스 조직은 서로 정직함을 지키도록 돕는다. 잘못된 보도로 체면이 손상되면 독자 수는 물론이고 직업적 평판에까지 막중한 피해를 입힐 수 있기 때문이다.[17]

저널리즘은 공동체 내에서 기본적인 센스메이킹을 위한 메커니즘으로 작동한다. 무료는 아니다. 독자의 관심이 소셜 미디어로 밀려가듯이 한때 신문을 움직였던 자본도 옮겨가고 있다. 이런 변화는 언론의 활동이 빠르게 사라지고 있는 지역 신문의 뉴스 룸에서 가장 뚜렷이 드러난다.

지역 뉴스의 급락

2012년 초반 지역신문사에 다니기 시작했을 때 나의 아버지는 이미 노련한 기술 전문 기자로, IBM과 마이크로소프트 등 기술 거대 기업 관련 기사를 보도하는 업계지를 운영하면서 커리어를 쌓은 바 있었다.

아버지가 지역신문사 직원으로 합류할 때에는 직원 일곱 명이 내가 자란 지방의 독자 7만 명을 상대하고 있었다. 지난 10년 사이 직원이 반으로 준 것이었다. 아버지가 일을 그만두던 2015년에 신문사 직원은 아버지 외에 다른 편집자 한 명이 전부였다.

2010년대 초반의 지역 언론을 규정하게 된 붕괴와 감원은 이미 한창 진행 중이었다. 자매지인 〈나파 밸리 리지스터〉 역시 급격한 내리막길을 걸으면서 직원을 절반 이상 잃고 인원이 30명에서 15명으로 줄었다. 이 두 신문사가 10만에 가까운 인구에 지역 뉴스를 제공하고 있었다.[18]

지역신문은 지역사회의 닻이었다. 기명 논평에서는 지역 교육위원회 선거에 관한 생생한 토론이 이어지고 있었다. 시장 선거에 관한 논의도 활발히 이어졌다. 독자도 많았다. 90년대 초반 언젠가 나의 누이는 컴퓨터를 만들었다는 소식으로 1면 기사에 실리면서 (이런 일이 좀체 없던 시절이었다) 몇 주 동안 지역 유명 인사가 되기도 했다.

붕괴는 수년에 걸쳐 진행되었다. 아버지의 신문사 〈세인트 헬레나 스타〉는 5년 동안 변화를 겪으며 지역 정세를 활발히 보도하는 신문에서 지역 콘텐츠 조직으로 활동 범위가 크게 줄었다. 아버지는 그 시기를 신문사에서 보내며 신문의 기본 기능이 중단되는 과정을 직접 목격했다. 수익을 최대화하고 비용을 최소화하기 위해 원고 검수와 사실 확인 절차가 중단되었다. 재직 말기에는 신문에 실리는 모든 기사를 아버지와 다른 편집자 한 명이 전부 책임졌다.

주요 뉴스가 없는 것도 아니었다. 아버지가 재직할 당시 나파 밸리에 대규모 지진이 일어났다. 지난 25년 사이 샌프란시스코 베이 에어리어에서 발생한 지진 중 가장 큰 규모였다. 수백 명이 부상을 입었고 한 명이 사망했으며 3억 5000만 달러 이상의 재산 피해가 발생했다. 그리고 3년 뒤에는 대형 화재가 발생해 43명이 사망했고 피해액이 10억 달러를 훌쩍 넘었다.

이런 사건과 그에 대한 보도는 뉴스 발행사 입장에서 지역사회에 사건의 진상을 알리고 재건 및 치유의 계기를 마련하는 등 역사적으로 큰 기회였다. 아버지가 속한 신문사의 보도 품질은 여전히 높은 수준이었고 아버지는 당시 보도상을 받기도 했다. 또 다른 지역 간행물인 〈프레스 데모크랫〉은 화재 보도로 퓰리처상을 수상했다. 비판적 기준으로 봐도 보도 품질은 높은 편이었다.

그럼에도 감축이 계속되었다. 수익에 대한 압박을 이기지 못해 비즈니스 모델이 붕괴되고 있었고 신문이 작동하는 정보환경도 새롭고 기이한 형태로 변화하고 있었다. 신문은 살아남아야 하는 유기체였고 사업이었다. 뉴스 환경이 바뀌었다면 콘텐츠가 아무리 좋아도 사업이 잘되기가 힘들었다.

화재가 마을을 덮쳤을 때 사람들이 기다린 것은 지역신문이 아니었다. 그들은 참사 관련 최신 뉴스와 사건 소식을 접하기 위해 페이스북과 트위터로 향했고 시민 보도와 소문에 의지했다. 대부분 부정확한 정보였지만 속도는 훨씬 빨랐다.

인터넷이 신문의 장려책을 바꿔놓았다.

|지역 뉴스는 왜 죽어가는가

지역 저널리즘의 와해는 내가 자란 작은 마을만의 일이 아니었다. 영세 신문사가 간신히 연명하기 위해 고군분투하는 사이, 지역 뉴스의 붕괴는 세계 전역에서 일어나고 있다.

지역신문사가 몰락한 이유로 "인터넷 때문이야!"라고 단순히 답하는 경우를 많이 들어보았을 것이다. 진실은 조금 더 미묘하다. 미디어사회학자 제러미 리토Jeremy Littau가 말했듯, 이른바 신문의 황금기는 1990년대에 이미 끝났다.[19]

20세기 내내 신문사는 돈 버는 기계였다. 강력한 사실 기반 보도로 평판을 쌓아갔고 그 때문에 관심을 독점할 수 있었다. 70년대와 80년대에 독자 수가 감소했지만 실질적 문제를 일으킬 정도는 아니었다. 20세기를 보내며 뉴스 조직은 체인으로 완전히 통합되었다. 50년대와 60년대에 수익률이 30~40퍼센트에 이르는 등 어떤 사업에 견주어도 막대한 이윤을 자랑하며 공개 거래되면서 대기업의 일부가 되었다. 이런 이윤을 기대하며 투자자들이 몰려들었고 수익률 덕분에 신문사는 인수의 매력적인 표적이 되었다. 개닛Gannett이나 맥클래치McClatchy, 나이트 리더Knight Ridder, 리 엔터프라이즈Lee Enterprises(아버지의 신문사를 인수한 기업이다) 등의 체인 기업이 이 기간 동안 지역신문사를 공격적으로 사들였다. 이를 위해 상당한 부채를 떠안았지만 신문사가 막대한 수익을 올렸기 때문에 이 정도 채무는 건전한 사업 논리로 받아들여졌다.[20]

인터넷이 등장하자 막대한 부채를 안은 채 100년 넘은 비즈니스 모델을 품은 자산은 유쾌하지 않은 상황을 맞이했다. 갑자기 이들 신문사가 지역 광고주와 관심에 대한 독점권을 잃게 되었다. 먼저 크레이그리스트Craiglist(미국 지역 생활 정보 사이트에서 시작해 전 세계에 서비스되고 있는 온라인 벼룩시장-옮긴이)가 등장해 광고 산업을 초토화시켰고 지역신문의 수익은 40퍼센트 가까이 폭락했다. 구글과 뒤이어 페이스북이 등장하자 남아 있던 다수의 주요 광고마저 떨어져 나갔다.

미디어 재벌이 이 모든 지역신문에 대한 소유권을 정당화하기 위해 떠안은 막대한 부채가 만기에 이르렀다. 그 결과 심각한 감축과 대량 해고, 그리고 지역 민주주의를 위한 가장 중요한 메커니즘 중 하나인 지역신문의 파괴로 이어졌다. 빚더미에 오른 비즈니스 모델이 지역 뉴스의 중추를 무너뜨렸다.[21]

소셜 미디어는 아직 지역 뉴스의 실현 가능한 대안이 되지 않았다. 확실한 대안은 아직 어디에도 없었다. 지역 뉴스의 숨통을 조인 책임이 전적으로 소셜 미디어에 있는 것은 아니다. 사람들의 관심이 그저 다른 데로 옮겨갔을 뿐이다. 그런데 그런 관심의 부재가 아직도 지역사회에 영향을 미치고 있다. 우리 지역을 위해, 장소에 대한 우리의 감각을 위해 지역 뉴스가 해온 일을 잊지 않는다면 새로운 가능성으로 나아갈 수 있을 것이다. 무엇이 그 자리를 대신할지 기억이 알려줄 수 있기를 바랄 뿐이다.

이 장을 마치며

이번 장은 저널리즘이 실제로 하는 일을 살펴보면서 젊은 퓰리처가 사기꾼 때문에 거의 모든 재산을 잃은 분노를 글로 옮겨 새로운 사업을 개척한 이야기를 알아보았다. 자신의 분노를 신문에 게재하면서 퓰리처는 지역사회에 꼭 필요한 서비스를 제공했다.

그런 다음 어렴풋이 보면 신문의 기본 형태가 소셜 미디어와 크게 다르지 않으며, 다만 규모와 서비스 지침만 다를 뿐이라는 점을 알아보았다. 이 사실을 인식하고 나면 저널리즘과 소셜 미디어 사이에 배턴 터치가 이루어졌어야 했는데 그러지 않았음을 알 수 있다. 그러면서 소셜 미디어의 실패가 저널리즘 자체의 문제와 닮아 있다는 사실이 눈에 들어오기 시작한다.

저널리스트는 일반 대중에게 다음의 세 가지 주요 질문에 답하면서 뚜렷한 서비스를 제공한다.

- 확증: 그 일이 실제로 일어났는가?
- 큐레이션: 무엇이 중요한가?
- 비판적 의견: 그것이 왜 중요한가?

저널리즘은 실패할 일이 없는 매체가 아니기 때문에 근본적인 장려책에서 기인한 본질적 실패에 주기적으로 이르기 마련이다. 저널리즘이 실패한 이유는 다음과 같다. **선택적 사실, 갈등이 없는 곳에서 갈등 추구, 집단 사고, 홍보와의 영합, 권력 추종.**

저널리즘이 기능하는 핵심 이유는 스스로를 어떻게 드러내든, **그 자체의 권위가 결코 완전하지 않기 때문**이다. 뉴스 제작 집단 사이에 자리한 뉴스 조직은 서로의 실패에서 특종을 얻기 위해 경쟁한다. 이로써 **교정 주기와 스위스 치즈 방어** 같은 인식적 방어 체계가 기능한다.

언론 기관의 수가 줄면서, 면역 체계가 무너져가듯 이런 방어 체계도 힘을 잃어간다. 안타깝게도 소셜 미디어의 등장과 뉴스 대기업이 떠안은 막대한 부채가 언론 기관을 잠식하고 특히 지역신문에 충격을 가했다.

언론 기관과 저널리즘이 쇠약해지면서 우리는 지역사회에 닥친 거대한 시련의 정체를 파악할 중요한 집단적 도구를 잃어버렸다. 다음 장에서는 직관으로만 무장한 채 전 세계적 팬데믹을 맞이하면서 어떤 일이 벌어졌는지 살펴보도록 하자.

23

믿음과 진실

TRUST
AND
TRUTH

내 자녀 혹은 손주들의 미국을 예상해본다. 미국이 서비스 및 정보의 경제를 구가하고 거의 모든 주요 제조업이 타국으로 빠져나가며 가공할 기술 권력은 극소수에게 집중되고 공공의 이익을 대변하는 사람은 누구도 현안을 파악조차 하지 못할 것이다. 사람들이 스스로 안건을 정하거나 권력자에게 식견 있는 질문을 던지는 능력을 잃어버리고, 수정구를 움켜쥔 채 초조하게 별자리 운세에 자문을 구하며 분별력은 감퇴하고 무엇이 기분을 좋게 하고 무엇이 진실인지 구분하지 못하면서 우리는 인식하지 못하는 사이 미신과 암흑 속으로 빨려 들어간다.

_칼 세이건, 《악령이 출몰하는 세상》

▌잘못된 정보의 소우주

진실 추구는 늘 쉽지 않았다. 공유된 진실은 무엇이 **현실**을 이루는가와 관련해 공통된 서사를 찾기 위한 길고 고통스러운 분투 끝에 드러났다. 사실관계를 이해하려는 시도가 이어졌던 코로나19 팬데믹 때만큼 현대사회에서 집단적 센스메이킹의 어려움이 잘 드러난 시기도 없었다.

2020년 3월, 코로나19의 임박한 위협이 그대로 드러나는 상황에서 잠시 동안이나마 합의의 창이 열렸다. 전선은 그어지지 않았다. 전문가의 의견이 나돌지도 않았다. 정치적 성향을 막론한 모든 사람이 해결해야 할 무시무시한 문제가 닥쳤다는 사실에 일제히 동의하는 듯 보였다. 코로나19가 아직 분노 유발 기계에 반영되지 않았고 팬데믹이 아직 도덕적 무기가 되지 않던 시기였다.

물론 그 시기는 오래가지 못했다. 기계가 가동하기 시작하자 속도가 몰라보게 빨라졌다. 처음에는 문제의 심각성에 대해, 그다음 바이러스의 기원에 대해, 이후 실험에 대해, 머지않아 마스크에 대해, 그리고 결국 백신에 대한 끈질기고 무시무시한 음모에 대해 이런저런 말들이 빠르게 퍼져나갔다. 혼란이 어떻게 번졌는지 우리 모두 직접 목격했다. 코로나19가 시작된 직후, 왓츠앱 내에서 뉴욕을 기반으로 한 나의 확장된 커뮤니티가 흥분으로 들끓었다. 내 커뮤니티에 속한 사람들은 대부분 코로나19로 인해 삶의 방식이 극적으로 변화하리라는 사실에 이제 막 눈을 뜨고 있었다.

재앙이 임박했음을 분명히 알 수 있었던 것은 지인 중에 공중보건 전문가들이 몇 명 있었고 위험 분석을 연구하는 학자 및 연구원들을 내가 팔로우하고 있었기 때문이다. 나는 코로나19가 근본적으로 전혀 다른 위기가 될 것임을 알아보았다. 내가 맡은 업무와 지식의 힘으로 단 몇 주 더 빨리 앞을 내다볼 수 있었다. 어느새 나는 사재기 열풍이 일기 근 한 달 전에 파스타와 마스크를 비축해두고 주변 친구들에게도 그러기를 권하고 있었다.

뉴욕에서 나의 핵심 커뮤니티 중 팬데믹에 특화된 왓츠앱 그룹은 사람들이 수십 명씩 빠르게 늘었고 모두 코로나19를 염려하고 있었다. 초반에 이 그룹에 속한 사람들은 모두 관리자 역할을 맡았다. 그러니까 30명 정도에게 관리자 권한이 동등하게 주어진 것이다. 이틀 만에 코로나19를 둘러싼 집단적 패닉이 갑작스레 닥치자 그룹은 친구의 친구, 또 그들의 친구들이 합류하면서 규모가 부풀어 올랐고 결국 왓츠앱의 최대 인원인 256명 가까이에 이르렀다.

그룹이 빠르게 커지자 그 안에서 공유되는 지식의 질이 꾸준히 떨어지기 시작했다. 올라오는 글의 분위기도 심도 있는 질문에서 텍스트 형식으로 숨이 가빠졌고 음모와 속사포 같은 질문이 터져 나왔다. 통제하는 사람은 아무도 없었다.

그룹 내에서 추측이 빠르게 휘몰아치기 시작했다. 정부의 엄격한 대처가 임박했다는 내부 정보를 시청에 있는 **지인**에게서 얻었다며 친구와 주고받은 메시지를 캡처한 이미지가 떠돌았다. 도시를 빠져나가는 고속도로가 폐쇄되는 등 도시 전체가 봉쇄되고 경찰이 거리를 지키는 완전한 군사적 격리가 임박했다는 소문이 퍼지기 시작했다. 그러더니 은행 예금 인출 사태가 벌어지고 지하철과 기차, 다리 봉쇄가 임박했다는 글들이 나돌았다.

이 시점 이전에는 친구 및 지인 대부분이 나와 비슷한 방식으로 사실적 지식을 걸러서 받아들이리라 믿었다. 무엇이 진실인지 가려 내는 그들만의 공식이, 현실의 알고리즘과 비슷한 절차가 있으리라 생각했다.

내 믿음은 완전히 빗나갔다. 사람들은 음모라는 편집증적 망으로 빨려 들어가고 있었다. 검증되지 않은 정보는 양부터 압도적이 었다. 이 혼돈을 분석하고 상황을 통제하고자 분투하면서 나는 각 주장의 출처를 일일이 캐물으며 떠도는 소문의 정체를 최대한 밝히려 했다. 3월 중순의 어느 날 아침, 일어나보니 그룹 창설자가 나를 제외한 다른 모든 사람의 관리자 권한을 해제해놓은 뒤였다. 나는 친구 및 낯선 사람 수백 명이 모여 있는 이 그룹에서, 속수무책으로 퍼지는 팬데믹 상황 속 양질의 정보를 간절히 원하는 사람들 사이에서 사실상 주 관리자의 임무를 맡았다. 쓰레기 처리를 책임지게 된 것이다.

나를 책임자로 올린 결정은 민주적이지 않았다. 그룹 창설자는 내가 정보의 정확성을 위해 얼마나 많은 시간을 들였는지 오랫동안 지켜본 친구였다. 그는 나의 단속 네트워크가 다른 사람들의 것보다 조금 더 낫다는 사실을 감지했다. 뉴욕시에 팬데믹이 폭발하자 정확한 지식을 가려내주리라 기대하는 사람들의 눈빛이 갑작스레 나에게 쏟아졌다. 권위자가 된 듯한 기분에 우쭐해지다가도 갑작스레 가해진 책임이 무시무시하게 다가왔다.

|인용의 문제

주 관리자 및 중재자로서 나는 갑자기 콘텐츠의 기능적 지침을 설정하고 시행해야 하는 임무를 맡았다. 이 거대 공동체에 최상의 사실을 전달하기 위한 조치였다. 마침 나는 이 책의 집필을 위해 조사를 거치면서 진실 발견과 인식론의 역사에, 즉 지식 자체에 대한 연구에 깊이 파묻혀 있던 참이었다. 나는 과거에서부터 기본 검증 시스템을 찾아보기 시작했다.

오래전, 구텐베르크가 인쇄기를 발명하기 전에 인간의 집단적 지식에는 잘못된 정보가 난무했다. 유일하게 반영구적인 인간 지식의 보고인 책은 필경사가 공들여 옮겨 적거나 수동식 잉크 블록으로 천천히 인쇄하는 수밖에 없었다. 학자들은 책 한 권을 복사하는 데 몇 달에서 몇 년에 이르는 어마어마한 시간을 들였다. 책이 귀했으니 다양한 텍스트를 비교하는 능력은 당연히 더욱 귀했다. 그 때문에 자연 세계에 대한 다른 학자의 관측을 확증하는 절차는 느리고 따분하게 이어졌다. 학술 서적에는 연금술의 추측과 과학적 관측이 뒤섞여 있었다. 정확한 천문학적 수치 바로 옆에 마법의 주문이 놓여 있는 경우도 다반사였다. 무엇이 진실인지 가늠하려는 이들에게 관측을 확증하고 비교할 방도는 많지 않았다. 현대의 왓츠앱 타래와 마찬가지로 단순한 추측과 사실을 분간하기란 여간 힘든 일이 아니었다.

인쇄기의 등장으로 사용 가능한 텍스트의 양이 증가하면서 상황이 달라졌다. 한 책의 복제본이 여러 권 제작되면서 물리적으로 같은 시간, 같은 장소에 더 많은 책이 존재할 수 있었다. 관측과 추측은 이제 텍스트를 통해 비교할 수 있었다. 실제 관측 사이에 드문드문 섞인 잘못된 정보와 그릇된 사실이 처음으로 입증되거나 정체가 밝혀질 수 있었다. 이제 인용 자체가 가능해졌다.

공유 지식이 새로이 추가되면서 관측의 새롭고 영구적인 기록이 가능해졌다. 다른 저작물을 인용할 수 있는 네트워크가 생기기 시작했고 세계에 대해 공유된 경험적 관측의 기반이 서서히 구축되었다.

다른 저작물에 실린 생각을 참고하는 간단한 과정인 인용은 지금도 객관적 진실을 모으는 가장 강력한 방법이다. 사서와 과학자, 저널리스트 들이 소문과 풍문, 널리 퍼진 거짓과 수 세기 동안 맞서 싸우며 채택한 방식이다. 인터넷의 일부 선별된 코너에서만 포함되는 것이기도 하다.

혼란스러운 정보가 한참 폭발할 당시, 나는 왓츠앱 그룹 내에서 기본적인 인용 규칙을 엄격히 시행했다. 참가자는 **정보의 근원**(정보의 원 발행자)을 밝혀야 했다. 알려진 기존의 정보원이나 학술 논문에서 발췌한 적절한 인용 링크만 사용할 수 있었다. 추측이 있으면 증거로 뒷받침해야 했다. 연구나 뉴스 기사, 원 저작물 등의 굳건한 링크가 필요했다. 믿도, 가십이나 어림짐작도 용납되지 않았다. 반기는 사람이 많지 않은 비민주적인 결정이었고 감시하는 입장에서도 그리 유쾌한 선택은 아니었다. 그런데 이 방법이 효과가 있었다. 음모와 소문이 몰아치던 격동의 바다가 강제 인용 규율 덕분에 한동안 잠잠해졌다.

| 음모 정신

팬데믹이 닥친 후 몇 달 사이, 〈플랜데믹〉이라는 웹 영상이 타래를 이룬 토론에 흘러들면서 거대한 틈이 생겼다. 코로나19의 배후에 숨은 음모를 드러내겠다는 목적으로 교묘하게 제작된 이 다큐멘터리는 명백한 거짓 진술로 가득했고 그 정체는 곧 공개적 비난을 받았다. 그룹에 속한 2차, 3차 인맥은 이 영상을 신뢰하지 않겠다는 결정에 반발했다.

잘못된 정보를 억제하고자 이런저런 결정을 내린 결과, 전혀 새로운 왓츠앱 그룹이 원줄기에서 갈라져 나왔다. 분리된 그룹은 "질문 환영"이라 불리며 항간에 떠도는 이론이나 출처 없는 생각, 영적인 포장에 싸인 잘못된 정보 등을 모아둔 센터 격이 되었다. 나는 이들이 대부분 센스메이킹을 위해 나와 동일한 규약을 사용한다고 생각했다. 그들이 제대로 판단하고 있는 것처럼 보였다.

그런데 또 다른 일이 벌어졌다. 다른 소셜 미디어의 타래를 따라가다 보니 이런 그룹이 한둘이 아님을 알게 된 것이다. 내가 속한 페이스북의 공개 그룹 역시 유사한 혼란의 격변에 몸서리를 치고 있었다. 가슴이 철렁 내려앉은 나는 커뮤니티를 좋은 지식과 나쁜 지식의 영역으로 나누고 또 나누는 것이 내 개인 네트워크에서만 일어나는 일이 아니라는 사실을 깨달았다. 이와 같은 잘못된 정보의 폭발이 전 세계 소셜 미디어에서 동시 다발적으로 벌어지고 있었다. 하위 그룹에서 뜻이 맞는 개인들이 모인 하위 그룹으로, 그야말로 수십억 번 갈라지고 있었다.

주목할 점은 이들 그룹 대부분에서 그릇된 정보가 증식하는 데 어떤 참여 알고리즘도 가동하지 않았다는 사실이다. 왓츠앱에는 순위 알고리즘이 아예 없었다. 그저 사람들이 중요하다고 생각하는 바를 공유할 뿐이었다. 그들은 다른 종류의 알고리즘, 즉 커뮤니티 알고리즘을 쓰고 있었다. 이것이 실시간으로 등장하는 실제 필터 버블이었다. 이런 필터 버블은 현실을 가늠하는 데에 아주 형편없었다. 인식론이라는 열차가 난파되기 일보직전인데 곧장 그 길로 내달리는 선로가 눈앞에 펼쳐져 있었다.

▮ 나쁜 대리인

우리는 목숨을 걸고 커뮤니티를 믿는다. 커뮤니티 내의 대다수가 무언가를 믿으면 자신도 그들을 따라 믿어야 한다는 압박을 느낀다. 친구들이 코로나19로 죽어가고 있는 상황에서도 무수한 사람들이 왜, 어째서 백신 접종을 거부했는지가 이로써 설명이 된다. 사람은 자신이 속한 커뮤니티가 믿는 것을 믿는 경향이 있다. 그것이 자신의 목숨에 위협을 가한다 해도 달라지지 않는다. 심리학자 브룩 해링턴Brooke Harrington이 말한 것처럼 "사회적 죽음이 실제 죽음보다 더 끔찍하다."[1] 뉴욕대학교 심리학자 배벌의 연구 결과, 세상을 이해하려 할 때 이런 소속감이 정확성보다 우선할 때가 많다는 사실이 드러났다. 진실이 종종 내집단의 인정보다 뒷전으로 물러나는 이유도 이 때문이다. 구석기시대의 조상들에게는 집단에 소속되는 것이 정확한 진실 파악보다 생존에 훨씬 더 유리했다. 우리는 이렇게 얽혀 있다. 종족 먼저, 진실은 나중에.[2]

우리는 모두 살면서 지식에 대한 대리인을 둔다. 이웃이 나의 충치를 파낼 수 있으리라 기대하지는 않는다. 치아와 관련된 지식은 치과 의사에게 기대할 수 있으니 특권이 있는 노하우를 얻기 위해 기꺼이 돈을 지불한다. 법인 설립이나 사업 분쟁과 관련한 법률 사무는 우리 권한이 아니니 변호사를 찾아간다.

하지만 더 폭넓은 사실에 대한 의견의 경우 관련 전문 지식이 무엇인지 짐작할 수가 없다. 현명해 보이는 데다 공교롭게도 생김새나 하는 말이 우리와 비슷한 사람이 있으면 그들이 권위자로 추대되기도 한다. 이들이 항상 진정한 진실을 밝히는 좋은 대리인인 것은 아니다. 이들은 **의견**에 좋은 참고가 될 뿐, 관련 주제의 완전한 권위자는 아닌 경우가 허다하다.

나는 이들을 "신용 대리인trust proxies"이라 부른다. 그들은 커뮤니티와 온라인에서 일종의 인식론적 지주 역할을 하며 우리가 특권적 정보라 추정하는 것을 제공한다. 현명하고 박식하며 이념적으로 신뢰할 수 있는 정보원으로서 우리의 직접적 네트워크에 존재한다. 우리가 온라인에서 열렬히 추종하는 인물일 수도 있다. 나는 커뮤니티에서 이런 대리인 중 한 사람으로 활동하고 있었다.

집단으로서의 센스메이킹

소속감과 내집단 결속에 이끌리는 것은 우리 안에 가장 깊이, 강력하게 프로그래밍된 성향이다. 이런 성향은 워낙 깊이 내재해 있다 보니 눈에 잘 띄지 않으며, 사회에 복잡하게 얽혀 통합되었음에도 불구하고 매일 무의식적으로 드러난다. 우리는 끊임없이 소속과 인정을 찾는다. 이와 같은 성향은 자기가 속한 집단에 어긋나는 믿음이라면 무엇이 되었든 회의를 품는 경향과 정치적 당파성에서 주로 드러난다.

너그럽게 보면 당파성은 어려운 문제 앞에서 결정을 내릴 수 있는 지름길로 비칠 수 있다. 선조들에게는 당파성이 부족의 가치였다. 가까운 공동체의 지혜를 활용해 최선의 행동 방침을 판단했다. 부족은 어려운 질문에 쉽게 답할 수 있는 도덕적 틀을 제공했다. 복잡성을 마주할 때에도 쉽게 행동할 수 있도록 도왔다.

복잡성 속에 사는 것이 지칠 수도 있다. 삶의 힘든 선택 앞에서 그 복잡함을 해결하려면 시간도 많이 걸리고 기본적으로 힘겹다. 연구자 수전 피스크Susan Fiske와 셸리 테일러Shelley Taylor가 말했듯, 우리는 "인지적 구두쇠"다. 스스로 답을 찾아내기 위해 어마어마한 에너지를 소모하는 것보다 내집단의 믿음에 귀를 기울이는 편이 훨씬 쉽다.[3]

혼자 힘으로 알아내는 것보다 부족의 도움을 얻으면 여러 주제에 더 정확하게 접근할 수 있으리라 생각하기 쉽지만 더 넓은 세계에서 가능한 최상의 정보를 구하는 것이 사실 그렇게 정확하지는 않다. 이런 부족의 서사가 너무 큰 역할을 맡으면 현실을 객관적으로 바라보는 능력이 저하된다. 복잡한 문제와 관련해 중도적 입장을 견지하려면 노력과 에너지가 필요하다. 내집단의 서사를 오로지 듣고만 있으면 이런 복잡성을 잃게 된다.

무엇이 정확한지 결정하는 데 있어서 보통은 부족의 편견이 개인의 능력보다 더 낫지만 이 역시 진실을 결정하는 가장 효율적인 모델과는 거리가 멀다. 그보다는 저널리즘과 과학의 센스메이킹이 훨씬 더 낫다.

| 과학에 대한 믿음도 사회적 신뢰다

코로나19 팬데믹 당시 허구에서 진실을 가려내고자 노력한 시기를 되돌아보면, 주변의 많은 이들이 백신을 두려워할 때 나는 백신을 신뢰하는 이유를 솔직히 알렸다. 사실 개인적으로 공중 보건 전문가들이 가까이 있었기 때문에 코로나19 관련 문제에 익숙해진 면도 있었다. 문제를 해결할 때 개인적으로 아는 관련 전문가들을 떠올릴 수 있었던 것이다.

이런 익숙함이 전부였다. 태어날 때부터 추론 능력이 비상했다고 자부하고 싶지만 사실 모두 내가 특권적 정보의 네트워크 안에 속해 있는 덕분이었다.

공중 보건이나 정부, 의료 기관 등과 여러모로 동떨어진 공동체 안에 있었다면 나 역시 백신과 그 옹호자들에 대해 극단적이고 정상적인 의구심을 품었을 것이다. 단지 내가 관계자들을 알고 있었기 때문에 그들을 신뢰하고 그들이 옹호하는 바를 편안히 받아들일 수 있었을 뿐이다. 나는 이런 사회적 신뢰를 대리인으로 삼아 백신에 대해, 그리고 팬데믹 기간 동안 바이러스를 억제하려는 노력이 '안전하다'는 사실에 대해 판단을 내렸다.

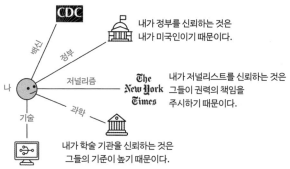

기관에 대한 신뢰가 작동한다고 가정하는 법

내가 CDC를 신뢰하는 것은 그들이 나에게
최선의 이익이 돌아오도록 관심을 쏟기 때문이다.

CDC

내가 정부를 신뢰하는 것은
내가 미국인이기 때문이다.

내가 저널리스트를 신뢰하는 것은
그들이 권력의 책임을
주시하기 때문이다.

내가 학술 기관을 신뢰하는 것은
그들의 기준이 높기 때문이다.

내가 이들 기업을 신뢰하는 것은
그들이 내가 즐겨 사용하는 서비스를
제공하기 때문이다.

우리가 기관을 신뢰한다고 생각하는 이유.

백신 회의론자들은 대부분 다른 백신 회의론자들을 거느린 사회집단에 속해 있다. 그들은 백신에 대해 규범적 우려를 품은 집단, 일종의 네트워크화한 회의론 속에 살고 있다. 이런 커뮤니티 안에 살고 있는 이들에게 "과학을 믿어라" 같은 단순한 대응은 "낯선 사람을 믿어라"와 다르지 않을 것이다. 주변에 과학자가 있는 덕분에 나는 과학에 대한 신뢰를 구축할 수 있었다.

| 부족의 뇌에 기관은 이질적인 존재다

아무 기관이나 이름을 대보라. 그곳은 **아마** 사회에 아주 중요한 가치를 제공할 것이다. 하지만 이를 개인적으로 확인할 수 있는 방도는 별로 없다. 미국 식품 의약국Food and Drug Administration, FDA은 정말 최대 다수의 안전을 위해 백신을 시험하는가? CDC는 마스크가 바이러스에 의한 팬데믹을 막을 수 있는 최선책임을 정말 독자적으로 입증하는가? 이와 관련해 미국 국세청Internal Revenue Service, IRS은 우리가 낸 모든 세금을 정말 연방 정부에 보내고 있는가? 내가 행사한 표가 정말 선거관리위원회에서 개표되는가? 기관에서 직접 일하지 않는 한 확신할 길이 없다. 대신 이들 기관이 믿을 만하다고 **생각하면** 대표자를 세워야 한다. 신뢰를 결정하기 위해 다른 사람, 즉 신뢰 대리인을 두는 것이다.

신뢰 대리인을 통해 기관을 실제로 믿는 법

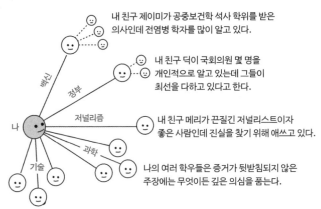

내 친구 제이미가 공중보건학 석사 학위를 받은 의사인데 전염병 학자를 많이 알고 있다.

내 친구 덕이 국회의원 몇 명을 개인적으로 알고 있는데 그들이 최선을 다하고 있다고 한다.

내 친구 메리가 끈질긴 저널리스트이자 좋은 사람인데 진실을 찾기 위해 애쓰고 있다.

나의 여러 학우들은 증거가 뒷받침되지 않은 주장에는 무엇이든 깊은 의심을 품는다.

내 친구들이 기술 기업을 세워 성공을 거두었다. 몇몇 예외적인 경우를 제외하면 대체로 좋은 사람들이다.

우리는 직접 접근할 수 없는 기관의 정당성을 입증하기 위해 신뢰 대리인의 힘을 빌린다. 소셜 미디어에서 신뢰 대리인은 우리가 개인적으로는 알지 못하지만 믿고 팔로우하는 인플루언서가 될 수 있다.

구석기시대에 고착된 우리의 뇌에 기관은 낯설고 버거운 존재다. 뇌는 우리가 이 거대한 비개인적 독립체 안에서 실제로 무슨 일이 벌어지고 있는지 알려줄 특권적 정보를 구하길 바란다. 기관은 믿고 싶지 않지만 믿어야 하는 존재다. 우리는 태어나기도 전에 확립된 규율과 법규 때문에 그들이 하라는 대로 따라야 한다고 강요받고 있다.

무엇보다 그렇게 강요받는 까닭은 사회가 작동하려면 기관이 필요하기 때문이다. 이들 기관은 우리가 집단으로서 임무를 완수하게 하는 거대한 기계다. 현대사회는 기관에 전적으로 의존하며 이를 신뢰하는 것은 우리가 사회와 맺은 더 넓은 계약의 근본적인 일부다. 경찰서와 소방서, 도서관, 학교 모두 기관에 해당한다. 이들 각각이 순조롭게 기능하려면 집단의 신뢰가 필요하다. 옳든 그르든 이들에 대한 신뢰가 흔들리면 기관은 힘을 잃는다.

미디어에 대한 극심한 회의론이 일고 있는 지금 이 순간, 사람들이 자신이 속한 공동체의 권고와 규범을 제치고 기관의 명령을 따를 가능성은 지극히 낮다. 특히 정부가 자신이 지지하는 정당 측이 아니라면 더욱 그렇다.

엘리트층 대다수가 기관을 무리 없이 받아들이는 까닭은 지인 중에 기관 내부나 주변에 근무하는 이들이 있기 때문이다. 그들은 실제로 기관의 운용과 근접해 있기 때문에 신뢰를 구축하기가 더욱 수월하다.

| 외계의 기관

작가 알렉산더가 이 현상을 이해할 수 있도록 유익한 은유를 소개했다. 여기에 간략히 옮겨보겠다.

외계인 한 무리가 지구에 당도해 인류가 끔찍하고 치명적인 기생충에 감염되었다고 알렸다. 그들은 자신들이 기생충을 옮긴 것은 아니지만 **그들만이** 기생충을 진단할 수 있는 진보된 기술을 갖추고 있다고 말한다. 기생충은 무시무시한 독감과 구분이 안 되기 때문에 지금 조치를 취하지 않으면 수백만 명이 목숨을 잃을 것이라고 한다. 시간이 충분하다면 그들이 새로운 주사를 개발해 우리의 목숨을 구할 수 있다고 한다. 우리는 그들을 믿기만 하면 된다.

당신은 외계인 중 누구도 개인적으로 알지 못한다. 겉으로는 믿을 만해 보이는 것도 같다. 그래도 그들은 말 그대로 외계인이다. 기술은 분명 우리보다 진보했다. 하지만 삶의 안녕과 가족의 건강을 정녕 그들에게 맡길 것인가? 의심이 드는 것도 당연하다.

알렉산더는 이 은유를 통해 공중 보건 관리국이나 의사, 전염병학자 등의 전문가 계층과 아무런 연이 없는 공동체 안에 살아가는 것이 어떤 느낌인지 절묘하게 설명한다. 그들 역시 이전까지 알려지지 않은 질병에 대해 외계인의 치료법을 제공하는 외계 생명체일지 모른다.[4]

하지만 이 점은 기억하는 것이 좋다. **과거에 우리는 기관을 믿었다.** 소셜 미디어는 어떻게 우리를 외계인으로 바꾸어놓은 것일까?

| 공통된 진실의 붕괴

코로나19가 잘한 일이 있다면 우리가 평소 진실 파악을 위해 사용하는 도구의 불완전함을 드러냈다는 것이다. 팬데믹이 인식 능력에 대한 내력 시험이었다면 우리는 비참하게 실패했다.

팬데믹 초반에 미디어에서 공식적인 합의가 이루어졌다. 먼저 바이러스가 중국 우한의 육류, 즉 야생동물 고기를 판매하는 수산물 시장에서 기인했다는 주장이었다. 이 시장은 역사적으로 인수 공통 감염 바이러스, 즉 인간에게 알려지지 않은 박쥐와 원숭이, 유대목 동물에서 발견된 바이러스가 전파되는 근원지였다. 음식 조리 과정이 부적절하면(가령 손이 베이는 등) 바이러스가 인간에게 옮겨갈 수 있다. 인간의 면역 체계에는 이런 바이러스에 대한 정보가 없기 때문에 바이러스가 인간 사이에서 삽시간에 퍼져나가 막대한 피해를 입힐 수 있다. 이와 관련해 주목할 만한 사례로 에이즈를 일으키는 HIV 바이러스와 에볼라 바이러스를 들 수 있다. 둘 다 가장 파괴적인 현대의 전염병으로 알려져 있으며 역시 둘 다 야생동물 고기에서 기인했을 가능성이 아주 높다.

코로나19에 대해 우리가 아는 사실은 거의 없었다. 수산물 시장 근원설은 세계보건기구World Health Organization, WHO의 공식 보고에 의해 뒷받침되어 주요 언론 매체에 인용되었고, 뉴스 1면과 사설란을 장식했다. 〈CNN〉과 〈뉴욕 타임스〉, 〈폭스 뉴스〉를 비롯한 다른 미디어에서 이를 보도했다.[5] 팬데믹 초기에는 바이러스가 어디에서 왔는지 결론을 내릴 만한 충분한 증거를 누구도 확보하지 못했다. 하지만 이것은 엄청난 위기였고 사람들에게는 설명이 필요했다.

물론 반대 담론도 있었다. 트위터와 페이스북 사용자들은 여러 전문가와 더불어 주류가 받아들인 이야기에 대해 몇 가지 합리적인 의혹을 제시했다. 그들은 바이러스 발생지가 우한 바이러스 연구소, 즉 생물 안전 4등급 연구 시설로 철통같은 보안 속에 바이러스가 광범위하게 연구되고 있던 곳과 같은 도시에 있다는 사실에 주목했다.

정치적 신조나 정보원이 다르면 바이러스의 근원에 대해 각기 다른 버전의 이야기를 믿을 가능성이 컸다. 1년 뒤, 우한 연구소에서 바이러스가 유출되었다는 이론이 갑자기 단순한 소문을 넘어서 공식적으로 코로나19의 그럴듯한 기원으로 밝혀졌다.[6] 어떤 공동체에 속해 있느냐에 따라 여러 치명적인 이야기가 들려왔다. 코로나19가 세계경제를 붕괴시키고 중국을 부상시키기 위해 계획된 것이라는 설, 코로나19가 트럼프를 대통령직에서 끌어내리려는 음모라는 설, 모두 과장된 장난이라는 설, 생체공학 무기라는 설 등등. 무모한 음모와 믿을 만한 이론의 차이는 전적으로 당신이 누구를 따르느냐에 따라 달라졌다.

코로나19를 겪으면서 우리는 이런 서사의 격변을 수없이 마주했다. 초기에는 의료진에게 마스크가 필요하니 일반인은 마스크를 쓰지 말라는 이야기를 들었다. 이는 가장 널리 알려진 권위 있는 정보인 동시에 잘못된 선택이 되고 말았다. 바이러스가 더 빨리 퍼지게 한 원인이 되었기 때문이다. 질병 관리 센터에서 한발 물러서며 마스크가 실제로 도움이 된다고 발표하자 사람들은 다급히 마스크를 만들어 쓰기 시작했다. 당시에는 **누가 무엇이라 해도** 그것이 최선의 정보였고 실제로 의료진의 목숨을 구했을 가능성이 높다. 하지만

시스템에 대한 대중의 근본적인 믿음을 저버리는 결과를 낳았다.[7]

위기 속에서 우리는 주변에서 보고 듣는 여러 경쟁적인 가설에 압도되었고 무엇을 믿어야 할지 확신할 수 없었다. 우리를 주기적으로 괴롭히는 가설이 넘쳐났고 그중 거짓된 것을 적극적으로 가려내기란 힘든 일이었다. 주변에 떠도는 수많은 추측성 이론을 줄이고픈 욕구가 강하게 밀려왔다. 이 혼란을 줄이고 싶었다.

양질의 진실 탐지 시스템이 부재하면 정치적 성향을 기본으로 삼기 마련이다. 이렇게 해서 많은 이들이 반대편에 있는 이들의 서사를 차단하고 그들을 비웃거나 혹평하기 시작한다. 좌절과 피로에서 탄생한 회의론을 받아들이며 반대편의 서사를, 그것이 옳은 것이라 해도 과도하게 의심한다. 비판적 서사가 바뀌면 분노하는 것이 정당하다고 느낀다. 분노는 깨진 서사에 책임이 있는 사람들, 사실을 전할 책임이 있는 저널리스트와 과학자, 정치인, 전문가, 정책 입안자에게 향한다. 그들은 비록 최선을 다하고 있다 해도 정확하지 않다는 이유로 마땅히 비난을 받는다.

이것은 아주 어려운 문제다. 보도의 관점이 상당히 다양하다는 사실을 알게 되면서 진실 자체를 발견하기란 더욱 힘들어졌다. 인터넷은 겉보기에는 타당한 뉴스와 닮아 있는 보도의 세계를 잉태했다. 아마추어 전문가와 유튜브 유명인, 소셜 미디어의 다양한 스타들 중에서 보도를 위해 저널리즘의 기준을 지키는 사람은 극히 드물었다. 이들 인플루언서가 전통 미디어 조직에 견줄 만큼 어마어마한 독자를 끌어모으기 시작했다. 정치적 지향성이 뚜렷한 소셜 미디어 스타들의 팔로어 수가 퓰리처상을 수상한 여러 신문사의 독자 수를 훌쩍 넘어섰다. 대부분이 뉴스를 가장한 의견이거나 심한 경우 명성을 빛내고 가짜 보충제를 팔기 위한 허위 또는 기만적 보도였다. 물론 이들이 모조리 나쁜 것은 아니며 상당수는 무엇이 진실인지 알아내기 위해 최선을 다하고 있었다.

하지만 나는 저널리즘의 객관적 가정이라는 땅에서 닻을 감아올리고 떠날 준비를 시작한 우리 자신에게 주의를 주고 싶다. 우리가 향하는 곳은 어둡고 문제가 많다. 당신이 현재 정치나 통계, 객관적 사실에 관해 나누는 어떤 대화에든 그런 음울한 기운이 서서히 스며드는 것을 느낄 수 있을 것이다.

그렇게 해서 무수한 도덕적 본능이 남겨진다. 이런 본능에 따라 옳다고 **느껴지는** 이야기에 끌린다. 이런 이야기는 세계관을 눈에 띄게 뒤흔들지는 않지만 검증이라는 집단적 시스템이 아닌 개인적인 두려움이나 편견을 겨냥한다. 객관적 진실을 보기가 힘들어질수록 우리는 그저 옳다고 느껴지는 것에 끌린다. 미신이 손에 잡힌다. 자신의 집단에 대한 음모가 그럴듯해 보인다.

여기에 상대주의의 위험한 형태가 드러난다. 모든 가정이 똑같이 유효해진다. 모든 주장이 똑같이 진실로 여겨진다. 모든 지식이 증명할 수 없는 진술로 납작해지면 우리는 학문의 천박함이나 이도저도 아닌 뉴스 앵커의 예측보다 더 많은 것을 잃게 된다. 공유 현실이라는 외형을 잃고 마는 것이다.

의견과 서사의 이런 다양성은 새롭고 위험한 혼돈의 시대에 꾸준히 기여해왔다. 그리하여 의도치 않게 정보의 비상사태로 빨려들어가기 시작하고, 본격적인 신뢰의 위기가 닥친 것이다.

결론적으로 우리는 저널리스트들이 하는 일을 해낼 시간이 없다. 몇날 며칠을 전문가들과 대화하면서 출처를 검증할 수가 없다.

무엇이 진실인지 분석하는 더 나은 시스템은 없다. 오래된 기관들은 인터넷의 중압감 속에 뒤틀리고 바스라지면서도 여전히 누구도 대체하지 못한 일을 해내고 있다. 저널리즘의 원칙은 비록 불완전할지라도 여전히 진실을 탐지하는 최선의 수단이다. 무엇이 그 자리를 대신하게 될지 우리는 아직 파악하지 못했다.

앞서 언급한 거대한 인식의 깔때기로 돌아가보자. 이 깔때기의 디자인에 저널리즘의 원칙이 내장되어 있다. 무수한 정보(대부분 쓰레기)가 들어가면 소량의 정보(검증된 뉴스)만이 반대편으로 나온다.

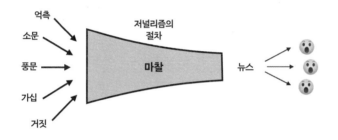

이런 절차가 저널리스트에게 의존해 사회를 관리하는 방편이었기에 이제는 우리 스스로 그 임무를 맡아야 한다. 사회 전반에 걸친 거대한 인식의 깔때기 대신 우리는 센스메이킹이라는 개인적이고 미세한 깔때기와 함께 남겨졌다. 그리고 이 깔때기는 세상에 나오자마자, 제 기능을 다하지 못하고 있다.

이런 혼란이 증가하면서 우리는 본능을 따르게 되었다. 직감이 승리한다. 그리고 모든 이들이 자신의 직감을 따르는 순간, 우리는 모두 패배한다.

이 장을 마치며

이번 장은 우리의 센스메이킹 시스템을 파악하는 가장 험난하고 낯선 내력 시험 중 하나인 코로나19 팬데믹 당시를 되돌아보면서 시작했다. 팬데믹이 발발할 당시 나는 200명이 넘는 지인 및 낯선 이들로 이루어진 왓츠앱 커뮤니티에서 양질의 정보를 간절히 찾는 이들을 위해 주 관리자라는 힘든 역할을 맡게 되었다. 이 커뮤니티는 온라인 속 붕괴된 공유 현실의 축소판과 닮아갔다. 이 그룹의 몇 가지 주요 특징은 소셜 미디어에 대한 몇 가지 공통된 가정과 엇갈린다.

- **참여 알고리즘이 없다.** 하지만 잘못된 정보와 음모는 여전히 성행한다.
- 이런 잘못된 정보는 **조정을 위해 비민주적으로 규율을 시행**한 이후에야 줄어들었다. 규율은 아주 단순히 인용을 요구하는 것이었는데, 기본적으로 믿을 수 있는 작성자로부터 구한 정보의 원천을 밝히고 추측과 밈은 피하도록 했다. 이 규율로 인해 봉쇄 기간 내내 간단한 담소가 가치 있는 정보로 변모했다.
- **조정 정책을 강요하면 많은 이들이 화를 내며 떠난다.** 부드럽지만 강경하게 규율을 유지할 경우 잘못된 정보는 대부분 바로잡을 수 있지만 동시에 적어도 하나의 하위 그룹이 음모론적 질문을 공유할 수 있는 자체 커뮤니티로 쪼개지는 결과를 낳기도 한다. 생각이 비슷한 그룹으로 파편화하는 이런 유형은 끊임없는 자기선택을 통해 이른바 "메아리 방"이 어떻게 형성되는지 보여준다.

이번 장에서는 기관에 대한 신뢰를 잃었을 때 어떤 일이 벌어지는지 알아보았다. 그럴 때 직관은 도전받지 않는 더 작은 이념적 영토를 기본으로 삼게 된다. 이 영토 안에서 우리는 **신뢰 대리인**, 즉 주제 영역과 관련해 인정받은 전문 지식을 갖춘 개인을 따른다. 이들 개인은 기관의 대리인이 되고, 이로써 엄청난 권력을 부여받는다. 이제는 여러 온라인 인플루언서 역시 이런 기관의 대리인으로 활동하며 실제 전문 지식이 없는 경우에도 전통 뉴스 네트워크 못지않은 독자층을 확보하고 있다.

소셜 미디어가 공유 지식을 붕괴시키면서 의도치 않게 기관에 대한 신뢰를 무너뜨렸다면 공유 서사에는 어떤 영향을 미쳤을까? 다음 장에서는 우리가 가장 소중히 여기는 원칙 중 하나인 언론의 자유가 바이럴리티를 만나면 놀라울 정도로 자기파괴에 취약해진다는 사실을 알아보자.

24

언론의 자유 대
진실의 변호

FREEDOM OF SPEECH VS.
DEFENSE OF TRUTH

2014년 블랙 라이브스 매터 시위에 뒤이어 정치 평론가 존 스튜어트Jon Stewart와 빌 오라일리Bill O'Reilly가 〈데일리 쇼〉 토론에 참여했다. 부분적으로 소셜 미디어에 의해 촉발되어 미주리 주 퍼거슨에서 열린 시위는 주류의 막대한 관심을 끌어모았고 인종 및 치안 문제가 공기 중에 무겁게 드리웠다. 이날 토론의 주제는 백인 특권이었는데, 역시나 두 사람의 의견은 일치하지 않았다.

전파를 탄 뒤 시간이 꽤 흐른 지금, 그 영상을 보다가 어딘지 색다른 점이 눈에 들어왔다. 두 사람은 실제로 암호로 말하고 있었다. 미국 백인이 태어날 때부터 특권을 누렸다는 견해에 반박하는 오라일리의 주장을 스튜어트는 신중히, 단계적으로 무너뜨렸고 이에 오라일리는 열정적으로 반발했다. 토론 내내 스튜어트는 오라일리를 압박했다. "백인 특권이라는 것이 존재한다는 사실을 인정하시기 바랍니다. […] 그저 '내 생각이 지독하게, 무참히 잘못되었다'는 말만 하시면 됩니다." 오라일리는 이에 반격하며 백인 특권이 있다면 아시아인 특권도 있을 것이라면서 아시아인이 백인보다 더 많은 돈을 번다는 통계치를 내세웠다.

맹렬한 대화가 이어졌고 급기야 오라일리가 언성을 높이며 소리치기에 이르렀다. "미국은 이제 열심히 일하고 교육받고 정직하면 누구나 성공할 수 있는 나라입니다!"[1] 오라일리의 목소리에서 이 서사에 대한 절박한 애착이 들리는 듯했다. 그의 논조는 분명했다. 성공을 결정하는 데 특권보다는 기회가 더 중요하다는 것이었다. 미국에서는 누구든 해낼 수 있다는 중요한 이상을 오라일리는 옹호하고 있었다. 스튜어트 역시 고조된 목소리로 답했다. "가난이 고질적인 마을에 살고 있다면 열심히 일하기가 더 힘듭니다! 교육을 받기는 더 힘들고요." 12분간 이어진 토론 끝에 오라일리는 놀랍게도 백인 특권이 존재한다는 스튜어트의 주장에 수긍하면서 자신의 주장을 철회했다. 이 대화를 지켜보고 나니 두 개의 거대한 서사가 결판이 날 때까지 실시간으로 싸운 듯 떨떠름한 뒷맛이 느껴졌다. 상충하는 두 가지 이상이 관객의 확인을 구하는 무대였다.

케이블 방송에서 이 정도 수준의 토론은 충격적일 만큼 영민한 것이었다. 한번 시청해보기를 추천한다. 두 토론자 사이에는 어떤 악감정도 없었고 둘 다 관객으로부터 동의를 얻고자 애쓰면서도 당면한 문제에 철저히 초점을 맞추었으며 국가적으로 중요한 사안을 이해하기 위해 노력했다. 두 사람은 사실을 논한 것이 아니었다. 그보다는 두 가지 중요하지만 모순되는 국가적 서사에 대해 논쟁하면서 놀라울 만큼 설득력을 갖추었다.

소셜 미디어는 우리의 공통 서사에 상당히 기이한 일을 벌였다.

역사적으로 주변부에 떠돌던 문제들을 주류의 담론 한가운데로 깊숙이 밀어 넣었다. 이제 여러 다양한 소수의 문제가 공개적으로 논의되고 있다. 좋든 싫든 우리 앞에 노출된 이런 서사는 특권과 기회에 대한 이번 논쟁과 마찬가지로 상당히 모순되는 것일 수 있다.

이에 대해 답을 내리기란 그리 쉬운 일이 아니다.

자신의 서사에 대해 이의가 제기되면 우리는 엄청난 반감을 느낀다. 마치 사회구조 자체가 재판에 회부된 듯한 느낌을 받는다. 어떤 면에서는 맞는 말이다. 국가는 다양한 공유 서사와 신념으로 직조되어 있고 이로써 우리는 공통의 정체성을 유지할 수 있다. 핵심 신념이 도전을 받으면 어느새 분노하고 분개하면서 방어하는 자신을 발견할지도 모른다. 모든 나라가 제대로 기능하려면 공유된 서사의 토대가 필요하다. 이런 서사 중 일부는 사실적 현실과 포개져야 하지만 생각만큼 그리 자주 있는 일은 아니다. 가령 "미국 헌법은 모든 사람에게 적용되고 작동하도록 제정되었다"는 공유된 믿음은 미국 건립의 핵심을 이루지만 모든 시민이 지켜야 할 필수 요건은 아니다.

모든 공유 서사가 옳은 것은 아니다. 사실 많은 것들이 반쪽 진실에 그친다. 예를 들어 조지 워싱턴이 나무로 된 의치를 썼다는 이야기는 많이 들어봤을 것이다. 치아 위생 문제로 끔찍한 고통을 겪은 워싱턴은 실제로 여러 의치를 착용했다. 상아나 동물 이빨로 만들어진 것이 있는가 하면 노예의 치아를 쓴 것도 있다고 전해진다. 그가 이런 치아를 어떻게 얻었는지는 역사적 증거로 명확히 밝혀지지 않았지만 여러 기록에서 그가 "검둥이 치아"를 얻는 대가로 돈을 지불했다는 사실이 드러났다. 그 당시에 사람들이 치과

의사에게 치아를 판매하면 의사가 치아를 납 틀로 감싸 의치로 판매했다.[2]

미국 건립의 아버지가 훔친 치아를 입안에 끼고 돌아다녔다니, 당대 사람들 입장에서는 문제가 되는 불쾌한 이미지다. 더군다나 동시대 사람들의 렌즈를 통해 멸시의 눈길로 볼 수밖에 없는 그의 행동은 이뿐만이 아니다. 워싱턴은 자신의 노예들에게 엄격한 처벌을 가한 것으로 알려졌다. 자유를 찾아 달아나려는 이들에게 잔혹한 대가를 치르게 한 것이다.

그런 한편으로 워싱턴은 많은 대중에게 알려졌다시피 자신이 한 말은 지키는 사람이었다. 당시의 기준으로 보면 그는 미국이라는 신생국가의 대의를 위해 희생을 마다하지 않았다. 회복력 있는 민주공화국을 건설하기 위해 몸을 던졌다. 하지만 폭정으로부터 나라를 해방시키기 위해 싸우면서 그 자신은 노예를 부리는 위선을 우리는 어렵지 않게 알아볼 수 있다.

국가 건립 이야기를 다시 할 때 이 중 어떤 사실에 초점을 맞추어야 할까? 워싱턴을 이미 회의적으로 바라보던 사람이라면 그를 결함 있는 지도자로 그리는 현대의 초상을 더욱 쉽게 알아볼 것이다. 루터 킹이 여러 번 외도했다는 사실 역시 최근 몇십 년 사이에 드러나면서 크게 주목을 받았다. 마하트마 간디Mahatma Gandhi는 젊은 시절 남아프리카공화국에서 흑인은 "골칫거리에 상당히 더럽고 짐승처럼 산다"며 노골적으로 인종차별적인 사상을 옹호했다.[3]

영향력 있는 이들 세 인물에게는 심각한 결함이 있었지만 사람들은 그들을 이런 식으로 기억하려 하지 않는다. 그들이 제시하는 이상이 가치 있다고 느끼기 때문에 결점을 최대한 잘 해명하거나 그들을 당대의 규범과 세심히 견주어 보고픈 충동을 느낀다.

소셜 미디어는 세계 곳곳에 숨어 있던 새로운 서사를 드러내는 데 특히 뛰어나다. 책에서 거듭 확인했듯이 가장 논쟁적인 서사는 가장 멀리 뻗어나가기 마련이다. 무수히 쏟아지는 바이럴 정보를 가지고 과거로 돌아간다면 가장 소중한 서사를 고스란히 지키기란 상당히 힘들 것이다. 이로써 우리의 가장 중요한 문화적 가치인 언론의 자유가 예기치 않게 현실적인 문제를 마주한다.

| 소수의 의견

어느 시점부터 소수의 불만이 다수의 의견에 변화를 유발할 수 있을까?

민주주의에서 소수의 의견은 언제나 패배한다. 게임의 규칙에 그렇게 명시되어 있다. 사람들이 투표를 하고 그중 다수가 이기는 게임이다. 여기서 '소수'는 일상 대화에서처럼 역사적으로 소외당하고 주변화된 집단을 의미하는 것이 아니다. 그보다는 수학적 의미의 소수, 즉 전체에서 수가 적은 일부를 의미한다. 민주주의에서 투쟁은 대부분 다음과 같은 근본적 질문에서 비롯된다. 다수는 언제쯤 행동을 조정해 소수를 만족시킬 것인가?

민주주의 체제는 다수의 요구와 소수의 요구 사이에서 균형을 맞추어야 한다. 민주주의는 소수의 요구에 자동적으로 수긍할 수 없다. 개개인이 저마다 다른 목표를 품고 있다면 어떤 집단이든 마비되고 조정이 힘든 것과 마찬가지다.

하지만 누구든 어느 시기에든 소수가 될 수 있는 한, 소수는 중요하다. 우리의 신념이 언제나 일치하는 것은 아니기에 가끔은 타인의 신념과 아귀를 맞추는 법을 익힐 필요가 있다.

소수의 목소리는 다수의 목소리만큼의 중요성을 띠지 않는다. 이 진술을 읽으면서 신경이 곤두서거나 현대 정치의 한 단면이 머릿속에 스칠 수도 있다. 소수의 권리와 의견에 대한 논의는 정치적인 사안이며 당파적 관심의 대상이다. 내가 당신이 동의하지 않을 수 있는 정치적 프레임으로 넘어가고 있다고 결론 내리기 전에, 잠시 현대 소수의 의견을 드러내는 실제 사례를 살펴보자.

첫째, 백신 접종을 한 뒤 목숨이 위태로울 정도로 심각한 합병증에 걸린 사람들이 있다. 그들은 개인적 경험을 바탕으로 진실된 걱정을 하는 소수에 속한다. 그들은 백신이 안전하지 않음을 보여주는 정당한 일화적 증거를 손에 쥐고 있다. 그들은 모든 사람이 백신 접종을 하지 말아야 하며 백신이 세계에 근본적인 위협을 가한다고, 기업의 이익이 백신 접종을 부추기고 있다고 믿는다. 그들은 작지만 목소리를 내는 소수다.

둘째, 자신의 젠더를 스스로 규정한 소수의 사람들은 모든 이들이 자신을 고유한 지칭으로 불러야 한다고 생각한다. 이들 집단은 자신이 'zie', 'zim', 'zir', 'zirs', 'zirself' 등의 고유한 대명사로 불려야 하며 이런 대명사가 정부 문서에 법적으로 인정되어야 한다고 생각한다. 그들은 작지만 목소리를 내는 소수다.

셋째, 미국에 기반을 둔 문화적 소수자들은 여성이 집밖에서 전문 직종에 종사하지 못하도록 막을 권리가 있으며 그 자녀들이 종교 경전 외에 어떤 교육도 받을 필요가 없다고 믿는다. 그들은 작지만 목소리를 내는 소수다.

넷째, 한 집단은 9/11 테러 공격과 그로 인한 군인들의 사망이 동성애자를 받아들인 사회에 대한 신의 형벌이라고 믿는다. 나라가 동성애를 불법화해야 한다고 믿으며 주 및 연방 정부를 상대로 주기적인 소송을 벌인다. 그 결과 사망한 군인의 장례식에서 공개적으로 피켓 시위를 할 권리를 옹호한 끝에 막대한 합의금을 받아냈다. 그들은 작지만 목소리를 내는 소수다.

다섯째, 네오나치 집단은 홀로코스트가 프로파간다 운동이었으며 대학살 같은 사건은 실제로 일어나지 않았다고 믿는다. 그들은 작지만 목소리를 내는 소수다.

여섯째, 경찰의 공무 집행 중 일어난 참사로 가족을 잃은 사람들은 폭력 및 차별 억제를 위한 해결책으로서 모든 법 집행기관이 완전히 해체되어야 한다고 믿는다. 그들은 작지만 목소리를 내는 소수다.

이런 사례를 소개한 것은 이들 집단이 모두 유사하다거나 규모가 비슷한 집단을 대변한다는 사실을 시사하기 위해서가 아니다. 그보다 이와 같은 소수 의견의 사례는 다음과 같은 요점을 제시한다. 누구든 이들 집단의 신념이 현실에서 100퍼센트 받아들여져야 한다거나 모두 나라의 집단적 관심을 받아 마땅하다고 생각할 가능성은 매우 희박하다(만일 그렇게 생각한다면 당신 역시 소수에 속한다).

이런 개별적 일화를 제시한 목적은 "모든 소수를 존중하라"는 말이 얼마나 손쉽게 허물어질 수 있는지 보여주기 위함이다. 소수 의견을 보편적으로 포용하는 철학을 취하는 것은 단단한 벽에 가로막히는 것이나 다름없다.

소수의 의견은 본질적으로 주변부에 자리한다. 모든 소수에게는 법에 명시된 권리와 목소리가 있다. 안타깝지만 통계적 소수는 더 극단적인 소수 집단과 한 공간을 나누어 써야 한다. 나는 집단적 의견 시스템이 소수의 요구와 다수의 요구 사이에서 **어떻게** 균형을 맞추어야 하는지 소개하고자 한다.

그러기 위해서는 현재의 당파적인 정치 프레임을 깨부수어야 한다. 요점은 건설적인 대화를 도모하기 위해 소수의 의견을 포함시키는 위엄 있고 균형 잡힌 방법을 찾는 것이다.

사회가 어떻게 작동해야 하는지 결정하는 과정에서 극단에 치우친 이념을 출발점으로 삼는 것은 그리 도움이 되지 않는다. 최근 몇 년간 우리는 정확히 이와 같은 길에 이르렀고 결국 담론이라는 공동의 창은 산산조각 났다. 주변부의 의견이 워낙 눈에 띄다 보니 어느새 사람을 찾아볼 수 없는 변두리에서 논쟁을 벌이게 되었다. 무엇이 용인되는지 알 수 없어 혼란에 빠진 나머지 더 이상 현실적인 문제에 대해 이야기하지 않게 되었다. 그 대신 어떻게 해야 실질적 진전을 이룰 수 있는지 확신하지 못한 채 이념 논쟁의 가장자리에 머물러 있다.

대화에 모든 목소리를 포함시킬 수 없다면 어떤 목소리를 포함시킬지 어떻게 결정할 수 있을까? 소수의 정체성과 의견이 떠들썩하게 폭발하는 지금 이 현상을 이해하기 위해서는 더 포괄적인 언어가 필요하다.

| 불관용에 대한 관용

2017년, 스톤월 잭슨Stonewall Jackson(미국 남북전쟁 당시 남부연합의 장군-옮긴이) 동상 철거를 둘러싼 신나치주의 집단의 시위에 뒤이어 어느 신나치주의 동조자가 군중 속으로 차량을 몬 끝에 시위자 수십 명이 부상을 입고 한 명이 사망했다.

이 소름 끼치는 광경에 소셜 미디어가 끓어올랐다. 트위터와 페이스북 모두 각기 다른 계기와 도덕적 절대 기준의 불협화음 속에서 폭발했다. 희생자들에 대한 애도를 표하는 트윗과 규탄 성명이 인터넷 전반에 휘몰아치듯 쏟아져 나왔다.

그중 한 트윗이 내 눈을 사로잡았다.

신념에 대한 권리는 그 신념이 인간을 모욕하는 순간 멈춘다. #나치꺼져

겉으로 볼 때는 감정적으로 올바른 글처럼 느껴졌다. 하지만 재차 읽어보니 여기에 논리적 함정이 있었다. 철학적 딜레마가 드러났다. 나치주의자는 물론 비난받아 마땅하지만 그럼에도 불구하고 물리적 인간이라는 정의에는 여전히 부합한다. 따라서 이 트위터 사용자는 역시 인간인 나치주의자를 모욕함으로써 스스로 선포했다시피 자신의 신념을 견지할 권리를 잃었다. 트윗이 스스로를 잡아먹었다. 모순이었다.

이것이 왜 중요할까? 백인 우월주의에 대한 국가적 심판의 열기가 뜨겁게 달아오른 순간에 한 사람의 감정적 트윗에 초점을 맞추는 것이 되레 어리석어 보일지도 모른다.

하지만 사회를 다스리는 규범 체계를 구축하고자 한다면 이런 법적, 논리적 오류를 해결할 필요가 있다. 그렇지 않으면 규범은 제대로 기능하지 않는다. 여기서 떠오른 한 가지 질문이 좀처럼 마음속에서 떨쳐지지 않았다. 우리는 불관용에 대해 얼마나 관용을 베풀어야 하는가? 불관용은 언제 시스템을 파괴하는가? 유해한 신념을 견지한 사람을 언제 연단에서 끌어내릴 수 있을까? 가령 나치주의자에 일격을 가해도 괜찮은 때는 언제인가?

이것은 누구를 연단 위에 올리고 누구를 승격시키며 누구를 검열할지 결정할 때 마주하게 되는 문제의 핵심이다. 이로써 언론의 자유와 관련해 우리가 얼마나 심각한 곤경에 처해 있는지 즉각적으로 알 수 있다. 미국 수정헌법 제1조 권리장전은 이 문제를 해결하기 위해 작성된 것으로 추정된다. 언론의 자유에는 기본적으로 수없이 많은 기이하고 문제적인 소수의 의견도 포함된다. 이 자유를 보호하는 방법이 문서에 명확히 밝혀져야 한다. 수정헌법 제1조는 다음과 같다.

연방의회는 국교를 정하거나 또는 자유로운 신앙 행위를 금지하는 법률을 제정할 수 없다. 또한 언론, 출판의 자유나 국민이 평화로이 집회할 수 있는 권리 및 불만 사항의 구제를 위하여 정부에 청원할 수 있는 권리를 제한하는 법률을 제정할 수 없다.

이 수정헌법의 목적은 의도한 바처럼 **정부**가 시민의 권리를 제한하지 못하게 하는 것이다. 수정헌법이 채택된 뒤 많은 사상가들은 이 헌법이 사회에 기여하는 가치에 대해 더 폭넓은 철학적 근거를 구축하고자 노력했다. 그중 가장 주목할 만한 사람은 현대 자유주의 사상의 아버지, 존 스튜어트 밀John Stuart Mill이었다.[4]

법규에는 그 취지에 목적이 있었다. 다양한 의견이 존재하는 거대한 다면적 사회의 본질적 갈등이 법규에 그대로 드러난다. 정확히 무엇을 용인해야 하는가? 어떤 이념이 다른 이념을 용인하지 않는다면 해당 이념을 봉쇄하고 그 의견을 고집하는 이들을 처벌하거나 검열할 만큼 분노해야 할 때는 언제인가?

수정헌법 제1조의 관점에서 보면 소수의 의견이 한결같이 유해하거나 올바른 것으로 보일 수는 없다. 그 결과 나쁜 생각과 좋은 생각 모두 경쟁할 수 있도록 원칙적으로 동등한 기반을 제공하고 최상의 아이디어가 승리할 가능성을 최대화하도록 법이 제정되었다.

정신 나간 생각이 어찌 되었든 가치 있다고 믿기는 힘들다. 특히 우리가 소중히 여기는 여러 사람이나 개념이 그 생각으로 인해 위험에 빠진다고 생각되면 더욱 그렇다. 여기서 잠시, 지극히 작은 규모의 소수 집단에 속했을 때의 힘겨움에 대해 생각해보자. 자신이 누구도 환영하지 않는 소수 의견을 고수하고 있는 상황이라면 어떤 기분일지 헤아리기 위해서는 상당한 공감 능력이 필요하다. 한때 노예제를 폐지하자는 주장은 미국 다수 지역에서 그리 환영받지 않는 소수 의견이었다. 이 견해가 철저한 검열을 받았다면 비인도적인 관행이 실제보다 더 오래 지속되었을 수도 있다. 주류 가까이에 있는 이들에게는 나치주의자의 의견과 노예제 폐지론자의 의견을 비교하는 것이 당연히 결코 동일하게 받아들여지지 않겠지만 법의 관점에서는 둘 다 보호받아야 하는 연설이다.

나쁜 생각도 가치가 있다는 것이 그 이유다. 이와 관련해 밀은 이렇게 주장한다. 많은 인간을 조직화하려 할 때 개개인을 검열하는 것은 개인에게 단순히 고통을 안길 뿐만 아니라 **사회 전체**가 그 생각을 바로잡을 기회를 앗아간다. 비판과 정정에 지혜가 서려 있다. 나치 동조자에 대한 열린 토론과 배격이 편협한 신념을 조용히 고수하는 것보다 사회에 더 유익하다.

밀은 《자유론》에서 이렇게 말했다. "한 명을 제외한 모든 인간이 같은 의견을 지지하고 단 한 사람만이 반대되는 의견을 고수한다면, 그 한 사람이 권력을 쥐고 있다 하더라도 모든 인간을 침묵시키는 것이 정당하지 않듯이 인류가 한 사람을 침묵시키는 것 역시 정당하지 않을 것이다."[5]

밀은 비판이 진실을 진전시킨다고 믿었다. 상충되는 의견을 통해 우리는 결국 이해와 더 나은 관용, 더 나은 아이디어를 만난다.

어떤 사건에서 자신의 입장만 아는 사람은 그에 대해 제대로 알지 못하는 것이다. 그 사람의 판단이 타당할 수도 있고, 누구도 이를 반박하지 못할 수도 있다. 하지만 그가 반대편의 판단에 동일하게 반박할 수 없다면, 그 판단이 무엇인지조차 제대로 알지 못한다면, 그는 어느 쪽 의견도 취할 근거가 없다.[6]

그러니까 밀의 관점에서 보면 유해한 아이디어가 **반드시** 허용되어야 하는 이유는 이를 반박할 기회가 주어져야 하기 때문이다. 어떤 아이디어가 정확히 왜 잘못되었는지 비판을 통해 깨우칠 기회를 부여하지 않는다면 그 사람에게서 교육 자체를 앗아가는 것이나 다름없다는 것이다.

자유주의적 관용이 우리가 한 사회로서 앞으로 나아가도록 돕는 근본 가치라면, 지나친 관용이 나쁜 경우는 언제일까? 타인에게 공격적이거나 타인을 용인하지 않는 것에 대한 관용은 언제 멈춰야 할까? 우리는 이런 유해함을 어느 정도까지 받아들여야 하며 소셜 미디어에서 어느 정도까지를 공통 담론으로 증폭시켜야 하는가? 지나친 관용은 언제 시스템을 손상시키는가?

| 관용의 역설

철학자 칼 포퍼Karl Popper는 이런 딜레마를 "관용의 역설"이라 불렀다. 그가 말한 역설은 다음과 같다. "제한 없는 관용은 관용의 실종으로 이어질 것이다. 불관용적인 사람들에게까지 무한한 관용을 베풀면, 불관용적인 이들의 맹공격에 대항하여 관용적인 사회를 방어할 준비가 되어 있지 않다면, 관용적인 이들은 멸망할 것이고 관용도 함께 사라질 것이다."[7]

여기서 핵심은 관용과 피해를 어떻게 정의하느냐다. 그리고 이에 대한 정의는 **피해를 입는다**는 의미에 대한 공통 어휘를 바탕으로 해야 한다.

보기보다 합의를 이끌기가 쉽지 않은 까닭은 피해라는 뜻이 애매하기 때문이다. 앞선 사례를 다시 들어보자면 남북전쟁을 앞두고 남부는 노예제를 옹호하기 위해 "삶의 방식"이라는 말을 썼다. 노예제를 폐지하면 그들 자신의 삶의 방식이 **피해**를 입는다는 얘기인

데, 그 삶의 방식을 위해 문자 그대로 다른 수백만 명을 노예로 살게 한다 해도 개의치 않는다는 뜻이었다.

더 최근의 철학자 존 롤스John Rawls는 이를 더 명확히 정의 내리고자 이렇게 썼다. "사회는 구성원에게 최대한의 자유를 부여하도록 조직되어야 하며, 자유가 제한되는 경우는 오로지 어느 한 구성원의 자유가 다른 구성원의 자유를 침해해선 안 된다는 개념에 부합할 때여야 한다."[8]

이런 신념이 실현되면 사회 내 다른 구성원의 자유가 위험에 처할까? 역시 애매하다. 사회의 "다른 구성원"을 가늠하기 위해 공통으로 조정된 도덕적 프레임이 다양하고 임의적이며 지극히 모순적이기 때문이다. 어디까지가 피해의 경계이고, 누가 사회의 진정한 구성원인지 규정하기 위해 우리는 가치를 가상적으로 공유하는 권력기관에 의존한다.

앞서 말했듯 인류 역사에서 노예와 여성은 사회의 진정한 일원으로 여겨지지 않았다. 비인간화 또는 하위 인간화는 사람들의 권리 수준을 낮추는 아주 쉬운 방법이다. 당시에 영민한 변호사라면 노예와 여성은 **합법적인** 시민이 아니기 때문에 권리를 침해당한 것이 아니라고 주장했을 것이다. 물론 이런 주장은 우리의 기준에서 보면 도덕적 난센스이지만 법정과 대중의 인식 속에서 수년 동안 지속되었다.

또 다른 프레임은 법에서 전해지는 옛말, "당신이 주먹을 휘두를 자유는 내 코가 시작되는 곳에서 끝난다"에서 도출될 수 있다. 이 문장의 정확한 출처는 분명치 않지만 올리버 웬들 홈스Oliver Wendell Holmes 나 존 스튜어트 밀, 혹은 에이브러햄 링컨Abraham Lincoln이 한 말이라고 전해진다. 이 말에 따르면 당신이 자유를 행할 권리는 그 자유가 다른 개인의 생명과 안전을 위험에 빠뜨릴 때 끝난다.

여기에는 양측이 존재한다. 주먹을 휘두르는 쪽과 그 피해를 인식하는 쪽이다. 사람을 때리는 일 외에도 타인에게 가할 수 있는 나쁜 일은 분명 많이 있다. 피해에 대한 **인식**의 한도를 바꾸면 골치 아플 정도로 애매해진다. 최근 몇 년간 목격했듯 소셜 미디어에 의해 인식이 근본부터 왜곡되면서 어떤 연설이 진정 해로운지 모든 세대가 확신하지 못하는 사태가 발생했다. 연설은 주먹이 아니지만 온라인에서 증폭되면 주먹처럼 느껴질 수도 있다.

| 이것은 새로운 문제가 아니다

1807년, 대통령 당선자 토머스 제퍼슨Thomas Jefferson은 취임 연설에서 국가에 해를 입힐 만한 연설을 하는 이들에 대해 다음과 같은 유명한 말을 남겼다. "그들이 어떤 방해도 받지 않고 안전의 금자탑처럼 곧게 서 있게 하십시오. 의견의 착오가 용인되고 이성이 자유롭게 맞서 싸울 수 있게 하십시오."[9]

대통령이 되기 전에 제퍼슨은 언론의 최대한의 자유를 지지하는 사람이었다. 그는 그야말로 정부보다 신문을 선호했다. 사람들이 뉴스를 지침으로 삼아 문제를 자체적으로 정리하고 국가권력 없이 사회를 다스릴 수 있다고 생각했다. 사람들이 더불어 살고 당면한 문제를 해결하기 위해 필요한 것은 신문과 헌법뿐이었다. 문제를 보고하면 정부 심의기관을 통해 해결하는 것. 이것이 제퍼슨의 이상이었다.

하지만 대통령이 된 뒤, 이상은 지속되지 않았다. 제퍼슨은 결국 대통령직에 있을 당시 뉴잉글랜드 주 법무장관에게 자신이 동의하지 않은 사항을 보도한 여러 신문사의 편집자들을 기소하도록 지시했다. 처음의 생각에서 180도 돌아선 결정이었다. 통치의 현실을 마주하자 언론의 자유에 대한 그의 철학이 휘어졌다.[10]

언론과 조정, 검열 문제에 관한 갈등은 처음부터 미국 정치의 핵심에 있었다. 언론의 자유가 중요한 한 가지 핵심 이유는 검열이라는 행위 자체가 어떤 특정 이념의 편에 서지 않기 때문이다.

정치인과 판사는 유사 이래 수정헌법 제1조를 다르게 해석해왔다. 대부분 도덕적이고 감정적인 방식으로 이를 읽었고 지금으로서는 과도하고 부당해 보이는 주장을 펼쳤다. 이를테면 1835년에 미국 우정 장관은 뉴욕의 노예 폐지 협회에서 보낸 노예제 반대 서신의 흐름을 막았고 노예제 옹호 시위자들이 이를 압수해 파괴할 때 개입을 거부해 검열을 효과적으로 행했다.[11]

지금도 우리는 이와 같은 문제로 어려움을 겪는다. 공화당원들은 보수적인 목소리에 대한 소셜 미디어 플랫폼의 검열에 엄청난 분노를 쏟아내며 플랫폼 직원들의 진보적 가치가 주요 정책 결정에 영향을 미친다고 우려했다. 이런 분노가 터진 시기는 보수주의자가 자신의 도덕적 세계관과 어긋나는 특정 도서에 대해 도서관 소장을 금하는 법률을 통과시킨 때와 맞물렸다. 그 당시 진보주의자들은 사회 전반에 팽배한 혐오 발언의 규제를 강화하는 방안을 모색 중이었고, 혐오 발언이 정확히 무엇인지에 대한 정의가 급격히 확산하는 중이었다.[12]

진실의 일면이 왜곡되는 일은 과거 매 시기마다 있었다. 이번에도 다르지 않았다. 진실은 아이디어가 충돌하고 논쟁하며 철저히 입증될 수 있을 때, 혹은 그 자체로 실패할 때 발견된다. 다음의 두 가지 간단한 규칙을 따르면 대대로 진실을 찾기가 더욱 수월해질 수 있다.

1. 선의를 품고 말하며, 타인 역시 선의를 품고 말하도록 한다.
2. 타인의 발언에 동의하지 않는다 해도 이를 억압하지 않는다.

이 두 가지는 개인으로서나 사회로서 지켜야 할 엄격한 규칙으로, 가능하면 언제나 충실히 지키도록 최선을 다해야 한다.

이런 지침은 구조상 도덕적으로 모호하다. 규칙은 본질적으로 특정 당파적 아이디어 하나에 치우치지 말아야 한다. 비판은 진실을 진전시킨다. 비판이 우리를 더욱 현명하게 한다. 라우시가 말했듯, "타인의 논거와 생각에서 결점을 발견하기가 훨씬 쉽다. 이렇게 해서 서로가 아닌 자신의 가설을 무너뜨릴 수 있다."[13]

현실 세계에 적용하기

이 원칙을 염두에 두고 지금 우리가 살고 있는 현실 세계에 대입해보자.

누구의 발언도 정부의 검열을 받아서는 안 된다. 이 권리는 수정헌법 제1조의 보호를 받는다. 그러나 플랫폼의 규율은 계속해서 교묘하고 논쟁적일 것이다. 물론 기본적으로는 가능한 한 언제든 검열을 최소화해야 한다. 그 대신 **증폭** 문제를 해결해야 한다. 어디선가 누군가는 넓게 멀리 퍼질 수 있는 정보와 그렇지 않은 정보를 결정할 것이다. 2세기가 넘도록 이 역할을 맡은 것이 미디어 문지기였다. 지금은 대체로 콘텐츠 조정 알고리즘이 그 역할을 넘겨받았다. 앞서 살펴보았다시피 이들 알고리즘은 미디어 유인책과 함께 우리의 관심을 극단적인 콘텐츠로 돌리고 있다. 실제로 이런 역학에 따라 더욱 과격한 생각과 소수의 의견이 증폭되고 있다.

이로 인해 선의를 품은 건설적인 논의가 놓인 토대는 극단적인 관점과 대등하지 않다. 현대의 소셜 미디어는 대다수 현안에 대해 악의적인 해석을 증폭시킨다. 최악의 아이디어를 발견하는 사람에게 대가를 지불하고 최악의 분노를 유발하는 이들에게 명성과 세력을 부여하는 것이다.

소셜 미디어에서 비판은 이해 증진을 위한 것이 아니라 점수를 얻기 위한 것이다. 도덕적 과시가 무수한 논쟁을 장악하고 허위가 번번이 진실을 압도한다.

언론의 자유는 증폭과 같지 않다. 나의 동료 르네 디레스타Renée DiResta는 아자 래스킨Aza Raskin의 말을 바꾸어 이렇게 말했다. "언론의 자유는 도달의 자유와 같지 않다."

다가오는 기술의 위협으로 콘텐츠 조정 문제가 더욱 만연해지는 상황을 고려하면 이와 같은 인식이 도움이 된다. 컴퓨터를 활용한 프로파간다는 인간과 구분되지 않는 챗봇과 광범위한 바이럴 증폭이 결부되어 이 모든 문제를 더욱 악화시킬 것이다.

이 장을 마치며

이번 장은 두 권위자, 스튜어트와 오라일리의 토론으로 시작했다. 그들은 사실을 토론하는 역할을 맡았지만 실제로는 두 가지 방대한 구조적 서사, 즉 자기 역량 강화라는 아메리칸 드림과 흑인계 미국인에 대한 지속적인 권리 박탈에 대해 논하고 있었다. 이 토론은 각 서사에 대한 최상의 논증을 대변하는 이들의 가치 있는 의견 교환이었으며 시청자가 현안에 대해 더 잘 이해할 수 있도록 도왔다.

소셜 미디어에서 이런 토론은 보기 힘들어졌다. 소셜 미디어는 공통 서사에 반기를 드는 새롭고 논쟁적인 소수 의견을 더욱 노출시키면서 그에 대해 선의를 품고 토론하는 우리의 능력을 앗아갔다.

소수 의견은 효과적인 토론이 이어질 수 있을 때 가치가 있으며 수정헌법 제1조를 통해 보호받는다. 그렇다고 모든 소수 의견이 연단에 올라야 하는 것은 아니다. 수정헌법 제1조는 소수 의견을 **정부**의 검열로부터 보호하지만 그 바이럴리티 혹은 도달 범위까지 관여하지는 않는다. 콘텐츠를 증폭하거나 강등하는 권리는 여전히 플랫폼 소유자에게 있다. 현재 논쟁적이고 극단적인 의견이 온라인에서 가장 많은 참여를 이끌어내면서 사려 깊은 논평이나 합리적 담론을 압도하고 있다. 이것은 새로운 문제처럼 느껴지지만 사실 미국이 건립될 때부터 줄곧 정책의 핵심을 차지한 까다로운 문제다.

우울하게 들릴 수도 있지만 그럴 필요는 없다. 이 문제를 해결할 수 있다고 나는 낙관한다. 다음 장에서는 온라인 공간에서 선의의 대화 및 담론을 증진시킬 수 있는 좋은 구조의 원칙을 몇 가지 살펴볼 것이다(더욱 폭넓은 구조의 원칙은 outragemachine.org에서 찾아볼 수 있다). 우리는 언론의 자유라는 핵심 아이디어를 그대로 유지하면서 건설적인 토론을 위한 장려책을 마련하고, 세계에 대한 이해를 진척시키는 대화와 비판을 우선시하며 증폭시킬 수 있다.

5부에서는 이런 문제가 어떻게 민주주의의 훨씬 더 광범위한 문제로 확대되는지 살펴볼 것이다. 이렇게 시선을 확대해보면 몇 가지 해결책이 드러나기 시작할 것이다.

먼저 바다 한가운데에 떠 있는 작은 섬이 예기치 못한 방문객에 의해 영영 바뀌어버린 우화부터 살펴보자.

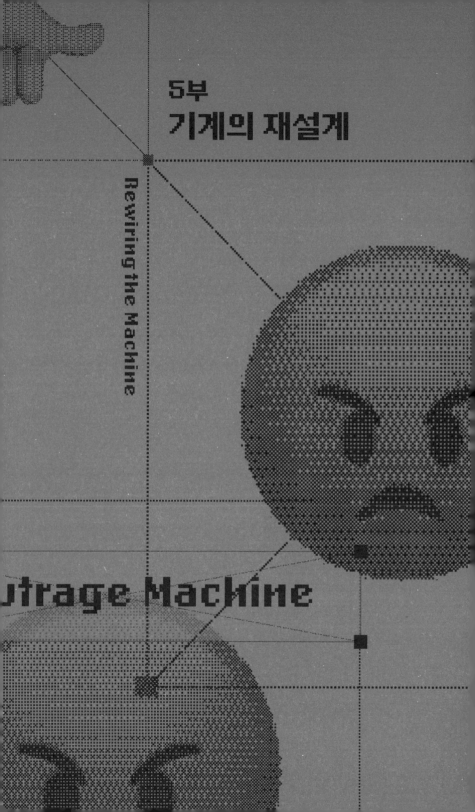

5부
기계의 재설계

Rewiring the Machine

utrage Machine

25

섬에 관한 우화

THE PARABLE
OF THE ISLAND

그리 멀지 않은 과거, 바다 한가운데에 작은 섬이 하나 있었다. 농부 다섯 명이 그곳에 거주하면서 섬을 거의 균등하게 나누어 소유하고 있었다. 섬은 꽤 넓었다. 거주민들끼리도 한참 전에 미리 약속을 하지 않으면 서로 만날 일이 없을 정도였다.

섬에서는 선거가 열렸다. 몇 년마다 한 번씩, 다섯 명이 모여서 작은 위원회를 구성하고 누가 관리직을 맡아 섬을 대표할지 투표했다. 관리직이 중요한 이유는 본토와 맺는 무역 협상을 담당하는 데다 섬 전역을 지나는 긴 도로를 관리하기 때문이었다. 단순 과반수가 관리직 후보에 동의하면 되는 일이었다. 과반수의 표를 얻지 못하면 선거는 승자가 나올 때까지 매달 다시 열렸다.

하지만 섬이 워낙 넓은 탓에 관리직이 임무를 제대로 수행하는지 확인할 방법이 없었다. 그리하여 주민들은 섬에 관한 일을 보고할 젊은 남성을 고용했다. 보고자는 매주 섬 전역을 돌아다니며 일이 잘 진행되고 있는지 상세하게 적은 보고서를 각 농부에게 보냈다. 보고자의 임무는 고되었지만 농부들이 저마다 자기 땅을 돌보느라 바빴기에 가치 있는 일이었다. 농부들은 보고자에게 약간의 돈을 지불했다.

섬의 관리자는 맡은 임무를 상당히 유능하게 잘 해냈다. 하지만 그와 보고자의 관계가 그리 원만하지 않았다. 보고자는 관리자를 계속 괴롭히면서 무엇이 잘못되고 있는지 모든 이들에게 이야기했고, 그 때문에 안 그래도 바쁜 관리자가 더 많은 일을 하게 했다. 하지만 선거에서 이기려면 보고자의 지지가 필요했기에 관리자가 보고자에게 자신이 섬을 위해 어떤 일을 하고 있는지 상세히 알리는 일이 잦았다. 이들의 합의 방식에 거주민들은 대체로 만족했다.

조금 시끄러운 성향 때문에 "소란한 남자"라 불리는 한 농부가 어느 날 자신의 들판으로 나가 우물을 깊이 파내려가다가 땅속에서 터져나오는 석유를 발견했다. 진흙탕에서 뿜어 나오는 검은 액체를 보며 그는 자신의 운명이 이제 막 바뀌었음을 깨달았다. 이 석유로 그는 많은 돈을 벌 수 있을 것이었다. 하지만 석유가 자신의 땅에서만 나오는 것은 분명 아닐 터였다. 석유는 섬 전체에 묻혀 있을 것이었다. 다른 사람들이 알게 되면 그들과 이익을 나누어 가져야 한다는 사실을 남자는 알고 있었다.

따라서 소란한 남자는 이 사실을 알리지 않은 채 계획을 세웠다. 다음 선거에서 관리자가 된 뒤 석유권을 팔아 돈을 벌 생각이었다. 남자는 보고자를 구슬리고 후하게 대접하면서 현재 관리자를 내칠 음모를 꾸몄다.

다음 선거가 열리기 전에 소란한 남자는 보고자에게 현재 관리자가 얼마나 형편없는지 이야기하기 시작했다. 하지만 문제가 하나 있었다. 관리자는 사실 그리 형편없지 않았고 트집 잡을 만한 일이 그리 많지 않다는 것이었다. 남자는 말을 지어내기 시작했다. 그가 연례 미팅에서 다른 농부들에게 말했다. "관리자가 자기 주머니를 따로 챙긴다는 얘기가 들립니다. 부패한 것이 틀림없습니다."

보고자가 조사를 시작했다. 하지만 소란한 남자의 주장에 대한 증거는 찾을 수 없었기에 보고서에 이렇게 썼다. "소란한 남자의 비난은 정확하지 않다." 소란한 남자는 자신이 위험에 노출되었음을 깨닫고 이의를 제기했다. "그래도 무언가가 수상하단 말입니다!"

다음 선거에서 소란한 남자는 관리직이 되고 싶은 마음에 탁자를 주먹으로 내리치며 소란을 벌였다. 하지만 다른 농부들이 납득하지 않았다. 보고자에 따르면 관리자는 여전히 제 임무를 충실히 수행하고 있었다. 누구도 소란한 남자의 고함을 믿지 않았고 선거는 아무 혼란 없이 치러졌다. 관리자는 계속해서 고된 임무를 맡았고 몇 년 동안 섬의 모든 일은 언제나처럼 순조롭게 돌아갔다.

어느 날, 한 상인이 배를 타고 섬에 도착했다. 배에는 거대한 안테나가 실려 있었다. 상인은 이것을 섬 한가운데에 설치하면 모든 사람이 메시지를 보낼 수 있다고 제안했다. 작은 송신기와 연결된 안테나로 어디서든 사진을 찍고 섬에 있는 모든 사람과 말을 주고받을 수 있었다. 좋은 생각 같아 보였기에 농부들이 돈을 모아 안테나를 구입했다.

새로운 안테나는 과연 대단했다. 농부들은 각각 섬에서 잘못된 점을 보고하고 이를 관리자는 물론 모든 사람과 공유할 수 있었다. 보고된 문제를 관리자가 해결하면서 섬은 조금씩 나아졌다. 모든 사람이 안테나를 사용했고 보고자 역시 모든 이들의 문제를 추적할 수 있는 데다 보고서를 더 빨리 작성할 수 있었기에 안테나를 마음에 들어 했다. 그로서는 일이 조금 수월해진 셈이었다.

그런데 소란한 남자만큼 안테나를 마음에 들어 하는 사람도 없었다. 남자는 안테나로 **모든 것**에 대해, 특히 자신이 관리자보다 더 잘할 수 있다는 생각을 개진하며 의견을 공유했다. 다른 농부들은 여전히 그의 말을 무시했고 보고자는 가능할 때마다 소란한 남자의 의견을 수정했다.

그해 어느 날, 거대한 폭풍이 섬을 강타했다. 농부들을 서로 연결하는 도로가 심각하게 파손되었고 보고자는 모든 복구 작업의 진척 상황을 알리기 위해 쉴 틈 없이 바빴다.

정신없는 한 주가 이어지면서 보고자가 보고서 하나에 실수를 저질렀다. 파손된 도로가 복구되었다고 보고했는데 사실 아직 복구되지 않은 상태였다. 그도 완벽할 수 없다 보니 복구 일정을 혼동한 것이었다. 워낙 큰 섬이었기에 동시에 모든 곳에 있기는 불가능했다. '별일 아니야, 다음 보고서에 수정 사항을 반영하면 되지. 언제나 그래왔으니까.' 그가 생각했다.

하지만 소란한 남자가 낌새를 알아차리고는 자신이 비집고 들어갈 틈을 알아보았다. 그는 안테나를 활용해 파손된 도로 사진을 올렸다. "이것 보시오! 보고자가 거짓말을 했어요! 여기서 심상치 않은 일이 벌어지고 있습니다! 보고자가 관리자와 공모한 것 같습니다! 그들을 믿을 수 없습니다."

보고자는 당황했다. 지금껏 이렇게까지 위기에 처한 적이 없었다. 그는 사과문을 보내면서 다음에 더 잘하겠다고 말했다. 이런 혼동은 가끔 있었지만 이렇게 문제가 된 적은 없었다.

소란한 남자는 멈추지 않았다. "보고자는 믿을 수 없습니다. 숨은 의도가 있어요. 저 작자가 거짓말을 하고 있다고요." 충격을 받은 보고자는 혼란스러웠다. '난 최선을 다하고 있어. 내가 왜 나쁜 놈이 된 거지?'

다른 농부들 역시 혼란에 빠졌다. 소란한 남자가 옳았다. 보고자가 실수를 저질렀다. "아니 땐 굴뚝에 연기가 날 리 없지." 한 농부가 보고자에 대한 임금 지불을 중단하면서 말했다.

소란한 남자는 공격을 멈추지 않았고 보고자와 관리자에 대한 사람들의 지지를 조금씩 벗겨냈다.

다음 선거가 다가왔을 때 수많은 혼란이 일었다. 누구를 믿어야 할지 누구도 알 수 없었다. 두 농부는 손을 놓아버리며 투표를 포기했다. 지금 떠도는 이 모든 비난을 어떻게 받아들여야 할지 갈피를 잡지 못했다. 소란한 남자가 언성을 높이며 선언했다. "내가 더 잘할 수 있습니다. 이 자들은 모두 거짓말쟁이입니다. 저를 뽑아주십시오."

두 명이 기권한 가운데 소란한 남자가 근소한 차이로 당선되었다. 한 표는 현직 관리자에게, 두 표는 기권, 두 표가 소란한 남자에게 돌아갔다.

소란한 남자가 승리했다. 관리자가 되었으니 이제 석유 채굴권을 팔 수 있었다. 성공에 이르는 길에 남은 유일한 걸림돌이 보고자라는 사실을 알아보고 남자는 보고자에게 집중적으로 경멸을 쏟아냈다. "이제 이곳을 정화해야 합니다! 보고자는 우리의 적입니다. 이제 안테나가 있는 이상 우리에게는 더 이상 그 사람이 필요 없어요.” 머지않아 보고자는 해고되었다.

임금을 받을 길이 없어진 보고자는 일을 찾아 섬을 떠나 다른 곳으로 향했다. 보고자마저 떠나고 나니 농부들은 무슨 일이 벌어지고 있는지 제대로 알 수 없었고 오직 소란한 남자가 안테나로 전하는 이야기만 믿을 수밖에 없었다.

1년 안에 소란한 남자는 비밀리에 석유 채굴권을 판매했다. 이제 막대한 부를 거머쥔 남자는 그 돈으로 자신만의 보고자를 고용했다. 새로운 보고자는 남자가 지시하는 일이라면 무엇이든 하고 선거 때마다 다른 농부들이 소란한 남자에게 투표하도록 힘을 쓰는 임무를 맡았다.

이제 섬은 달라졌다. 이제 새롭고 견고한 정부가 들어선 이상, 수년 동안 상황이 바뀔 가능성은 거의 없었다.

이 장을 마치며

작고 견고한 민주주의에 대한 우화를 살펴보았다. 민주주의는 좋은 정보에 의존하는 협력 게임이다. 미디어는 믿을 만한 정보를 제공하고 야심적인 정당이 정직함을 유지하도록 살피는 심판 역할을 한다. 새로운 기술이 배포되면서 미디어의 기능이 약해지면 대중의 입장에서는 누구를 지지하고 누구를 믿어야 할지와 관련해 현명한 결정을 내리기가 갑자기 힘들어질 것이다. 이것이 **협력의 함정**coordination trap이다.

민주주의의 적이 반드시 야심에 찬 소란한 남자라고 할 수는 없다. 진정한 적은 혼란이다. 혼란 자체로 인해 구성원은 실제 선동가가 누구인지 헤아리지 못한다. 이와 관련해 스티브 배넌Steve Bannon은 정치 전략에 대해 언급하며 이렇게 말했다. "진정한 적은 미디어다. 미디어를 다루는 방법은 그곳을 개똥으로 가득 채우는 것이다."[1]

기존의 미디어가 소셜 미디어와 경쟁하는 세계 곳곳에서 이와 같은 역학이 발생하고 있다. 선동가는 혼란을 부추기고 지속시키는 데 능란하다. 혼란이 가중된다는 것은 협력할 사람들이 줄어든다는 뜻이다. 더 많은 비난이 떠돈다는 것은 누가 진정으로 진실을 이야기하는지 제대로 헤아리는 사람이 점점 줄어든다는 뜻이다. 다음 장에서는 이런 전략이 전 세계 자유민주주의에 어떤 의미를 갖는지 알아보자.

26

위험에 처한 것

WHAT'S
AT STAKE

오늘날 자유민주주의는 위험에 처했다.

경멸이라는 거품 속에 갇힌 우리에게 함께 미래를 마주할 의지는 찾아보기 힘들다. 사소한 문제가 치명적인 위협으로 인식되고 실존적 위험은 중요하지 않은 것으로 치부된다. 집단으로서 우리는 어느 쪽이 어느 쪽인지 동의하지 못한다. 오늘날 소셜 네트워크의 설계 방식이 야기한 직접적인 결과다. 소셜 네트워크는 우리가 진실을 보는 방식, 친구를 평가하는 방식, 적을 간주하는 방식을 근본적으로 변화시키고 있다.

미래를 내다봐도 수월하게 해결될 실마리는 보이지 않는다. 우리는 거의 매일 실질적인 분노를 느끼며 정치적으로 반대편에 선 이들에 대해 현실적인 두려움을 느낀다. 정치에 깊이 관여한 이들 중 민주당 지지자의 70퍼센트, 공화당 지지자의 62퍼센트가 상대 정당이 두렵다고 말한다. 이렇게 해서 상대편을 무시하는 기반이 형성된다. 지속적으로 보수적인 성향을 보이거나 지속적으로 진보적인 성향을 보이는 미국인은 지난 20년 사이 두 배가량 늘었다. 두 정당의 이념이 중복되는 경우는 급격히 줄었다. 정치 성향으로 볼 때 오늘날 공화당원의 92퍼센트가 중도파 민주당원의 오른쪽에 위치하고, 민주당원의 94퍼센트가 중도파 공화당원의 왼쪽에 위치한다.[1]

소셜 미디어가 우리를 불안과 분노의 궁지로 몰아넣자 최악의 정치적, 사회적 두려움이 현실이 되고 있다. 우리는 절망과 비슷한 감정을 느끼며 극단적인 곳에서 해결책과 지도자를 찾는 일에 더욱 열중한다.

이런 추세는 권위주의 국가에 대한 수용 가능성을 묻는 여론조사 결과에 그대로 반영되었다. 미국에서 정부가 자신의 편에 있는 한 민주적 통치를 완전히 종식시키고 군부 정권을 기본으로 삼아도 괜찮다는 사람들의 비율이 상당한 데다 점점 늘어나고 있는 것이다. 가장 진보적이고 이상적이라고 널리 알려진 젊은 층 역시 이런 권위주의 선호 추세를 피해가지 않았다. 24세 미만 미국인 중 4분의 1에 가까운 이들이 민주적인 선거보다 자신이 지지하는 정당 출신의 권위주의자가 낫다고 답했다.[2]

우리는 큰 목표를 이루기 위한 협력 능력을 잃어버리고 있다. 모두 저마다 다른 문제에 분노하고 있다. 의회의 당파적 교착상태는 악화 일로를 치닫고 있다. 민심이 그대로 반영된 결과다.

자유민주주의는 역사적으로 최상의 아이디어 저장고였으며 문제 해결을 위해 다양하고 독특한 관점을 끌어낸다는 점에서 유리하게 작용했다. 이런 장치를 소셜 미디어가 제거하고 있고 전 세계 권위주의자들이 이를 악용하고 있다.

고도로 양극화된 사회는 다양한 정당과 관점을 견지할 수 없다. 더군다나 인구의 일부가 권위주의를 유발하는 자극에 특히 취약한데, 만일 제대로 된 자극에 노출된다면 그들은 기본적으로 독재자를 지지하게 될 것이다.

| 종말의 종말

베를린장벽의 붕괴는 내 생에서 가장 중요한 지정학적 사건 중 하나였지만 실제로 장벽이 무너졌을 때에는 그 의미가 크게 와 닿지 않았다. 그라피티로 뒤덮인 콘크리트 장벽 위에 시위자들이 올라가 앉아 있는 모습이 〈CNN〉에서 방송되던 때가 기억난다. 망치와 쇠지렛대로 장벽을 부수는 사람들이 있는가 하면 부서진 장벽 조각을 집으로 가져가는 사람들도 있었다. 당시 여덟 살이던 나는 왜 그리 소란인지 깊이 알지 못했다. 사람들이 시끄러운 파티를 벌이는 것 같았다. 나 같은 밀레니얼 세대에게 소련의 붕괴는 다 지난 옛날이야기처럼, 이제는 희미해진 다른 시대의 사건처럼 느껴진다.

하지만 우리의 부모 세대에게 그 사건은 세계의 축이 마침내 바로 선 것과 같았다. 수십 년간 인류를 실존적 파멸의 벼랑 끝까지 몰고 간 이념의 가혹한 전쟁이 막을 내렸다. 그 시간을 지나며 우리는 문명을 말살하는 핵무기의 확산을 목격했고 그에 대한 공포가 지난 50년을 규정했다. 서구 민주주의와 다양한 형태의 신흥 공산주의, 그중에서도 소련이 충돌한 결과, 마침내 자유민주주의적 통치 모델이 승리를 거두었다.

이런 이유에서 독일의 통일과 소련의 붕괴는 서구의 승리를 확인하는 순간이었다. 자유민주주의가 인간 사회를 조직하는 더 우월한 방식임이 입증되었다는 찬사가 이어졌다. 학자 프랜시스 후쿠야마Francis Fukuyama는 획기적인 저서 《역사의 종말》에서 논란이 해소되었다고 말했다. 그는 자유민주주의가 프랑스혁명 이후로 다른 어떤 대안보다 (윤리적, 정치적, 경제적 관점에서) 더 효과적인 체제임이 지속적으로 입증되었다고 주장했다. 민주주의는 앞으로 인간 사회를 조직하는 안정적이고 가장 효율적인 방법이 될 것이었다. 문제는 해결되었다. 서구의 자유민주주의는 인간 정부의 최종 형태이고 인류의 정치 이데올로기가 지나온 진화의 정점이었다.[3]

당시 여러 증거가 그의 견해를 뒷받침하는 듯 보였다. 냉전의 종식은 세계적 협력이라는 새로운 시대를 정의 내렸다. 냉전의 종식과 그에 뒤이은 무수한 자유민주주의의 발현으로 전면전과 국가 간 전쟁, 민족 전쟁, 혁명과 난민 등이 급격히 감소했다는 연구 결과가 드러났다. 현실 세계에서 남아메리카와 동남아시아, 동유럽 등지의 국가 간 전쟁이 대폭 줄었다. 군부독재에서 민주주의로 이행한 뒤 이들 국가에서 전쟁의 발발 자체가 멈추었다. 전반적으로 민주화를 이룬 국가는 이웃 국가에 반하는 폭력의 대가를 더 이상 부담하려 하지 않았다.[4]

단기간에, 그리고 90년대에 맞추어, 정치체제에 관한 한 인류가 해답을 얻었다는 시대적 합의가 이루어진 듯 보였다. 정부는 필연적으로 경제적 자유주의와 대표적 지도부, 안정성을 지향할 것이었다. 인류는 이제 다음 문제로 건너갈 수 있을 것 같았다.

| 사회계약을 갈망하는 사회

물론 이를 비판하는 사람도 있었다. 그들은 후쿠야마의 이론이 전쟁과 **성숙한 민주주의**에 대한 모순된 정의를 바탕으로 한다고 주장했다. 민주주의에 대해서는 일반화하기가 힘든데, 민주주의가 인류 역사에서 비교적 최근에서야 고안된 정치 체계이기 때문이라고 주장했다. 그들의 관점에서 민주주의 실험은 아직 충분히 진행되지 않았다.

그리고 2016년, 역사가 갑자기 뒷걸음질 치기 시작했다. 민주주의 작동 방식과 관련해 기이한 일이 벌어졌다. 눈 깜짝할 사이에 보이지 않는 힘이 작동하면서 일이 틀어지고 있었다. 세계 전역에서 포퓰리스트의 혁명이 파문을 일으켰다. 선동 정치인이 다수의 주요 선거에서 승리를 거두었다. 자유민주주의가 다른 모든 통치 형태를 상대로 **승리**를 거둔 후 몇십 년 만에, 그 기반이 돌연 흔들리고 있었다.

민주적으로 합법적인 두 선거, 즉 트럼프가 승리한 미국 대선과 브렉시트로 이 사실은 더욱 뚜렷해졌다. 무언가 대단히 이상한 일이 벌어졌다. 그런데 그것이 무엇인가?

우리의 삶은 전적으로 여러 관계를 중심으로, 즉 가족과의 관계, 고용주와의 관계, 공동체와의 관계 등을 중심으로 구축된다. 그중에서도 가장 미묘하고 중요한 관계가 정부와 맺는 관계다. 이를 통해 우리 자신은 인식하지 못할지라도 삶의 방식을 이루는 많은 부분이 결정된다. 앞서 살펴보았듯 소셜 미디어가 이런 관계의 변화에 극적으로 기여했다. 소셜 미디어는 우리가 알고 있던 민주주의 정부의 역사적 근간을 흔드는 새로운 의존성과 유인책을 창출했다. 민주주의 프로젝트를 근본적으로 훼손할 수 있는 세계관을 강화하고 있다.

이런 붕괴를 이해하는 가장 유용한 틀 중 하나는 '사회계약'이라는 개념이다. 계몽주의 시대 사상가들이 정부의 권력과 인간 본연의 자유를 입증하기 위해 규정한 개념이었다.

이런 균형 상태를 성공적으로 개괄한 사상가, 장-자크 루소Jean-Jacques Rousseau는 사회계약을 이렇게 보았다. 개인으로서 우리가 기본적인 자유를 일부 포기하고 그 대가로 정부가 우리의 권리를 보장해야 한다는 것이었다.[5]

이 이론은 로크에 의해 입증되었고 그의 사회계약 이론이 미국 건국의 아버지들에게 강한 영향을 미친 끝에 미국 독립선언서에 문자 그대로 실리기도 했다. 그의 이론은 "권리를 보장하기 위해 정부가 도입되고 피지배자의 동의하에 정당한 권력이 부여되는" 과정을 개괄했다.[6] 사회계약 이론은 우리가 알고 있는 자유민주주의의 핵심을 이룬다.

사회계약 이론은 당시에는 혁명적이었지만 완전히 새롭지는 않았다. 첫 번째 버전은 그로부터 한 세기 전에 철학자 토머스 홉스Thomas Hobbes가 제기한 것인데, 홉스가 생각한 계약은 조금 다른 종류로, 권리가 아닌 안전을 보장하는 것이었다. 이런 사회계약이 없으면 인류는 야만적이고 폭력적인 세계에서 살아남을 수 없다고 홉스는 주장했다. 그는 이를 "자연 상태"라고 이름 붙이면서 삶이 "고독하고 빈약하고 험악하며 잔인하고 짧다"고 말했다.

로크와 달리 홉스는 이 주장을 통해 **리바이어던**Leviathan, 혹은 안전을 보장하는 절대 권력자의 존재를 주장했다. 그 대가는? 개인의 자유다. 홉스는 당대의 혁명과 전쟁에서 발생하는 불균형적 폭력을 목격한 뒤 절대 권력을 가진 군주 및 최고 지도자가 인류에게 훨씬 더 유익하다고 믿었다. 그는 이런 지도자가 없으면 "인간의 상태는 만인의 만인에 대한 투쟁이 될 것"이라고 썼다.[7]

이 주장의 핵심에 존재하는 것은 두려움, 즉 인간이 통치자 없이 남겨졌을 때 불가피하게 마주해야 할 폭력에 대한 두려움이다. 통치를 받지 않은 인간의 타고난 성향이 무정부 상태와 혼란에 빠지는 그림이 뚜렷이 드러날수록 절대군주에 대한 홉스의 주장은 더욱 강력해졌다. 자연적 폭력에 대한 두려움에서 이런 주장이 비롯된 것이다.

역사적으로 그 이전에 왕과 여왕, 황제의 권력은 다른 원천, 즉 신에게서 비롯되었다. 당대의 사고방식을 바탕으로 홉스와 로크는 '왕권신수설', 즉 모든 왕권은 신으로부터 부여받았으며 왕에게 불복종하면 말 그대로 지옥에 갈 것이라는 전제를 넘어서는 정부에 대해 기술하고자 했다. 고대부터 이런 신과의 연계는 권위주의를 정당화하는 주요 방식이었다.

종교개혁으로 교회가 해체된 뒤, 왕권신수설의 논리는 많은 이들에게서 설득력을 잃었다(어떤 신이 왕권을 부여하는 것인가, 개신교의 신인가, 가톨릭교의 신인가?). 홉스는 과거에 효과가 있었던 선례를 바탕으로 시민사회 옹호론을 강화하기 위해 최선을 다하고 있었다. 그리고 절대적 통치자는 체제 자체라고 생각했다.

홉스는 공명하는 인간의 충동, 즉 혼돈을 마주할 때 드러나는 법과 질서에 대한 갈망을 활용했다. 자신의 안녕에 가해지는 위협을 기민하게 인식할수록 강력하고 권위적인 통치자에 더욱 끌린다. 환경이 불안정할수록 엄격하고 강력한 국가원수가 필요하다고 더욱 믿게 된다. 이런 존재론적 두려움이 시민사회를 형성하는 강력한 힘이라고 홉스는 믿었다.

현대에 이르러 홉스의 주장이 정치학자 캐런 스테너Karen Stenner의 연구에 반영되었다. 스테너는 연구 결과, 인구의 18~20퍼센트가 일종의 위기 대응 방편으로 권력의 메시지를 즉각 수용하는 경향이 있다고 밝혔다. 그는 이들을 "타고난 권위주의자natural authoritarians", 즉 소위 규범적인 위협에 대해 자동적으로 몸에 밴 반응을 보이는 사람이라 칭했다. 이들은 위협을 느끼거나 특정 유형의 문화적 외부인에게서 두려움을 느끼면, 혹은 기존 질서에 닥친 위협을 감지하면 마음속에서 일종의 **방아쇠**가 당겨진다. 방아쇠가 당겨지고 나면 그들은 기본적으로 엄격한 정책과 권력을 지지할 것이다. 스테너는 이렇게 말한다. "유감스럽게도 다문화 교육과 이중 언어 정책, 비동화non-assimilation(이민자 등이 그 나라에 동화되지 않는 것-옮긴이)만큼 그들의 잠재된 성향을 강하게 표출시키는 것도 없다."**8**

스테너의 연구 결과는 홉스의 본능이 옳았음을 드러낸다. 상황이 두렵고 혼란스러우면 우리는 기본적으로 개인의 도덕성에 말을 거는 강력한 목소리에 끌린다.

이후 여러 정치인들이 익혔듯 이런 권력관계는 지금도 이어지고 있다. 정부가 외부인이나 질병, 범죄나 폭력, 혼돈으로부터 우리의 안전을 충분히 지켜주지 못한다는 생각이 들 때 권위주의적 메시지가 가장 크게 울려 퍼진다. 두려움이 뚜렷해질수록 '스트롱맨'의 메시지는 더욱 정당성을 얻는다. 소중히 여기는 안전에 대해 더욱 겁에 질리고 더욱 양극화되고 더욱 낙담할수록 다른 종류의 사회 계약, 즉 홉스의 계약을 더욱 갈망하게 된다.

| 민주주의가 잃고 있는 것

두려움을 기반으로 한 계약에서 우리가 잃고 있는 것은 무엇일까? 세계 민주주의는 적어도 아직까지는 사람들의 의지를 표현하는 **것처럼** 보인다. 2016년 브렉시트와 트럼프 당선을 불러온 선거는 자유롭고 공정한 선거의 결과였다. 전 세계적으로 이와 비슷한 추세가 이어지고 있다. 민주주의가 스트롱맨을 선출하고 투표자들의 공개적 합의를 통해 국수주의를 선택한다. 그 증거가 세계 전역에서 명백히 드러나고 있다. 민주주의의 기이한 대안이 헝가리와 브라질, 필리핀 등지에서 등장하고 있다.[9]

우리가 잃고 있는 것은 먼저 당파성을 없애지 않고서는 언급하기 힘든 민주주의의 핵심 개념적인 부분이다. 이 개념은 "고전적 자유주의classical liberalism"라고 알려져 있다. 길거리에서 지나가는 미국인에게 자유주의가 무엇인지 물어보면 대부분 우리가 항상 듣는 정치적 정의를 끌어올 것이다. 자유주의는 진보주의, 즉 보수주의에 반대되는 것 아니냐고 그들은 말할 것이다.

하지만 고전적 자유주의와 진보주의는 다르다. 초당파적 핵심에서 보면 고전적 자유주의는 현대 민주주의의 근간이 세워진 원리이며 정부 조직을 좌우하는 철학이다. 전통적으로 고전적 자유주의는 '자유'를 뜻하는 것이지 좌파의 정치를 뜻하는 것이 아니다.

간단히 말해 자유주의는 다음 세 가지 기본 개념의 조합이라고 할 수 있다.

- **다원성**: 다양한 관점이 궁극적으로 더 나은 결정에 이르는 데 도움을 준다는 견해다. 선의를 품은 의견의 차이를 통해 실제로 한 사회가 마주한 문제를 독특하고 새로운 방식으로 해결할 수 있다. 여러 다양한 정체성과 관점으로부터 우리는 더 나은 전체가 된다. "여럿이 모여 하나E Pluribus Unum(미국의 건국 이념-옮긴이)"가 되는 것이다.
- **자유의지**: 주체성이라고도 불리며 모든 인간이 자기 삶의 경로를 결정하는 데 있어 본질적으로 자유롭다는 개념이다. 재산과 직업을 결정할 때에도 우리는 자신의 욕구를 따를 수 있어야 한다.
- **인권**: 인간은 타고난 권리를 갖는다는 개념이다. 이러한 권리는 권력자가 선택적으로 분배하는 것이 아니라 태어날 때부터 모든 인간에게 동일하게 적용된다. 우리는 정부 앞에서 자유의 일부를 포기함으로써 권리를 보장받는다.

이 책을 읽고 있는 여러분은 이런 개념을 소중히 여기는 것은 물론 당연시하게 되었을 것이다. 인권을 지지하는 다원적이고 자유로운 사회에 살면서 얻는 역사적 특권을 우리는 잘 생각하지 않는다. 우리는 어떤 종교든 믿을 수 있다. 정부의 보복을 두려워할 일 없이 마음속의 생각을 자유롭게 말할 수 있다. 어디에 살고 무엇을 사며 누구에게서 살지 선택할 수 있다. 지도자를 정할 수 있다. 인종이나 종교적 신념, 능력이나 성적 지향, 피부색에 따른 차별을 금하는 법을 제정했다. 우여곡절 끝에 미국은 자유주의의 유산을 반영하는 법과 규범에 이런 원칙을 성문화하기 시작했다. 지난 세기에는 불완전하게나마 세계 각지에 이를 전하며 강력한 본보기가 되었다.

하지만 정치를 연구한 이들은 이런 개념이 더 이상 융성하지 않는다고 입을 모은다. 심지어 여러 정치학자들은 서구의 자유민주주의적 세계 질서가 눈앞에서 시들어가고 있다고 선언한다. 조약이 파기되고 관계가 전복되고 국제정치의 규범이 산산조각 나는 광경이 어렵지 않게 목격된다. 세계의 민주주의 프로젝트가 시련을 맞고 있다는 데 의견이 모인다.

소셜 미디어가 초래한 혼란을 마주하면서 위험에 처한 것은 단순히 우리의 데이터나 사생활, 우정만이 아니다. 이것은 삶의 방식을 위한 투쟁이다.

이 장을 마치며

민주주의가 어쩌다 위험에 직면하게 되었는지 살펴보며 이번 장을 시작했다. 더 많은 위협과 공포, 분노에 노출되면서 우리는 점점 더 편협해지고 혼란스러워졌다. 공유된 믿음이 위기에 처했다. 점점 더 많은 미국인이 자신과 정치적 견해를 공유하는 한 권위주의적 정부를 기꺼이 지지한다고 밝힌다.

우리는 불안을 느끼게 하도록 설계된 분노 유발 기계에 갇혔다. 안전이 위협받고 있다고 느끼면 권위주의에 대한 갈망이 뿌리를 내릴 수 있다.

이번 장에서는 정부와 암묵적으로 맺은 계약인 사회계약의 개념을 살펴보았다. 권리의 보장을 바탕으로 한 로크의 사회계약 아래에서 몇 세대에 걸쳐 진전을 이룬 뒤, 민주주의는 모퉁이를 돌아 안전보장을 기반으로 한 홉스의 사회계약 아래에서 기능하기 시작했다.

자유롭고 공정한 선거를 통해 스트롱맨이 속속 당선되고 분리 정책이 도입되었다. 공유된 신념이, 현실을 이해하는 방안이 없으면 우리가 지난 세기 동안 알고 있던 안정적인 민주주의는 보장되지 않는다.

다음 장에서는 민주주의 자체가 어떻게 일종의 분노 유발 기계처럼 작동하게 되었는지 살펴보고 분노 처리 시스템에 과부하가 발생하면 어떤 일이 벌어지는지 알아보자.

27

민주주의라 불리는 기계

THE MACHINE
CALLED
DEMOCRACY

잘못이나 불평등, 불공정을 보게 되면 목소리를 내라. 이곳이 당신의 나
라이고 이것이 당신의 민주주의기 때문이다. 해내라. 보호하라. 전하라.

_서굿 마셜Thurgood Marshall

민주주의는 우리가 마땅히 누려야 하는 정도까지만 통치를 받도록 보장
하는 장치다.

_조지 버너드 쇼George Bernard Shaw

| 자치공화국 건립을 위한 코드

미국이 건국될 당시를 되돌아보면 헌법 작성을 책임진 입안자들
은 새로운 기계의 청사진을 설계하는 엔지니어와 다르지 않았다.

어떤 면에서 그들은 사회를 위한 최상의 운용 코드를 찾아 헤매는 프로그래머였다. 그들은 실패한 공화국의 역사를 조사하면서 앞으로 수년을 지탱할 대의정치 구축의 가장 효율적인 방식을 찾고자 격렬히 토론하고 폭넓게 읽었다. 그들은 또한 군중이 중요한 결정을 내리려 할 때 벌어지는 실패를 예리하게 인식하고 있었다. 당대의 그 누구 못지않게 군중심리의 원리를 잘 이해하고 있었다. 건국자들은 실패한 여러 시도를 되새기고 있었는데, 특히 영국 내전은 의회의 자치와 군주의 독재 통치 사이에서 균형을 이루고자 한 여러 시도가 실패한 뒤 수년간의 폭력과 혁명으로 이어진 바 있었다.

계몽주의 시대의 야심찬 이들 엔지니어는 자신들이 더 잘할 수 있다고 믿었다. 그들이 작성한 헌법은 공공 영역으로 뻗어나간 코드이며, 한 집단이 효과적으로 함께 살아가기 위해 채택한 규율이었다.

이 코드, 즉 미국 헌법이 작성되고 변환된 것은 C언어나 파이선이 아닌 영어였다. 코드를 실행했고 지금도 실행하고 있는 '기계'는 북아메리카의 광활한 땅 위에 거주하고 있는 인간의 집합이다. 코드를 비준하고 운영하면서 이들 집단은 미합중국이 되었다.

잠시 물러나 인간이 무슨 일을 하는지 생각해보자. 고도로 사회적인 동물인 인간이 함께 살아가려면 규율과 규범이 필요하다. 집단이 커질수록 함께 살아가는 데 필요한 규율과 규범은 더욱 상세해진다. 이런 식으로 미국 헌법은 우리의 번성을 위해 작성된 명령어 혹은 알고리즘이라고 생각할 수 있다. 민주공화국의 가장 기본적인 운용 코드인 것이다.

헌법의 요점은 인간이 몇 가지 일을 수행하도록, 무엇보다 왕 없이 스스로 통치하도록 돕는 것이었다. 전에는 제대로 수행된 것도, 안정적이거나 지속적인 방식으로 이어진 것도 아니었다.

그들이 창안한 민주주의는 일종의 분노 유발 기계다. 규율이라는 명확한 시스템을 통해 분노를 정책으로 변환해 사람들이 주변 세계의 고장 난 부분을 바로잡도록 돕기 위한 것이었다.

코드의 확장된 지시 사항이 〈연방주의자 논집〉으로 알려진 일련의 설명서에 담겼다. 여기에 실린 85개 글은 이 코드를 사회에 어떻게 적용하고 어떻게 해석할지 개괄한 것으로, 해밀턴과 매디슨, 존 제이John Jay가 단 6개월 만에 써내려갔다.

그들은 자신들이 기념비적인 일을 수행하고 있으며 성공할 가능성이 희박하다는 사실을 알고 있었다. 지난 민주주의의 모든 과오를 이해하고자 하는 것이 노력의 핵심이었다. 〈연방주의자 논집〉의 55번 글에는 다음과 같은 내용이 실렸다.

어떤 인물로 구성되었든, 수없이 많은 집회에서는 열정이 이성으로부터 어김없이 주권을 빼앗는다. 모든 아테네 시민이 소크라테스였다 해도 아테네의 모든 집회는 여전히 폭도의 집합이었을 것이다.[1]

본질적으로 모든 사람이 이상적인 시민이라 해도 훌륭한 통치 규정이 부재한 상태에서 모이면 시스템은 무질서로 전락한다. 입안자들은 민주주의가 폭민 정치에 취약하며 열정과 분노가 단기간에 확산될 경우 정부가 붕괴될 수 있음을 알고 있었다. 균형을 잡기가 까다로운 일이었다. 이후 수십 년 동안 프랑스혁명 당시 벌어진 여러 소동이 잔혹한 폭력으로 이어지는 과정이 이를 증명했다. 특히 선동 정치인이 폭도의 열기에 편승해 지도자의 위치에 오른 뒤 폭군이 될 수 있다는 사실을 그들은 잘 알고 있었다.

〈연방주의자 논집〉 10번 글에서 매디슨은 "파벌"의 힘을 두려워하며 강력한 당파주의나 집단적 이해관계가 "[인간의] 상호 적대감을 악화"하고 공통의 이익을 잊게 만든다고 썼다. 그는 미국 땅의 방대함이 파벌주의의 파괴력으로부터 얼마간 방어막이 되어주리라 생각했다. 멀리 떨어진 이들에게 분노를 퍼뜨리기는 힘들 것이라 생각한 것이다. 매디슨은 당파적이거나 분열적인 지도자가 "자신의 자치주 안에서 불씨를 지필 수는 있겠지만 다른 주 전역에까지 화마를 퍼뜨리기는 힘들 것"이라고 내다보았다.[2]

그들이 작성한 헌법에는 다급한 상황을 늦추고 들끓는 열정을 식히며 성찰과 숙고를 격려하는 메커니즘도 포함되었다. 견제와 균형 시스템을 도입해 각기 다른 일을 담당하는 세 가지 기관으로 권력을 분산시키고 법률안 통과 절차를 까다롭게 해 어떤 개별 기관의 야망도 다른 기관의 야망에 좌절될 수 있게 했다.

법규의 도덕적 실수

이 헌법을 작성한 이들도 결함이 있었고 헌법 자체에도 결함이 있었다. 13개 식민지가 함께 모여 새로운 프로그램을 운영하도록 장려하기 위해 법안에 무수한 타협안이 포함된 후에야 헌법이 비준되었다.

포함된 타협안 중에는 대표성에 대한 규율을 확고히 세운 안도 있었다. 이로써 수많은 미국 거주자들의 권리가 박탈되었는데, 흑인 (전체 거주 흑인의 5분의 3만이 미국인으로 인정되었고 그들의 투표권은 백인 이웃에게 돌아갔다)과 여성은 법규의 실행과 관련해 발언권이 완전히 박탈되었다. 노예제도에 대한 이런 용인은 법규의 끔찍한 오류로, 70년 뒤 전체 시스템을 벼랑 끝으로 몰고 갈 터였다.

최악의 오류는 처음부터 성문화되었다. 비준된 최초 헌법은 당시 남부 경제 전체를 뒷받침하던 흑인 노예를 경제적으로 계속 착취하고자 한 인종차별적 제도 앞에서 크게 한발 물러났다. 원칙적으로나 실제로나 모순되는 법규의 결함이었다. 노예제 폐지론자 프레더릭 더글러스Frederick Douglass는 이렇게 말했다. "자유와 노예제, 천국과 지옥처럼 정반대되는 두 이념이 모두 헌법에 포함되어 있다." 그는 헌법이 본질적으로 모순된다고 말했다. 헌법은 "그 자신과 충돌하고" 있었다.[3]

마찬가지로 헌법 제정자들 역시 노예를 부리고 있었기에 근본적인 모순을 품고 있었다. 매디슨과 제퍼슨 모두 누구도 빼앗을 수 없는 인간의 권리를 강조하며 헌법을 작성했지만 개인적으로는 노예의 권리를 박탈하고 그들을 계속해서 구속하는 등 치명적인 역설에 시달렸다. 이런 모순은 미국 건국자들의 통찰력이 깊이 실패했음을 보여준다.

하지만 우리는 그들의 실패를 인지하고 있고 동시에 그들이 작성한 법규가 결국 자기수정이 가능하도록 세심하게 고안된 덕분에 상당히 오래 지속되었음을 알고 있다. 앤절라 글로버 블랙웰Angela Glover Blackwell이 말했듯, 헌법과 함께 그들은 "도덕적 한계를 훌쩍 뛰어넘었다."[4] 다행히 시스템에는 업데이트를 위한 수정안이라는 상당히 계획적인 메커니즘이 쓰여 있었다. 개선이 반영되도록 설계된 헌법이었다.

| 업데이트 추진

미국 건국자들이 작성한 코드의 가장 큰 이점은 뒤이은 세대에 의해 개정되고 재해석될 수 있다는 것이었다. 정치인과 법학자, 지방법원부터 대법원에 이르는 판사들이 최선을 다해 기존 코드와 그 운영 설명서를 들여다보며 오늘날 이 기계에 알맞은 것이 무엇인지 결정했다.

시스템은 순조롭게 돌아가기 위해 새로운 수정안을 거듭 걸쳐야 했다. 처음으로 권리장전이 갱신되어 채택되었다. 기존 법규의 모순과 문제점을 바로잡은 제1차 10개 수정안이었다.

제1차 수정안은 정보 공유의 규칙을 설명하고자 했다. 전체 기계가 개별 사용자들에 의해 좌우되며, 개별 사용자는 시스템의 다른 곳에서 벌어지는 일을 파악하기 위해 가능한 최상의 정보에 접근한다는 사실을 파악한 것이다. 제1차 수정안은 연설의 자유 및 언론의 자유를 규명하고 시스템에 투입할 수 있는 정보량을 최대화하기 위한 공식처럼 작동하도록 설계되었다.

당시에는 알지 못했지만 건국자들은 그로부터 200년이 지난 뒤에야 코드로 작성될 알고리즘을 우연히 발견한 것이었다. "분기 한정Branch and Bound"으로 알려진 이 알고리즘은 1960년대에 런던 정경대학 연구자들에 의해 코드로 처음 명시화되었다. 이 알고리즘은 목표에 이르는 가능한 경로를 가장 효율적인 방식으로 설정하는 문제의 해결책으로 고안되었다. 최상의 경로를 찾으려면 컴퓨터를 어떻게 코딩해야 하는가? 알려진 것처럼 이런 조합 최적화 해결책은 수학 및 의사 결정 등의 다양한 문제에 적용될 수 있다.[5]

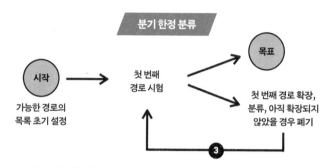

경로의 분기를 탐험하는 이 알고리즘은 가능한 해결책의 부분집합을 드러낸다. 해결책을 파악하기 전에 분기는 최적해의 한정과 대조되고, 지금까지 알고리즘에 의해 발견된 최상의 해결책보다 더 나은 해결책을 도출하지 못할 경우 폐기된다.

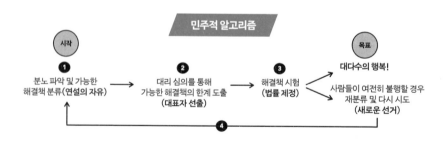

민주주의의 코드는 다음과 같이 운영된다. 분노를 유발하는 무언가를 보거나 듣거나 읽게 되면 이를 대리인에게 이야기한다. 원하는 바를 대리인이 제대로 수행하지 않으면 선거를 조직해 그를 몰아내는 투표를 한다. 다음 대리인도 당신이 원하는 바를 제대로 수행하지 않으면 선거에 직접 출마한다. 선거에서 승리하면 당신에게 의미 있는 법안을 작성하는 기관에 목소리를 더한다. 이것이 사람들의 분노를 폭력이 아닌 논쟁과 타협으로 돌리는 방편이다.

| 분노의 속도

헌법의 원 작성자는 이러한 미국이라는 기계가 네트워크, 즉 우편 시스템을 통해 운영된다는 사실 역시 알고 있었다. 우편 시스템은 제2차 대륙회의 당시 구축되었고 프랭클린이 최초의 우체국장으로 임명되었다. 이 네트워크가 기계의 운용에 상당히 중요했기에 관련 조항이 1789년에 최종 비준된 헌법에 포함되었다. 당시 우편 시스템 내에서 이동하는 정보의 최대 운용 속도는 말의 최고 속도인 시속 88킬로미터로 상당히 느린 편이었는데, 평균치는 그보다 훨씬 느렸다. 당시에는 이것이 기계의 최고 운용 속도였다.

컴퓨터 공학에서 컴퓨터 속도를 업그레이드하면 기계가 높아진 속도를 기록하기 시작하면서 특정 문제가 발생한다. 훨씬 더 빠르게 작동하게 된 시스템의 특정 부분이 예전과 같은 속도로 작동하는 다른 시스템을 추월하는 것이다. "경합 조건race conditions"이라고 하는 이 문제는 조화를 이루지 않은 계주와 같은 것으로, 변경할 경우 전산 시스템에 큰 문제를 일으킬 수도 있다. 개인으로서 우리는 금융 같은 시스템에서의 경합 조건에 대해 잘 알고 있다. 자동

인출이 계좌 입금과 조화를 이루어 수행되지 않으면 초과 인출 수수료가 부과되는 것이다.

분노가 민주주의 시스템을 통과하는 방식에서도 유사한 문제가 일어난다. 분노에는 반감기가 있다. 사람들이 무언가에 마음이 상하면 분노가 행동으로 변모한다. 분노가 너무 빨리 퍼지거나 해결되지 않은 채 너무 오랫동안 방치되면 불만이 점차 끓어오른다. 헌법의 독특한 특징은 국회의원들에게 이런 불만을 대신해 행동을 취할 것을 청원하고 고장 난 것으로 여겨진 것을 바로잡을 수 있는 법안을 체계적으로 통과시킴으로써 분노를 생산적인 결과로 전환할 수 있다는 것이다. 이런 식으로 헌법은 사람들의 요구와 좌절을 수용해 이를 법으로 전환하는 효과적인 지지 메커니즘으로 기능하기 위해 제정되었다.

핵심은 시스템 내에서 공유되는 정보가 **정확**하며 인지된 부당함이 허위가 아닌 진실임을 보장하는 것이었다. 그렇지 않으면 시스템이 (엄격하거나 극단적인 법안을 통과시킴으로써) 과대 수정을 하거나 (대중의 끓어오르는 좌절감을 무시함으로써) 과소 수정을 하게 되는데, 두 상황 모두 향후 더 큰 불만을 촉발할 수 있다.

수정헌법 제1조로 보호를 받으면서 기계 운용에 필수가 된 또 다른 코드가 있다. 바로 저널리즘이다. 저널리즘은 정보의 진실 및 거짓 여부를 검증하는 경쟁적 시스템으로 대중의 호기심과 관심, 참여가 이를 뒷받침한다. 수정헌법 제1조의 법규를 바탕으로 상호 이익이 되는 정보처리 시스템이 구축되었다. 현대의 신문이 온라인에 진출한 것은 미국이 급성장하기 시작한 시기와 맞물린다. 신문은 시스템 전역에 서비스를 제공하기 시작했다. 이 새로운 코드는

19세기 말에 이르러 몇 번의 우여곡절 끝에 시스템에서 쓰레기 정보를 걸러내는 임무를 그럴듯하게 해냈다.

개발자들은 운이 좋았다. 이 코드는 실제로 첫 50년 동안 안정적으로 유지되었다. 하지만 운영 속도가 대륙 전역에 거의 즉각적인 전송이 가능한 속도로 향상되자 상황이 꼬이기 시작했다. 이와 관련해 역사학자 대니얼 크로프츠Daniel Crofts는 이렇게 썼다. "북부와 남부의 지역감정이 극에 달한 시기는 전보가 도입되면서 정보가 기적이라 할 만한 속도로 로켓처럼 날아간 시기와 맞물렸다."**6**

정보가 제대로 검증되지 않은 채 거짓과 허위 주장이 걷잡을 수 없이 퍼지자 많은 것이 무너지기 시작했다. 사람들이 확증되지 않은 정보를 퍼뜨릴 수 있게 되자 상황이 통제 불능이 되었다.

▎시스템의 실패

새로운 전보를 통해 정보 전달 속도가 높아지고 동시에 인종차별적인 법의 고질적인 문제가 결부되면서 끔찍한 결과가 초래되었다. 신문은 허위 주장에 대한 사실 검증 절차를 유지할 수 없었고 결국 1860년대에 시스템이 완전 붕괴되었다. 링컨 대통령은 기존 헌법에 작성된 노예제의 도덕적 모순을 처리하라는 압박을 받으면서 자신의 당선으로 남부 주가 온전하고 완전하게 계승되는 것을 지켜보았다. 남북전쟁은 대체로 남부의 음모를 품은 터무니없는 주장을 효과적으로 무효화하지 못한 저널리즘의 실패에서 비롯된 것이었다. 초기 저널리즘으로서는 감당하기 힘든 일이었고 이로써 미국은 분열되었다.

이와 관련해 애니카 네클라슨Annika Neklason은 〈애틀랜틱〉에 이렇게 썼다. "남북전쟁을 앞둔 몇 달 동안 남부의 거실과 의회에 두려움이 엄습했다. 신문은 대통령직에 당선된 링컨이 '남부와 그 제도를 향한 혐오를 품고 있기에 모든 권력을 동원해 나라를 파괴할 것'이라고 하는 한편, 부통령인 해니벌 햄린Hannibal Hamlin이 흑인의 곤경에 공감할 뿐만 아니라 그 자신이 흑인의 피가 섞였다고 보도했다."[7]

이렇게 흔히 들리는 거짓 서사가 남부 주의 정치적 방향에 깊은 영향을 미쳤다. 북부가 노예를 중심으로 반란을 선동할 것이라는 거짓 보도가 뒷받침되면서 허위 소문이 기계를 둘로 분열시켰다.

남북전쟁은 시스템을 처참히 파괴해 재설정했고 수십만 명의 목숨을 앗아갔는데, 이로써 미국인 약 50명당 한 명이 목숨을 잃고 훨씬 많은 이들이 불구가 되었다. 시스템이 피비린내를 낸 뒤 재작동하면서 시민권 및 노예제와 관련한 기존의 지독한 오류 몇 가지를 바로잡는 헌법 수정이 촉진되었다. 수정헌법 제13조가 통과되었고 연방 정부가 무엇을 할 수 있고 집행할 수 있는지 규정하는 여러 새로운 규율, 특히 노예제도는 불법이며 근본적으로 잘못되었다는 조항이 추가되었다.

상황이 다르게 흘러가기를 상상하기는 힘들뿐더러, 여러 역사학자들은 무너진 시스템을 재설정하고 헌법의 기존 법규를 재해석하기 위해서 남북전쟁이 불가피했다고 생각한다. 하지만 반드시 그 길을 따를 필요가 있었느냐는 논란의 여지도 있다. 시스템에는 도덕적 판단 기능이 내재해 있다. 분노가 제대로 된 속도와 리듬으로 작동한다면 기계도 조정이 가능했을 것이다.

미국의 민주주의를 뒷받침하는 코드에는 목적이 있었다. 방대한 땅에 퍼져 있는 다양한 인간이 하나가 되어 분노를 건설적인 방식으로 해결하는 것이다. 기계는 이렇게 작동하도록 되어 있었고 성공하기 위해 미래에도 계속 이렇게 작동해야 한다. 기계는 사람들의 자기결정을 위한 도구다. 대다수의 고통을 줄이고 가능한 한 최선을 다해 집단으로서 세상을 이해할 수 있도록 돕기 위한 것이다.

이 장을 마치며

이번 장에서는 민주주의의 작동 방식을 헌법에 명시된 코드로 운영되는 기계라는 폭넓은 비유를 통해 살펴보았다.

이 기계를 통해 유권자는 주변의 문제를 파악하고 분노하며 숙고와 타협의 과정을 거치면서 감정을 전환해 문제 해결을 위한 법률을 제정한다. 기계에는 분노를 대사시켜야 하는 조건적 속도가 있다. 기계가 너무 빨리 반응하면 분노를 **과대 수정**해 엄격한 법률을 통과시킴으로써 더 많은 문제를 야기할 수 있다. 반면 너무 느리게 반응하면 **과소 수정**을 해 들끓는 불만이 해결되지 않은 채 남겨질 수 있다. 주요 법안의 기원을 추적하면 그에 앞선 분노를 파악할 수 있다.

새로운 기술로 정보의 속도가 향상되면서 그릇된 정보가 몰라보게 증가했다. 이 시기에는 (저널리즘과 같이) 확증 및 조정 절차로 균형을 다시 바로잡아 지독한 거짓의 진위 여부를 검증하지 않으면 모든 시스템이 실패로 돌아갈 수 있다.

책이 거의 막바지에 이르렀다. 다음 장에서는 욕구와 상관없이 인간 행동의 많은 부분을 형성하는 숨은 힘을 살펴보고 분노가 마침내 가장 좋은 영향을 미칠 수 있는 방법을 알아보자.

28

분노를 어디에
배치해야 할까

WHERE SHOULD WE
PLACE OUR OUTRAGE

새롭고 기이한 힘에 끌려간다. 욕망과 이성이 다른 방향에서 끌어당긴다.
나는 올바른 길을 알아보았지만 잘못된 길을 따라간다.

_오비디우스Ovidius,《변신 이야기 1》

사람들은 왜 나쁜 행동을 할까? 이 책에서는 현대사회가 마주한
여러 분노의 조직적 기원을 살펴보았다. 도덕적 상대주의는 중요하
지만 권하고 싶지는 않다. 그렇다고 여러분이 자신의 분노와 혐오를
누그러뜨리는 것은 원치 않는다. 좋고 나쁨은 단순히 임의적이고
전적으로 주관적인 가치판단이 아니다. 사람들은 나쁜 행동을 하
고 나쁜 행동은 처벌을 받아야 마땅하다.

문화적 혐오와 불만이 강렬하게 끓어오르는 이런 시기에는 적을
향해 손가락질하고 그들에게 해를 끼치고자 하는 충동이 강렬히
인다. 마치 사람들의 영혼에서 무방비 상태로 튀어나온 악이 분노

와 등 돌림으로 불태워져야 할 것 같다. 그들이 세상에 끼친 피해에 대해 책임을 부과할 수만 있다면 우리는 정의감을 느낄 것이다!

하지만 처벌만으로는 문제가 해결되지 않을 것이다. 남을 비난할 때에는 원인과 결과의 언어가 드러나지 않는다. 나쁜 행동의 근원을 헤아리는 사회적 대화가 점점 상실되고 있다. 사실 모든 사람들이 근본적으로 나쁜 것은 아니다. 인간은 시스템의 일부이며 시스템 자체가 때로 사람들이 끔찍한 일을 하도록 설계된 것이다.

일례로 나치 독일은 일부 악한 자들이 소름끼치는 시스템을 시행하고 대중을 착취한 결과였다. 타락한 소시오패스로 가득한 나라가 아니었다. 나치 정권의 제도에 구축된 구조와 유인책 때문에 사람들이 끔찍한 행동을 하게 된 것이다. 사람들이 지독한 행동을 하도록 유발하는 요인을 이해하면 소름 끼치는 결과를 피할 가능성이 높아진다.

이 책을 덮으면서 분노가 본질적으로 틀렸다고 생각하지 않기를 바란다. 그보다 이 책을 덮으면서 사람들이 나쁜 행동을 하는 것은 나쁜 유인책이 있기 때문이라고 이해하기를 바란다.

| 코드에 쓰인 고대의 악령

1956년, 시인 앨런 긴스버그Allan Ginsberg는 〈울부짖음〉이라는 시를 썼다. 이 시는 현대시 중에 가장 충격적인 문장으로 시작된다.

내 세대 최고의 영혼들이 광기에 파괴되고 굶주린 채 신경질적으로 헐벗은 것을 보았다.

여기서 긴즈버그는 '몰록Moloch'이라는, 아이를 제물로 삼는 성서 속 얼굴 없는 신을 그려 보인다. 몰록은 형태가 없지만 강력한 악의 세력으로, 끔찍한 구조를 통해 인간성을 오염시키는 자본주의와 탐욕, 산업화를 닮았다.

몰록 그의 정신은 순수한 기계! 몰록 그의 피는 흐르는 돈! 몰록 그의 손가락은 열 개의 군대! 몰록 그의 가슴은 인간을 잡아먹는 발전기! 몰록 그의 귀는 연기 나는 무덤!
몰록 그의 눈은 1,000개의 눈먼 창문! 몰록 그의 고층 건물은 끝없는 여호와처럼 길게 뻗은 길 위에 서 있다! 몰록 그의 공장은 연기 속에서 꿈을 꾸고 죽어간다! 몰록 그의 굴뚝과 안테나는 도시의 왕관![1]

시를 생생히 기억하고 있던 나는 책을 집필하는 도중에 정신과 의사 알렉산더가 게임이론의 맥락에서 이 시를 분석한 글을 건네받았다. 2014년에 쓴 영향력 있는 글, "몰록에 대한 명상"에서 알렉산더는 가공의 신 몰록이 사회에 드러내 보이는 진정한 "힘"을 개괄한다.[2] 그리고 몰록은 **나쁜 유인책이라는 시스템**이라고 말한다.

알렉산더는 그 개념을 가상의 이야기에서 펼쳐 보인다. 각 이야기는 인간의 행동을 추동하는 기이한 힘을 그린다. 그는 이런 힘을 "다극적 함정multipolar traps" 혹은 "협력의 함정"이라 부른다.

간단히 말하자면 이런 함정은 개인과 집단이 잘못된 것인 줄 알면서도 하는 행동을 의미한다.

인간의 행동을 파헤쳐보면 협력의 함정을 드러내는 여러 사례를 발견할 수 있다. 그중에는 끔찍한 것도 있고 유순한 것도 있다.

콘서트장에서 모든 사람이 무대가 환히 보이도록 자리에 앉아 있다고 해보자. 어느 순간, 앞쪽에 앉은 한 사람이 무대를 조금 더 잘 보기 위해 자리에서 일어난다. 그 뒤에 앉은 사람들은 이제 무대를 보려면 자리에서 일어나야만 한다. 이 행동이 폭포처럼 이어지면서 어느새 모든 사람이 무대를 보기 위해 일어서야 하는 처지가 되었다. 누구도 상황이 더 나아지지는 않았지만 시야를 확보하려면 그렇게 하는 수밖에 없다. 이것이 모든 이에게 더 나쁜 결과를 야기하는 협력의 함정이다.

또 다른 예를 들어보자. 사람들은 은행에 돈을 맡겨둔다. 만일 누군가가 어떤 은행이 지급불능 위기에 처했다며 다른 예금자들에게 그들의 예금이 안전하지 않다는 소문을 퍼뜨리기 시작하면 예금 인출 사태가 발생할 수 있다. 자신의 돈을 잃을까 두려워한 사람들이 한꺼번에 예금을 인출하는 것이다. 이전까지 재정 기반이 탄탄했던 은행은 갑자기 운영자금이 소실되어 영업이 불가능해진다. 지급불능이라는 **허위 주장**이 실제 사태로 이어진다. 허위 전제를 기반으로 한 순환 고리가 협력의 함정을 야기한 것이다.

세 번째 사례는 알렉산더의 글에 소개된 이야기를 각색해보았다. 어떤 산업, 가령 어업이 한 호수 주변에서 이루어진다고 생각해보자. 각각의 어부는 아무 문제 없이 호수에서 생선을 잡는다. 그런데 어느 날, 어선 때문에 호수가 오염되고 있다는 사실을 깨닫는다. 선주들이 모여 여과 장치를 구입해 각자의 어선에 부착하기로 한다. 여과 장치 때문에 한 어부당 한 달에 수백 달러씩 부담한다. 문제는 해결되었고 호수는 깨끗해졌지만 어쩔 수 없이 생선 가격이 오른다. 호수의 모든 어부는 생선 가격이 조금 오른 상황 속에서 어업을 이어간다.

그러던 어느 날, 한 어부가 여과 장치를 사용하지 않기로 결심하고, 덕분에 시장에서 생선 가격을 낮추어 판매할 수 있게 된다. 여과 장치에 돈이 들어가지 않으니 저렴한 가격에 판매할 수 있는 것이다. 다른 어부보다 잘 나가던 그는 곧 호수에서 가장 벌이가 좋은 어부가 된다. 머지않아 다른 어부 몇 명이 그를 따라 다시 경쟁에 임하기 위해 여과 장치 사용을 중단하기로 결심한다. 이렇게 연쇄 작용이 벌어지면서 여과 장치를 계속 사용하는 어부가 손에 꼽을 정도만 남게 된다. 호수는 결국 너무 오염되어 어업을 할 수 없을 지경에 이른다. 이것이 또 다른 협력의 함정으로, 결국 모든 사람의 상황이 더욱 나빠지고 말았다.[3]

협력의 함정에 대해 알아야 할 중요한 점은 이 함정이 **인간의 가치와 주체성에 상관없이** 작용한다는 것이다.

- 콘서트장 뒤쪽에 앉아 있던 사람은 관중이 모두 일어서는 것이 바보 같은 짓이지만 그래도 앞사람이 일어선 이상 자신의 시야를 확보하기 위해 일어설 수밖에 없다는 사실을 알고 있다. 그렇지 않으면 모두 콘서트를 제대로 보지 못할 것이다.
- 예금 인출 사태가 사실무근임을 알고 있다 해도 꽤 많은 이들이 은행으로 달려간다면 당신 역시 기다리고 있다간 돈을 모두 잃을지 모른다는 생각에 예금을 인출하려 할 것이다.
- 당신이 수지를 맞추려 애쓰는 어부라면, 그리고 호수를 여과

하는 동료들이 점점 더 줄어들고 있다면 여과기 사용을 중단하는 것이 이치에 맞다. 호수를 여과하는 짐을 혼자 부당하게 짊어지면서 사업은 위기에 처하도록 놔둘 수는 없는 노릇이다. 이대로 계속하는 것은 경제적으로 의미가 없다. 남아 있는 물고기로 가능한 한 돈을 벌다가 결국 호수는 오염되고 물고기는 바닥난다.

인간의 명시적인 의사 결정 없이 작동하는 이런 것들을 기계론적 유인책이라 할 수 있다. 유인책이 어긋나면 개인적인 선호는 그리 중요치 않아진다. **시스템이 행동을 재촉한다.** 충분한 보수를 받기 위해 개인의 도덕성을 희생시켜야 한다면 많은 이들이 자신의 도덕적 잣대를 변경하고 모든 사람이 하는 행동을 마지못해 따라 하게 될 것이다.

주지해야 할 사실은 이런 협력의 함정이 언제나 발생할 뿐만 아니라 다른 생물종에서도 발견된다는 것이다. 가령 게를 가둘 때, 이미 몇 마리를 잡아둔 상태라면 모두 한 양동이에 몰아넣어도 된다. 게가 아무리 많아도 양동이를 빠져나가지는 못할 것이다. 게 한 마리가 감옥의 가장자리에 겨우 다다르면 양동이 안에 있는 다른 게가 그것을 잡아 끌 테니까. 그들은 협력할 수 없기 때문에 단 한 마리도 빠져나갈 수 없다.

협력의 함정에 대한 연구는 행동경제학과 게임이론에 속한다. 게임이론에서 가장 유명한 협력의 함정은 **죄수의 딜레마**로, 가상의 시나리오에서 완전히 이성적인 두 개인이 자신에게 최상의 이익이 되는데도 불구하고 서로 협력하지 않게 되는 과정을 보여준다.

죄수의 딜레마와 같은 협력의 함정은 게임이론에서 연구된 전체 시나리오의 일부다. 보드게임부터 교통 규칙, 민주주의에 이르기까지 효과적인 시스템을 설계할 때에는 나쁜 행동을 유발하는 유인책에 대해 생각해볼 필요가 있다. 규칙이 사람의 행동을 조정한다. 결함이 있는 정책과 허술한 유인책, 고장 난 시스템이 나쁜 행동을 한참 전부터 규정한다.

알렉산더는 위의 시를 언급하면서 협력의 함정과 관련된 기이하고 왜곡된 욕망을 "몰록"이라고 불렀다. 마찬가지로 한심한 유인책으로 인해 잘못 작동되는 시스템을 볼 때마다 나의 주먹이 향하는 곳은 어리석은 언행을 지속하는 사람들이 아니다. 그보다 아이를 제물로 삼은 성서 속 고대 신인 몰록에, 형편없이 설계된 탓에 우리에게 가장 소중한 것을 나락으로 내던지게 한 기구에 나는 주먹을 휘두른다.

▍소셜 미디어의 악령

몰록을 찾는 데 익숙해지고 나면 소셜 미디어 곳곳에서 몰록을 발견할 수 있을 것이다.

소셜 미디어는 규모가 거대한 협력의 함정이다. 나쁜 행동을 **하지 않으면** 나쁜 행동을 하는 사람 때문에 불이익을 받는 일이 생긴다. 분열을 조장하는 말을 하지 않으면 그런 말을 하는 사람들 때문에 관심의 시장에서 뒤처진다. 도덕적이고 감정적인 언어를 써서 팔로어를 모으고 관심을 끌지 않으면 그런 언어를 쓰는 사람들 때문에 불이익을 받는다.

이런 협력의 함정은 한층 더 깊이 파고든다. 한 소셜 미디어 기업이 분열 조장 콘텐츠를 알고리즘을 통해 증폭하지 **않기로** 결정했다고 해보자. 그 기업은 그런 콘텐츠를 증폭하는 기업에 뒤처질 것이다. 프렌스터와 마이스페이스에는 뉴스 피드가 없었다. 그들은 소셜 미디어 시장의 경쟁 압박에 빨리 대처하지 못했고 결국 도태되었다. 경쟁 업체인 트위터를 예의주시하던 페이스북은 뉴스 피드와 그 행동 역학을 모방했다. 오늘날 메타는 틱톡과 경쟁하면서 사이트 체류 시간을 최대화하기 위해 참여 알고리즘을 확대하고 친구나 팔로어의 경계를 넘어가도록 유인책을 수정하고 있다.

이렇게 참여를 강화하는 것이 어떤 가치가 있을까? 가장 기본적인 충동에 사로잡히지 않게 하는 지침은 무엇이 있는가? 시장의 성과에 영향을 미치는 나쁜 유인책으로서 협력의 함정을 피하려면 어떻게 해야 할까?

한 걸음 더 나아가보자. 이들 플랫폼이 관심이라는 새로운 문화적 기준의 원동력이 되면서 민주주의가 이를 직접적으로 반영하기 시작한다. 민주주의국가의 정치인들은 유권자와 대화하려면 소셜 미디어를 사용할 **필요**가 있다. 이로써 그들은 소셜 미디어의 게임 메커니즘에 얽매인다. 이제 분노를 유발하지 않는 정치인은 분노를 유발하는 정치인에게 패배할 것이다.

이런 나쁜 유인책의 함정을 어떻게 해결해야 할까? 협력의 함정에 대한 답은 권력이 나서는 것이다. 몰록을 저지하는 단체, 즉 좋은 행동을 하는 사람들이 힘을 합치는 협력 메커니즘이 필요하다.

콘서트장에서는 무대에 선 사람이 모든 관중에게 공연 도중 일어나지 말 것을 부탁해야 한다. 은행 예금 인출 사태에는 정부가 나서야 한다. 1933년과 1935년에 은행 조례가 제정되면서 연방 예금 보험 공사Federal Deposit Insurance Corporation, FDIC가 설립되었다. 대공황 당시 벌어진 연속적이고 재앙적인 예금 인출 사태에 대한 해결책으로, 예금주에게 은행이 파산해도 예금을 잃을 일이 없음을 보장했다. 그렇게 해서 미국의 예금 인출 사태는 거의 사라졌다. 어부들과 관련해서는 권위 있는 어업 협회가 나서서 호수 정화에 참여하지 않는 이들을 처벌하는 방법이 있다.

좋은 행동을 하는 사람들 사이에 신뢰가 형성될 수 있다면 몰록을 물리치는 것도 가능하다. 관련 내용은 디자이너 니키 케이스Nicky Case가 반복되는 죄수의 딜레마를 연극처럼 시각화한 〈신뢰의 진화〉에 잘 나타나 있다. 미시간대학교의 로버트 액설로드Robert Axel-rod가 진행한 획기적인 연구를 바탕으로 모든 참가자에게 돌아가는 결과를 수학적으로 향상시켜 몰록을 물리치는 원리가 소개되어 있다. 신뢰와 협력이 "진화"하려면 세 가지 전제가 갖추어져야 한다.[4]

1. 반복적인 상호작용: 신뢰는 관계를 유지시키지만 신뢰가 발전할 수 있으려면 향후 반복적인 상호작용이 이루어져야 한다는 사실을 알아야 한다.
2. 윈윈 가능성: 적어도 두 참가자 모두 더 나은 결과를 얻을 수 있는 논-제로섬게임을 해야 한다.
3. 의사소통의 오류 최소화: 의사소통에서 오류가 너무 자주 발생하면 신뢰가 깨진다. 하지만 의사소통에서 약간의 오해가 발생하는 경우에는 조금 더 관대해지는 것이 좋다.

바로 알아볼 수 있겠지만 소셜 미디어에서는 이 세 가지 요소가 빠져 있다. 더불어 이런 도구가 더 잘 설계될 수 있다는 사실을, 특히 신뢰와 협력의 붕괴를 해결하는 데 도움이 되리라는 사실을 알아볼 수 있을 것이다.

이 장을 마치며

이번 장에서는 분노가 본질적으로 잘못된 것이 아닌 연유를 살펴보았다. 나쁜 행동을 하면 처벌을 받아야 마땅하다. 하지만 처벌만으로는 문제가 해결되지 않는다. 나쁜 행동을 추동하는 요인은 주로 나쁜 유인책에 있다.

이런 나쁜 유인책을 비유적으로 그린 **몰록**, 즉 아동을 제물로 삼은 성서 속의 신에 대해서도 앞서 알아보았다.

나쁜 유인책이라는 시스템은 협력의 함정을 파놓고 사람들이 최선의 의도에 반하여 행동하게 만든다. 우리는 소셜 미디어 전반에서 몰록을 만날 수 있다. 콘텐츠 크리에이터부터 플랫폼 자체에 이르기까지 모든 이들은 나쁜 행동을 장려하는 시스템 안에서 기계에 참여하거나 다른 이들에게 추월당하는 위험을 감수해야만 한다.

이런 나쁜 유인책의 함정을 어떻게 해결할 수 있을까? 사람들이 서로 해를 입히지 않고 더욱 협력할 수 있는 효과적인 전략은 많다. 더 나은 신뢰와 소통을 구축하는 것처럼 간단한 전략이 있는가 하면 모든 당사자가 나쁜 유인책을 떨쳐낼 수 있도록 도움을 주는 집단이나 제도, 개인과 같은 권력의 힘을 빌리는 전략도 있다. 몰록을 저지하려면 좋은 행동을 하는 사람들이 힘을 모을 수 있도록 협력 메커니즘을 강화하는 개체가 필요하다. 성공적인 협력을 위해서는 신뢰가 필요한데, 신뢰는 반복적인 상호작용과 윈윈 가능성, 의사소통의 오류 최소화를 통해 구축할 수 있다. 오늘날의 분노 유발 기계는 신뢰의 기본 요소에 위협을 가하지만 이들 요소를 제대로 이해하면 더 나은 해결책을 구상할 수 있을 것이다.

마지막 장에서는 분노 유발 기계와의 관계를 향상시키기 위해 우리가 할 수 있는 일이 무엇인지 알아볼 것이다. 이들 도구가 우리에게 해가 되는 것이 아니라 도움이 되도록 설계되는 방안 등의 해결책을 함께 살펴보고 책을 마무리하고자 한다.

29

우리가 할 수 있는 일

WHAT YOU CAN DO

폭풍이 휘몰아쳐도, 당신의 머리카락은 한 올도 상하지 않기를.

_존 오도너휴John O'Donohue, 〈고통을 위하여〉

우리가 어쩌다가 이렇게 힘겨운 상황에 처하게 되었는지 책 전반에 걸쳐 살펴보았다. 여러 거시적인 추세와 역사적 맥락, 우리에게 영향을 미치는 치명적인 힘 등을 중점적으로 파헤쳐보았는데 다행히 우리가 바꿀 수 있는 부분이 많다. 고차원적인 해결법에는 고차원적인 사고와 문제에 대한 아주 정밀한 이해가 혼합되어야 한다. 효과를 최대한 끌어낼 수 있는 지점, 가장 큰 영향을 미칠 수 있는 지점을 찾아야 한다.

좀 더 구체적으로 말하자면 문제를 일반적으로 살펴보는 것이 아니라 증상별로 살펴보아야 한다. 우리는 모두 묘책을 원하지만 복잡한 시스템에는 상당히 구체적인 해결책이 필요한 법이다. 시스템 전반에 걸친 해결책보다는 단일한 해결책에 집중하는 편이 훨씬 더 현실적이다.

집단적 정보 시스템이 인체처럼 기능한다는 비유로 돌아가보자. 인체가 그렇듯 질병에 감염되면 이에 대응하기 위해 특정 항생제를 투여해야 한다. 무좀을 치료하면 심장 질환도 치료될 것이라 넘겨짚어선 안 된다.

시스템 차원의 문제점을 하나하나 연쇄적으로 파헤쳐 가장 큰 문제를 해결하고픈 유혹도 들 것이다. 때로 복잡한 문제에는 복잡한 해결책이 필요하다. 하지만 어려운 문제를 해결할 때에는 한 번에 하나씩 풀어나가는 것이 기본이다.

| 더 나은 의견 불일치에 이르기

분노는 본질적으로 나쁜 것이 아니다. 무언가가 잘못되었을 때 우리가 느끼는 도덕적 감정은 사회가 기능하는 데 상당히 중요하다. 이 감정은 상황이 악화할 때 여러 수단을 동원해 문제를 해결하도록 추동하는 힘이 된다. 올바른 수단으로 전환된다면 분노가 세상에 더 나은 변화를 일으킬 수 있다. 미국의 시민권 운동이나 인도 독립을 위한 간디의 운동, 여성참정권 운동, 동성애자 권리 운동 등 역사상 가장 효과적인 사회운동은 분노가 집중적이고 체계적인 행동으로 전환하면서 촉발되었다.

분노가 문제되는 것은 그것이 유해한 분노로 발현할 때, 즉 논쟁의 기회를 가로막고 현안에 대해 반대편에 선 사람들과 건설적으로 논의하는 능력을 박탈하며 폭력으로 치달을 때다. 도덕적 분노에 의해 담론 시스템 자체가 위협에 처하면 해결책을 도모해야 한다. 사회에 더 큰 위기가 촉발될 수도 있기 때문이다.

우리도 개인으로서 힘을 보탤 수 있다. 온라인에 들끓는 분노와의 관계를, 이런 분노와의 상호작용을 해독하기 위해 인간으로서 할 수 있는 일이 몇 가지 있다. 우리가 최근 몇 년 사이 잃어버린 감정적 주체성을 되찾을 수 있는 구체적인 해결책들이다. 물론 이것이 우리 자신만을 위한 일이 아님을 기억하자. 분노로 부당하게 이득을 취하고 분노를 조장하는 고장 난 시스템에 동조하는 횟수를 줄임으로써 오늘날 세계에 널리 퍼진 유독성 수치를, 우리의 친구와 가족, 이웃이 모두 느끼고 있는 이 유해함을 낮출 수 있다.

더 나아가 가장 중요한 문제에 선택적으로 참여함으로써 진정 중요한 것에, 즉 향후 건강한 분노와 동원을 위한 기회에 집중하면 행동의 효과를 높일 수 있다.

| 도화선 줄이기

요즘에는 분노를 유발하는 압도적인 자극을 쏟아내는 채널이 무수히 많다. 온라인은 우리가 감정적으로 가장 많은 자극을 받는 곳이다. 온라인에서 무언가를 소비하며 감정적으로 자극을 받는 이들을 위한 간단한 해결책이 있다. 온라인에서 소비하는 시간을 제한하는 것이다.

어떤 웹 페이지를 볼 때 스스로 다음과 같은 질문을 던져보자.

- 지금 보고 있는 것이 나 자신이나 주변 사람의 삶을 향상하는 데 도움이 되는가?
- 이것이 개인적으로 아는 사람들에게 영향을 미치는가?
- 이것이 실질적인 문제인가 혹은 불균형하게 다루어질 수 있는 문제인가?
- 이 서비스를 사용하면서 흘려보낸 시간을 후회하고 있는가?

평소처럼 온라인 서비스를 사용한 뒤 위의 질문 중 어느 하나에 아니라는 답이 분명히 나온다면 간단한 실험을 하나 해보자. 휴대전화와 컴퓨터의 콘텐츠 차단 기능을 사용해 무의식적으로 해당 웹사이트를 방문하지 못하도록 1주일간 막아보자. 그러고 나면 기분이 훨씬 나아지고 자유 시간이 부쩍 늘어났음을 깨달을 가능성이 높다. 그렇게 세상은 계속될 것이다.

구체적인 시간을 제한할 수 없다면(가령 업무 중에 소셜 미디어를 사용해야 한다면) 해당 피드 내에서 최악의 자극에 노출되는 기회를 줄이도록 노력을 쏟아보라. 특정 계정이 공유하거나 환기하는 분노 유발 콘텐츠를 볼 때마다 시간 낭비했다는 후회를 주기적으로 하게 된다면, 해당 계정 팔로우를 중단하거나 차단해 알고리즘을 훈련시킨다. 대부분 알고리즘에는 원치 않는 콘텐츠 아래에 '이 영상/콘텐츠는 보지 않음'이나 '관심 없음' 같은 항목을 선택할 수 있게 되어 있다. 당신의 정신과 육체는 이후 더 중요한 곳에 에너지를 쏟을 수 있게 해준 스스로에게 고마워할 것이다.

| 뉴스를 위한 규율

더 정확하고 분별력 있게 뉴스를 소비하는 데 도움이 될 몇 가지 정신적 모델을 살펴보자. 고인이 된 통계학자 한스 로슬링Hans Rosling 이 고안한 네 가지 방법인데, 그의 훌륭한 저서 《팩트풀니스》에서 우리가 뉴스에 압도된 듯한 기분이 들 때 세상을 더욱 완전히 이해 하기 위한 방법으로 소개한 바를 수정한 것이다.[1]

1. **더 많은 뉴스가 더 많은 고통을 뜻하지는 않는다.** 무언가가 보도되었 다고 해서 그것이 꼭 널리 퍼진다는 뜻은 아니다. 보통은 그저 특 정 이야기가 독자를 찾았다는 의미, 즉 그 기사를 보거나 클릭하거 나 공유할 사람을 발견했다는 뜻일 뿐이다. 우리는 이 기계와 관련 해 지표와 최적화의 힘을 알아보았고 2009년부터 인터넷에 무슨 일이 일어났는지 살펴보았다. 특정 비극에 대한 이야기가 많이 들 린다고 해서 그 비극이 널리 퍼졌다는 뜻은 아니다.

2. **좋은 뉴스는 뉴스가 아니다.** 이와 관련해 여러 저널리스트 및 텔레 비전 제작자들이 이전에도 시도한 바 있었다. 그들은 뉴스를 왜곡 하는 부정적 편견에 지쳐가던 중 아이디어를 생각해냈다. 기분 좋 은 결과를 수반하는 긍정적 변화, 진정한 개선에 관한 의미 있는 이 야기를 담아보자! 대규모 자선 기부에 대한 이야기 같은 것! 평소 처럼 열심히 일을 해서 수십 명의 삶을 변화시키는 조용한 사마리 아인에 대한 이야기 같은 것! 이런 이야기는 변함없이 긍정적인 평 가를 받지만 더 거대한 헤드라인과 맞서 싸우기는 힘들다. 결국은 지역 뉴스로 격하되며 더 많은 독자의 관심을 지속적으로 끌어야

하는 뉴스 조직의 시청률에는 도움이 되지 않는다. 일반적으로 좋은 뉴스가 들리지 않는 이유는 돈이 안 되기 때문이다.

3. **점진적 개선은 뉴스가 아니다.** 빈곤층 감소나 아동 사망률 감소, 문맹률 감소처럼 인류의 발전에 가장 중요한 일부 수치의 꾸준한 개선은 보통 뉴스에 실리지 않는다. 이런 이야기는 다루기가 버거울뿐더러 소비자가 원하는 뉴스로 쉽게 포장되지도 않는다. 이런 식의 느리고 체계적인 개선은 인류 발전사에서 알려지지 않은 이야기이지만 저널리스트가 이를 의미 있게 다루는 경우는 드물다.

4. **뉴스 다이어트가 중요하다.** 생존에 필요한 것은 대부분 지나치면 독이 될 수 있다. 너무 많은 수분이나 음식을 섭취하면 몸에 해로울 수 있다. 극적인 뉴스를 과식하는 것도 마찬가지로 우리 자신에게 해가 될 것이다. 뉴스에도 최적의 복용량이 있다. 물론 뉴스 제작자들은 우리가 이 사실을 모르기를 바라겠지만.

뉴스가 때로 상황을 실제보다 악화시키는 방향으로 작동한다는 사실을 알게 되었다고 뉴스를 완전히 무시해서는 안 된다. 민주주의에 참여하는 선량한 시민으로서 우리는 여전히 뉴스를 읽어야 한다. 분노 유발 기계의 폐해에 굴복하지 않고 계속해서 뉴스를 주기적으로 받아보기 위해 할 수 있는 간단한 일이 몇 가지 있다.

첫째, 〈로이터 통신〉이나 AP통신 같은 스트레이트 뉴스 제공자를 기본으로 변경해 설정한다. 〈폭스 뉴스〉부터 〈뉴욕 타임스〉까지 거의 모든 주요 뉴스 매체는 〈로이터 통신〉이나 AP통신에 뉴스 비용을 지불한다. AP통신은 콘텐츠를 감정적으로 재포장하는 인센티브를 줄인 비영리 기관이다. 〈로이터 통신〉은 편견의 최소화를 보장하기 위해 엄격한 원칙을 따른다. 두 매체 모두 중요한 의견이나 논평 없이 사실에 입각한 사건 보도를 위해 상당히 명확한 지침과 기준을 갖추고 있기에 세계에서 벌어지는 사건에 대한 스트레이트 뉴스를 얻을 수 있는 확실한 뉴스원이다.

둘째, 다양한 정치적 견해를 담은 뉴스에 관심이 있는 독자들을 위해 다양한 정치 분파에서 나온 뉴스 요약본을 제공하고 선의를 유지한 채 각각의 편견을 명확히 지적하는 서비스를 소개한다. 플립사이드(TheFlipSide.io), 탱글(readtangle.com), 올사이즈(allsides.com), 그라운드뉴스(ground.news) 등이다.

마지막으로 가능하다면 지역 뉴스를 구독하라. 다소 기초적이지만 지역신문을 지원하는 것은 지방정부가 책임을 다하도록 일부 기자가 급여를 받고 감시하고 있음을 보장하는 간단한 방법이다.

| 더 적은 의견 불일치가 아닌 더 나은 의견 불일치

소셜 미디어는 분명 의견 불일치가 난무하는 끔찍한 곳이다. 가장 공감 능력이 높고 친사회적인 인간 사이의 최상의 상호작용이 이런 디지털 환경에 가려졌다. 상대방의 감정을 해칠 때 우리는 그 사람의 얼굴을 볼 수 없고, 상대도 우리의 얼굴을 보지 못한다. 공개적으로 말하고 행동할 때 우리는 진실이나 우호적인 절충안을 찾는 것이 아니라 팔로어를 의식하도록 장려된다. 사회적 계량기, 즉 대중의 '좋아요', 댓글, 공유 등 게시물과 댓글에 직접 덧대어지는 가시적인 수치로 인해 우리는 건강하고 효과적인 담론에서 계속 멀어진다. 의견이 어긋날 때에는 이를 오프라인상의 개인적인 대화로 끌어들여라.

이렇게 논쟁을 초래하는 문제가 점점 더 흔해지는 상황에서 효과적인 의견 불일치를 위한 다음의 원칙을 익혀두면 후에 벌어질지 모르는 도덕적 폭발을 잠재우는 데 도움이 될 것이다.

- **타인의 믿음을 모욕하지 말라.** 모욕은 사람들이 더욱 극단적인 관점으로 치닫게 할 수 있다. 당면한 문제에 초점을 맞추라.
- **타인의 동기를 넘겨짚지 말라.** 다원적 무지pluralistic ignorance(침묵의 순간에 모든 당사자가 진실이 아닌 무언가를 가정하는 경우) 현상을 이해하라. "그 사람들이 나에게 이야기를 안 하는 건 그들이 X이기 때문이야." 이런 생각은 소셜 미디어의 지배적인 서사가 우리 삶에 파고들면서 더욱 두드러졌다. 넘겨짚고픈 충동을 극복하고 먼저 최선의 의도를 가정해보라.
- **호기심을 가지라.** 왜 그들이 그런 감정을 느꼈는지 우리가 2부에서 살펴본 도덕적 기반을 찾으며 헤아려보라. 논쟁 속의 '코끼리'는 무엇인지 파악하고 그들이 각기 다른 기반 위에서 기능하고 있을지 모른다는 사실을 인식하라. 배려와 공정, 충성과 고결, 권위, 자유 중 그들이 어느 기반 위에 있는지 파악하라.
- **당신의 가치를 공유하라.** 인내심이 있다면 그 의견이 당신에게 **왜** 중요한지 설명할 때 상대방의 도덕적 기반을 렌즈로 삼으라. 낙태에 대한 권리를 잃을까 걱정되는 진보주의자라면 당신이 잃을까 두려워하는 것이 **자유**라고 틀을 세워보라. 국경 안보에

관심이 있는 보수주의자라면 이미 이곳에 온 이민자들에게 **공정성**의 관점에서 설명할 수 있을 것이다.[2] 가끔 논쟁을 벌이는 상대방의 가치를 살피는 것만으로도 분노가 들끓는 격론을 뛰어넘는 데 도움이 된다. 그럼 훨씬 더 설득력을 얻을 것이며 이후 소통을 할 때에도 기분이 더욱 좋아질 것이다.

| 사랑으로 이끌라

2016년 미국 대선 이후 미국에서는 온라인상의 절교가 이어졌다. 미국인 여섯 명 중 한 명이 이 기간 중 온라인에 표출된 의견 때문에 친구를 잃었다.[3] 그저 얕은 우정이 아니었다. 대체로 진정한 인간적 교류가 이어지던 사이였다. 코로나19를 거치면서 상황은 더욱 악화되었다.

소셜 미디어가 우리 사회에 스며들면서 가장 은밀하게 영향을 미친 점은 사람에 대한 **개인적** 서사보다 **외면적** 서사가 더 중요해졌다는 것이다. 개인적 서사는 삶에서 누군가와 쌓아온 독립적 관계를 바탕으로 한다. 외면적 서사는 양측이 소비하는 미디어를 통해 관계에 덧대어진다. 서로 얽혀 있는 이 두 서사를 푸는 것은 어렵지만 불가능하진 않다. 그 관계가 당신에게 정말 중요한데 여전히 이념적으로 부담스럽게 느껴진다면, 잠시 숨을 고르고 정치 관련 대화를 완전히 피하는 방법도 고려해보자. 상대방의 고민을 들어주거나 두 사람 모두 관심이 가는 주제로 대화를 돌리는 것도 한 방법이다.

온라인에서 보는 친구의 모습은 실제 그들 자신을 정확히 반영한 것이 아니다. 상대와 감정적으로 점점 멀어진다는 생각이 들거나 그 사람이 당신을 밀어내는 것 같으면 직접 얘기해보거나 짧은 편지를 보내보자. 이런 행동으로 다가가면 긍정적인 순환 고리가 이어져 분열이 치유되고 분노 유발 기계가 야기하는 가장 개인적인 참사를 극복할 수 있을 것이다.

┃문제와 해결책 모두 알고리즘에 있다

직면한 문제의 심각성을 과소평가하기란 쉽지 않다. 우리는 디지털 정보 시스템의 새로운 주인, 즉 인간이 아닌 알고리즘에게 관심에 대한 통제권을 이양하는 절차를 밟고 있다.

우리가 소비하는 정보가 대부분 마음에 도달하기 전에 코드를 거치는 시점에 이르렀다. 온라인에서 이미 관심을 모으고 있는 뉴스 기사든 입소문을 타도록 포장된 콘텐츠든, 우리가 논하는 주제는 대부분 이미 이런 도구가 지배하는 생태계의 일부가 되었다.

개인적인 메시지 플랫폼은 어떤가? 알고리즘이 없는데 어떻게 알고리즘이 문제가 될 수 있을까?

"알고리즘이 문제"라는 논지에 강력한 비판을 제기하는 일부 주장은 가장 단순한 단체 메시지 서비스와 관련된 문제를 예로 들어 설명한다. 왓츠앱이나 텔레그램, 시그널 같은 메시지 툴에는 참여 알고리즘이 쓰이지 않는다. 그저 온라인으로 이어진 사람들이 연대순으로 정보를 교환할 뿐이다. 오래전 인터넷 채팅이나 1990년대부터 이어진 즉석 메시지 툴의 거친 버전이다.

이들 역시 음모론과 독설, 잘못된 바이럴 정보의 온상으로 거듭나고 있다. 그렇다면 기본적인 연대순 콘텐츠의 고질적인 확산 문제도 알고리즘 때문이라고 말할 수 있을까? 안타깝지만 문제는 다름 아닌 우리에게 있다.

▌기억하라, 알고리즘을 실행하는 것은 당신이다

당신의 행동도 규칙을 따른다. 개인으로서 우리는 내적으로 이미 정해진 습관과 행동 규범을 바탕으로 정보를 공유한다.

인간은 복잡하고 미묘한 생명체로, 당연히 기계와 비교되는 것을 달가워하지 않는다. 하지만 우리의 행동, 특히 정보 공유 방식은 **규칙을 따른다. 알고리즘**이라는 단어는 그저 규칙 기반 프로세스를 가리키는 멋진 말이니 개인의 이런 행동 역시 개인적 알고리즘이라 불러야 마땅하다. 가장 강한 개인적 알고리즘은 편견, 즉 특정 정치나 정책, 입장에 찬성하거나 반대하는 편견이다.

이런 식으로 왓츠앱의 특정 커뮤니티 회원들은 자체 알고리즘을 실행한다. 그들 자신이 인간 분류기이며 밈이나 뉴스, 음모의 큐레이터다. 만일 탑재된 인식 필터가 형편없는 수준이어서 이들 개인이 음모론을 펴고 이를 공유한다면 그들은 사실상 음모 알고리즘처럼 행동하고 있는 것이다. 이런 음모론자가 10만여 명의 팔로어를 거느리거나 수백 명이 속한 왓츠앱 그룹의 일원이라면 지능형 피드 순위 알고리즘이 없어도 문제될 것이 없다. 음모론자가 **곧** 피드 순위 알고리즘이 되기 때문이다. 정보와 더 깊이 엮인 커뮤니티에 스스로 선택해 들어가는 순간, 그 커뮤니티는 점점 더 실제 뉴스 피드가 된다.

앞서 살펴보았듯이 이런 공간에서 널리 공유된 문제적 정보는 **빠르게** 퍼진다. 사람들은 별다른 마찰이나 사전 숙고 없이 정보를 클릭하고 전달한다. 가까운 미래에 우리가 중앙집권적 뉴스 네트워크 같은 오래된 정보환경에 맞추어진 불완전한 알고리즘을 스스로 실행하고 있다는 사실을 직시하게 될 것이다.

인간 경험의 심오한 아름다움을 격하하거나 우리의 인간다움과 고유한 힘, 직관적인 통찰력을 폄하하려는 것이 아니다. 다만 우리가 진실과 거짓 정보를 분석하는 방식 자체가 센스메이킹 알고리즘이며, 불확실한 미래에 작동하기 위해서는 반드시 업데이트되어야 한다는 것이다.

우리 스스로 인지적 프로세싱의 부담을 떠안아야 하기 때문에 세상을 이해하기 위해 이따금 사용하는 내적 알고리즘이 불완전할 수 있다는 사실을 인정하는 것이 중요하다.

미래에 우리는 센스메이킹을 위해 소셜 미디어에 점점 더 의지하게 될 것이다(저널리스트들은 이미 트위터를 사용한 뒤에 피드를 제공하고 있다). 서로 맞물린 이런 관계를 명확히 정의 내리고 알고리즘 자체에 대한 가시성을 확보하는 것이 앞으로 다가올 엄청난 혼란을 관리하는 데 도움이 될 것이라 믿는다. 그렇지 않으면 우리는 자유민주주의를 유지하는 책임을 트위터와 페이스북, 틱톡 및 기타 여러 플랫폼에 미루고 말 것이다.

| 더 나은 센스메이킹 알고리즘

짧은 사고실험을 해보자. 뉴스 피드와 메시지 앱의 코드를 처음부터, 우리가 매일 창출하는 어마어마한 콘텐츠 저장고에서 끌어와 다시 쓸 수 있다면 어떻게 될까? 인간의 선택을 최대한 보호하는 알고리즘을 구축할 수 있다면? 거대 센스메이킹 알고리즘이 우리의 분노가 아닌 번영을 위해 구축되었다면 무엇을 할 수 있을지 몇 가지 원리를 살펴보자.

기본 원리에는 다음과 같은 것들이 포함될 것이다.

- **검증**: 모든 사용자가 실제 인간임을 보장하고 사생활과 익명성을 보호한다.
- **명확하고 분명한 구조**: 콘텐츠 조정 방침 업데이트 및 주요 사이트 변경을 위해 합의된 틀이 여기에 포함되며, 이는 사용자들이 정당한 절차를 통해 수정할 수 있다. 순위 시스템에 집단의 의견을 반영하는 의미 있는 기회를 제공할 것이다.
- **조건부로 투명한 순위 알고리즘**: 특정 당국의 감사가 가능한 응용 프로그램 인터페이스를 통해 연구 및 조사가 가능하다. 이로써 전문가 집단이 주기적 조사를 거쳐 해당 도구가 헌법에 충실했는지, 편견과 잠재적 위해는 없는지 감시할 수 있다.
- **진실성**: 기만적 영향력을 지양하고 의도적 조작이나 시스템 전반의 투기 위험을 줄이는 방향으로 조직될 것이다.
- **진실 추구 과정에서 접근 가능한 가장 정확한 정보를 비례적으로 서비스**: 복잡한 위협을 분석하고 통계적 사실을 감정적 일화보다

우선시할 수 있다. 개인이나 공동체로서 우리가 마주하는 위험을 비례적으로 대변하는 서비스를 제공할 수도 있다. 깊은 맥락을 제시하는 뉴스 및 사건을 보도하는 것도 가능하다.

- **도덕적 해석**: 긴급한 현안을 다양한 도덕적 렌즈로 들여다보고 더 큰 문제를 해석하여 개인의 도덕적 기반에 호소하도록 장려한다.
- **선의의 정치**: 논쟁적인 주제와 관련해 반대되는 각 입장의 최상의 견해를 제시할 수 있다. 논쟁적인 모든 현안에 대해 반대되는 입장의 최상의 견해를 제시함으로써 어렵지만 필수적인 도덕적 행동과 관련해 합의를 이끌어 낼 수 있다.
- **신뢰와 개방성으로 관심을 촉발**: 유일하게 사용 가능한 툴이라는 이유로 관심을 얻기는 힘들어질 것이다.

모든 현안을 해결해줄 정확한 청사진 같은 것은 없다. 단지 우리가 무엇을 창안할 수 있는지 상상할 수 있을 뿐이다. 앞의 원리 중에는 표면적으로 서로 조화를 이루지 못하는 것도 있지만 이런 시스템의 구조를 생각해보는 것이 필수가 되고 있다. 초기에는 이런 상상을 해볼 기회가 없었다. 이렇게 어마어마한 규모로 인간을 통제하고 영향을 미치는 플랫폼은 그것을 이해하고 관리하는 명확한 방식을, 우리의 이익에 최선의 도움이 되는 명확한 방식을 제시해야만 한다.

30

마치며

CODA

나는 와인의 고장 너머 언덕에 자리한 캘리포니아 북부의 작은 마을에서 어린 시절을 보냈다. 어릴 적 우리 집은 전후 1950년대식의 소박한 구조로 참나무와 소나무 숲으로 둘러싸여 있었다. 2020년 9월 팬데믹이 한창일 때 그곳에 산불이 빠르게 번졌고 내가 자란 마을까지 강타한 끝에 부모님이 38년 동안 살던 집이 무너졌다.

부모님은 안전히 대피했다. 안타깝게도 가족의 전 재산이 전소되었다. 수십 년 동안 모아온 가보와 어린 시절의 사진, 일기, 기억이 하룻밤 사이에 사라지는 것을 지켜보아야 했다. 극심하고 충격적인 참사였고 몇 년이 지난 지금도 복구 작업이 이어지고 있다. 우리는 함께 나눈 역사와 물리적으로 이어진 끈을 잃어버렸다.

산불이 퍼지고 며칠 뒤, 이 갑작스런 비극의 여파로 소셜 미디어에서 보기 드문 일이 벌어졌다. 소셜 미디어의 최선의 면모가 드러났다. 예상했던 애도 외에 나의 부모님을 위해 고펀드미GoFundMe(크라우드소싱 자선단체-옮긴이)가 열려 각기 다른 메시지 앱에서 널리 공유되었다. 피해 소식이 친구의 친구에까지 널리 퍼지면서 많은 이들이 복구를 위해 도움이 될 수 있는 것은 무엇이든 제공하겠다고 나섰다. 친구는 물론 낯선 이들로부터 감정적, 재정적 지원이 갑작스럽게 압도적으로 쏟아지자 개인적 비극이 공동체가 함께 나누는 감정적 순간으로 변모했다. 가족과 지역사회의 깊은 유대 관계가 실질적으로 반영되었다. 소셜 미디어 덕분에 이 시련을 견디기가 훨씬 더 수월해졌다. 끔찍한 시간 속에서 잠시나마 호의를 느낄 수 있었다.

이런 도구는 제대로 기능하면 엄청난 일을 해낼 수 있다. 지역사회의 지원을 모으는 중심점이 되고 카타르시스와 동료애가 퍼지는 강력한 장소가 될 수 있다. 여러모로 이것이 소셜 미디어가 애초에 내건 약속이었다. 바로 이 지점에서 이 책이 시작되었다.

지금까지 우리는 미디어 시스템의 여러 부정적 면면을 살펴보고 그것이 우리의 분노를 어떻게 이용했는지 알아보았다. 물론 지금의 소셜 미디어 툴이 모두 나쁜 것은 아니다. 우리가 소셜 미디어를 사용하는 것은 그것이 진정한 가치를 제공할 뿐만 아니라 더 나은 약속을 보여주기 때문이다. 미래를 내다볼 때면 나는 여전히 그 잠재력에 매혹되고, 그러면서 에머슨의 글 한 구절을 떠올린다. 미래의 미디어에 대한 희망이 내 안에 가득 차오른다.

우리는 거대한 지성의 무릎 위에 놓여 있다. 이 지성은 우리를 진리의 수신자, 행위의 기관으로 만든다. 정의를 알아보고 진리를 가늠할 때 우리가 스스로 하는 일은 아무것도 없다. 다만 빛이 통과할 수 있게 길을 내어 줄 뿐이다.

이 글은 우리가 자연 세계에 노출되었을 때 느낄지 모르는 창발적인 집단 지성에 대해 이야기한다. 소셜 미디어의 진정한 잠재력을 일별했을 때 나는 경외와 감탄 비슷한 느낌을 받았다. 소셜 미디어가 변모하게 될 모습을 그려볼 수 있었다. 우리가 함께하는 삶을 더 잘 관리할 수 있도록 돕는 도구. 상호 이해를 위한 도구. 서로 더욱 정직하게 바라볼 수 있도록 돕고 함께 거주하는 이 세계에 대한 책임을 공유할 수 있도록 돕는 도구. 모든 결점을 살펴보며 몇 년을 보낸 이후에도 나는 소셜 미디어에 대해 그리 냉소를 품지 않는다. 이렇게 고통스러울 정도로 짧은 역사를 간직한 시스템이 소화하기에는 무리한 요구라고 생각하며 우리가 아직 멀리 나아가야 한다고 생각하기 때문이다. 결국 이 어두운 골짜기를 넘어 우리만의 길을 찾아내리라 믿는다. 이 골짜기에서 함께 기어 나오는 것밖에 다른 선택의 여지가 없기 때문이다.

감사의 글

　많은 사람들의 도움이 없었으면 이 책은 세상에 나오지 못했을 것이다. 지면에 다 옮길 수 없을 만큼 많은 분들의 도움을 받았는데 그중 몇몇은 내가 잊어버렸을지도 모른다.

　나에게 영감과 용기를 주고 시작부터 이 프로젝트를 믿어준 모든 분들에게 감사드린다.

　에이전트 제이드리 브래딕스Jaidree Braddix와 파크 앤드 파인Park & Fine 팀은 가장 힘겨운 순간에도 나를 든든하게 지지해준 위대한 투사였다.

　사랑과 지지를 아끼지 않고 창의력을 발휘해야 할 때 위안은 물론 조용한 장소까지 제공해준 내시Nash 가족, 뜻깊은 대화와 멋진 집필 공간을 마련해준 엘런 에이브럼스Ellen Abrams와 존 스토셀John Stossel에게 감사드린다.

　원고를 미리 읽고 난잡한 글 속에서 책 한 권을 뽑아내준 엘리스

드벨저Elyse DeBelser, 마리아 브리지Maria Bridge, 일라나 길로비치-웨이브Ilana Gilovich- Wave, 마크 피셔Mark Fisher, 피파 비들Pippa Biddle, 줄리아 카민Julia Kamin, 조지아 프랜시스 킹Georgia Francis King에게 무한한 감사의 마음을 전한다.

오라이언 헨리Orion Henry, 맥스 스토셀Max Stossel, 르네 디레스타Renée DiResta, 마테오 캔티엘로Matteo Cantiello, 조슈아 카우프먼Joshua Kauffman, 트리스탄 해리스, 팀 어번Tim Urban, 클로에 밸더리Chloé Valdary, 에스터 퍼렐Esther Perel, 니키 케이스Nicky Case는 나와 생각을 나누어주었다.

이 여정에 무턱대고 뛰어들 수 있도록 용기를 주고 사람들이 쉽게 이해할 수 있는 방향으로 기계를 해체할 수 있도록 도와준 하이트에게 깊이 감사한다.

연구를 도와준 에일레이나 케네디Alayna Kennedy와 애나 슬래비나Anna Slavina의 노고를 잊지 않을 것이며 집필 작업 막바지에 이르러 마지막 질주를 할 수 있도록 환상적인 지원을 아끼지 않은 재크 라우시Zach Rausch에게 특별히 감사드린다.

글쓰기에 대한 사랑을 가득 불어넣어주고 발전할 수 있는 부분을 비판적으로 바라보는 눈을 갖게 해주신 나의 부모님, 이 책을 읽는 데 몇 주의 시간을 바치고 소중한 아이디어와 생각을 아낌없이 제시해준 어머니와 언제나 묵묵히 가장 든든한 응원군이 되어주신 아버지에게 이 자리를 빌려 감사의 말씀을 전한다.

항상 그 자리를 지켜준 누이에게도 사랑하는 마음을 전한다.

나의 형제들, 스티브 마토치Steve Martocci, 조너선 스워들린Jonathan Swerdlin, 닐 패리크Neil Parikh, 제러드 매슈 와이스Jared Matthew Weiss, 앤

드루 혼Andrew Horn, 데이비드 야루스David Yarus, 저스틴 매클라우드 Justin McLeod, 엘리 클라크-데이비스Eli Clark-Davis, 매슈 코크먼Matthew Kochmann, 애덤 워드Adam Ward, 세스 밀러Seth Miller, 크리스 클레먼트 Chris Clement, 벤 힌드먼Ben Hindman은 원고 집필 당시 가장 힘겨운 순간을 헤쳐나갈 수 있도록 큰 힘이 되어주었다.

언제나 감탄스러운 글쓰기 모임 사람들, 크리스 카스틸리오네 Chris Castiglione, 렉시 거비스Lexi Gervis, 퀸 심슨Quinn Simpson, 라이더 캐럴Ryder Carroll, 에지 스펜서Ezzie Spencer, 쿠더스 필립Quddus Philippe, 제이드 테일러Jade Tailor, 카미나 베서라Carmina Becerra, 앰버 레이Amber Rae와 함께한 순간들도 잊지 못할 것이다.

나에게 한없는 힘이 되어주는 친구들, 린지 라토스키Lindsay Ratowsky, 조지아 클라크Georgia Clark, 에번 월든Evan Walden, 매턴 그리플 Mattan Griffel, 앨리 호프먼Allie Hoffman, 아그라왈Agrawal 가족 모두 어릴 때부터 변함없는 열정을 보여준 것에 고마움을 전한다.

프로젝트 내내 굳건한 신뢰를 보여준 크리션 트로트먼Krishan Trotman과 클래런스Clarence, 아미나Amina, 캐롤린Carolyn을 비롯해 극도로 복잡한 주제와 무한한 편집 속에서도 굳건한 인내를 보여준 아셰트의 모든 직원에게 감사한다.

따뜻한 미소와 에스프레소로 집필 기간 동안 힘을 불어넣어준 리틀 초크 여러분에게도 감사 인사를 드리고 싶다.

데이비드 민디치David Mindich, 마이클 셔드슨Michael Schudson, 케빈 루스Kevin Roose, 빌리 브레이디Billy Brady, 로건 몰리노Logan Molyneaux, 에리카 앤더슨Erica Anderson, 보비 베일리Bobby Bailey, 벤 키시Ben Keesey를 비롯해 인터뷰에 응해주고 자신의 이야기와 전문 지식을 아낌없이 나눠준 모든 분들께 감사드린다.

캄보디아의 친구들, 그중에서도 인 야Yinh Ya, 브라이스 개버리Bryse Gaboury, 스티브 포브스Steve Forbes, EWB 팀이 있었기에 진정으로 실현 가능해 보이지 않았던 일을 해낼 수 있었다.

마지막으로, 사랑의 힘으로 언제나 나를 굳건히 서게 하는 아네크 종Anneke Jong에게 이 책을 바친다.

1장 공감 기계

1 Elizabeth Becker, *When the War Was Over: Cambodia and the Khmer Rouge Revolution*, (New York: PublicAffairs, 1998), 39–41.

2 같은 책.

3 Steven Michael DeBurger, "The Khmer Rouge and the Re-Visioning of the Khmer Empire: Buddhism Encounters Political Religion," APSA 2011 Annual Meeting Paper. SSRN에서 열람 가능, https://papers.ssrn.com/abstract=1903043.

4 United States Holocaust Memorial Museum, "'Smashing' Internal Enemies," United States Holocaust Memorial Museum, April 2018, https://www.ushmm.org/genocide-prevention/countries/cambodia/case-study/violence/smashing-internal-enemies.

5 Nalini Vittal, "Tribulation before Trial in Cambodia: Confronting Autogenocide," *Economic and Political Weekly* 36, no. 3 (2001): 199–203. https://www.jstor.org/stale/4410192.

6 Becker, 1.

7 David Ashley, "Between War and Peace: Cambodia 1991–1998." In *Safeguarding Peace: Cambodia's Constitutional Challenge*, ed. Dylan Hendrickson (London: Conciliation Resources, 1998), Rich Garella and Eric Pape, "A Tragedy of No Importance," Mother Jones (April 15, 2005). https://www.motherjones.com/politics/2012/11/cambodia-war-khmer-sam-rainsy/; Brendan Brady, "1994 Murder of Aussie by Khmer Rouge Re-Examined," *TIME* (March 2, 2010), https://content.time.com/time/world/article/0,8599,1968996,00.html.

8 Aly Weisman, "CHART: How #Kony2012 Just Became the Most Viral Video of All Time," *Business Insider* (March 12, 2012). https://www.businessinsider.com/how-kony2012-just-became-the-most-viral-video-of-all-time-2012-3; Emma Madden, "'Kony 2012,' 10 Years Later," *New York Times* (March 8, 2022). https://www.nytimes.com/2022/03/08/style/kony-2012-invisible-children.html.

9 Barack Obama, "Obama to Graduates: Cultivate Empathy: Northwestern University News," *Northwestern News* (June 19, 2006). https://www.northwestern.edu/newscenter/stories/2006/06/barack.html.

10 Jose Antonio Vargas, "Spring Awakening," *New York Times* (February 17, 2012). https://www.nytimes.com/2012/02/19/books/review/how-an-egyptian-revolution-began-on-facebook.html.

11 Spencer Kornhaber, "Is Empathy Overrated?" *Atlantic* (July 3, 2015). https://www.theatlantic.com/health/archive/2015/07/against-empathy-aspen-paul-bloom-richard-j-davidson/397694/.

12 Paul Bloom, *Against Empathy: The Case for Rational Compassion* (New York: Ecco, 2016), 152.

13 WAN-IFRA Staff, "Upworthy's Most Successful Strategy Ever." World Association of New Publishers News (December 6, 2013). https://wan-ifra.org/2013/12/upworthys-most-successful-strategy-ever/; Jeff Bercovici, "These Five Astonishing Headline Writing Secrets Will Make You Cry, Or At Least Click," *Forbes* (March 1, 2013). https://www.forbes.com/sites/jeffbercovici/2013/03/01/these-five-astonishing-headline-writing-secrets-will-make-you-cry/; Anya Kamenetz, "How Upworthy Used Emotional Data to Become the Fastest Growing Media Site of All Time," *Fast Company* (June 7, 2013). https://www.fastcompany.com/3012649/how-upworthy-used-emotional-data-to-become-the-fastest-growing-media-site-of-all-time.

2장 피드

1 Andrew Pettegree, *The Invention of News: How the World Came to Know about Itself* (New Haven, CT: Yale University Press, 2014).

3장 압도적인 현재

1   Mihaly Csikszentmihalyi, "Flow: The Psychology of Optimal Experience," in *Flow: The Psychology of Optimal Experience*, Nachdr., Harper Perennial Modern Classics (New York: Harper Collins, 2009), 28–29.

2   Daniel J. Levitin, *The Organized Mind: Thinking Straight in the Age of Information Overload* (New York: Dutton, 2014).

3   위의 책, 41.

4   Jeffrey T. Klein, Stephen V. Shepherd, and Michael L. Platt, "Social Attention and the Brain," *Current Biology* 19, no. 20 (November 3, 2009): R958–62. https://doi.org/10.1016/j.cub.2009.08.010.

5   "History of the Web," World Wide Web Foundation. https://webfoundation.org/about/vision/history-of-the-web/.

6   Ethan Zuckerman, "The Internet's Original Sin," *The Atlantic*, August 14, 2014. https://www.theatlantic.com/technology/archive/2014/08/advertising-is-the-internets-original-sin/376041/.

7   Sean Parker, "The Epic Tale of MySpace's Technical Failure," *Wiredelta*, May 17, 2019. https://wiredelta.com/the-epic-tale-myspace-technical-failure/; "MySpace and the Coding Legacy It Left Behind," *Codecademy* (blog), February 14, 2020. https://www.codecademy.com/resources/blog/myspace-and-the-coding-legacy/.

8   Tobias Rose-Stockwell and Jonathan Haidt, "The Dark Psychology of Social Networks," *The Atlantic*, November 12, 2019. https://www.theatlantic.com/magazine/archive/2019/12/social-media-democracy/600763/.

9   Daniel Kahneman, *Thinking, Fast and Slow* (London: Penguin Books, 2012).

10 Renée Diresta and Tobias Rose-Stockwell, "How to Stop Misinformation Before It Gets Shared," *Wired*, March 26, 2021. https://www.wired.com/story/how-to-stop-misinformation-before-it-gets-shared/.

11 Soroush Vosoughi, Deb Roy, and Sinan Aral, "The Spread of True and False News Online," *Science* 359, no. 6380 (March 9, 2018): 1146–1151. https://doi.org/10.1126/science.aap9559. 가짜 뉴스가 전염성이 강하다는 이 점은 잘못된 정보 같은 유형에서 특히 두드러진다. 한 연구 결과, 고령의 사용자 및 보수주의자가 가짜 뉴스를 공유할 가능성이 더 높으며 특히 뉴스가

자신의 이념과 부합할 경우 그런 경향이 더욱 강했다. 노년의 미국인 사이에서는 잘못된 정치적 정보가 많이 공유되는 반면 젊은 사용자들 사이에서는 낚시글이 확산될 가능성이 더 높다. Andy Guess et al., "Cracking Open the News Feed: Exploring What U.S. Facebook Users See and Share with Large-Scale Platform Data," *Journal of Quantitative Description: Digital Media* 1 (April 2021). 다음을 참고하라. https://doi.org/10.51685/jqd.2021.006.

12 Daniel Engber, "Sorry, I Lied About Fake News," *The Atlantic*, March 26, 2022. https://www.theatlantic.com/technology/archive/2022/03/fake-news-misinformation-mit-study/629396/.

4장 중독의 기원

1 Steven Pinker, "Correct for the Media's Negativity Bias," *Politico*, 2019. https://politico.com/interactives/2019/how-to-fix-politics-in-america/misinformation/correct-for-the-medias-negativity-bias/.

2 Gary W. Small et al., "Brain Health Consequences of Digital Technology Use," *Dialogues in Clinical Neuroscience* 22, no. 2 (June 30, 2020): 179–187. https://doi.org/10.31887/DCNS.2020.22.2/gsmall.

3 Ryder Carroll, "How ADHD Helped Me Create the Bullet Journal Method," *Human Parts* (blog), November 25, 2019. https://humanparts.medium.com/inside-adhd-55b9618cd708.

4 Brian A. Primack et al., "Social Media Use and Perceived Social Isolation among Young Adults in the U.S.," *American Journal of Preventive Medicine* 53, no. 1 (July 1, 2017): 1–8. https://doi.org/10.1016/j.amepre.2017.01.010; Melissa G. Hunt et al., "No More FOMO: Limiting Social Media Decreases Loneliness and Depression," *Journal of Social and Clinical Psychology* 37, no. 10 (December 2018): 751–768. https://doi.org/10.1521/jscp.2018.37.10.751; "2018 Global Mobile Consumer Survey: US Edition" (Deloitte, 2018). https://www2.deloitte.com/content/dam/Deloitte/us/Documents/technology-media-telecommunications/us-tmt-global-mobile-consumer-survey-exec-summary-2018.pdf; Lauren Hale et al., "Media Use and Sleep in Teenagers: What Do We Know?" *Current Sleep Medicine Reports* 5, no. 3 (September 1, 2019): 128–134. https://doi.org/10.1007/

s40675-019-00146-x.

5 Tristan Harris, "Smartphone Addiction Is Part of the Design," *Der Spiegel*, July 27, 2016, sec. International. https://www.spiegel.de/international/zeitgeist/smartphone-addiction-is-part-of-the-design-a-1104237.html.

6 Ezra Klein, "Is Big Tech Addictive? A Debate with Nir Eyal," *Vox*, August 7, 2019. https://www.vox.com/podcasts/2019/8/7/20750214/nir-eyal-tech-addiction-ezra-klein-smartphones-hooked-indistractable.

5장 자극을 가하다

1 Jeremy Littau, "The Crisis Facing American Journalism Did Not Start with the Internet," *Slate*, January 26, 2019. https://slate.com/technology/2019/01/layoffs-at-media-organizations-the-roots-of-this-crisis-go-back-decades.html.

2 "How to Make That One Thing Go Viral," *Upworthy*, December 3, 2012. https://www.slideshare.net/Upworthy/how-to-make-that-one-thing-go-viral-just-kidding.

3 Hayley Tsukayama, "Facebook Reaches 1 Billion Users," *Washington Post*, October 4, 2012. https://www.washingtonpost.com/business/technology/facebook-reaches-1-billion-users/2012/10/04/5edfefb2-0e14-11e2-bb5e-492c0d30bff6_story.html.

4 Stefan Feuerriegel et al., "Negativity Drives Online News Consumption [Registered Report Stage 1 Protocol]," April 26, 2022. https://doi.org/10.6084/m9.figshare.19657452.v1.

5 Felix Salmon, "Headlines Matter," *Nieman Lab* (blog), January 9, 2023. https://www.niemanlab.org/2016/12/headlines-matter/.

6 Louise Linehan, Steve Rayson, and Henley Wing Chiu, "100m Articles Analyzed: What You Need to Write the Best Headlines [2021]," BuzzSumo.com, August 17, 2021. https://buzzsumo.com/blog/most-shared-headlines-study/.

7 Ullrich K. H. Ecker et al., "The Effects of Subtle Misinformation in News Headlines," *Journal of Experimental Psychology: Applied* 20 (2014): 323–335. https://doi.org/10.1037/xap0000028.

8 뉴욕의 미디어 경영진, 개인 서신, 2017년 2월 22일.

9 Paul Farhi, "One Billion Dollars Profit? Yes, the Campaign Has Been a Gusher for CNN," *Washington Post*, October 27, 2016, sec. Style. https://www.washingtonost.com/lifestyle/style/one-billion-dollars-profit-yes-the-campaign-has-been-a-gusher-for-cnn/2016/10/27/1fc879e6-9c6f-11e6-9980-50913d68eacb_story.html.

10 Howard Fineman, "Look Who's Running," *Newsweek*, October 10, 1999. https://www.newsweek.com/look-whos-running-168162.

11 Nicholas Confessore and Karen Yourish, "2 Billion Worth of Free Media for Donald Trump," *New York Times*, March 15, 2016, sec. The Upshot. https://www.nytimes.com/2016/03/16/upshot/measuring-donald-trumps-mammoth-advantage-in-free-media.html.

12 Tobias Rose-Stockwell, "This Is How Your Fear and Outrage Are Being Sold for Profit," *Quartz*, July 28, 2017. https://qz.com/1039910/how-facebooks-news-feed-algorithm-sells-our-fear-and-outrage-for-profit/.

13 Kevin Roose, *New York Times*, 개인 서신, 2019년 4월 11일.

14 Shannon C. McGregor and Logan Molyneux, "Twitter's Influence on News Judgment: An Experiment among Journalists," *Journalism* 21, no. 5 (May 1, 2020): 597–613. https://doi.org/10.1177/1464884918802975.

15 Madison Hall, "USA Today Wrapped Its Newspaper with a Fake Cover about 'Hy-brid Babies' with Antlers to Advertise a New Netflix Show," *Insider*, January 10, 2023. https://www.insider.com/usa-today-fake-cover-hybrid-babies-netflix-show-2021-6.

16 Anemona Hartocollis, "Craig Spencer, New York Doctor with Ebola, Will Leave Bllevue Hospital," CNBC, November 10, 2014. https://www.cnbc.com/2014/11/10/craig-spencer-new-york-doctor-with-ebola-will-leave-bellevue-hospital.html.

17 Ashley Collman, "Ebola Fears in America Reach New Levels as Woman in Hazmat Suit Waits for Plane at Washington Dulles," *Daily Mail*, October 16, 2014. https://www.dailymail.co.uk/news/article-2794947/not-taking-risks-woman-hazmat-suit-waits-plane-washington-dulles-airport-two-days-second-nurse-test-positive-ebola-boarded-flight-fever.html; Alice

Ritchie, "Ebola Is 'Disaster of Our Generation' Says Aid Agency," *Yahoo News*, October 18, 2014. http://news.yahoo.com/obama-calls-end-ebola-hysteria-110006011.html.

18 John Gramlich, "Violent Crime Is a Key Midterm Voting Issue, but What Does the Data Say?" *Pew Research Center* October 31, 2022. https://www.pewresearch.org/fact-tank/2022/10/31/violent-crime-is-a-key-midterm-voting-issue-but-what-does-the-data-say/.

19 같은 글. CDC 데이터에 따르면 2020년 미국의 살인율은 자살률(10만 명당 13.5명)보다 42퍼센트 낮았고 약물 남용에 따른 사망률(2020년 3분기 기준 10만 명당 27.1명)보다 71퍼센트 낮았다.

20 Alberto M. Fernandez, "Here to Stay and Growing: Combating ISIS Propaganda Networks," Project on U.S. Relations with the Islamic World, Center for Middle East Policy at Brookings (Center for Middle East Politics, Brookings Institution, October 2015). https://www.brookings.edu/wp-content/uploads/2016/07/IS-Propaganda_Web_English_v2.pdf.

21 Office of Public Affairs, "Man Sentenced to Life in Prison for ISIS-Inspired Bombing in New York City Subway Station in 2017," United States Department of Justice, April 22, 2021. https://www.justice.gov/opa/pr/man-sentenced-life-prison-isis-inspired-bombing-new-york-city-subway-station-2017.

22 Daniel T. Blumstein, *The Nature of Fear: Survival Lessons from the Wild* (Cambridge, MA: Harvard University Press, 2020).

23 Amos Tversky and Daniel Kahneman, "Availability: A Heuristic for Judging Frequency and Probability," *Cognitive Psychology* 5, no. 2 (September 1, 1973): 207–232. https://doi.org/10.1016/0010-0285(73)90033-9.

24 "Malaria Worldwide—Impact of Malaria," Centers for Disease Control and Prevention, December 16, 2021. https://www.cdc.gov/malaria/malaria_worldwide/impact.html.

25 Penelope Muse Abernathy, "The Expanding News Desert" (Center for Innovation and Sustainability in Local Media, University of North Carolina at Chapel Hill, 2018). https://www.usnewsdeserts.com/reports/expanding-news-desert/; Neal Rothschild and Sara Fischer, "News Engagement Plummets as Americans Tune Out," *Axios*, July 12, 2022. https://www.axios.com/2022/07/12/news-media-readership-ratings-2022.

6장 파랑과 검정, 흰색과 금색

1 Claudia Koerner, "The Dress Is Blue and Black, Says the Girl Who Saw It in Person," *BuzzFeed News*, February 26, 2015. https://www.buzzfeednews.com/article/claudiakoerner/the-dress-is-blue-and-black-says-the-girl-who-saw-it-in-pers.

2 Cates Holderness, "What Colors Are This Dress?" *BuzzFeed*, February 26, 2015. https://www.buzzfeed.com/catesish/help-am-i-going-insane-its-definitely-blue.

3 Rosa Lafer-Sousa, Katherine L. Hermann, and Bevil R. Conway, "Striking Individual Differences in Color Perception Uncovered by 'the Dress' Photograph," *Current Biology* 25, no. 13 (June 2015): R545–46. https://doi.org/10.1016/j.cub.2015.04.053; Pascal Wallisch, "Illumination Assumptions Account for Individual Differences in the Perceptual Interpretation of a Profoundly Ambiguous Stimulus in the Color Domain: 'The Dress,'" *Journal of Vision* 17, no. 4 (June 12, 2017): 5. https://doi.org/10.1167/17.4.5.

4 Scott Alexander, "Sort by Controversial," *Slate Star Codex* (blog), October 31, 2018. https://slatestarcodex.com/2018/10/30/sort-by-controversial/.

5 Richard Dawkins, *The Selfish Gene: 40th Anniversary Edition* (New York: Oxford University Press, 2016).

6 Susan Blackmore, *The Meme Machine* (Oxford, UK: Oxford University Press, 2000).

7장 참여 에스컬레이터

1 Mark Zuckerberg, "A Blueprint for Content Governance and Enforcement," Meta, May 5, 2021. https://www.facebook.com/notes/751449002072082/.

2 Adam Kramer, "The Spread of Emotion via Facebook," *Meta Research*, May 16, 2012. https://research.facebook.com/publications/the-spread-of-emotion-via-facebook/.

3 William J. Brady, M. J. Crockett, and Jay J. Van Bavel, "The MAD Model of Moral Contagion: The Role of Motivation, Attention, and Design in the Spread of Moralized Content Online," *Perspectives on Psychological Science* 15, no. 4 (July 1, 2020): 978–1010. https://doi.org/10.1177/1745691620917336.

4 Frans B. M. de Waal, "The Antiquity of Empathy," *Science* 336, no. 6083 (May 18, 2012): 874–876. https://doi.org/10.1126/science.1220999.

5 Wataru Nakahashi and Hisashi Ohtsuki, "Evolution of Emotional Contagion in Group-Living Animals," *Journal of Theoretical Biology* 440 (March 7, 2018): 12–20. https://doi.org/10.1016/j.jtbi.2017.12.015.

6 Adam D. I. Kramer, Jamie E. Guillory, and Jeffrey T. Hancock, "Experimental Evidence of Massive-Scale Emotional Contagion through Social Networks," *Proceedings of the National Academy of Sciences* 111, no. 24 (June 17, 2014): 8788–8790. https://doi.org/10.1073/pnas.1320040111.

7 Joseph G. Lehman, "An Introduction to the Overton Window of Political Possibility," Mackinac Center, April 8, 2010. https://www.mackinac.org/12481. 2003년 오버턴이 사망한 뒤 조지프 G. 리먼 등이 세상을 떠난 동료의 변화 이론을 기술하기 위해 '오버턴 윈도'라는 용어를 창안했다.

8 Derek Robertson, "How an Obscure Conservative Theory Became the Trump Era's Go-to Nerd Phrase," *Politico Magazine*, February 25, 2018. https://www.politico.com/magazine/story/2018/02/25/overton-window-explained-definition-meaning-217010/.

9 "Watch Live: Facebook CEO Zuckerberg Speaks at Georgetown University," 2019년 10월 17일, 〈워싱턴 포스트〉 온라인 생방송. https://www.youtube.com/watch?v=2MTpd7YOnyU.

8장 불화의 사과

1 Charity Davenport, "Story: The Trojan War Part 1: The Apple of Discord," September 8, 2018. https://pressbooks.pub/iagtm/chapter/story-the-trojan-war/.

2 Emily Stewart, "Covington Catholic Students' Clash with a Native American Elder, Explained," *Vox*, January 24, 2019. https://www.vox.com/2019/1/22/18192908/covington-catholic-video-nick-sandmann-maga.

3 "Video Shows Different Side of Controversial Viral Video," *CNN News-*

room, 2023년 1월 10일 기준. https://www.cnn.com/videos/us/2019/01/23/maga-teens-covington-catholic-native-american-sidner-pkg-nr.cnn.

4 Craig Silverman, "Lies, Damn Lies, and Viral Content," *Columbia Journalism Review*, February 10, 2015. https://www.cjr.org/tow_center_reports/craig_silverman_lies_damn_lies_viral_content.php/.

9장 트리거 체인

1 William J. Brady et al., "Emotion Shapes the Diffusion of Moralized Content in Social Networks," *Proceedings of the National Academy of Sciences* 114, no. 28 (July 11, 2017): 7313–7318. https://doi.org/10.1073/pnas.1618923114.

2 Michael Macy et al., "Opinion Cascades and the Unpredictability of Partisan Polarization," *Science Advances* 5, no. 8 (August 28, 2019): eaax0754. https://doi.org/10.1126/sciadv.aax0754.

3 Steven Pinker, *The Blank Slate: The Modern Denial of Human Nature*, Nachdr. (London: Penguin, 2003), 286.

4 Macy et al., 2019.

10장 알고리즘

1 Adam Mosseri, "Bringing People Closer Together," *Meta* (blog), January 12, 2018. https://about.fb.com/news/2018/01/news-feed-fyi-bringing-people-closer-together/.

2 Shoshana Zuboff, *The Age of Surveillance Capitalism* (New York: PublicAffairs, 2017), 75.

3 Eric Siegel, "When Does Predictive Technology Become Unethical?" *Harvard Business Review*, October 23, 2020. https://hbr.org/2020/10/when-does-predictive-technology-become-unethical.

4 R. F. C. Hull, ed., "II The Shadow," in *Collected Works of C.G. Jung*, Volume 9 (Part 2): *Aion: Researches into the Phenomenology of the Self*, by C. G. Jung (Princeton, NJ: Princeton University Press, 2014), 8–10. https://doi.org/10.1515/9781400851058.8.

5 Robert Epstein and Ronald E. Robertson, "The Search Engine Manipulation Effect (SEME) and Its Possible Impact on the Outcomes of Elections,"

Proceedings of the National Academy of Sciences 112, no. 33 (August 18, 2015): E4512−21. https://doi.org/10.1073/pnas.1419828112.

6 Olivia Solon and Sabrina Siddiqui, "Russia-Backed Facebook Posts 'Reached 126m Americans' during US Election," *Guardian*, October 31, 2017, sec. Technology. https://www.theguardian.com/technology/2017/oct/30/facebook-russia-fake-accounts-126-million; "Update on Twitter's Review of the 2016 US Election," *Twitter Blog*, January 19, 2019. https://blog.twitter.com/en_us/topics/company/2018/2016-election-update.

7 Yuval Noah Harari, *Homo Deus* (London: Harvill Secker, 2016).

8 Samuel Gibbs, "AlphaZero AI Beats Champion Chess Program after Teaching Itself in Four Hours," *Guardian*, December 7, 2017, sec. Technology. https://www.theguardian.com/technology/2017/dec/07/alphazero-google-deepmind-ai-beats-champion-program-teaching-itself-to-play-four-hours.

11장 직관과 인터넷

1 Rachel O'Donoghue, "Pit Bulls Pull Owner to Ground as They Brutally Maul Cat in Horrific Attack," *Mirror*, July 7, 2017, sec. UK News. http://www.mirror.co.uk/news/uk-news/vicious-pit-bulls-pull-helpless-10755320.

2 Niall McCarthy, "Infographic: America's Most Dangerous Dog Breeds," *Statista Infographics*, September 14, 2018. https://www.statista.com/chart/15446/breeds-of-dog-involved-in-fatal-attacks-on-humans-in-the-us.

3 R. A. Casey et al., "Inter-Dog Aggression in a UK Owner Survey: Prevalence, Co-Occurrence in Different Contexts and Risk Factors," *Veterinary Record* 172, no. 5 (2013): 127−127. https://doi.org/10.1136/vr.100997.

4 American Veterinary Medical Association Animal Welfare Division, "Dog Bite Risk and Prevention: The Role of Breed," May 15, 2014. https://www.avma.org/resources-tools/literature-reviews/dog-bite-risk-and-prevention-role-breed.

5 R. B. Zajonc, "Feeling and Thinking: Preferences Need No Inferences,"

American Psychologist 35 (1980): 151–175. https://doi.org/10.1037/0003-066X.35.2.151.

6 Jonathan Haidt, "The Emotional Dog and Its Rational Tail: A Social Intuitionist Approach to Moral Judgment," *Psychological Review* 108 (2001): 814–834. https://doi.org/10.1037/0033-295X.108.4.814.

7 Jennifer S. Lerner et al., "Emotion and Decision Making," *Annual Review of Psychology* 66, no. 1 (2015): 799–823. https://doi.org/10.1146/annurev-psych-010213-115043.

8 Jonathan Haidt, "The Moral Emotions," in *Handbook of Affective Sciences*, Series in Affective Science (New York: Oxford University Press, 2003), 852–870.

9 Jesse Graham et al., "Chapter Two—Moral Foundations Theory: The Pragmatic Validity of Moral Pluralism," in *Advances in Experimental Social Psychology*, ed. Patricia Devine and Ashby Plant, vol. 47 (Cambridge, MA: Academic Press, 2013), 55–130. https://doi.org/10.1016/B978-0-12-407236-7.00002-4.

10 Jonathan Haidt, ed., *The Righteous Mind: Why Good People Are Divided by Politics and Religion* (New York: Vintage Books, 2013), 21–60.

11 같은 책, 16.

12 같은 책, 125.

13 Gary F. Marcus, *The Birth of the Mind: How a Tiny Number of Genes Creates the Complexities of Human Thought* (New York: Basic Books, 2004), 40.

14 Elias Dinas, "Why Does the Apple Fall Far from the Tree? How Early Political Socialization Prompts Parent-Child Dissimilarity," *British Journal of Political Science* 44, no. 4 (October 2014): 827–852. https://doi.org/10.1017/S0007123413000033.

15 John C. Turner et al., *Rediscovering the Social Group: A Self-Categorization Theory*, (Cambridge, MA: Basil Blackwell, 1987); Michael A. Hogg, "Social Identity Theory," in *Understanding Peace and Conflict Through Social Identity Theory: Contemporary Global Perspectives*, ed. Shelley McKeown, Reeshma Haji, and Neil Ferguson, Peace Psychology Book Series (Cham, Switzerland: Springer International Publishing, 2016), 3–17. https://doi.org/10.1007/978-3-319-29869-6_1.

16 Maeve Duggan and Aaron Smith, "The Political Environment on Social Media", Pew Research Center, October 25, 2016. https://www.pewresearch. org/internet/2016/10/25/the-political-environment-on-social-media/.

17 Jonathan Haidt, "Why the Past 10 Years of American Life Have Been Uniquely Stupid," *The Atlantic*, April 11, 2022. https://www.theatlantic. com/magazine/archive/2022/05/social-media-democracy-trust-ba-bel/629369/.

12장 최악의 방

1 Shay Maunz, "The Great Hanoi Rat Massacre of 1902 Did Not Go as Planned," *Atlas Obscura*, June 6, 2017. http://www.atlasobscura.com/arti-cles/hanoi-rat-massacre-1902.

2 Stanley Milgram, Leonard Bickman, and Lawrence Berkowitz, "Note on the Drawing Power of Crowds of Different Size," *Journal of Personality and Social Psychology* 13 (1969): 79–82. https://doi.org/10.1037/h0028070.

3 Thomas McMullan, "The Inventor of the Facebook Like: 'There's Always Going to Be Unintended Consequences,'" *Alphr* (blog), October 20, 2017. https://www.alphr.com/facebook/1007431/the-inventor-of-the-facebook-like-theres-always-going-to-be-unintended-consequences/.

4 B. F. Skinner, "'Superstition' in the Pigeon," *Journal of Experimental Psychol-ogy* 38 (1948): 168–172. https://doi.org/10.1037/h0055873.

5 Robert D. Pritchard et al., "The Effects of Varying Schedules of Rein-forcement on Human Task Performance," *Organizational Behavior and Human Performance* 16, no. 2 (August 1, 1976): 205–230. https://doi. org/10.1016/0030-5073(76)90014-3; J. E. R. Staddon and D. T. Cerutti, "Operant Conditioning," *Annual Review of Psychology* 54 (2003): 115–144. https://doi.org/10.1146/annurev.psych.54.101601.145124.

6 William J. Brady et al., "How Social Learning Amplifies Moral Outrage Expression in Online Social Networks," *Science Advances* 7, no. 33 (August 13, 2021): eabe5641. https://doi.org/10.1126/sciadv.abe5641.

7 Bill Hathaway, "'Likes' and 'Shares' Teach People to Express More Outrage Online," *YaleNews*, August 13, 2021. https://news.yale.edu/2021/08/13/

likes-and-shares-teach-people-express-more-outrage-online.

8 "The Influencer Report: Engaging Gen Z and Millenials", *Morning Consult*, 2022. https://morningconsult.com/influencer-report-engaging-gen-z-and-millennials/.

9 Mark R. Leary, "Sociometer Theory and the Pursuit of Relational Value: Getting to the Root of Self-Esteem," *European Review of Social Psychology* 16, no. 1 (January 1, 2005): 75–111. https://doi.org/10.1080/10463280540000007.

10 Justin Tosi and Brandon Warmke, *Grandstanding: The Use and Abuse of Moral Talk* (New York: Oxford University Press, 2020).

11 Paul Graham, "How to Disagree," March 2008. http://www.paulgraham.com/disagree.html.

12 C. Thi Nguyen, "How Twitter Gamifies Communication," in *Applied Epistemology*, ed. Jennifer Lackey (Oxford, UK: Oxford University Press, 2021), 410–436. https://doi.org/10.1093/oso/9780198833659.003.0017.

13 Johan Huizinga, *Homo Ludens: A Study of the Play-Element in Culture* (London: Routledge and Kegan Paul, 1949).

14 Shopify Staff, "Influencer Marketing Prices: How Much Should You Pay (2023)," *Shopify Blog*, December 5, 2022. https://www.shopify.com/blog/influencer-pricing.

15 Statista Research Team, "Global Twitter CPM 2020," *Statista*, June 2020. https://www.statista.com/statistics/872543/twitter-cost-per-mile/.

16 William J. Brady et al., "Emotion Shapes the Diffusion of Moralized Content in Social Networks," *Proceedings of the National Academy of Sciences* 114, no. 28 (July 11, 2017): 7313–7318. https://doi.org/10.1073/pnas.1618923114.

17 Tobias Rose-Stockwell, "How We Broke Democracy (But Not in the Way You Think)," *Medium* (blog), February 11, 2019. https://tobiasrose.medium.com/empathy-to-democracy-b7f04ab57eee.

18 Steven Asarch et al., "Inside the Rise of Nikocado Avocado, the Extreme-Eating YouTuber Whose Dramatic Meltdowns Have Led to Years of Controversy and Feuds," *Insider*, November 25, 2022. https://www.insider.com/who-is-youtube-star-nikocado-avocado-2020-1.

19 Boghal, "The Perils of Audience Capture," Substack newsletter, *The Prism* (blog), June 30, 2022. https://gurwinder.substack.com/p/the-perils-of-au-dience-capture.

20 같은 글.

13장 트라우마, 처리, 등 돌림

1 Lee Moran, "Stephen Colbert under Fire for Comedy Central's 'Racist' Tweet Based on Satirical Asian Skit," *New York Daily News*, March 28, 2014. https://www.nydailynews.com/entertainment/TV-movies/ste-phen-colbert-fire-comedy-central-racist-tweet-article-1.1737621.

2 Alyssa Rosenberg, "Stephen Colbert Was Making Fun of Dan Snyder, Not Asians and Asian-Americans," *Washington Post*, March 28, 2014. https://www.washingtonpost.com/news/act-four/wp/2014/03/28/stephen-col-bert-was-making-fun-of-dan-snyder-not-asians-and-asian-americans/; Jay Caspian Kang, "The Campaign to 'Cancel' Colbert," *New Yorker*, March 30, 2014. https://www.newyorker.com/news/news-desk/the-campaign-to-cancel-colbert.

3 *The Internet Ruined My Life*, SYFY, March 2016.

4 *Hannah Gadsby: Nanette*, 2018. https://www.netflix.com/title/80233611.

5 '트라우마'에 대한 미국심리학회의 상세한 정의는 다음과 같다. "사고나 강간, 자연재해 등 끔찍한 사건에 대한 감정적 반응. 사건 직후의 전형적인 반응은 충격과 부정. 더 장기적인 반응으로는 예측할 수 없는 감정이나 재경험, 관계 악화, 심지어 두통이나 구역질 같은 육체적 증상이 포함된다." Gerasimos Kolaitis and Miranda Olff, "Psychotraumatology in Greece," *European Journal of Psychotraumatology* 8, no. sup4 (September 29, 2017): 135175. https://doi.org/10.1080/20008198.2017.1351757; "Trauma," American Psychological Association, 2023년 1월 10일 기준, https://www.apa.org/topics/trauma.

6 Holly Muir and Spencer Greenberg, "Understanding Relationship Conflicts: Clashing Trauma," *Clearer Thinking*, May 5, 2022. https://www.clearerthink-ing.org/post/understanding-relationship-conflicts-clashing-trauma.

7 Tara Brach, "The Trance of Fear," *Tara Brach* (blog), July 25, 2013, https://www.tarabrach.com/the-trance-of-fear/.

8 Teah Strozer, "Life Hurts: Responding with RAIN with Teah Strozer," *Tri-*

cycle: The Buddhist Review, April 2015. https://tricycle.org/dharmatalks/life-hurts-responding-rain/.

9 Gilbert Gottfried, "Gilbert Gottfried on His Infamous 9/11 Joke and 'Too Soon,'" *Vulture*, February 2, 2016. https://www.vulture.com/2016/02/gilbert-gottfried-on-his-911-joke-too-soon.html.

10 Roy F. Baumeister, Liqing Zhang, and Kathleen D. Vohs, "Gossip as Cultural Learning," *Review of General Psychology* 8, no. 2 (June 1, 2004): 111-121. https://doi.org/10.1037/1089-2680.8.2.111; Francesca Giardini et al., "Gossip and Competitive Altruism Support Cooperation in a Public Good Game," *Philosophical Transactions of the Royal Society B: Biological Sciences 376*, no. 1838 (October 4, 2021): 20200303. https://doi.org/10.1098/rstb.2020.0303.

11 Foundation for Individual Rights and Expression, "Campus Disinvitation Database," January 10, 2023. https://www.thefire.org/research-learn/campus-disinvitation-database.

12 Émile Durkheim and Steven Lukes, *The Division of Labour in Society*, trans. W. D. Halls, 2nd ed. (Basingstoke, UK: Palgrave Macmillan, 2013).

13 FIRE, "Cancel Culture Widely Viewed as Threat to Democracy, Freedom," Foundation for Individual Rights and Expression, *FIRE Newsdesk* (blog), January 31, 2022. https://www.thefire.org/news/national-fire-survey-cancel-culture-widely-viewed-threat-democracy-freedom.

14 "2020 College Free Speech Rankings," Foundation for Individual Rights and Expression, 2020. https://www.thefire.org/research-learn/2020-college-free-speech-rankings.

14장 도덕적 규범의 물결

1 Georg Wilhelm Friedrich Hegel et al., *The Encyclopaedia Logic, with the Zusätze: Part I of the Encyclopaedia of Philosophical Sciences with the Zusätze* (Indianapolis: Hackett, 1991).

2 "Yearly Number of Animals Slaughtered for Meat," Our World in Data, January 10, 2023. https://ourworldindata.org/grapher/animals-slaughtered-for-meat.

3 Ralph Waldo Emerson, *The Conduct of Life* (Boston: Ticknor and Fields, 1863).

4 Anugraha Sundaravelu, "Earth's Ozone Layer Continues Heal in 2022, Says NASA" *METRO News*, October 28, 2022. https://metro.co.uk/2022/10/28/earths-ozone-layer-continues-heal-in-2022-says-nasa-17656122/.

5 Hunter Oatman-Stanford, "What Were We Thinking? The Top 10 Most Dangerous Ads," *Collectors Weekly*, August 22, 2012. https://www.collectorsweekly.com/articles/the-top-10-most-dangerous-ads/; "An Ad for Iver Johnson Revolvers From 1904 Claimed to Be Safe Enough to Be Near Babies," December 2020. https://www.vintag.es/2020/09/1904-iver-johnson-revolver-ad.html.

6 Alexander Hamilton, James Madison, and John Jay, eds., "No. 1: General Introduction," in *The Federalist Papers*, Dover Thrift Editions (Mineola, New York: Dover Publications, Inc, 2014), 5.

7 Nick Thompson, "Benedict Cumberbatch Sorry for 'Colored Actors' Remark," *CNN Entertainment*, January 28, 2015. https://www.cnn.com/2015/01/27/entertainment/benedict-cumberbatch-colored-apology/index.html.

15장 어두운 골짜기

1 Socheata Sann et al., "Sociological Analysis of the Road Safety Situation in Cambodia: Historical, Cultural, and Political Aspects," no. 79 (2009).

2 Matthew Sparkes, "Bitcoin Has Emitted 200 Million Tonnes of CO2 Since Its Launch," *New Scientist*, September 28, 2022. https://www.newscientist.com/article/2339629-bitcoin-has-emitted-200-million-tonnes-of-co2-since-its-launch/.

3 J. Arjan G. M. de Visser et al., "The Utility of Fitness Landscapes and Big Data for Predicting Evolution," *Heredity* 121, no. 5 (November 2018): 401–405. https://doi.org/10.1038/s41437-018-0128-4.

4 Deborah Blum, "Looney Gas and Lead Poisoning: A Short, Sad History," *Wired*, January 5, 2013. https://www.wired.com/2013/01/looney-gas-and-lead-poisoning-a-short-sad-history/.

5 Nicholas Rees and Richard Fuller, "The Toxic Truth: Children's Exposure

to Lead Pollution Undermines a Generation of Future Potential" (Unicef, 2020). https://www.unicef.org/sites/default/files/2020-07/The-toxic-truth-children%E2%80%99s-exposure-to-lead-pollution-2020.pdf.

6 Blum, 2013.

7 Kelsey Piper, "One of the Worst Public Health Dangers of the Past Century Has Finally Been Eradicated," *Vox,* September 3, 2021. https://www.vox.com/future-perfect/22650920/leaded-gasoline-eradicated-public-health.

8 "How Safe Is Nuclear Energy?" *Economist*, July 19, 2022. https://www.economist.com/graphic-detail/2022/07/19/how-safe-is-nuclear-energy.

9 Sarah Kramer, "Here's Why a Chernobyl-Style Nuclear Meltdown Can't Happen in the United States," *Business Insider*, April 26, 2016. https://www.businessinsider.com/chernobyl-meltdown-no-graphite-us-nuclear-reactors-2016-4; Hannah Ritchie, "What Was the Death Toll from Chernobyl and Fukushima?" Our World in Data, July 24, 2017. https://ourworldindata.org/what-was-the-death-toll-from-chernobyl-and-fukushima.

10 Eli Pariser, *The Filter Bubble: How the New Personalized Web Is Changing What We Read and How We Think*, 2nd printing (London: Penguin Books, 2012).

11 Gordon W. Allport, *The Nature of Prejudice*, Unabridged, 25th anniversary ed. (Reading, MA: Addison-Wesley, 1979).

12 Christopher A. Bail et al., "Exposure to Opposing Views on Social Media Can Increase Political Polarization," *Proceedings of the National Academy of Sciences* 115, no. 37 (September 11, 2018): 9216–9221. https://doi.org/10.1073/pnas.1804840115.

16장 바이럴리티의 고대사

1 "News | Etymology, Origin and Meaning of News by Etymonline," in *Online Etymology Dictionary*, January 10, 2023. https://www.etymonline.com/word/news.

2 Joshua J. Mark, "The Ancient City," World History Encyclopedia, April 5, 2014. https://www.worldhistory.org/city/.

3 Jack Weatherford, *Genghis Khan and the Making of the Modern World* (New

York: Crown, 2005); Wuyun Gaowa, "Yuan's Postal System Facilitated East-West Trade, Cultural Exchange-SSCP," *Chinese Social Science Today* (blog), April 6, 2017. http://www.csstoday.com/Item/4326.aspx.

4 "Postal System," in Britannica, January 11, 2023. https://www.britannica.com/topic/postal-system/History#ref367055.

5 Andrew Pettegree, *The Invention of News: How the World Came to Know about Itself* (New Haven, CT: Yale University Press, 2014), 169.

6 같은 책, 167-181.

7 Jennifer Spinks, *Monstrous Births and Visual Culture in Sixteenth-Century Germany* (London: Pickering & Chatto, 2014), 59-79. https://www.cambridge.org/core/books/monstrous-births-and-visual-culture-in-sixteenthcentury-germany/97EE04D856A7BDCC671DB701205C4C0C; Renée DiResta and Tobias Rose-Stockwell, "How to Stop Misinformation before It Gets Shared," *Wired*, March 26, 2021. https://www.wired.com/story/how-to-stop-misinformation-before-it-gets-shared/.

8 Pettegree, 254.

9 같은 책, 251.

10 Robert H. Knapp, "A Psychology of Rumor," *Public Opinion Quarterly* 8, no. 1 (1944): 22-37.

11 Pettegree, 22.

12 Tobias Rose-Stockwell, "This Is How Your Fear and Outrage Are Being Sold for Profit," *Medium* (blog), August 12, 2019. https://tobiasrose.medium.com/the-enemy-in-our-feeds-e86511488de.

13 DiResta and Rose-Stockwell, 2021.

14 Cleveland Ferguson III, "Yellow Journalism," The First Amendment Encyclopedia, 2009. https://www.mtsu.edu/first-amendment/article/1253/yellow-journalism; Seymour Topping, "History of The Pulitzer Prizes," The Pulitzer Prizes, January 10, 2023. https://www.pulitzer.org/page/history-pulitzer-prizes.

15 Kristine A. Oswald, "Mass Media and the Transformation of American Politics," *Marquette Law Review* 77 (2009).

16 Tim Wu, *The Attention Merchants: The Epic Scramble to Get inside Our Heads*

(New York: Alfred A. Knopf, 2016), 175.

17 Shannon K. McCraw, "Equal Time Rule," The First Amendment Encyclopedia, 2009. https://www.mtsu.edu/first-amendment/article/949/equal-time-rule.

18 Jonathan Rauch, *The Constitution of Knowledge: A Defense of Truth* (Washington, DC: Brookings Institution Press, 2021), 95–117.

19 Angelo Fichera Spencer Saranac Hale, "Bogus Theory Claims Supercomputer Switched Votes in Election," *FactCheck.Org* (blog), November 13, 2020. https://www.factcheck.org/2020/11/bogus-theory-claims-supercomputer-switched-votes-in-election/; Mikki Willis, *Plandemic: Fear Is the Virus. Truth Is the Cure* (New York: Skyhorse, 2021); Jessica Contrera, "A QAnon Con: How the Viral Wayfair Sex Trafficking Lie Hurt Real Kids," *Washington Post*, December 16, 2021. https://www.washingtonpost.com/dc-md-va/interactive/2021/wayfair-qanon-sex-trafficking-conspiracy/; Shahin Nazar and Toine Pieters, "Plandemic Revisited: A Product of Planned Disinformation Amplifying the COVID-19 'Infodemic,'" *Frontiers in Public Health* 9 (2021). https://www.frontiersin.org/articles/10.3389/fpubh.2021.649930.

20 Michael Schudson, *Discovering the News: A Social History of American Newspapers*, Nachdr. (New York: Basic Books, 1981), 39–41.

17장 첫 번째 트위터 타래

1 Joshua J. Mark, "Johann Tetzel," World History Encyclopedia, July 28, 2022. https://www.worldhistory.org/Johann_Tetzel/.

2 Martin Luther, *Martin Luther's 95 Theses*, ed. Stephen J. Nichols (Phillipsburg, NJ: P & R Publishing, 2002); Andrew Pettegree, *The Invention of News: How the World Came to Know about Itself* (New Haven, CT: Yale University Press, 2014), 67–72.

3 "John Wycliffe: Translation of the Bible," in *Britannica*, January 10, 2023. https://www.britannica.com/biography/John-Wycliffe/Translation-of-the-Bible.

4 Elizabeth L. Eisenstein, *The Printing Press as an Agent of Change: Communications and Cultural Trans* (Cambridge, UK: Cambridge University Press, 1982);

Ch'on Hye-bong, "Typography in Korea: Birthplace of Moveable Metal Type," *Korea Journal* 3, no. 7 (July 1993): 10-19.

5   Pettegree, 67-72. The Editors, "Martin Luther's Life and Legacy," in *Britannica*, January 10, 2023. https://www.britannica.com/summary/Martin-Luther.

6   Martin Luther, "Against the Robbing and Murdering Hordes of Peasants," in *Essential Luther*, trans. Tryntje Helfferich (Indianapolis: Hackett, 2018).

7   "Persecution," UK Parliament, January 11, 2023. https://www.parliament.uk/about/living-heritage/transformingsociety/private-lives/religion/overview/persecution/.

8   Christopher Hill, *Antichrist in Seventeenth-Century England*, rev. ed. (London: Verso, 1990) 33-39.

18장 미국의 분노

1   Walter Isaacson, *Benjamin Franklin: An American Life* (New York: Simon & Schuster, 2003), 8.

2   같은 책, 227.

3   Mark Hailwood, "'The Rabble That Cannot Read'? Ordinary People's Literacy in Seventeenth-Century England," *The Many-Headed Monster* (blog), October 13, 2014. https://manyheadedmonster.com/2014/10/13/the-rabble-that-cannot-read-ordinary-peoples-literacy-in-seventeenth-century-england/.

4   John R. Vile, "John Peter Zenger," *The First Amendment Encyclopedia*, 2009. https://www.mtsu.edu/first-amendment/article/1235/john-peter-zenger.

5   "The Seven Years' War," *The American Revolution Institute* (blog), July 24, 2022. https://www.americanrevolutioninstitute.org/video/the-seven-years-war/.

6   Chester E. Jorgenson, "The New Science in the Almanacs of Ames and Franklin," *New England Quarterly* 8, no. 4 (1935): 555-561. https://doi.org/10.2307/360361; Dennis Landis et al., "Pamphlet Wars," John Carter Brown Library. https://www.brown.edu/Facilities/John_Carter_Brown_Library/exhibitions/pamphletWars/pages/crisis.html.

7   Andrew Pettegree, *The Invention of News: How the World Came to Know about Itself* (New Haven, CT: Yale University Press, 2014), 334.

8   Editors, "The Tombstone Edition: Pennsylvania Journal, October 31, 1765," *Journal of the American Revolution*, June 15, 2015. https://allthings-liberty.com/2015/06/the-tombstone-edition-pennsylvania-journal-october-31-1765/.

9   Pettegree, 334.

10 Christopher Klein, "The Stamp Act Riots," HISTORY, August 31, 2018. https://www.history.com/news/the-stamp-act-riots-250-years-ago.

11 "Stamp Act | History, Definition, Facts, & Riots," in *Britannica*, December 9, 2022. https://www.britannica.com/event/Stamp-Act-Great-Britain-1765.

12 History.com Editors, "Boston Massacre," HISTORY, September 20, 2022. https://www.history.com/topics/american-revolution/boston-massacre.

13 Jayne E. Triber, *A True Republican: The Life of Paul Revere* (Amherst, MA: University of Massachusetts Press, 2001), 80.

14 John Adams, "Founders Online: Adams' Argument for the Defense," National Archives (University of Virginia Press, December 3, 1770). http://founders.archives.gov/documents/Adams/05-03-02- 0001-0004-0016.

15 "Boston Massacre Trial," Boston National Historical Park, U.S. National Park Service, February 26, 2015. https://www.nps.gov/bost/learn/history-culture/massacre-trial.htm.

19장 광고는 어떻게 신문을 만드는가

1   이 장에서 소개되는 여러 일화는 다음과 같은 굉장한 책 두 권에서 발췌한 것이다. Michael Schudson, *Discovering the News: A Social History of American Newspapers*, Nachdr. (New York: Basic Books, 1981); David T. Z. Mindich, *Just the Facts: How "Objectivity" Came to Define American Journalism* (New York: New York University Press, 1998).

2   Andrew Belonsky, "How the Penny Press Brought Great Journalism to Populist America," *Daily Beast*, September 8, 2018. https://www.thedailybeast.com/how-the-penny-press-brought-great-journalism-to-populist-ameri-

ca.

3 David W. Bulla, "Party Press Era | United States History," in *Britannica*, December 2015. https://www.britannica.com/topic/party-press-era.

4 Isaac Clarke Pray, *Memoirs of James Gordon Bennett and His Times* (Stringer & Townsend, 1855), 84.

5 Robert McNamara, "1836 Murder of a New York Prostitute Changed American Journalism," ThoughtCo, July 31, 2018. https://www.thoughtco.com/murder-of-helen-jewett-1773772.

6 Katherine Roeder, *Wide Awake in Slumberland: Fantasy, Mass Culture, and Modernism in the Art of Winsor McCay*, Apple Books Edition (Jackson, MS: University Press of Mississippi, 2014), 48.

7 Schudson, 20.

8 같은 책, 19-20.

9 *Understanding Media and Culture*, University of Minnesota Libraries Publishing Edition (2016), 161-162. https://doi.org/10.24926/8668.2601. 이 판본은 저작자 표시 비공개를 요청한 출판사에서 2010년에 처음 제작한 저작물을 각색한 것이다.

10 Schudson, 12-60.

11 Hannah Arendt and Margaret Canovan, *The Human Condition*, 2nd ed. (Chicago: University of Chicago Press, 1998), 35.

12 Dan Schiller, *Objectivity and the News: The Public and the Rise of Commercial Journalism* (Philadelphia: University of Pennsylvania Press, 1981), 76-79; Meg Matthias, "The Great Moon Hoax of 1835 Was Sci-Fi Passed Off as News," in *Britannica*, January 10, 2023. https://www.britannica.com/story/the-great-moon-hoax-of-1835-was-sci-fi-passed-off-as-news.

13 Roger Fenton, "Roger Fenton (1819-1869): Valley of the Shadow of Death," Royal Collection Trust, January 10, 2023. https://www.rct.uk/collection/2500514/valley-of-the-shadow-of-death.

14 Kathryn Schulz, "Errol Morris Looks for the Truth in Photography," *New York Times*, September 1, 2011, sec. Books, https://www.nytimes.com/2011/09/04/books/review/believing-is-seeing-by-errol-morris-book-review.html.

15 Schiller, 76–79.

16 Karl E. Meyer, "150th Anniversary: 1851–2001; Dept. of Conscience: The Editorial 'We,'" *New York Times*, November 14, 2001, sec. Archives. https://www.nytimes.com/2001/11/14/news/150th-anniversary-1851-2001-dept-of-conscience-the-editorial-we.html.

17 Clarence Darrow, *Realism in Literature and Art* (Girard, KS: Haldeman-Julius Company, 1899), 21.

18 Robert Hoe, *A Short History of the Printing Press and of the Improvements in Printing Machinery from the Time of Gutenberg up to the Present Day* (Alpha Edition, 2020).

20장 라디오의 어두운 골짜기

1 Donald Warren, *Radio Priest: Charles Coughlin, The Father of Hate Radio* (New York: Free Press, 1996); Charles E. Coughlin, *Father Coughlin's Radio Discourses* 1931–1932 (Cabin John, MD: Wildside Press, 2021).

2 Oliver Rathkolb, *Revisiting the National Socialist Legacy: Coming to Terms With Forced Labor, Expropriation, Compensation, and Restitution* (Piscataway, NJ: Transaction Publishers, 2004), 82; Allison C. Meier, "An Affordable Radio Brought Nazi Propaganda Home," *JSTOR Daily*, August 30, 2018. https://daily.jstor.org/an-affordable-radio-brought-nazi-propaganda-home/.

3 Rathkolb, 82.

4 "Charles Coughlin—Americans and the Holocaust," United States Holocaust Memorial Museum, January 10, 2023. https://exhibitions.ushmm.org/americans-and-the-holocaust/personal-story/charles-coughlin.

5 Thomas Doherty, "The Deplatforming of Father Coughlin," *Slate*, January 21, 2021. https://slate.com/technology/2021/01/father-coughlin-deplatforming-radio-social-media.html.

6 Renée DiResta, "Free Speech Is Not the Same as Free Reach," *Wired*, January 10, 2023. https://www.wired.com/story/free-speech-is-not-the-same-as-free-reach/. 이 문구는 르네 디레스타가 아자 래스킨의 말을 바꿔 표현하면서 널리 알려졌다.

1 Bryan Burrough, *Days of Rage: America's Radical Underground, the FBI, and the Forgotten Age of Revolutionary Violence*, Apple Books Edition, repr. ed. (New York: Penguin Books, 2016), 25.

2 Peter Bell, "Public Trust in Government: 1958−2022," *U.S. Politics & Policy* (blog), Pew Research Center, June 6, 2022. https://www.pewresearch.org/politics/2022/06/06/public-trust-in-government-1958-2022/.

3 Sarah Sobieraj and Jeffrey M. Berry, "From Incivility to Outrage: Political Discourse in Blogs, Talk Radio, and Cable News," *Political Communication* 28, no. 1 (February 9, 2011): 19−41. https://doi.org/10.1080/10584609.2010.542360.

4 Network, Drama (Metro-Goldwyn-Mayer, 1976).

5 "Fairness Doctrine," Ronald Reagan Presidential Library & Museum, December 16, 2021. https://www.reaganlibrary.gov/archives/topic-guide/fairness-doctrine.

6 "Fairness Doctrine."

7 David Swistock, John Nielsen, and Devin Gillen, "Rush Limbaugh," *History in the Making* 14, no. 1 (July 29, 2021). https://scholarworks.lib.csusb.edu/history-in-the-making/vol14/iss1/13.

8 Jeremy W. Peters, "Rush Limbaugh's Legacy of Venom: As Trump Rose, 'It All Sounded Familiar,'" *New York Times*, February 18, 2021, sec. U.S. https://www.nytimes.com/2021/02/17/us/politics/limbaugh-death.html.

9 Jeremy Barr, "The Downside of Being a Fox News Journalist? Getting Asked about Sean Hannity," *Hollywood Reporter*, May 8, 2020. https://www.hollywoodreporter.com/TV/TV-news/downside-being-a-fox-news-journalist-getting-asked-sean-hannity-1292957/.

10 Yochai Benkler, Robert Farris, and Hal Roberts, *Network Propaganda: Manipulation, Disinformation, and Radicalization in American Politics* (New York: Oxford University Press, 2018). https://doi.org/10.1093/oso/9780190923624.001.0001.

1   Michael Schudson, *Discovering the News: A Social History of American Newspapers*, Nachdr. (New York: Basic Books, 1981) 92.

2   "'Yellow Journalism,'" *Evening Standard*, September 25, 1901, http://mckinleydeath.com/documents/newspapers/EStandard092501a.htm; Louis Anslow, "Before the Internet, Irresponsible Journalism Was Blamed for a War and a Presidential Assassination," *Medium*, February 9, 2017. https://timeline.com/yellow-journalism-media-history-8a29e4462ac.

3   Bill Kovach and Tom Rosenstiel, *The Elements of Journalism*, 4th rev. ed. (New York: Crown, 2021), 101, 121.

4   Alexander Hamilton, Donald R. Hickey, and Connie D. Clark, *Citizen Hamilton: The Wit and Wisdom of an American Founder* (Lanham, MD: Rowman & Littlefield, 2006), 112.

5   Amy Mitchell, "Distinguishing Between Factual and Opinion Statements in the News," *Pew Research Center's Journalism Project* (blog), June 18, 2018. https://www.pewresearch.org/journalism/2018/06/18/distinguishing-between-factual-and-opinion-statements-in-the-news/.

6   Mollie Leavitt, "Q&A: James Hamilton, Director of Stanford University's Journalism Program," *The Idea* (blog), August 19, 2019. https://medium.com/the-idea/q-a-james-hamilton-director-of-stanford-universitys-journalism-program-779a87486edf.

7   Farida B. Ahmad and Robert N. Anderson, "The Leading Causes of Death in the US for 2020," *JAMA* 325, no. 18 (May 11, 2021): 1829–1830. https://doi.org/10.1001/jama.2021.5469.

8   Nemil Dalal, "Today's Biggest Threat to Democracy Isn't Fake News—It's Selective Facts," *Quartz*, November 16, 2017. https://qz.com/1130094/todays-biggest-threat-to-democracy-isnt-fake-news-its-selective-facts/.

9   Carol M. Liebler, "Me(Di)a Culpa?: The 'Missing White Woman Syndrome' and Media Self-Critique," *Communication, Culture & Critique* 3, no. 4 (2010): 549–565. https://doi.org/10.1111/j.1753-9137.2010.01085.x.

10 Logan Molyneux, 개인적 통신, Zoom, September 30, 2021.

11 "Network Effects," *Economist*, September 24, 2013. https://www.economist.

com/christmas-specials/2013/09/24/network-effects.

12 Edward S. Herman and Noam Chomsky, *Manufacturing Consent: The Political Economy of the Mass Media* (New York: Knopf Doubleday Publishing Group, 2011).

13 Camel News Caravan—19/September/1952, Internet Archive. http://archive.org/details/CamelNewsCaravan-19september1952.

14 Paul Virilio, *The Original Accident*, trans. Julie Rose, 1st edition (Cambridge, UK: Polity, 2007).

15 뉴욕의 미디어 경영진, 개인 서신, 2021년 1월 17일.

16 Daniel Trotta, "Iraq War Costs U.S. More than $2 Trillion: Study," *Reuters*, March 14, 2013, sec. U.S. Markets. https://www.reuters.com/article/us-iraq-war-anniversary-idUSBRE92D0PG20130314; David Vine et al., "Millions Displaced by U.S. Post-9/11 Wars" (Watson Institute, Brown University, August 19, 2021). https://watson.brown.edu/costsofwar/files/cow/imce/papers/2021/Costs%20of%20War_Vine%20et%20al_Displacement%20Update%20August%202021.pdf.

17 Jonathan Rauch, *The Constitution of Knowledge: A Defense of Truth* (Washington, DC: Brookings Institution Press, 2021), 121.

18 Thomas Stockwell, 개인적 인터뷰, 2020년 4월.

19 Jeremy Littau, "Why Do All These Media Layoffs Keep Happening? A Thread," *Medium* (blog), February 4, 2019. https://jeremylittau.medium.com/why-do-all-these-media-layoffs-keep-happening-a-thread-34b4b4edbe8c.

20 Jeremy Littau, "The Crisis Facing American Journalism Did Not Start with the Internet," *Slate*, January 26, 2019. https://slate.com/technology/2019/01/layoffs-at-media-organizations-the-roots-of-this-crisis-go-back-decades.html.

21 David Streitfeld, "Craig Newmark, Newspaper Villain, Is Working to Save Journalism," *New York Times*, October 17, 2018. https://www.nytimes.com/2018/10/17/technology/craig-newmark-journalism-gifts.html.

23장 믿음과 진실

1   David McRaney, "How to Improve Your Chances of Nudging the Vaccine Hesitant Away from Hesitancy and toward Vaccination," *You Are Not So Smart Podcast*. https://youarenotsosmart.com/2021/08/23/yanss-213-how-to-improve-your-chances-of-nudging-the-vaccine-hesitant-away-from-hesitancy-and-toward-vaccination/.

2   Jay J. Van Bavel and Andrea Pereira, "The Partisan Brain: An Identity-Based Model of Political Belief," *Trends in Cognitive Sciences* 22, no. 3 (March 1, 2018): 213-224. https://doi.org/10.1016/j.tics.2018.01.004.

3   Susan T. Fiske and Shelley E. Taylor, *Social Cognition: From Brains to Culture* (Thousand Oaks, CA: SAGE, 2013).

4   Scott Alexander, "Ivermectin: Much More Than You Wanted to Know," Substack newsletter, *Astral Codex Ten* (blog), November 17, 2021. https://astralcodexten.substack.com/p/ivermectin-much-more-than-you-wanted.

5   Laura A. Kurpiers et al., "Bushmeat and Emerging Infectious Diseases: Lessons from Africa," in *Problematic Wildlife: A Cross-Disciplinary Approach*, ed. Francesco M. Angelici (Cham, Switzerland: Springer International Publishing, 2016), 507-551. https://doi.org/10.1007/978-3-319-22246-2_24; Ben Westcott and Serenetie Wang, "China's Wet Markets Are Not What Some People Think They Are," *CNN World*, April 23, 2020. https://www.cnn.com/2020/04/14/asia/china-wet-market-coronavirus-intl-hnk/index.html.

6   Glenn Kessler, "Analysis | Timeline: How the Wuhan Lab-Leak Theory Suddenly Became Credible," *Washington Post*, May 27, 2021. https://www.washingtonpost.com/politics/2021/05/25/timeline-how-wuhan-lab-leak-theory-suddenly-became-credible/.

7   질병관리센터(@CDCgov), "질병관리센터는 현재 새로운 #코로나19 예방을 위한 마스크 착용을 권장하지 않습니다. 아플 때 집에서 쉬기, 비누와 물로 손 씻기 등 일상적인 예방 수칙으로 호흡기 질환의 확산을 늦출 수 있습니다. #COVID19" 트위터, 2020년 2월 27일. https://twitter.com/CDCgov/status/1233134710638825473; Anna Hecht, "These 3 Etsy Shop Owners Have Each Sold Hundreds of Cloth Face Masks Since the Pandemic Start-

ed," *CNBC Make It*, May 7, 2020. https://www.cnbc.com/2020/05/07/etsy-shop-owners-sell-hundreds-of-cloth-face-masks-during-pandemic.html.

24장 언론의 자유 대 진실의 변호

1 Aaron Couch, "Jon Stewart and Bill O'Reilly Get into Shouting Match over 'White Privilege,'" *Hollywood Reporter*, October 15, 2014. https://www.hollywoodreporter.com/TV/TV-news/jon-stewart-bill-oreilly-get-741276/.

2 "Special Video Reports—The Private Lives Of George Washington's Slaves," *Frontline PBS*. https://www.pbs.org/wgbh/pages/frontline/shows/jefferson/video/lives.html.

3 Andrew Roberts, "Book Review: Great Soul," *Wall Street Journal*, January 11, 2023. https://www.wsj.com/articles/SB10001424052748703529004576160371482469358.

4 John Stuart Mill and Elizabeth Rapaport, *On Liberty* (Indianapolis: Hackett, 1978).

5 Mill and Rapaport, 18.

6 같은 책, 16-35.

7 Karl R. Popper, Alan Ryan, and E. H. Gombrich, *The Open Society and Its Enemies: New One-Volume Edition* (Princeton, NJ: Princeton University Press, 2013), 581.

8 John Rawls, *A Theory of Justice*, rev. ed. (Cambridge, MA: Belknap Press, 1999).

9 Thomas Jefferson, "First Inaugural Address," in *The Papers of Thomas Jefferson, 17 February to 30 April 1801*, vol. 33 (Princeton, NJ: Princeton University Press, 2006), 148-152. https://jeffersonpapers.princeton.edu/selected-documents/first-inaugural-address-0.

10 Andrew Pettegree, *The Invention of News: How the World Came to Know about Itself* (New Haven, CT: Yale University Press, 2014), 369.

11 Robert McNamara, "Abolitionist Pamphlets Sent to the South Sparked Controversy," ThoughtCo, January 31, 2020. https://www.thoughtco.com/abolitionist-pamphlet-campaign-1773556.

12 Nadine Strossen, *HATE: Why We Should Resist It With Free Speech, Not Cen-*

sorship (New York: Oxford University Press, 2018); Zack Beauchamp, "Why Book Banning Is Back in 2022," *Vox*, February 10, 2022. https://www.vox.com/policy-and-politics/22914767/book-banning-crt-school-boards-republicans.

13 Jonathan Rauch, *The Constitution of Knowledge: A Defense of Truth* (Washington, DC: Brookings Institution Press, 2021), 35.

25장 섬에 관한 우화

1 Brian Stelter, "This Infamous Steve Bannon Quote Is Key to Understanding America's Crazy Politics," *CNN Business*, November 16, 2021. https://www.cnn.com/2021/11/16/media/steve-bannon-reliable-sources/index.html.

26장 위험에 처한 것

1 Abigail Geiger, "Political Polarization in the American Public," *U.S. Politics & Policy* (blog), Pew Research Center, June 12, 2014. https://www.pewresearch.org/politics/2014/06/12/political-polarization-in-the-american-public/.

2 Henry E. Hale, "25 Years after the USSR: What's Gone Wrong?" *Journal of Democracy* 27, no. 3 (2016): 9. https://doi.org/10.1353/jod.2016.0035.

3 Francis Fukuyama, "The End of History?" *National Interest*, no. 16 (1989): 3-18.

4 Jorge I. Domínguez, "Boundary Disputes in Latin America" (United States Institute for Peace, September 2003). https://www.usip.org/sites/default/files/resources/pwks50.pdf; Laust Schouenborg, "Why War Has Become Obsolete in Europe," Spice Stanford, 2010. http://spice.fsi.stanford.edu/docs/why_war_has_become_obsolete_in_europe; Muthiah Alagappa, "International Peace in Asia: Will It Endure?" Carnegie Endowment for International Peace, December 19, 2014. https://carnegieendowment.org/2014/12/19/international-peace-in-asia-will-it-endure-pub-57588.

5 Jean-Jacques Rousseau, *The Social Contract* (CreateSpace Independent Publishing Platform, 2014).

6 Thomas Jefferson, *The Declaration of Independence and the Constitution of the United States: With Index*, ed. Pauline Maier (New York: Bantam Books, 1998), 53.

7 John Locke, *The Second Treatise on Civil Government*, Great Books in Philosophy Edition (New York: Prometheus, 1986); Thomas Hobbes, *Leviathan* (Touchstone, 1997), 78, 80; Robb A. McDaniel, "John Locke," The First Amendment Encyclopedia, January 11, 2023. https://www.mtsu.edu/first-amendment/article/1257/john-locke.

8 Karen Stenner, *The Authoritarian Dynamic, Cambridge Studies in Public Opinion and Political Psychology* (New York: Cambridge University Press, 2005), 330.

9 Sarah Repucci and Amy Slipowitz, Democracy under Siege (Washington, DC: Freedom House, 2021). https://freedomhouse.org/report/freedom-world/2021/democracy-under-siege; "The Rise and Risks of 'The Age of the Strongman,'" *Economist*, April 9, 2022. https://www.economist.com/culture/2022/04/09/the-rise-and-risks-of-the-age-of-the-strongman.

27장 민주주의라 불리는 기계

1 Alexander Hamilton, James Madison, and John Jay, eds., "No. 55: The Total Number of the House of Representatives," in *The Federalist Papers*, Dover Thrift Editions (Mineola, NY: Dover Publications, Inc, 2014), 272.

2 Alexander Hamilton, James Madison, and John Jay, eds., "No. 10: The Same Subject Continued," in *The Federalist Papers*, Dover Thrift Editions (Mineola, NY: Dover Publications, Inc, 2014), 47.

3 Robert Cohen, "Was the Constitution Pro-Slavery? The Changing View of Frederick Douglass," *Social Education* (2008), 246–250; Damon Root, "When the Constitution Was 'at War with Itself,' Frederick Douglass Fought on the Side of Freedom," *Reason Magazine*, February 2, 2018. https://reason.com/2018/02/02/when-the-constitution-was-at-war-with-it/.

4 Neil Harvey, "Toward a More Perfect Union: Unleashing the Promise in Us All with Angela Glover Blackwell," *Bioneers: Revolution From the Heart of Nature*, January 9, 2023. https://bioneers.org/toward-a-more-perfectunion-unleashing-the-promise-in-us-all-with-angela-glover-blackwell/.

5   A. H. Land and A. G. Doig, "An Automatic Method of Solving Discrete Programming Problems," *Econometrica* 28, no. 3 (1960): 497–520. https://doi.org/10.2307/1910129.

6   Daniel Crofts, "Communication Breakdown," *New York Times Opinionator*, May 21, 2011, sec. Opinion. https://archive.nytimes.com/opinionator.blogs.nytimes.com/2011/05/21/communication-breakdown/.

7   Annika Neklason, "The Conspiracy Theories That Fueled the Civil War," *Atlantic*, May 29, 2020. https://www.theatlantic.com/politics/archive/2020/05/conspiracy-theories-civil-war/612283/.

28장 분노를 어디에 배치해야 할까?

1   Allen Ginsberg, *Howl: And Other Poems*, Nachdr., The Pocket Poets Series 4 (San Francisco: City Lights Books, 2010), 17.

2   Scott Alexander, "Meditations On Moloch | Slate Star Codex," *Slate Star Codex* (blog), July 30, 2014. https://slatestarcodex.com/2014/07/30/meditations-on-moloch/.

3   Alexander.

4   Robert Axelrod and William D. Hamilton, "The Evolution of Cooperation," *Science* 211, no. 4489 (March 1981): 1390–1396. https://doi.org/10.1126/science.7466396. Nicky Case, "The Evolution of Trust," July 2017. http://ncase.me/trust/.

29장 우리가 할 수 있는 일

1   Hans Rosling, Anna Rosling Rönnlund, and Ola Rosling, *Factfulness: Ten Reasons We're Wrong about the World—and Why Things Are Better Than You Think*, later print ed. (New York: Flatiron Books, 2018), 75.

2   당파성이 없고 비영리적인 건설적 대화 협회에서 이와 같은 대화 방식을 찾아볼 수 있다. https://constructivedialogue.org/.

3   Joe Pinsker, "Trump's Presidency Is Over. So Are Many Relationships," *Atlantic*, March 30, 2021. https://www.theatlantic.com/family/archive/2021/03/trump-friend-family-relationships/618457/.

87쪽	Upworthy, "Why the Hell Do People Share?"
93쪽	Ev Boyle/USC Annenberg.
100쪽	"Violent crime is a key midterm voting issue, but what does the data say?" Pew Research Center, Washington, D.C. (OCTOBER 31, 2022). https://www.pewresearch.org/short-reads/2022/10/31/violent-crime-is-a-key-midterm-voting-issue-but-what-does-the-data-say/.
101쪽(상)	"What the data says about crime in the U.S." Pew Research Center, Washington, D.C. (APRIL 24, 2024). https://www.pewresearch.org/short-reads/2024/04/24/what-the-data-says-about-crime-in-the-us/.
101쪽(하)	"What the data says about crime in the U.S." Pew Research Center, Washington, D.C. (APRIL 24, 2024). https://www.pewresearch.org/short-reads/2024/04/24/what-the-data-says-about-crime-in-the-us/.
113쪽	Georg Wiora, Schematic representation of bistability, 2006.
121쪽	Mark Zuckerberg, A Blueprint for Content Governance and Enforcement: Natural Engagement Pattern, 2018.
130쪽	Hydrargyrum.
161쪽	KSmrq, Extrema example original, 2007.
275쪽	Geoffrey A. Moore, Crossing the Chasm.
328쪽	Paul Revere, The Bloody Massacre, 1770.
341쪽	Roger Fenton.

342쪽   Roger Fenton, The Valley of the Shadow of Death, 1855.

358쪽   "Beyond Distrust: How Americans View Their Government"
        Pew Research Center, Washington, D.C. (NOVEMBER 23, 2015).
        https://www.pewresearch.org/politics/2015/11/23/beyond-dis-
        trust-how-americans-view-their-government/.

359쪽   Sobieraj and Berry, 2011.

380쪽   "Americans See Skepticism of News Media as Healthy, Say Public
        Trust in the Institution Can Improve" Pew Research Center, Wash-
        ington, D.C. (AUGUST 31, 2020). https://www.pewresearch.org/jour-
        nalism/2020/08/31/americans-see-skepticism-of-news-media-as-
        healthy-say-public-trust-in-the-institution-can-improve/.

381쪽   "Americans See Skepticism of News Media as Healthy, Say Public
        Trust in the Institution Can Improve" Pew Research Center, Wash-
        ington, D.C. (AUGUST 31, 2020). https://www.pewresearch.org/jour-
        nalism/2020/08/31/americans-see-skepticism-of-news-media-as-
        healthy-say-public-trust-in-the-institution-can-improve/.

분노 설계자들

초판 1쇄 인쇄일 2024년 7월 16일
초판 1쇄 발행일 2024년 7월 25일

지은이 터바이어스 로즈-스톡웰
옮긴이 홍선영

발행인 조윤성

편집 최안나 **디자인** 표지 최초아 본문 곰곰사무소 **마케팅** 서승아
발행처 ㈜SIGONGSA **주소** 서울시 성동구 광나루로 172 린하우스 4층 (우편번호 04791)
대표전화 02-3486-6877 **팩스(주문)** 02-585-1755
홈페이지 www.sigongsa.com / www.sigongjunior.com

글 ⓒ 터바이어스 로즈-스톡웰, 2024

이 책의 출판권은 ㈜SIGONGSA에 있습니다. 저작권법에 의해
한국 내에서 보호받는 저작물이므로 무단 전재와 무단 복제를 금합니다.

ISBN 979-11-7125-727-0 03300

* SIGONGSA는 시공간을 넘는 무한한 콘텐츠 세상을 만듭니다.
* SIGONGSA는 더 나은 내일을 함께 만들 여러분의 소중한 의견을 기다립니다.
* 잘못 만들어진 책은 구입하신 곳에서 바꾸어 드립니다.

WEPUB 원스톱 출판 투고 플랫폼 '위펍' __wepub.kr
위펍은 다양한 콘텐츠 발굴과 확장의 기회를 높여주는
SIGONGSA의 출판IP 투고·매칭 플랫폼입니다.